世界歷史有一套之

羅馬帝國睡著了

世界歷史很精彩・世界歷史可以寫得很好看

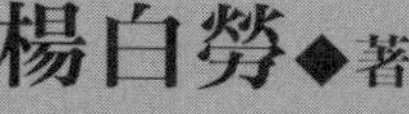

楊白勞◆著

目錄

世界歷史有一套之

1

西元前一八〇〇年的一個早上，米諾斯國王像往常一樣推開了窗，宮殿依山而建，國王的寢宮每一扇窗戶都能看見大海，有絲縷的鹹腥氣味隨著海風瀰漫，這是米諾斯最熟悉的氣息，他深呼吸了幾次，這氣息提醒他管理著一個美麗富饒的島國。珍珠一般美麗的小島啊，海洋在陽光下藍得純粹，藍得透徹，近岸的淺藍一直到遠處湛藍，沒有一絲波紋，各種藍色在視線中安靜過渡，一直在極遠處，匯入天空，如果不是偶爾駛來的白帆和那些晨早覓食的海鳥，海天渾然一體，你會覺得這海水是從天空傾瀉下來。

白帆在晨光中搖曳，通體被陽光鍍成淺金色，掛著各種各樣奇怪的標誌，米諾斯國王一眼就可以分辨出那些船來自海上各個島國，他們向自己稱臣納貢，還有些來自西亞和非洲的商船。現在，又是島上橄欖豐收的季節了，扁圓的綠色小果經過焠鍊變成黃金般珍貴的液體，帶著奇異的濃香和神賜的光澤。還有那些低矮的小葡萄，釀酒師的魔術般地工作，把它們變成像紫羅蘭汁液一樣魅惑的瓊漿。來來往往的商船，都是帶著自家的奇珍異寶來交換島上特有的橄欖油和葡萄酒。街上有各種打扮的商人，新鮮琳琅的物品，穿梭的人群忙碌而安逸，來自西亞和埃及的工藝師傅們，上了岸就不願離去，留在島上定居，隨時享受天堂般的海風和陽光。島上修建了各種宮殿，紛繁複雜，美侖美奐，都是各地技師的手藝，帶著自己國家的特色而又與海島糅合統一，點綴在一片純藍中，與自然之美毫不遜色。這真是一個蒙宙斯喜悅的國度，天神的光輝普照島上的生靈，生機勃勃，明亮純淨！

想到宮殿，米諾斯國王突然一點好心情都沒有了，不遠處的山坡上，有一座精緻絕倫的宮殿，島上最聰明的人代達羅斯特別為國王設計製造的，國王相信代達羅斯肯定是將他的天才發揮到了極致，那宮殿的華美也達到極致，可是國王卻絕對不會進去參觀。

這是米諾斯國王一生中最傷心的事之一：自己一直蒙天神庇佑，祥和平安，即使海神波塞冬出名的壞脾氣，可對米諾斯王國的海域一向照顧有加，海面上永遠風平浪靜，安靜得像深谷中的幽湖，照應著來往的商船貨輪，讓米諾斯的國度生意興隆。大家都知道，海神的有點焦躁的病態人格，行事常常出人意表。這一天，他突然牽來一頭牛，讓米諾斯國王將這頭牛殺了獻祭。島國隔三差五地向海神獻祭是一件最平常不過的事了，可是這一次不一樣，波塞冬不知道從哪裡弄來的牛，它實在太漂亮了，米諾斯想不到，世界上怎麼會有這樣優秀的牲畜。他越看越愛，竟然遲遲不願動手殺掉它。波塞冬脾氣多臭啊，偏激而且不好溝通，他見米諾斯竟然違抗神諭，火冒三丈，懲罰方式也有些不可理喻，他居然施法讓國王美麗的皇后愛上了這頭牛！神安排的愛情誰能抗拒呢？過了不久，皇后居然生下了一個人頭牛身的怪物！國王看著這怪物一天天長大，想到這個錯誤其實是自己造成的，鬱悶之餘竟然沒有殺它，對外宣稱這怪物就是自己的兒子，為了防止它傷害別人，國王專門修了宮殿將它關在裡面。這宮殿其實是個迷宮，進去就無法出來，叫米諾牛的皇子每天在迷宮裡瘋狂亂跑，脾氣越來越兇殘。恐怖的怪獸和詭異的宮殿已經是來往商人必打聽的八卦內容，這個故事傳到其他國家，更加恐怖了一百八十倍，讓所有人都感覺到，米諾斯這麼富庶美麗的地方總有些讓人不太舒服的陰影。

感觸最深的是離米諾斯島國不遠的雅典。若干年前，米諾斯國王的獨子拜訪雅典國王阿吉斯，阿吉斯國王顯然不懂待客之道，他聽說這米諾斯的王子是個勇士，竟然委託他去殺一隻為禍的大公牛，事情的結果是王子一去不回，成了公牛的美餐。能想像米諾斯的喪子之痛嗎？很快他就集結大軍殺向雅典，找阿吉斯這個不懂禮數的傻國王報仇。米諾斯富裕強大，雅典當時還鬧瘟疫，這種仗實在沒法打，阿吉斯國王直接求饒，米諾斯的退兵條件很簡單，每隔九年，雅典向他進貢七對童男童女，他將這十四個小孩接送進米諾牛的宮殿，聽天由命吧。當然，送了好幾批童男童女，沒人能出來，倒是那隻怪牛越吃越肥了。

最近這段時間，雅典國王阿吉斯有個失散多年又回到身邊的兒子，叫忒修斯，孔武驍悍，英勇無匹。眼看著又到了為米諾斯國王預備童男童女的日子了，國王天天唉聲歎氣，每日愁眉苦臉，在王宮裡轉圈。忒修斯王子是個天不怕地不怕的，從來以解救天下蒼生為己任，是個極出名的英雄人物，遇上這等大事，自然不能退縮。他要求加入童男的隊伍，進入米諾牛的迷宮，並將這禍害殺死。雅典國王也算是愛民如子，他答應了兒子的要求，並親自將王子和其他小孩送上了揚著黑帆的海船。臨走時，他拉著兒子的手約定，如果能完成任務凱旋，就將這象徵死亡的黑帆塗成白色，國王會每天到海邊等待這一頁白帆。

米諾斯國迎接雅典來的童男童女是個很盛大的活動，港口上的人群翹首等待，遠來的黑帆帶著陰冷和絕望，米諾斯國的人已經習慣看到那些哭啼啼的孩子們。

米諾斯的女兒，阿里阿德涅也夾在人群中，她也到了可以出門看熱鬧的年紀了。那些從雅典來的孩子有的比自己大，有的比自己小，每個人臉上已經被恐怖折磨得有些呆癡，阿德涅心裡默默地歎息，可她對這一切也無能為力。突然，那最後一個跳下船板的年輕人引起了她的注意，這是個高大健碩的青年男子，有著黑色的鬈髮和深色的雙眸，跟其他祭品不同，他臉上沒有一絲恐懼，反而帶著堅毅的淡定。這個青年當然就是雅典王子忒修斯。港口上嘈雜的人群中，阿德涅公主也是奪目出眾的，這個蜜色皮膚的姑娘，穿著柔軟的亞麻長裙，全身上下散發著寶石般美麗的光芒。

微醺的海風讓剛成年的公主春心萌動，在即將被送進迷宮的前一夜，公主來到了忒修斯面前，綺麗的異國之戀就從碼頭那一霎就已開始，公主讓忒修斯許她一個未來，王子自然毫不猶豫地答應，只要能殺掉怪獸逃出生天，會帶公主走，從此幸福地生活在一起。迷宮是代達羅斯建的，他當然有辦法從裡面出來，聰明的公主從他那裡套出了脫身的辦法。在得到忒修斯的承諾後，公主交給他一捲棉線。王子一看就明白了。

第二天，王子將棉線的一端綁在入口，毫無畏懼地走進了迷宮。米諾牛正趴著睡午覺，它哪裡想到有人敢大咧咧地走到它跟前來，忒修斯赤手空拳將睡夢中的米諾牛活活打死，然後牽著棉線的另一端，走出了迷宮，帶著其他的童男童女和公主上船，趕回雅典去。

在返航的路上，米諾斯公主阿德涅因為暈船很不舒服，忒修斯將她放在一個島上休息，自己回到船上拿東西，結果一陣怪風吹來，將船遠遠吹走，王子永遠失去了公主。此後的歸途，忒修斯一邊感受著勝利回家的喜悅，一邊哀悼美麗公主，喜憂交集之下腦子很混亂，總覺得有一件很重要的事情要做，又想不起來是什麼事。

雅典國王阿吉斯每天在臨海的斷崖上遙望遠方，祈求諸神讓兒子平安回來。天天想，日日念，海天之間越來越近的黑帆徹底斷絕了他的希望，既然帆還是黑色，就說明兒子已經死在迷宮了，頃刻崩潰的阿吉斯不等船到跟前，就在斷崖上一縱而下，葬身大海。從此這片海域就有了一個新名字，用阿吉斯王的名字命名，中文翻譯非常唯美，叫愛琴海。

用一個美麗的神話打開古希臘浪漫瑰麗的歷史之門，米諾斯王國所在地就是愛琴海上第一大島克里特島，根據上個世紀末的考古發現，克里特島在西元前三千年前就已經是一個統一的國家了。因為豐富的物產、便捷的海上交通，米諾斯王朝是當時的海上霸主。島內繁榮興盛，手工藝品和金銀製品精緻秀美，造詣極高，彩色陶器的製作更是登峰造極；他們使用一種線形文字，有音樂般的律動和流暢，可惜自今無人可以破解其含義，成為古文明中的一個謎題。

宮殿的建設是米諾斯文明的核心，整個王國都是圍繞宮殿運轉的，建築精美，富麗堂皇，有單獨的浴室和沖水廁所，牆上還有顏色鮮豔的壁畫。政治、宗教、經濟等國家的各類事物都在不同宮殿中決策執行，宮殿裡不僅有王室的住房、政府部門辦公室，還有庫房和各種作坊，以致房間甚多，用走廊、迴廊、過道、樓梯等分割，區分用途，這上萬間房間組合在一起，結構複雜，沒有GPS導航之類的工具很容易在裡面迷路，所以就有米諾斯國王這個迷宮的傳說了，這個建設方法讓國家機器過於集中，很不科學，如果被敵人襲擊，只要佔領皇宮就可以讓國家癱瘓。

克里特島華麗繽紛的文明後來就消失了，大部分的歷史書都認為是希臘半島上的希臘人入侵了島國，佔領了皇宮。但似乎也有很多疑點，外敵的滅絕不會這麼徹底。根據考古的最新發現，克里特島文明最後消失的無影無蹤應該是因為一場巨大的火山爆發引發的海嘯，將這個遠古時代的富饒國家徹底摧毀，而曾經入侵克里特島的希臘人學習了這裡的文化並將它複製到希臘半島的邁錫尼地區。

克里特島的愛琴文明是邁錫尼文明的開端，而整個西歐的文化就是源自邁錫尼文明，西歐的所有國家，在遠古時代都是一體的，其歷史不可分割。不論英國、德國、法國還是西班牙，都要從西歐的起源開始，整個地球上，最美麗的神話故事就來自地中海，古希臘和古羅馬的歷史最浪漫綺麗，最精彩壯美，當然也最神乎其神。

2

一個文明的崛起總伴隨另一個文明的衰退，米諾斯王朝在克里特島忙著修宮殿養怪獸的時候，歐洲中部的一群人進入了伯羅奔尼撒半島，並生活下來。這是一夥希臘人，此時的他們又土又窮，因為尚武好戰，經常到非洲、西亞一帶打短工，基本就是收錢替人打架，學名叫雇傭軍。因為離克里特島比較近，對那裡的文化和繁榮還是非常仰慕，經常過去旅遊、留學、務工。克里特島不是使用一種音樂般的文字嗎？專業稱呼叫「線形文字」，希臘人學走後，簡化了一下，整理得讓大多數人都認識了，當然還是線形文字，不過克里特島的叫「線形文字Ａ」，邁錫尼終於學明白的叫「線形文字Ｂ」，學到最後的結果是，邁錫尼的軍隊開進米諾斯王朝的皇宮，不學了，直接搬回家去用。

希臘的邁錫尼文明在西元前一四〇〇～一二〇〇年達到巔峰，這是考古學家說的，因為他們挖出的這個時期的墓葬，黃金氾濫，人死了要戴金面具，金箔裹身，金銀器皿陪葬，一個窮國是不捨得把這麼多黃金往地下埋的。從散居的小村子開始，不斷集中成為大城邦，希臘逐漸形成很多國家，原來的村長鄉長表現好的就成了各小國的王。伯羅奔尼薩撒半島東北部的邁錫尼城是邁錫尼文明的中心，附近還有梯林斯城，是邁錫尼的軍事要塞，它們組成邁錫尼王國，在希臘諸國中最強大。其他王國著名的還有伯羅奔尼撒中部的斯巴達和西部的派羅斯，以及中希臘的雅典、底比斯等，它們經常結成軍事同盟合夥打架，邁錫尼自然成為武林盟主。

邁錫尼文明鼎盛時期也是稱雄海上的，不過也稀裡糊塗消亡了。大家都說窮兵黷武是重要原因，邁錫尼帶著同夥，跨海攻打現在土耳其靠近達達尼爾海峽的一個城邦——特洛伊，打了十年才搞定，活生生地將希臘諸國拖垮，讓北方的多利安人大搖大擺走進來，將邁錫尼等王國送進考古遺址。到底邁錫尼張狂的時候是什麼樣的，我們就不是太清楚，但他們組團跨海的那一次戰役，江湖人稱「特洛伊戰爭」，卻是地球打架史上很出名的一戰，其規模堪比奧運會，不論團體項目和個人項目都有光照千秋的看點，特別是摻和的高手之多，人物之眾。參戰的物種包括士兵、勇士、成名英雄、天神、精靈、怪獸，宏大轟動，無與倫比。

好看的歷史基本就是各類打架，既然有這麼重要的打架事件，我們就詳細研究一下吧。

打架總有起因，不論多大的鬥毆事件，開頭一般都是小事。

海洋中有個女神叫忒提斯，那時希臘各路神仙很多，古希臘諸神中天神宙斯和海神波塞冬是兄弟倆，神界權勢最大的兩個人，這兩個最大的共同點就是好色。神、人、獸不論什麼種類，只要看對了眼就不放過，私通事件時有發生，各類私生子遍及希臘，所有的成名人物都有些神族血統，太雜交了，所以經常有些畸形胎兒，比如半馬人、人面牛身人等等，當然，肯定少不了鳥人。

忒提斯自然是美女，宙斯和波塞冬都想跟她有點超友誼關係。但這個女人身上有個邪門預言，說是她生下的孩子將是超過父親的英雄。不管是宙斯還是波塞冬，他們倆都有翻天覆地，排山倒海的能耐，可是如何跟一個女神發生點特別關係，還不讓她生出孩子來，這可難倒他們哥倆了。宙斯和波塞冬在乎自己的權勢超過在意一個女人，以至於兩個人都不敢對忒提斯下手。宙斯為了防止自己胡思亂想，把持不住，就做主將忒提斯嫁給當時的超級英雄佩琉斯。這傢伙仔細算來是宙斯的孫子（提醒大家一下，聽希臘神話的故事，千萬不要研究人物的血緣關係，因為過於複雜，會讓大腦超負荷運作以致當機）。

佩琉斯娶忒提斯的過程也不順利，兩口子打了好幾架，女方終於承認不是對手，這才同意結婚。男方是人而女方是神，牛郎織女的故事，要在中國是絕對不能容許。希臘人心態很開放啊，忒提斯高調下嫁佩琉斯得到了神界諸神的祝福，兩人還隆重其事地擺了幾十桌酒，寫了婚帖，誠邀神界諸位大仙蒞臨指導。所有人都邀了，宙斯家的園丁、車夫也有座位，獨獨將一位上仙漏了。這位上仙主管世間的是非，人間所有的矛盾和不團結都跟她有關，她是紛爭女神厄里斯。這姑娘人際關係不好，在神界也沒人理她，偶爾聽說有人結婚請了所有神仙，趕緊備了三色禮品過去趕飯局。到了婚宴門口才發現，進門是需要請柬的，而只有她沒有。可以理解，人家百年好合大喜的日子，躲是非還來不及，誰會把是非女神往家裡請啊。可憐厄里斯為了這個飯局好幾天沒吃飯，眼下還是吃不著，快氣瘋了。但她是紛爭之神啊，專業會製造不團結，老娘吃不著，你們也別想好好吃！

於是，正在胡吃海喝的諸神突然發現，席間出現了一個金光閃閃、璀璨奪目的金蘋果，上面寫著一行字：「獻給最美麗的女神」。這下亂套了，席間爭先恐後站起來一群仙女，這個神界最出名的選美大會經過預賽、複賽、最後進入決賽的是三名佳麗，一個是宙斯的正房原配老婆，天后赫拉，一個是女戰神，並智慧和勇氣之神雅典娜，還有一個是愛與美之神阿佛洛狄忒。選美會進入這個階段，諸神都知道結果不容易產生了，這三個女人來頭都不小，赫拉是宙斯的老婆兼姐姐，雅典娜是宙斯的私生女，阿佛洛狄忒雖然是從泡沫裡生出來的，知情的人都知道也是宙斯播的種。一個皇后兩個公主，而且這三個女人的美貌的確也是不相上下的，赫拉高貴華麗之美，是熟女，雅典娜知性健康之美，是氣質美女，阿佛洛狄忒性感冶豔之美，是尤物。神仙也不好給她們分高低啊，怎麼辦？宙斯說了，為公平起見，我們找個不相干的凡人，讓他公正裁決。

這個不相干的人是誰呢？宙斯找到了一個放羊的。羊倌是羊倌，可不是普通的羊倌。他的真實身分是一個城邦，特洛伊的王子，他還沒出生，就有人預言他將毀滅特洛伊城，他媽媽寧可信其有，所以這個孩子一出生，他媽媽就親手交給一個僕人讓他把這禍害帶到樹林裡丟掉。事實證明禍害遺萬年，這小子被丟在樹林裡幾天都沒死，傳說是有個母熊餵養了他，那個負責丟他的僕人知道遺棄兒童和亂丟垃圾都犯法，所以一直不敢走，躲著看，發現這小子死不了，於是就將他收養。這個可憐的王子雖然模樣挺俊，看著也英武，但只能在樹林裡放羊，到了懂事的年齡，娶了個森林裡的精怪，過著普通放羊人的生活，這傢伙大名叫帕里斯。

帕里斯意外當選為神界選美大會評委會主席，他放羊的森林成為選美分會場，這個放羊娃不知茲事體大，還渾渾噩噩呢，在樹下一邊放羊一邊揀蘑菇烤著吃。突然，一個美豔貴婦從天而降，天后赫拉溫柔地告訴他，如果將金蘋果判給她，她將讓帕里斯成為人間最有財富和權勢的人，聽得帕里斯直發愣，以為吃了毒蘑菇產生了幻覺。還沒容他想清楚，一個全身金甲的矯健美女，帶著地中海上的耀眼陽光出現在他面前，雅典娜承諾，如果取得金蘋果，將賜給他勇氣和力量，讓他成為威震天下的大英雄，擁有所有的光榮和榮譽。雅典娜一走，帕里斯明白過來了，從這一刻起，他為後來所有的選美比賽立了規矩，那就是潛規則和黑金交易，這個放牛娃舉著一朵蘑菇龇著牙狂笑。眼下，世界上所有的東西，他唾手可得，比摘蘑菇還容易！很快，姍姍來遲的阿佛洛狄忒出現了，她風情萬種地告訴放羊娃，如果她得到金蘋果，放羊娃會得到這世上最美的女人的愛情，看羊倌張著嘴，發著昏，知道這個鄉下娃對世上最美的女人沒啥概念，為了讓他有個直觀認識，阿佛洛狄忒將自己的長袍解開，給帕里斯展示了一下。霎那間，放羊娃目光呆滯了，天旋地轉，五雷轟頂，他幾乎想都沒想，就將金蘋果交給了阿佛洛狄忒！這個選美的結果讓赫拉和雅典娜勃然大怒，據說比賽結果一公布，這兩個女人就發出狠話要讓整個特洛伊付出代價。

阿佛洛狄忒說話算數，過了一陣，她就安排帕里斯到斯巴達王國去旅遊。斯巴達國王墨涅拉俄斯好客而周到，很親熱地招呼這位特洛伊王子。但他正好有事要到克里特島公幹，臨走安排自己的老婆招呼遠來的客人。

這個斯巴達國王顯然是個行事不走腦子的人，別的人讓自己老婆拋頭露面招呼客人是天經地義的，只有他不行，因為他老婆不是普通老婆啊，他老婆的大名叫海倫！

這個海倫正是阿佛洛狄忒承諾給帕里斯的女人，世間第一美女，是阿佛洛狄忒的人間翻版。據說她待嫁閨中時就已經讓所有希臘地面上的英雄瘋狂，為了娶她，有一陣希臘地區天天都有惡性鬥毆事件，還死了不少人。海倫的父親擔心海倫跟其中任何一個結婚，其他那些沒得手的都會豁出命找麻煩，所以召集希臘各路好漢詛咒發誓，無論她選擇了誰結婚，剩下那些人將與海倫的未來老公結成同盟，保護海倫不受傷害，如果出了任何意外要為她報仇雪恥。這個看似不合理，拿希臘英雄當傻小子的要求竟被他們全體答應了！海倫最後嫁給斯巴達國王，絕世美女成為最美的皇后，還生了個女兒。

帕里斯見到海倫的時候，海倫剛做了媽媽，正是玫瑰盛放的時候，美得不可方物。開始說過，帕里斯是個帥哥，又因為長期在樹林養羊，有些宮廷貴婦沒見過的非主流氣質，最關鍵的是，阿佛洛狄忒是掌管愛情與欲望的，總跟在她身後那個光屁股小孩不是有一套很流氓的弓箭嗎？比月下老人那根麻繩靈驗多了，中了箭的人不管是男女、男男、女女、人獸都會發生天雷地火般的愛情和欲望。帕里斯根本沒費什麼勁就讓海倫墜入愛河，並且毫不猶豫地將海倫拐上船，一起帶回了特洛伊。這羊倌做人不地道，不僅拐走別人的老婆，還把富裕的斯巴達後宮洗劫一空，那些個面目姣好的宮女也帶走不少。

斯巴達國王回到皇宮，吃了不少急救藥品才緩過氣來。原來不是說過希臘各國都是些小村子組成的嗎，基本都有些親戚關係，你家二姨是我六姑，我家三舅是他七叔，千絲萬縷，藕斷絲連。斯巴達國王的哥哥叫阿伽門農，他是邁錫尼的國王，是希臘地界上的武林盟主大哥大。

斯巴達帶著頂綠帽子哭哭啼啼找他哥給他出頭，作為希臘地區的大佬，自己的弟媳被特洛伊人搶走，奇恥大辱！馬上發出盟主令，召集天下英雄來開緊急會議。

海倫被搶是大事啊，所有希臘英雄豪傑晚上睡不著覺想的就是這女人，鑒於她是斯巴達皇后大家都挺收斂的，不敢勾搭，現在居然被一個特洛伊的放羊小子染指了，太不值了，早知道這女人這麼水性，自己咋不先下手呢？按照這個理論，帕里斯不是拐走了斯巴達的王后，而是拐走了全希臘英雄的女人，這幫人不是曾組團起誓為海倫而戰嗎？到了表現的時候了！一收到武林盟主令，所有人什麼都不幹了，聚全本部人馬，集結在阿伽門農旗下，組成聲勢浩大的希臘聯軍，摩拳擦掌，預備橫跨愛琴海，將特洛伊燒成白地，以滅心頭之醋！

跟其他那些吃醋吃昏了的愣頭青不同，盟軍主帥阿伽門農考慮事情多了，那海倫是他弟妹，就算搶回來也不好意思自己留著，還是要還給弟弟，之所以這麼起勁地幫他組織這麼大規模的跨海行動，他其實有自己的打算，幹掉特洛伊，他就可以獨霸愛琴海，擴充領土和捉拿姦夫淫婦兩不誤！

既然揣了更大的想法，打架就有了更高的意義，不能亂打了，阿伽門農物色了一文一武兩個幫手，他知道得此二人者，可得天下！

3

上篇說到，武林盟主阿伽門農已經預備跨海對特洛伊開戰，希臘地界不缺好漢，英雄遍地，可開戰需要軍師啊，沒人出主意打仗心裡沒底。

當時希臘最聰明智商最高的人叫奧德修斯，是伊薩基島的王。海倫被姦夫拐走時，奧德修斯的老婆剛給他生了個寶貝兒子，一家三口，其樂融融。丟了老婆的斯巴達國王過來找他出山打架，他當然千萬個不願意的。可人家帶著綠帽子一臉烏龜相，要多可憐有多可憐，作為同盟不好拒絕啊。怎麼辦呢？奧德修斯不是個謀士嗎，他很快想出辦法來了。斯巴達國王帶著自己的朋友正在遊說他，奧德修斯突然發了狂，具體表現為，口眼歪斜，流哈喇子，全身抽搐，最後還跳起來套了架牛車，到海邊的鹽鹼地帶去耕地。這奧德修斯也沒正規學過表演，肢體誇張，流於表面，沒有內心戲，裝瘋裝得破綻百出。斯巴達國王帶來的朋友也是個聰明絕頂的人，他看著奧德修斯一番做作，十分好笑，也不揭破他，而是去到他的宮殿裡，將尚在襁褓之中，奧德修斯視如生命的兒子抱來，放在犁車要經過的鹽鹼地，然後一臉壞笑，看這聰明人怎麼處理。奧德修斯的犁車繼續瘋跑，眼看到兒子附近時，他稍微抬了抬犁，從兒子身上躍過，這一下露了馬腳，裝瘋的計畫徹底失敗，奧德修斯只好一邊在心裡問候阿伽門農兄弟的長輩，一邊告別妻兒，踏上為別人找老婆的路。

奧德修斯一肚子鳥氣，鬱悶得很，自己不好過，就捉摸著讓別人也倒楣。他一到盟軍大營就提出，根據神諭，只有阿奇里斯才能攻破特洛伊的城牆，所以必須讓他參戰。

阿奇里斯是誰呢？江湖第一高手！

整個希臘地界的英雄豪傑，不管按什麼標準排名，他都可以穩居榜首。這傢伙是希臘萬千少女的偶像，萬千少男的榜樣，所有父母心中最完美的兒子。到底是誰生出這麼優秀的寶貝來的呢？我們的老熟人，佩琉斯和忒提斯，大家還記得吧，就是這兩口子的婚宴引發了這一場混亂。最開始不是說過嗎，根據神界預言，忒提斯的兒子將是個蓋世英雄，現在應驗了。

忒提斯嫁給一個凡人，這阿奇里斯是半人半神，他媽媽為了讓他更接近神，從他一落地，就把他放在冥河裡浸著，冥河水流湍急，他媽怕他被水沖走，所以死死地抓著他的腳踝，倒吊著他。可憐這孩子跟個神仙媽媽也沒少遭罪，但是收穫也不小，全身上下刀槍不入，水火不侵，軀體不僅有神的健美，也有神的品質，可惜啊，只有在腳踝部位，被他媽媽抓住不敢鬆開的地方還保留人的脆弱，成為這個完美英雄唯一的破綻。

阿奇里斯在萬眾矚目中出世，自然也有很多關於他的預言。有神仙對他媽媽說，這個小孩要麼沒沒無聞得享長壽，要麼成為絕世英雄戰死疆場。雖然他媽已經知道自己的兒子絕對會選擇第二條路，但還是想把這個災難延遲一點，於是就把他扮成女孩子，送到一個小島國，混跡在這個島國國王的一堆公主中，隱姓埋名。阿奇里斯是人類歷史上最早的花美男，據說化上妝比女孩子還美，混在一群公主中間還出類拔萃的。

奧德修斯加入盟軍後第一件事就是把阿奇里斯抄出來，根據一些預言師的指引，他來到了阿奇里斯藏身的島國。海洋王國比較開放，王宮門上都不貼「謝絕推銷」之類的東西，剛走了個嬉皮笑臉的保險推銷員，又進來一個鬼頭鬼腦遊方貨郎，拎著一筐子髮卡、頭花、胸針、紗巾之類的東西。公主們一看就發狂了，圍著貨郎七嘴八舌，左挑右揀，熱鬧得一塌糊塗。生意這麼好，這貨郎卻顯得心不在焉，他一直注意著最漂亮的那個公主，雖然唇紅齒白，貌美如花，可這身材未免也太高太壯了吧，而且對這一籃子的花花草草，她的表情似乎並不感冒，在一旁冷眼旁觀著。貨郎裝作無意將筐子裡堆的東西翻弄了一陣，露出了藏在筐底一把亮閃閃的寶劍，這寶劍寒光一現，那些吵得來勁的公主誰也沒注意，只有站在一旁的大個子壯公主瞪大了眼睛，目光中露出了渴望。貨郎心裡有數了，突然大叫一聲：「有刺客！」所有公主集體發出一聲慘叫，爭先恐後地跑光了，只有大個子公主毫不猶豫衝到貨郎筐前，掏出藏在下面的寶劍，擋在所有人面前，擺出了戰鬥架勢。貨郎哈哈大笑顯出真身，原來這傢伙是奧德修斯假扮的，看著目瞪口呆的阿奇里斯，趕緊曉之以理，動之以情，阿奇里斯這樣的天生英雄，扮女人扮得憋屈壞了，一聽說有這樣的打架鬧事揚名立萬的機會，自然無限嚮往，歡呼雀躍地同意加盟，完全不在意那個戰死沙場的預言。

有了奧德修斯和阿奇里斯文武兩翼，阿伽門農將軍隊也整飭得差不多了，不僅兵強馬壯，港口上那些密林般的船帆鋪滿海面，望不到盡頭，每一艘戰船都作好了出征的準備。

最高統帥阿伽門農臨出征前還惹事生非，估計是想到要上沙場，心裡多少有些慌張，所以就到林子裡打獵。一隻漂亮的梅花鹿進入了他的視線，大家都知道，這個等級的動物肯定是狩獵女神的祭品，只有女神才有資格將它射死。阿伽門農不信邪，挽弓搭箭，百步穿楊，一箭就將梅花鹿放倒。射就射吧，趁動物保護協會的人沒發現還不快跑，他還口出狂言，說他的箭法絕對是天下無雙，就算是狩獵女神親自動手，也無法射得這樣姿勢標準，動作漂亮。

古希臘的神都有些小性格，有時比人還偏激，爭風吃醋耍小心眼是經常的事。阿伽門農大言不慚地胡說八道，讓狩獵女神很發飆。狩獵女神也是月神，有些颳風下雨的事還是能說了算的，阿伽門農正預備打海戰，所有戰艦要等順風才能開出港口遠征。到了出發的日子，那些意氣風發，殺氣騰騰的希臘戰士在船上一臉豪邁，岸上的歡送活動結束了半天，送行的人發現他們送的人還在原地。戰船一動不動，海面上比一面鏡子還平緩寧靜，沖天的士氣頃刻煙消雲散。諸位英雄不知發生了什麼事，在船上急得跳腳。阿伽門農暗道不好，趕緊找了隨軍的大仙，也就是祭司一類從神怪角度分析戰情的人。這大仙掐指一算，原來是狩獵女神降罪了，總司令不是殺掉了女神的祭品嗎？賠給人家一個！拿什麼賠啊？總司令殺一個女兒獻給女神，大家兩清，女神該放風放風，該下雨下雨，以後不再為難希臘軍隊。

阿伽門農傻了，虎毒不食子，殺自己的女兒怎麼下得了手。可現在由不得他了，不幹，手下的各路英雄也饒不了他，尤其是奧德修斯，雖然很不情願加入盟軍，但既然來了，他就預備效益最大化，這狡詐的傢伙心裡打的算盤，就是等這盟軍司令失勢好取而代之。

權衡了好長時間，最後咬咬牙，給老婆寫了封信，讓她把女兒送來。這樣平白無故地要女兒，老婆當然不會答應，阿伽門農設了個騙局，說是將女兒許配給阿奇里斯！

阿奇里斯是全希臘的女孩最想嫁的人，也是全希臘的歐巴桑心中最理想的女婿。一聽說有這樣的好事，司令夫人趕緊收拾行裝，親自為女兒送嫁。阿伽門農狠著心腸，早早建好了祭壇。他女兒倒是剛烈的女子，聽說一切後，大義凜然地從容走上祭壇，預備用自己的生命為父親贖罪。最後時刻，狩獵女神動了惻隱之心，颳起一陣大風，將女孩捲上天空，讓她成為自己的祭司。希臘盟軍解決了出征前的一場大麻煩，終於可以再次出發了。阿伽門農不用親手殺自己的女兒，長出一口氣，擦擦腦門上的汗，以為躲過一場大劫，可他不知道，更大的災難已經開始醞釀。作為盟軍司令，阿伽門農沒機會戰死沙場，打完特洛伊戰爭凱旋後，他老婆因為他殺女兒的事一直不原諒他，趁他回家愜意泡澡的時候，夥同一個相好將他殺死，這個希臘的王中之王，一輩子忙著收拾別人的姦夫，最後死於自己的姦夫之手，真是不幸的宿命啊！

希臘盟軍駕駛著千艘戰艦臨近了特洛伊城，那個著名的姦夫帕里斯王子拐了海倫後並沒有直接回家，而是帶著美女在一個荒島上風流快活了好幾年，在盟軍快要攻打之前，他樂顛顛地回家了。除了美女，他不是還洗劫了斯巴達國的金銀財寶嗎，拿到特洛伊王宮一分，每個人都很高興，已經揣進口袋的財物絕對不能交回去了。那個時代的道德觀有些非主流，對於搶別人老婆這種事，被搶的一方固然不爽，搶的一方還是挺得意的，能搶別人老婆，多有種啊，特洛伊王為這個英雄王子而自豪。最關鍵的，帕里斯有個大哥，也就是特洛伊大王子，那也是個不信邪的，說起來，他也是江湖猛人榜上的人物，高手榜上估計最少能進入前五名，他大名叫赫克特，人送外號：特洛伊城牆！（前面說過，根據神諭，只有阿奇里斯才能擊穿特洛伊城牆。）

希臘艦隊逼近了特洛伊的大陸，祭司預言，第一個踏上特洛伊的希臘人將會橫死當場。這個預言嚇住了各路英雄。當時最大的英雄阿奇里斯當時正在別處忙些別的事，否則他肯定第一個跳上岸。作為三軍參謀長的奧德修斯要想辦法啊，這夥計賊頭賊腦盡是餿主意，他裝模作樣在船頭轉了一圈，在希臘眾勇士崇拜的目光中，跳到岸上，下令眾英雄登陸。有個叫普羅忒西拉奧斯的好漢，立功心切，看奧德修斯在岸上半天沒事，毫不猶豫也跟著跳下去了。還沒站穩，以逸待勞的特洛伊大軍潮水般的湧出，主將赫克特一支長矛帶著勁風飛來，準確無誤地從小普心口穿過，可憐這個剛在家完成訂婚的年輕人，成為第一個慘死特洛伊戰場的英雄。大家奇怪了，為什麼奧德修斯跳上岸就沒事，小普卻死了呢？神不是安排第一個踏足特洛伊海岸的人死去嗎？奧德修斯是第一個跳下去沒錯，可他沒站在地上，他先丟了個盾牌下去，他正好跳在盾牌上，所以，嚴格意義上說，第一個登陸的就是倒楣的小普。後來據說小普的未婚妻萬般悲慟下也加入戰鬥，成為一個英勇的女戰士，最後也戰死疆場。

小普的死激起了希臘戰士的沖天怒火，尤其是阿奇里斯知道後，馬上殺進了特洛伊軍營，將特洛伊大軍打回城裡，不敢出來。頭次亮相，阿奇里斯銀色的盔甲就成為了特洛伊人的噩夢。第一陣算是打平，希臘盟軍抓緊時間在特洛伊城外安營紮寨，開始圍城，阿奇里斯和大埃阿斯的營寨在周邊，大埃阿斯也是英雄榜上的好漢，地位應該僅次於阿奇里斯。這兩員大將守在周邊，總司令總參謀長駐紮在中間，準備停當，單等破城，這些意氣風發的希臘人誰也沒想到，這圍城的生涯一過就是十年。

特洛伊城久克不下，希臘聯軍將特洛伊周圍的小國和海岸線上的各個島嶼全收編了，也不算是蹉跎歲月吧。這些人各存心事組合在一起，能團結十年根本不可能，終於，各種各樣的矛盾爆發了！

所有的希臘英雄來頭都不小，不僅都有點神族血統，還都是各國的王子或是國王，這些人帶著各自的小弟結夥打架，剛開始還行，時間長了肯定是互相猜忌。特洛伊城久攻不下，阿奇里斯和大埃阿斯這兩個高手有勁沒處使，就在特洛伊附近的城邦小國和海島掠奪。

像阿奇里斯和大埃阿斯這樣的高手改行搶劫，對手基本是連招架都不敢。這兩人帶著各自的艦隊，縱橫愛琴海東岸，秋風掃落葉一般，阿奇里斯在海上攻克了十二座城市，陸上攻陷了十一個城池，所到之處，金銀財寶，珍珠瑪瑙，裝完一船又一船。除了這些固定資產，還有些流動資產（不搬不會動的是固定資產，不用搬自己會走的是流動資產），那就是各色漂亮女人，希臘人的戰利品中，女奴是非常重要的部分。在討伐一個叫密西埃的小國時，他劫持了太陽神阿波羅神廟祭司（希臘諸神都有自己的神廟，自己的祭司，自己特別的祭品，分得很清楚）克律塞斯的美麗的女兒克律塞伊斯。進攻呂耳納索斯時，他逼得國王兼祭司布里塞斯自殺身亡，國王的女兒布里塞伊斯成為他寵愛的奴隸。

另一個好漢大埃阿斯收穫也不差，他劫來一個更有價值的流動資產，那就是特洛伊國王為了躲避戰禍而藏在一個海島上的幼子，特洛伊最小的王子——波呂多洛斯！

因為是盟軍，所以阿奇里斯和大埃阿斯的掠奪是要回去跟眾兄弟分的，充分體現了盟軍聚嘯海洋，大塊吃肉，大秤分金的綠林風格。金銀好分，女奴分起來就有點麻煩，因為沒有統一標準啊，又不能像分豬肉那樣切開一人一塊，怎麼辦呢？阿奇里斯還是很有大局觀的，他手裡有兩個最漂亮的戰利品，上面說過的克律塞伊斯和布里塞伊斯，阿奇里斯權衡了一下，兩個女孩子顯然是克律塞伊斯各方面條件好些，算了，把她送給總司令吧。阿伽門農覺得很滿意，趕緊帶著這個新鮮的漂亮姑娘閃了，圍城十年，拋妻棄子，長夜漫漫，沒個女人不好過啊。

過了幾天，阿伽門農就遇上麻煩了，苦主找上門。克律塞伊斯姑娘的爹來了。還帶了不少金銀，可憐巴巴地求阿伽門農讓他贖回女兒，一把眼淚一把鼻涕求了半天，阿伽門農竟不理他。金銀財寶老子有的是，現在就是缺花姑娘，好歹到手一個，怎能還你，打完仗還要帶她回家呢。

克律塞伊斯的爹不是阿波羅的祭司嗎，他在阿伽門農這裡受了窩囊氣，跌跌撞撞來到海邊開始哭天搶地。他發揮專長，直接接通了他主子太陽神阿波羅的專線，將自己的冤屈敘述了一番，將希臘人的窮凶極惡誇張描述。接到這個訊息，阿波羅火冒三丈，原來說過，希臘的神心胸都比較狹窄，洗劫我的神廟，欺負我的祭司，打狗都不看主人，我阿波羅是好欺負的？太陽神放下電話，就開始在家裡策劃收拾希臘人的事。

話說大埃阿斯不是抓了特洛伊的小王子嗎，根據參謀長奧德修斯的主意，正好可以用這小子跟特洛伊談判，如果他們願意將海倫交出來，再把搶的錢財還給斯巴達，這一仗就可以不用打了，希臘人也可以回家過年了。這一輪特洛伊戰爭中難得的外交斡旋後來是失敗了，特洛伊國不僅有大王子赫克特這個能打的硬角，還有個鷹派的人物，就是駙馬爺——埃涅阿斯，他在談判過程中提出個讓斯巴達國王在特洛伊公主中挑一個回去，代替海倫做老婆這種解決方法。用特洛伊公主換海倫，就如同用傻姑換小龍女，根本是個侮辱性建議。談判最終破裂，希臘人在特洛伊王室的親自觀看之下，亂石將小王子打死。這件事讓兩邊的仇恨更深了。請大家記住特洛伊的駙馬埃涅阿斯這個人物，他是我們以後的故事中的主角。

太陽神阿波羅在家裡生了幾天悶氣，想了個出氣的主意，帶上他的金質弓箭，來到了希臘的營寨上空，一通亂射，希臘聯軍立刻開始流行瘟疫，戰士、牲口大批死亡。好在隨軍的大仙很快搞清楚了問題所在，為了大軍的前途，阿奇里斯作為主將去找大帥阿伽門農交涉。讓他趕緊把克律塞伊斯姑娘還給他爹，中止災難。阿伽門農身為大帥，從沒有什麼無私的胸懷，不管死多少士兵，已經到手的女人是不能交出去的（整個希臘的神話，很少有搶了別人的東西還回去這件事，很酷很有性格）。希臘軍營裡，將帥開始吵架，最後還是阿伽門農作了了不起的讓步，他答應將克律塞伊斯送還，但有個條件，就是阿奇里斯必須將當時俘虜的另一個姑娘布里塞伊斯送給他交換，反正大帥晚上必須有美女伺候，既然送走了一個，必須找一個來補上。布里塞伊姑娘伺候阿奇里斯，深得大英雄寵愛，可是為了大局著想，阿奇里斯只好眼睜睜地看著自己鍾愛的女奴被帶到司令的大帳裡去了。事情解決，瘟疫很快就消失了。整個事件中，阿奇里斯實際損失最大，既丟人又丟臉，極大挫傷了自尊，他一氣之下回到自己的船上，並發了狠話，不再為阿伽門農進行任何一場戰鬥！也就是說，主將撂挑子不幹了！

特洛伊這場仗，如果僅是一群地球人打架就沒這麼複雜了，關鍵是奧林匹斯山上的各路神仙也摻和進來一起添亂，像看球賽一樣，神仙們一邊看熱鬧，一邊分成兩部分為自己支持的球隊加油，啦啦隊的分布狀況是這樣的：站在希臘人這邊的神仙有：赫拉和雅典娜（這兩女人早就要報復特洛伊人了）、赫耳墨斯（古希臘的道路保護神，接引死者進入冥界，也是商旅保護神和信差，最出名是神偷，諸神的兵器和傢伙都被他偷去玩過）、波塞冬、赫淮斯托斯（阿佛洛狄忒的老公，神界最出名的手藝人，奧林匹斯山的宮殿和精密設備及諸神的盔甲、兵器之類都是出自他的手藝，也是個出名的烏龜，他老婆跟戰神阿瑞斯私通，被他捉姦在床）；站在特洛伊那邊的神仙包括：阿瑞斯（戰神）、阿波羅和阿佛洛狄忒。大頭目宙斯呢？他最不好說，一直很騎牆，兩頭跑，態度曖昧，就算他裁判吧。這些神仙各操傢伙親自上陣廝打，整個特洛伊戰爭過程中，有時是兩個地球人打，有時是一個地球人打一個神仙或是被神仙打，有時是神仙互相打，宙斯勉強能算個裁判，可也長期黑哨，讓戰局益發沒完沒了，越來越亂。

卻說阿伽門農和阿奇里斯將帥不和，誰也不理誰了，失掉阿奇里斯這支生力軍，希臘人經常被收拾，節節敗退。

先放下戰局，跟大家說說第一高手阿奇里斯的私生活，這位萬眾偶像。傾倒在他盔甲下的女人比牛毛還多，他想要誰，誰都樂得跟吃了蜜似的。根據古希臘各種狗仔資料，八卦傳聞，跟阿奇里斯發生過緋聞的女人可不少，可是在大帥哥的情史上，這些女人過眼雲煙般不留痕跡，最讓這位大英雄上心的是另一個帥哥，跟他青梅竹馬兩小無猜的帕特羅克洛斯！不用大驚小怪，在古希臘人的觀念中，兩個男人的結合是最完美的，阿奇里斯和帕特羅克洛斯的愛情比羅密歐茱麗葉還有美感。江湖傳說，阿奇里斯之所以願意一直留在盟軍給阿伽門農賣命，並受他鳥氣，就因為自己的情郎在這裡，而這位情郎當年曾向海倫求婚，屬於發過誓的英雄，必須為海倫而戰！（「地主」們暈死了吧？要不怎麼叫神話呢，別深究！）

阿奇里斯生氣罷戰，讓希臘聯軍吃了大虧，所有人都知道必須讓這傢伙重上戰場。小情郎帕特羅克洛斯過來勸說，阿奇里斯狠心拒絕了他，帕特無奈之下，只好穿上了阿奇里斯的盔甲出征。這身盔甲在戰場上比鬼還嚇人。帕特本來就是條好漢，披掛了這身行頭更是威風八面，在特洛伊戰陣上來往衝殺，特洛伊人都以為是阿奇里斯歸來，嚇得魂飛魄散。可惜啊，帕特打得興起，不知道他已經不是跟人在打仗，太陽神阿波羅偷偷加入了戰團，在特洛伊主將赫克特身邊幫忙。帕特不是太陽神的對手，赫克特的長矛將帕特扎個對穿，還把阿奇里斯的盔甲搶走了。多虧希臘聯軍拼死血戰，終算保住了帕特的屍體。

愛人慘死，讓阿奇里斯心如刀割，追悔莫及。阿奇里斯這個人最大的優點就是絕不記仇，因為不用記，他當場就把仇報了。當他決定重上戰場找赫克特算帳時，甚至先跟阿伽門農和好，互相肉麻吹捧一通後盡棄前嫌。

自從阿奇里斯上了戰場，他媽媽忒提斯就一直在天上跟著他，她已經告訴過兒子，如果為帕特報仇殺掉赫克特，自己也會丟了小命。可阿奇里斯根本就不考慮這些，對他來說，此時他恨不能陪帕特去死。忒提斯知道，宿命的安排已不可逆轉，只好含淚為兒子裝備一副新的戰甲，送他上戰場。

阿奇里斯重臨，王者歸來，他和赫克特的世紀之戰已不可避免。月圓之夜，紫金之巔，阿奇里斯西來，驚動神仙！此時的黑哨宙斯犯愁了，他不知道該讓他倆誰打贏了，但他有自己作選擇題的辦法，抓鬮！不知道從哪裡掏出來一座天平，又拿來兩個砝碼，這兩砝碼，一個代表阿奇里斯，一個代表赫克特，他把這兩個砝碼往天平上一放，代表赫克特的那一端就像冥王哈里斯那個方向傾斜。宙斯知道，赫克特完了。阿奇里斯沒有辜負觀眾的期望，赫克特順利被他殺掉了。

古希臘的風俗，人怎麼死不要緊，關鍵是死後的禮數很重要，對待屍體的態度比對待活人還重要。話說阿奇里斯搶回自己情郎的屍體後，一直不捨得安葬，就是要等赫克特血祭他。幹掉仇人，阿奇里斯將赫克特的屍體拖在自己的馬後，繞著帕特的火化台跑了三圈。特洛伊的國王看到自己英勇的愛子慘死已經悲慟欲絕，現在屍體還被這樣侮辱更是差點崩潰。這個父親還是挺偉大的，他鎮定了情緒，勇敢地面見阿奇里斯，祈求用金銀贖回他兒子的屍體，阿奇里斯出盡了這口惡氣，也沒有做得太絕，既然大仇已報，沒再為難老頭，就答應他了。

失去主將的特洛伊危險了，阿奇里斯對特洛伊人展開屠殺。神仙不答應了。上面說過，特洛伊城和赫克特是太陽神阿波羅罩著，現在阿奇里斯這樣囂張，阿波羅豈能坐視。阿奇里斯致命弱點是腳踝，這一點，阿波羅是不會弄錯的，彎弓搭箭，金色箭矢劃過一條絕望的直線，精準無誤，正好從阿奇里斯的腳踝穿過，這個半人半神的希臘第一條好漢轟然倒下，失去了生命。後來「阿奇里斯之踵」成為希臘文中一個成語，表示完美事物中唯一而且會致命的缺陷。

武將們陸續都沒了性命，現在就指望軍師出個一擊即中，了結戰事的好點子了。奧德修斯作為總參謀長責任重大，快愁死了。

阿奇里斯被阿波羅幹掉，支持希臘人的神仙肯定要反擊啊。據說是雅典娜偷偷提示奧德修斯一下，這個絕頂聰明人馬上想出了破敵的辦法。

第二天，希臘軍營動作很大，駐紮了十年的營寨開始拆除，希臘戰士們都在收拾行裝，排著隊很有秩序地開始向船上撤退。很多船隻已經揚帆離開海岸，所有的事情表明，打了十年沒有得手的希臘人終於撤退了！特洛伊人正在猜疑中，城裡的傳聞越來越多，大約是說神仙們已經不喜歡希臘人了，希臘人如果不走要倒大楣的，而且雅典娜女神還留了個寶貝在希臘的營地。這傳聞越來越喧囂，信的人也越來越多，當特洛伊人確定希臘人已經從海上跑掉了後，趕緊跑到希臘的營地上去找戰利品。

雅典娜留下的禮物還真新鮮，居然是一匹巨大的木頭馬！這木馬高大奇偉，手工講究，很像是神賜的寶物。特洛伊人高興壞了，圍城十年，大家都不好過，這匹木馬是個很好的形象工程，可以提醒特洛伊人戰鬥勝利了，十年動亂終於結束，平靜的生活又降臨特洛伊。這匹巨大木馬被特洛伊人費好大勁弄進了城中。後面的故事大家都知道，當天夜裡，木馬裡跳出幾十名希臘戰士，打開城門，潛伏在海岸的希臘大軍捲土重來，特洛伊終於城破！

特洛伊戰爭發生在古希臘歷史中，邁錫尼文明這一段時間。以邁錫尼為首的希臘諸城邦，到土耳其的這十年折騰，將特洛伊燒成白地，周邊的小國被劫掠一空，而自己也沒落下什麼好處，這一仗讓希臘諸國都有些吃不消。不久，西元前一二〇〇年左右，一批多利安人從巴爾幹半島西南方向長驅直入，直搗伯羅奔尼撒島，將邁錫尼文明徹底摧毀。這群多利安人也沒有建立新文明的本事，專長就是打架和破壞，所以他們在希臘胡鬧的時間被稱為希臘歷史上的「黑暗時期」，既然是黑暗時期，自然是看不清楚，後來對這段歷史的了解，來自一本叫《荷馬史詩》的書，這段時期又叫「荷馬時代」。

《荷馬史詩》是一個叫荷馬的人寫的，傳說他是個盲詩人和樂師，大約生存在西元八、九世紀。到現在為止，這個人是不是真的存在還是歷史學家喜歡爭論的事。

《荷馬史詩》分為兩部分，一部是《伊里亞德》，一部是《奧德賽》。《伊里亞德》講的就是特洛伊戰事，主要是戰爭最後一年，阿奇里斯跟阿伽門農為女人掐架的故事。而《奧德賽》的主角是總參謀長奧德修斯，他打完特洛伊戰爭後趕著回家，大約是得罪了海神，遭到些莫名的阻擾，這一趟回程走了十年，前後離家二十年，不少人打他老婆的主意，參謀長回家還忙著收拾情敵，日理萬機。

《荷馬史詩》是整個希臘乃至歐洲文學的祖宗，像咱家的詩經一樣，也是來自一些民間流傳的段子，荷馬既然是個樂師，這些段子就帶著節奏，加上些感歎詞和重要句子不斷重複，雖然咱不懂希臘文，但想像那感覺應該是這樣：快使用雙節棍哼哼哈哈，希臘戰士切記仁者無敵！是誰在特洛伊，風生水起……諸如此類。

荷馬時代希臘人開始使用鐵器了，海洋貿易也挺發達，開始出現腓尼基字母，正式的希臘文字隨後也被開發出來。西元前七七六年，舉辦了第一屆奧林匹克運動會，各城邦訓練戰士的課程，每四年集體考試一次。人口不斷增加，陸續向外移民，城邦小國有的也越來越旺盛發達，最猖獗的國家有兩個，分別是：斯巴達和雅典。

講到這裡，我們的古希臘之行可以暫告一段了，隨後希臘跟波斯曠日持久地打架，讓他們打著吧，我們換個地方玩去！

5

先交代特洛伊戰爭結束後，奧德修斯又忙了十年才回家，阿伽門農安全回家後被自己的老婆夥同西門慶幹掉。姦夫淫婦帕里斯和海倫呢？帕里斯在城破之前就被射傷，神諭說他的前妻可以救他。還記得他前妻嗎，在樹林裡放羊時隨便娶的妖精，帕里斯為了小三海倫，把這妖精像抹布一樣拋棄，此時帕里斯為了活命又去求她，這個棄婦妖精沒給負心人機會，讓帕里斯慘死。不過在火化的時候，妖精突然後悔，竟跳進火堆殉情了。小三海倫呢，城破後，自然回到前夫手裡，她跪在斯巴達國王腳下，委屈萬分地敘述了帕里斯如何強迫她，她如何三貞九烈求死未遂，只好委身強姦犯，每日以淚洗面，思念郎君的故事。斯巴達國王念舊，這個被別人用了十幾年的老婆也是有苦衷的，現在回到了自己身邊，他歡天喜地地收下，兩口子繼續回斯巴達過日子去了。而特洛伊王室呢？男的大都被殺，女的自然為奴，只有一個例外，上篇說的特洛伊的駙馬爺——埃涅阿斯，我們寫這麼長的希臘神話，就是為了帶出這個人物，他雖然出場不多，卻是絕對的男主角！

這位駙馬傳說是維納斯的私生子，維納斯私生活混亂，跟埃涅阿斯的老爸有段露水情緣，維納斯想立牌坊，所以警告他不許將兩人的關係告訴別人。跟天上地下最性感的女人有過一腿，一般的男人都會忍不住吹牛，這傢伙喝了點老酒，沒管住自己的舌頭，這樁地下情史被小報曝光，讓維納斯好一陣子身陷「豔照門」，不敢見人。一氣之下，把這老相好整成了瞎子，以示懲戒。

特洛伊城破，埃涅阿斯妻離子散，背著自己的瞎爹，帶著一批忠誠的手下，冒死衝出了特洛伊的沖天大火，逃到海上，開始流亡生涯。因為有維納斯這個老媽在天上指引，埃涅阿斯的船隊在食水耗盡，筋疲力盡，幾乎絕望的時候，被指引到了一個叫迦太基的國度（現在的北非突尼斯）。

迦太基這個地方是個什麼樣的所在呢？也有故事。現在的黎巴嫩西海岸一帶，當時是個很強的國家叫腓尼基，對，就是發明了腓尼基字母的那幫人。這一天老國王死了，留下兩孩子，姐弟倆都頗受老爸寵愛，不好取捨，所以老王讓他倆一起登基。弟弟可不是個善茬，他不願意跟姐姐分享權力，所以他預備設計除掉她。他姐夫是腓尼基的大祭司，想除掉姐姐必須先把姐夫扳倒，於是他用詭計先幹掉了姐夫。他姐姐大名叫狄朵，是個高智商美女，老公一離奇死亡，她馬上就知道什麼狀況了。幸好平時身邊還有些靠得住的親信，在他們的幫助下，狄朵躲開她弟弟的監視，組織了船隻，悄悄駛進地中海，揚帆而去了。

在非洲大陸的北端，狄朵發現了一塊土地肥沃，港灣優良的美麗土地，而且地勢險要，易守難攻，很適合作一個安身之地。狄朵上岸後，跟當地的土著要一塊地方定居。誰也不喜歡陌生人不造而訪提這種領土要求，但是看對方頗有姿色，忍不住就想調戲一下。首領掏出一張牛皮，對狄朵說，這個牛皮以內的土地可以給她們。一張牛皮能有多大呢，這純粹是難為這些流亡者啊。正當腓尼基人預備上船繼續流浪時，狄朵掏出一把刀子忙開了。她仔細將牛皮分薄，然後裁成很細的長條，將這些細長條牛皮接在一起，用這根牛皮繩開始圈地，這一圈就圈走了土著三百多公頃的土地，土著首領張著嘴，半天合不上。按說狄朵這個做法有點偷換概念，有耍賴之嫌，但以非洲北部土著的智商，他們也想不出反駁這個解法的理論，只好眼睜睜地看著這個異鄉的美女開始在自己的土地上造城，最後發展為迦太基國。

埃涅阿斯登陸這個小國時，這裡已經被狄朵女王建設成物產豐富，自給自足的世外桃源了。埃涅阿斯藏在水手中隱藏身分，讓他兒子做使節，給女王贈送禮品，並請求收留。正在此時，迦太基附近的一個不知什麼小國過來打架，狄朵女王馬上安排抵抗，埃涅阿斯作為特洛伊戰爭的好漢，對戰鬥有天生的熱情，馬上脫掉水手服，露出英雄本色，帶領手下那些在特洛伊被訓練了十年的職業軍人，替女王收拾了來犯之敵。狄朵女王立時墜入情網，瘋狂愛上了這個特洛伊人。

飽經磨難的埃涅阿斯掉進了溫柔鄉，地中海的熏風，異國美女的柔情，非洲大地的綺麗風景都讓他陶醉，每天吃了睡，睡了吃，過著安逸的日子。他忘記了一件很重要的事：特洛伊城破之時，宙斯曾給他諭示，會幫他逃出性命，但他必須到某個地方建立新的王國，復興特洛伊。這個帶著復國使命的英雄，居然變成了後宮的男寵，花天酒地，樂不思蜀。宙斯冷眼旁觀了一陣子，實在看不下去了，終於發火了，給他托夢並警告他趕緊上路辦正經事，別繼續跟著腐敗。埃涅阿斯知道宙斯發火可不是好玩的，但這狄朵女王對自己有恩，還一往情深的，說走就走開不了口啊，算了，連夜逃吧，把寶劍留下，算是給這段短暫情緣一個交代。

特洛伊人在海上走得沒影了，狄朵女王才反應過來，這種被人拋棄的感覺讓這個女人立刻就瘋了。她在海邊設了祭壇，燃了一把大火，發下了一個驚心動魄的詛咒：從今而後，所有迦太基的人都要記住埃涅阿斯的罪孽，迦太基的子孫要代代追殺埃涅阿斯的子孫，見一次打一次，哪怕天涯海角，絕不放過，兩個民族永遠沒有和平，只有仇恨，讓兩國間的海域永遠成為戰場！為了表示這個詛咒的真誠和嚴重性，狄朵女王用埃涅阿斯留下的寶劍抹了脖子。這個詛咒是用狄朵的生命和滿腔熱血完成的，所以狠毒無比，靈驗無比，後來雙方的後代真是打得天昏地暗，以後會說到。

埃涅阿斯又開始流亡了，在地中海很多小島都混跡過，最後終於在亞平寧半島中部的一條叫台伯河畔找到了落腳處。這有個叫拉丁姆的小國，國王長期跟人幹仗，埃涅阿斯自然又找到工作了。打了幾架後，國王很滿意，為了留住這幫打架的好手，直接將他招為女婿，讓埃涅阿斯再次成為駙馬，最後還接了班成為國王。

大家這時有點疑惑了，整個特洛伊戰爭一直到埃涅阿斯離開迦太基，是一個曠日持久，聲勢浩大的故事，期間生靈塗炭，死人無數，到底大老闆宙斯怎麼想的呢？以他老人家的神通，應該是舉手間就可解決所有的杯盤餐具，而其他的神仙跟著摻和也好像唯恐天下不亂，沒一個是為和平努力的。這一切究竟是為什麼？其實，上面這一場混亂真正的起因是：因為地球上人口越來越多了，大地之神不堪重負，請求宙斯幫忙，於是奧林匹克山的諸神精心安排了一齣好戲，達到了目的還娛樂了自己。從這個故事我們知道，造物之神給人類設定了生殖功能，保障繁衍；再增加了嫉妒、貪婪、報復這些基因，讓人類每到合適的時間就自相殘殺，以減輕大地的負擔。

上篇說到埃涅阿斯帶著特洛伊的復興使命要到新的土地建立新的國家，他坐享其成，娶了個公主，直接接手了別人的產業，少奮鬥三十多年。埃涅阿斯死後將王位傳給兒子，兒子傳給孫子，傳了好幾代，這一年，努米托爾作了國王了。

雖然此時的國家也不過就是個稍微發達點的部落，氏族公社，國王最多相當於鄉長，但後來西歐此起彼伏的宮廷陰謀就已經開始啟蒙了。爭權奪利這個事，幾乎是存在每個人的血液裡的。努米托爾登基後不久就被他弟弟阿穆留斯篡了位，他把下了台的哥哥驅逐出境。為了杜絕後患，他將哥哥唯一的女兒，也就是自己的侄女西爾維亞送到神殿做祭司，祭司中文叫尼姑，六根清淨，不准戀愛結婚。阿穆留斯自以為用了一個聰明而仁慈的法子讓他哥哥這一支絕了後，以後就沒人找自己麻煩了。不過呢，人算不如神仙算，戰神阿瑞斯自然是不怕遭報應的，管她什麼尼姑，貞婦，他喜歡就可以發展超友誼關係，戰神偶爾光顧神殿的結果就是，西爾維亞生下一對雙胞胎。戰神這臭小子始亂終棄，雙胞胎一出世，他就消失得無影無蹤了。

阿穆留斯的如意算盤落空，氣得殺人，西爾維亞可以殺，戰神這兩個兒子他不敢隨便下手，怎麼辦呢，他找了個大盆，將這兩個孩子放進台伯河，讓他們順流而下，看看能不能靠自然力量整死這兩孽種。

事實證明所有被丟在河裡漂流而不死的嬰兒都能成大事，比如唐玄奘也被遺棄在河裡，沒死還成佛了。這對雙胞胎下水時正值汛期，他們順著滔滔江水一直漂到下游，在岸邊一個地方擱淺。兩個孩子的哭聲驚動了附近的一隻剛產仔的母狼，它不僅沒吃他們，還過來餵他們奶吃，經過的一個放牧人很快發現了這一幕，狼奶媽一走，他趕緊把這兩個孩子撿回家去了。

這兩個嬰兒跟著牧人夫婦在一個村子裡長大了，因為有戰神的血統和狼的營養，驍悍異常，當時環境下，有力氣會幹活會打架就是好青年，所以這兩兄弟很快在村裡組織了一個幫派聚嘯山林。動作大了，就驚動了國王，後來因為國王的追捕，讓這兩人身世曝光，一種使命感油然而生，帶著自己已經小有規模的打架隊伍，殺回王宮，推翻了篡位的阿穆留斯，還找到被下放的外公，讓他重新執掌了鄉長之位。

這兩兄弟一個叫羅慕路斯，一個叫雷穆斯，重新成為王子後的兄弟倆不願在外公家裡混，他們回到當年母狼哺育他們的地方，傳說是一夜之間就建了一座新的城池。兄弟倆都想用自己的名字為這個新城命名，本來這種事，抓鬮或是猜拳都能很快決定，可他倆更願意接受神諭，兩人各跑到一座大山上向遠處瞭望，接收神的安排。哥哥看見十二隻禿鷲從頭頂飛過，弟弟看見六隻禿鷲從頭頂飛過。不管這種迷信活動的規矩是什麼，顯然哥哥的優勢是明顯的，但弟弟堅持認為，禿鷲是自己先看到了，要賴，不同意比賽結果。哥倆各自造了一部分城牆，弟弟為了表示哥哥的城牆沒自己造得高，就在他哥哥施工的地方上竄下跳，張牙舞爪作猴子狀，以達到羞辱哥哥的目的。結果目的達到了，他哥哥果然被激怒，二話不說就砍掉了弟弟的腦袋，這樣患難與共的兄弟，居然是不能開玩笑的。弟弟已死，哥哥當然就是新城唯一的主子，用自己的名字為它命名吧，這，就是羅馬城！

地球歷史上最華麗奢靡的古都之首就這樣出現了。母狼哺育兩個幼子的圖案成為永恆的羅馬標誌，母狼更成為古羅馬的圖騰。根據考古學家瞎猜得到結論，羅馬城建成的時間是西元前七五三年四月二十一日，這麼精確的時間也不知是怎麼算出來的。那是咱家的東周時代，各路諸侯已經開始預備將中原變成殺場了。

羅慕路斯成為羅馬之父，第一個君王，埃涅阿斯的後代終於完成了宙斯交代的任務。

上面這個建城說只是個神話故事，全世界的人往自己臉上貼金都自稱神族之後，其實羅馬真正成為城邦時，人種是很複雜的。希臘移民算是來得比較晚，最早的居民是來自非洲的利古里亞人。義大利人的祖先大約來自七八個地方，列出名字和來歷容易糊塗，就不仔細說了。不管羅慕路斯是不是戰神的兒子，反正義大利人認他為祖先，咱們也不好有意見，隨便他吧。

世界歷史有一套之

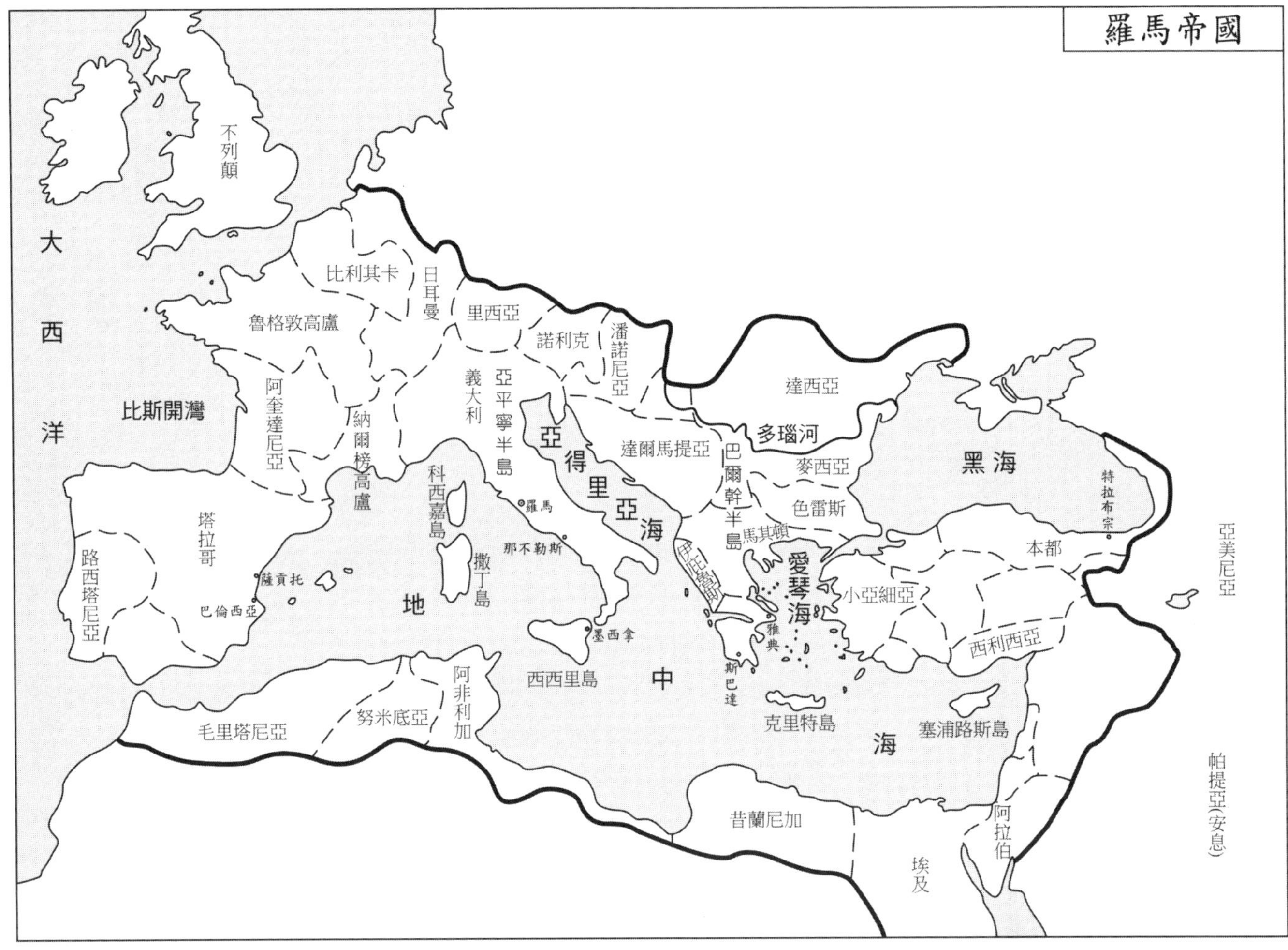

羅馬帝國
不列顛
大西洋
比斯開灣
比利其卡
日耳曼
魯格敦高盧
里西亞
諾利克
潘諾尼亞
阿奎達尼亞
納爾榜高盧
義大利
亞平寧半島
亞得里亞海
達爾馬提亞
巴爾幹半島
達西亞
多瑙河
麥西亞
色雷斯
黑海
特拉布宗
亞美尼亞
塔拉哥
路西塔尼亞
薩貢托
巴倫西亞
科西嘉島
撒丁島
羅馬
那不勒斯
墨西拿
西西里島
伊庇魯斯
馬其頓
愛琴海
雅典
斯巴達
小亞細亞
本都
西利西亞
克里特島
塞浦路斯島
地中海
毛里塔尼亞
努米底亞
阿非利加
昔蘭尼加
埃及
阿拉伯
帕提亞(安息)

羅慕路斯綠林出身，當了王後最看重軍隊建設，羅馬作為一個新城，吸引了很多流浪的、無所事事的人入住，羅慕路斯來者不拒，投奔來的都接受，很快組織了強大的軍隊。可很快他就發現不對了，來的都是男的，羅馬城裡的性別比例日趨失衡，滿大街走的都是光棍，能娶上媳婦的會招很多人嫉恨，大閨女不敢上街亂走，有人搶親。羅慕路斯預備將羅馬城萬世光大，老百姓如果絕了後，這萬世基業也就沒了。他趕緊派人到周圍其他部落城邦去找花姑娘，遊說她們嫁到羅馬來。那時的羅馬在亞平寧半島上算是個老少邊窮的地區，誰家的姑娘願意嫁過去受苦啊，所以有婚姻意向的一個也沒有。羅慕路斯智商高，很快有主意了，他對外宣布羅馬建成要開個慶典，他殺豬宰羊地請客吃飯，擺流水席，讓羅馬隔壁的薩賓部落全過來白吃，特別聲明可以帶家屬。這下好了，薩賓人聽說白吃白喝，大喜過望，趕緊扶老攜幼地過來噌飯。一進羅馬就發現中計了，流水席沒吃上，羅馬軍隊操傢伙招呼他們，男的全部打出去，女的留下，以最有效的手段解決了羅馬城男多女少的問題。薩賓人飯沒噌上還丟了婆娘，這口窩囊氣差點讓他們集體吐血。薩賓人也顧不上吃飯了，集合軍隊把婆娘、女兒、妹子搶回來。

羅馬和薩賓為這事正式結仇，見一次打一次，前後打了四次。此時的薩賓人忘了，這麼長的時間，薩賓女人留在羅馬男人手裡，生米早就煮成熟飯。所以在第四次兩邊打架打得熱鬧的時候，突然有一群薩賓婦女抱著孩子衝上了戰場，對這些女人來說，羅馬和薩賓都是親人，任何人的傷亡都不是好事。在她們的苦苦哀求下，雙方總算是決定停戰，現在兩邊有些打斷骨頭連著筋的曖昧關係了，怎麼辦，結盟吧，羅馬和薩賓成為盟友兼同夥。

羅慕路斯的死亡是個謎，傳說平地起了一陣大風，這個夥計就消失了，後來義大利人自己說是上天接了父親的班成為戰神。他這樣一走，給後來的羅馬立了很好的規矩，王位大部分都不世襲。

在羅馬最初的時代，整個國家的權力有三部分組成，軍事元首（也就是王）、元老院和公民大會。王的形象地位大於實權地位，最多算個最高法官或是最高祭司；管理國家的各項政策條例由元老院決定，元老院基本由組成羅馬的各氏族頭目構成，日常的國家大事都有他們商量著辦；而公民大會則是所有氏族的成年男子參加的會議，選舉新的王或是發動戰爭、制定廢除新法律這些要緊事，是要公民大會投票的。現任的王死去或是被風吹走，元老院會臨時提名一個代班的，五天之內，公民大會選舉下一個王出來。這種上古時代的民主聽起來頗令人神往，其實元老院是可以操控公民大會的，王不能世襲，那些氏族部落的頭目卻是世襲的，這些人後來都成為羅馬的貴族，而在羅馬歷史上，貴族的力量一直是絕對的主導。

從羅馬建成一直到西元前五〇九年，歷史上稱為「王政時代」，共經歷了包括羅慕路斯在內的七個王，挑有故事情節的大約講講這「七王時代」的故事吧。

第三個王時期，羅馬跟鄰居阿爾巴年年征戰，兩邊的國王都覺得這樣打下去兩敗俱傷，老百姓流離失所的，誰也沒佔到便宜。最後兩邊達成協議，搞個「華山論劍」，各派高手比武，贏的那一邊，就成為兩國的王。

當時正好羅馬和阿爾巴都有一組三胞胎兄弟，而且還是同時出生的，所以就讓這六個代表各自的國家打架。鬥毆開始不久，羅馬的三胞胎兄弟就被幹掉了兩個，剩下那個毫髮無傷，可阿爾巴那邊的三兄弟雖然各自都受了傷，卻都活著。再打下去，羅馬這邊的就要一敵三，顯然不是對手。羅馬這個小夥子很聰明，他假裝害怕開始逃跑，因為不殺光不算贏啊，所以阿爾巴的三兄弟趕緊追。這三兄弟都有傷，輕重不同，受傷輕的追得快，受傷重的落後，很快三人就分開了。羅馬士兵立即掉頭回來，一對一各個擊破，將阿爾巴三兄弟全部收拾掉。從此羅馬國王也是阿爾巴國王，等於是將阿爾巴併入了羅馬。

第六王塞爾維烏斯時期經行了改革，完成了古羅馬從氏族公社向一個正式國家的過渡。第六王有個女兒，驕奢殘暴，貪婪成性，找個老公跟她一路貨色，兩口子每天在家裡計畫篡奪王位的事。這位叫塔克文的駙馬策劃了一段時間，眼看著各方面條件都成熟了，就帶兵殺進王宮將岳父殺掉，自己接班作了羅馬王。

塔克文是羅馬王政時代第七個也是最後一個君主，出名的昏君，他兩口子篡位的目的就是對財富和地位的貪得無厭，所以橫徵暴斂、大興土木、窮兵黷武這些昏君標準動作他全都有。當時羅馬城最大的貴族反對他，被他殺掉，家裡留下個小兒子——盧修斯，這小子為了逃脫這種滅門之災，開始裝瘋，應該是裝得很像，以至於塔克文放了他一馬而留下後患。羅馬前幾個王都挺溫和的，冷不丁出個暴君，老百姓一時不知該怎麼辦。好在，昏君一般都不是個會教孩子的爹，昏君養出來的孩子，大部分時候會犯昏的。

話說塔克文帶領羅馬將領出外征戰。那時候的征戰不論是規模還是態度都跟找鄰居打群架沒啥區別，白天打仗，晚上寂寞的軍營大家就找樂子。這一天，羅馬將士估計是鬥地主鬥膩了，開始聚集在王子的大帳裡神聊各自的老婆了。羅馬男人厚道啊，不說老婆是人家的好，每個人都把自己的老婆誇成一朵花，其中有個叫克拉廷努斯更是說自己的老婆魯克麗絲貞潔賢淑，天下無雙。口說無憑，鑒於自己誇自己的老婆沒有說服力，這幫沒事幹的羅馬軍事幹部居然集體從前線返回羅馬，就為突擊查自己老婆的崗！查崗的結果讓所有的老公都很自豪，因為他們遠征打仗，老婆在家絕對沒有鬱悶或者封閉，這些軍官夫人都在各自的party上high呢，還有不少在別人的床上high呢。唯一的異類就是克拉廷努斯，他的老婆魯克麗絲居然跟侍女在家裡紡線！羅馬軍官的眼中，燭光中的她閃著聖潔的光澤！這光澤折服了所有的羅馬軍人，其中還包括王子。王子自然是塔克文的兒子，塔克文夫婦可以弒父篡位，估計血統裡沒啥善良的遺傳。其他羅馬男人為魯克麗絲折服，最多就是回家當作榜樣教導自己的老婆，王子的想法不一樣，他在前線想了幾天，居然偷偷回到羅馬，趁夜拜訪魯克麗絲，並在留宿的當晚將其姦污，然後天不亮就逃之夭夭！

魯克麗斯還真是個三貞九烈的，不論後來的羅馬婦德沉落到何種程度，魯小姐絕對可以進入羅馬列女傳！第二天她找回父親和老公，然後在城堡上，當著許多羅馬百姓面控訴了自己的受害經過，然後一刀捅進了自己的胸膛，血濺當場！整個羅馬震驚了，羅馬人有奇異的道德觀和正義感，苛捐雜稅可以忍、獨裁殘暴也可以忍、濫殺無辜草菅人命也忍了，獨獨是強姦別人的老婆不能忍。反對塔克文，讓他下臺的呼聲越來越高。這時那個貴族公子的盧修斯不再裝瘋了，跳出來公開控訴塔克文的罪行，並帶著魯克麗絲的遺體進入城中，將羅馬人的義憤掀到頂點，羅馬人立即推舉盧修斯為首領，佔領了王宮，並將塔克文一家驅逐出境。

塔克文下臺後，羅馬人對獨裁深惡痛絕，對「國王」這個職業產生莫名的厭惡，所以共同決定，以後就不要設這個位置了，羅馬沒有王，選兩個執政官出來，一年一換，權力相等，互相制衡，一個可以宣布罷免另一個，從這時候算起，羅馬共和國時代開始了。

我們經常說「德國法西斯」，「日本法西斯」，眼看著「法西斯」這個東東又要活躍在街坊。在我們知道的名詞解釋裡，「法西斯」這個詞大約就是代表的殘酷、粗暴、滅絕人性，到底這個詞是怎麼來的呢，其實這個詞是原裝的義大利貨，古羅馬出品，絕對有血腥保證。

古羅馬時代，「法西斯」是種刑具，跟中國的老虎凳辣椒水同類，它是一根束棍，將很多根有韌性的木條綁在一起成為一整根，中間插著一把利斧。這個刑具的操作方法是，先用這根束棍沒頭沒臉地照人身上亂打，打得皮開肉綻站不起來之際，抽出斧頭一傢伙剁掉腦殼。在古羅馬時期，執政官出巡，身後會跟隨十二名侍衛，扛著這種刑具，而用「法西斯」執行刑罰，是執政官的權利，所以也逐漸成為古羅馬最高權利的象徵。一九二一年十一月，義大利猛人墨索里尼組成一個新的反動黨派，這個黨派用「法西斯」做黨名，以黑衫作制服，用羅馬執政官的「法西斯」圖案作黨徽，隨著墨索里尼的江湖名聲越來越差，「法西斯」這個名字就被貼上我們現在理解的意義了。

「法西斯」這種刑具比較極端，一般國家都認為死者最大，既然已預備執行死刑，之前不太會暴打一頓，多半會給安排一頓大魚大肉的斷頭飯吃，酷刑的目的大多也不是為了殺人，像羅馬這種折磨到半死再執行死刑的刑罰比較罕見，充分顯示了羅馬人嫉惡如仇的性格。

上篇說到，古羅馬王政時代結束了，進入了共和時代。羅馬共和國是真正三權分立的，執政官、元老院和部族大會，各司其職，這是現代西方議會制的淵源。元老院在貴族中選了兩名執政官，一個自然是領導推翻塔克文政權的盧修斯，另外還有一個貴族。

這兩個執政官上任不久，被驅逐出境的塔克文國王就捲土重來了。他暗中勾結了一些對新生共和國體制不滿的貴族子弟，組織了軍隊，預備殺回來恢復獨裁的糜爛生活。這個共和制的國家是全羅馬人民的選擇，當然會受到全體老百姓的保護，很快塔克文的陰謀就被發現，羅馬人民將塔克文收買的預備作內應的貴族子弟抓了出來。這幾個貴族子弟被押上廣場時，現場頓時安靜了，因為大家沒想到，這裡面的頭目，兩個是執政官盧修斯的兒子，兩個是另一個執政官的外甥！

在羅馬市民的注視下，兩名執政官各帶著他的十二名侍衛來到了廣場，盧修斯的兒子承認了自己叛國的罪行，並泣不成聲地乞求父親原諒。盧修斯沒有任何表情地宣布，自己兩個兒子叛國罪成立，按律現場執行「法西斯」。盧修斯身後的侍衛開始用束棍抽打執政官的兩個兒子，很快就血肉模糊，打得差不多時，將他們扶住跪下，用束棍中的斧頭切掉了他們的腦殼。整個過程，盧修斯的臉上一直坦然而冷漠，就如同這兩個人完全跟他沒有關係。輪到另一個執政官審自己的外甥了，看到整個「法西斯」的執刑過程，這個執政官不忍了，竟對大家要求將他兩個外甥放逐，而不要處死他們。你說這夥計多傻，人家盧修斯連自己兒子都殺了，怎能放過你外甥，所以他的求情直接變成了小丑表演，盧修斯替他宣布了執刑，兩個外甥被「法西斯」處死。這個事結束後，盧修斯這種鐵面無私大義滅親的冷酷形象受到全羅馬人的支持和擁護，民調支持率節節上升，而另一個執政官作了小丑後，被所有羅馬人唾棄，不久，盧修斯提議罷免了這個同行。本來執政官退休可以進元老院，可這個執政官直接被趕出了羅馬城。由這件事可以看出羅馬人對這種剛性司法的認同，民主和法治成為古羅馬戰車的雙轍，是後來古羅馬馳騁歐洲、稱霸世界，創下華麗版圖的重要基礎。

古羅馬人可能是當時全世界最自由的人民，已經如他們所願成立共和國了，執政官也一年一換了，沒人敢獨裁了，可是他們還不滿足。羅馬有貴族、平民和奴隸三種人，最不可開交的社會矛盾就是平民不能容忍貴族權利太多，因為所有國家機器中，元老院的權利無疑是最大的，而元老院全部由貴族組成，所以古羅馬共和國的民主，是對所有貴族的民主，只要這幫人結成一黨，國家的大小事都可以左右，以至於平民不斷地要求改變這個現狀。整個羅馬共和國的歷史，就是一部平民和貴族拔河的歷史。

羅馬共和國剛建立時就跟鄰村不對盤，要打架，可打架要人啊，沒想到所有平民商量好了，行動默契整齊劃一地帶著傢伙離開了羅馬城，拒絕幫貴族出征。羅馬貴族被整得沒辦法，只好低下高貴的頭顱開始談判，結果是不得不同意，設立保民官這個職位，負責保護平民的利益不受貴族侵犯。權力很大，可以在各級別的事情上否決貴族的提議，當然是打著維護平民利益的招牌。後來又同意由平民和貴族聯合組成立法委員會，廢除了貴族平民不能通婚的規定，再後來，兩個執政官中必須有一個出身為平民。早先羅馬有個缺德規定，平民一旦破產，就變成債務奴隸，這個條例被所有平民深惡痛絕，所以最後這一條也被廢除了。厲害吧，這是西元前四九四年到前三六七年發生的事，沒有武裝暴動，也沒有學生運動，平民就這樣在柔性的抗爭中逐步爭取自己的權益，改善自己的待遇。那時的中國是戰國時代，印度是難陀王朝，埃及和兩河流域正忙著擺脫波斯的侵略，誰家的老百姓敢跟政府叫板要求自己的公民權利?!大家能想像戰國時代，戰國七雄中有一個國家的老百姓集體抗議，要求國家給與自己參與立法、或否決各種法規的權利嗎？我相信就算當時真有一個思想超前了兩千年的君王，他願意給老百姓這樣的公民權利，中國的老百姓也不太敢要。因此我每次看古羅馬歷史，民權發展這一段總讓我思緒萬千。

羅馬共和國開始也不過是個城邦小國，土地有限。原來的規矩是掠奪來的土地只有貴族享有分配權，自從平民地位不斷提高後，他們強烈要求搶來的土地，也要給他們分一點，這下僧多粥少，不夠分了，怎麼辦，多搶點就行了，所以羅馬共和國開始大舉擴張了。

先是在亞平寧半島上，從北打到南，西元三世紀上半葉，義大利基本被羅馬合併。這其中最大的挫折就是被高盧人欺負了一次。大家看地圖，義大利北部橫亙著歐洲最雄偉的阿爾卑斯山，山北面住了一群凱爾特人，他們有一個部落翻山過來在義大利西北部住下，凱爾特人被羅馬稱為「高盧人」，進入阿爾卑斯山南部的這一支就被稱為山南高盧，當然沒翻山過來的就是山北高盧，大家記住這些高盧人，他們也是歐洲歷史的重要人物。羅馬對高盧的戰爭是羅馬戰爭史上最精彩的篇章之一，兩邊第一次交鋒，是在西元前三九〇年。

山南高盧敢翻越天險到全新的世界找生活，絕對不是省油的燈。他們在新的土地上站穩腳跟後，自然也有擴大居住環境的需要，所以他們就對附近的一個小國下手。這小國被欺負了幾次後，向自己的多年老鄰居羅馬求救。當然羅馬幫鄰居出頭絕不會出於街坊感情的考慮，他們感覺到這是個向西北擴張勢力的大好機會。於是派出三個人組成的調解團，到小國去解決紛爭了。

這三個羅馬人的調解立場根本是不公正的，他們來的目的就是幫著小國撐腰，所以耀武揚威地命令高盧退兵。誰知這些高盧人根本沒把羅馬放在眼裡，還告訴羅馬人，打完這個小國，他們就直接南下收拾羅馬。高盧人的囂張讓驕傲慣了的羅馬人火大，其中一個使節是神射手，他乾脆一箭射死了一個高盧酋長出氣，事後高盧人要求羅馬交出兇手，羅馬堅決不幹。這下馬蜂窩炸了，高盧首領親率大軍狂風般撲到羅馬城下，在台伯河一條支流上與羅馬決戰。

這是羅馬人第一次面對高盧人，這支光著頭的軍隊如狼似虎，打架玩命，據說如果是砍掉了羅馬人的胳膊，高盧人敢直接拿起來啃著吃進肚裡！這種猛獸般的瘋狂讓羅馬嚇壞了，從沒想過地球上還有這種生物。沒幾個回合，羅馬大軍就全部被趕進河裡，被激流吞噬。剩下的衛戍部隊丟盔棄甲逃回羅馬城，帶領元老院、執政官等爬上一座山崗躲避。羅馬城門大開，高盧人毫不客氣進來溜達。也沒把自己當外人，燒殺搶掠狠狠地幹了一票。那是西元前三九〇年七月十八日。後來羅馬把這一天定為羅馬的國恥日。

對於躲在山上的羅馬高層，高盧人也不想放過，打了幾次沒成功後，他們決定以逸待勞了，一部分人圍住山崗，一部分人繼續搶劫。那山上一時也種不出糧食來，圍他們幾個月，糧食淡水用盡時，自然就投降了。藏在山上的執政官不能坐以待斃啊，他找到一個勇士，讓他從山上的密道下去，出城聯繫援軍。可惜這個勇士剛落地就被高盧人幹掉了，還把這條密道暴露了。高盧人撿到寶貝，一邊狂笑，一邊設下了半夜順密道上山，偷襲山上的羅馬人的計畫。

計畫真完美，十幾個高盧勇士無聲無息地向羅馬人山頂的駐地前進，他們知道只要將山上這些羅馬人幹掉，羅馬共和國基本就可以宣布亡國了。眼看就要到山頂，四周一片深邃的寂靜中突然傳來幾聲刺耳的鵝叫「嘎……嘎……」，這樣的夜晚，傳來這樣突兀的聲音，正在向山頂攀登的高盧人嚇得差點掉下山去，很快，這淒厲的鵝叫聲將熟睡的羅馬人警醒，大家撿起板磚，操起板凳，脫下板鞋對著高盧人砸過去，偷襲的高盧勇士掉頭就跑。

好好的，山上怎麼會有鵝呢？原來，這是羅馬人供奉給女神的祭品，被圍困的那些日子，羅馬自己缺少吃喝，卻依然餵養著一隻白鵝，可見這種虔誠是有用的，後人稱這一段被稱為「白鵝拯救羅馬」。此後，白鵝在羅馬的地位異常尊崇，成為最受歡迎動物。

羅馬人寧死不降，僵持了幾個月，高盧人圍困羅馬，眼看就要奏效，誰知天降橫禍，軍中突然爆發瘟疫了。高盧人衛生習慣不好，吃生肉、喝生水，上完廁所不洗手，掉到河裡才算洗回澡，軍中流行疫情是自然的。傳聞一夜之間死了幾千人。躲在山頂上的羅馬人一聽到這個消息，心中樂得開了花，派個代表哼著小曲走下山來，大模大樣地要求跟高盧人和談。

高盧的首領對圍城前景也不樂觀，答應撤軍，條件是羅馬支付一千羅馬斤黃金的軍費，相當於現在的三百多公斤黃金，可憐羅馬城已經被洗劫得相當乾淨了，現在還要把藏在鞋墊下、縫在內褲裡的私房錢全部交出來。交接黃金時，量具是高盧人提供的，羅馬人稱了幾次就發現很有問題，於是抗議高盧人做手腳。人家高盧人不受理投訴，只是拔出劍來擺了個pose，羅馬人基本就沒脾氣了。稀裡糊塗賠了一堆金子，高盧人揚長而去。

羅馬被這一次折騰傷了元氣，窩在家裡韜光養晦了十幾年，修復城牆，整飭家園，最重要的是實行了有效的軍事改革，擴充軍隊、增加兵種、政治思想建設。應該說，如果沒有被高盧羞辱的這一仗，也沒有後來在擴張中勇猛善戰的羅馬軍隊了。

羅馬在西元前三世紀已經擁有了義大利的大部分地區，但他並沒有強行將他們整合成一個國家，那些小國對羅馬基本是同盟或是臣屬，「分而治之」。這種開放式的管理模式，使所有被征服的小國基本維持了原狀，不用改戶口，不用換護照，省了很多瑣碎事務，感念羅馬的天恩浩蕩，所以緊密團結在它周圍。就這樣一個繁榮、強盛、民主的大國傲然雄踞在地中海北岸。

地中海風水好，像羅馬這樣的國家，海對岸還有一個，那就是迦太基王國。還記得狄朵女王和她臨死的詛咒嗎，這樣淒厲的詛咒，地中海那些波濤和海浪都不會忘記的，埃涅阿斯和狄朵的愛恨情仇，需要他們的後人用血與火來了結。

3

迦太基的發展完全是因為他家地段好，背靠北非大陸，面向廣袤的地中海，一邊在大陸上種莊稼，抓奴隸，一邊通過海上貿易向四周販賣產品。產供銷一條龍，還有專門為保護貿易建立的強大

海軍，軍艦護航，超級物流保障，所以一直以來，地中海的霸主有兩大霸主，東邊是希臘，西邊就是迦太基。這兩條大鯊魚為了獨霸這個海域，翻江倒海撕咬了幾百年。後來，希臘諸城邦內部打群架，把自己打殘廢了，迦太基乘勢收編了整個地中海的勢力，成為海上的寡頭。

看地圖，在羅馬和迦太基之間有個島，叫西西里，它是地中海最大的島嶼，一直以黃金海岸的旖旎風光和肥沃土地的豐富物產聞名於世，現在更出名的是因為這是黑手黨的老巢。西西里島孤懸在地中海中央，像塊寶石閃爍著悅目的光華，左鄰右舍誰會不想把它據為己有呢。如同亂世中的美女，比如陳圓圓，哪個男人稱霸，她就會被送進這個男人的臥房，成為該男人成功的標誌。西西里島也是紅顏薄命，千百年來，地中海上哪個國家強勢，那個國家就將它收入自己的版圖。

西西里島最先是希臘的別院，大量的希臘人向這個小島移民，希臘殘廢後，自家大院都照看不了，顧不上這別院了，迦太基毫不客氣地到島的西部佔了塊地盤。

西西里島和義大利之間的海峽上，還有些零散的小城邦，有一天，其中一個小城邦發生了叛亂，雇傭兵造反，小城邦解決不了這麼大的事，只好求左鄰右舍幫著調解。左鄰和右舍都沒安什麼好心，巴不得有這樣一個機會揩油，說是來幫忙平亂的，最後的結果是這兩個勸架的鄰居打起來了。這兩個鄰居一個是羅馬，一個是迦太基，羅馬人叫迦太基為「布匿」，所以這個上古時代軍事發展史上有重要意義的戰爭被稱為「布匿戰爭」，這兩邊還真不是隨便打打這麼簡單，纏鬥了一百多年，共打了三次。

剛才說的為了幫別人家解決糾紛而打起來的是第一仗。其實兩邊都知道，對方這麼興師動眾地打架，不過都是想霸佔西西里島。

攻佔海島是打仗中的大考，必須水路兩棲作戰，陸軍和海軍都要有很強的實力。羅馬擁有久經考驗強悍的陸上武裝，可在海上，迦太基稱霸地中海這麼多年磨練出來的海軍也不是浪得虛名，所以第一次布匿戰爭開始的格局就是，羅馬在陸上將迦太基揍了，迦太基在海上欺負羅馬沒商量。好在羅馬人聰明，他們很快找到問題所在：原因就是沒有迦太基那麼高級的戰船。正好，羅馬人在岸邊撿到一艘迦太基擱淺的戰船，大喜過望，趕緊拖回去盜版。請了些希臘工匠，傾舉國之力複製出了一百多艘跟迦太基一樣的戰船。羅馬人不光只會盜版，他們在學習的基礎上勇敢地技術革新，開發了後來讓羅馬人揚威海上的神奇武器「烏鴉吊」。其實就是個長吊橋，敵船靠近時，這個吊橋直接搭上對方的船頭，孔武的羅馬士兵就可以跳上敵艦跟對方白刃戰，這樣一來，等於是將海戰變成了陸戰。

新戰艦和新技術的使用，讓羅馬人很快就在海上找回了威風，這些後來被稱為「烏鴉戰艦」的羅馬戰船已經不滿足於在西西里島附近稱雄了，它們大舉悍然渡過地中海，直接攻打迦太基本土。第一次布匿戰爭最後以羅馬打勝而結束，迦太基割地、賠款，羅馬人將西西里島收進口袋裡，並掌握了地中海西部的制海權。

失敗的迦太基並沒有被完全打廢，在家裡喘了幾口氣，休整一下後，又開始厲兵秣馬預備找羅馬拿回失去的土地。第二次布匿戰爭幾乎是迦太基國在世界歷史上最後一場大戲，所以上天為他們安排了一個偉大的男主角，讓這個男人伴隨著這個最後消失的古老王國名垂歷史，這個男人就是上古時代，最了不起的軍事統帥——漢尼拔。

漢尼拔出身軍事世家，他父親參加過第一次布匿戰爭，迦太基的陸上戰鬥能力比羅馬差遠了，可漢尼拔老爸率領的步兵卻是打贏過羅馬的。漢尼拔要求加入作戰時，他老爸將他帶進神廟，讓他發毒誓跟羅馬人勢不兩立，死磕到底。漢尼拔父子倆在第一次布匿戰爭失利後出兵伊比利半島，在那裡建立了新的迦太基城，並以那裡為據點，向羅馬進攻。

第二次布匿戰爭開始於西元前二一八年，漢尼拔改變了戰術思路，他決定跟羅馬人在陸地上決一勝負。大家看地圖，漢尼拔的軍隊越過庇里牛斯山和阿爾卑斯山兩座天險，五個月的時間，行軍一千六百公里，進入義大利北部。神兵天降，羅馬人怎麼也想不到，還有人繞這麼遠的路來打架，尤其是還帶著大量的戰象！

隨著漢尼拔軍隊的節節推進，義大利半島北部的同盟國和臣屬國不堪迦太基這樣銳利的兵鋒，紛紛倒向漢尼拔，直接跟羅馬反目。從漢尼拔成功越過阿爾卑斯山那一刻起，羅馬軍隊基本就是節節敗退，情勢緊急之下全國總動員，招募了一支羅馬共和國歷史上最龐大的軍隊，總數超過十萬人，由兩個執政官親自率領，開到已被漢尼拔佔領的坎尼城下。

這一仗江湖人稱「坎尼會戰」，是世界軍事史的教案之一，這個戰役要是被咱家那個寫兵法的孫子知道，怕是也要稱讚一番的。「孫子兵法」有云：「十則圍之，五則攻之，倍則分之」，意思是你如果有超過對方十倍的兵力，就圍殲他；五倍的優勢就大膽進攻；兩倍的優勢就夾攻。可是這個不讀兵法的哥們，硬是用自己的五萬兵力包圍了羅馬的十萬大軍，而且殲滅了其中的七萬人！這一天成為羅馬戰爭史上最慘痛的失敗記憶，還創下了單日單次戰役傷亡最大的世界紀錄，羅馬百分之三十的元老院成員死於此役，這一仗也讓年輕的漢尼拔成為古代戰爭史最耀眼的將領。

羅馬還是底子厚，迦太基打到家門口了，他們還是有反抗的實力，雖然很多同盟投降了漢尼拔，但大多數義大利同盟還是跟羅馬站在一起。漢尼拔這樣遠距離征戰，補給和援兵是必須解決的問題，如果當地老百姓不搭理你，將馬鈴薯和紅薯藏起來，壯丁（雇傭兵）也抓不著，這樣就很難維持下去。時間一長，迦太基軍隊就發現有點撐不住。又加上漢尼拔雖然不按兵法行事，羅馬人卻是讀過兵書的，知道圍魏救趙的道理。既然迦太基的軍隊打上羅馬的土地，羅馬自然也可以打進迦太基，漢尼拔再厲害也不能分身吧。很快，漢尼拔接到了本部受襲要求回援的命令，大軍千里奔襲回師馳援。結果可想而知：這些迦太基士兵磨破了腳板，累得吐血，回到家後，大勢已去。

迦太基向羅馬投降，這一次降得比較真誠，除了巨額賠款，還割讓了所有海外的土地，將整個艦隊拱手讓給羅馬，羅馬人厚道啊，沒全要，地中海不是有海盜嘛，給你家留十艘船打海盜吧，不許再造新的戰船了，沒有羅馬允許，迦太基不許設置軍隊！

雖然是贏得很徹底，可漢尼拔留給羅馬人的傷痛太深刻了，所以後來羅馬一直不放過他，終於逼他在異國他鄉服毒自盡。

第二次布匿戰爭過後的四十多年，眼看著迦太基經濟慢慢又有點起色，羅馬覺得這個肉中刺不拔掉，自己睡覺不安穩，乾脆把這國家直接滅了，省得又有個漢尼拔冒出來。這第三次布匿戰爭沒有任何實質性的起因，就是因為羅馬要斬草除根。

西元前一四九年，羅馬突然出兵圍攻迦太基，迦太基人砸鍋賣鐵頑強抵抗了三年，最後以羅馬人攻入城中，血洗了這個國家而告終。消滅得非常徹底，不僅屠城，還把所有的港口破壞，傳說為了不讓這個地區再有任何生機，羅馬人還往土地裡撒鹽，讓這裡再也種不出莊稼，真是斷子絕孫的玩法！

三次布匿戰爭打完，迦太基這個富強的古老國家基本算是消亡了，羅馬成為真正的地中海霸主，可在陸上還有敵人，比如馬其頓帝國！（寫羅馬史就是寫打仗。）

布匿戰爭中有一個重要花絮，一定要說一下。

第二次布匿戰爭時，羅馬軍隊進攻西西里島的敘古拉城吃了大虧，敘古拉城裡伸出些帶著掛鉤的古怪長臂，抓起羅馬的戰艦，甩在岩石上砸得粉碎；城裡還有些不知名的怪物，會吐出火球、巨石等東西；最恐怖的是，停泊在海面上的羅馬戰艦，經常莫名其妙就著了大火。所有的羅馬士兵都在傳說敘古拉城裡有鬼、或者有神，反正是人力不能對付的東東，這種仗不能打。好在這支羅馬軍隊的將軍馬塞拉斯是個不信邪的，他很快搞清了事實真相，原來敘古拉城裡，果然住著神仙，這個神仙就是大數學家阿基米德！

阿基米德的故事不用說了吧，他是國王的親戚，他最著名的事蹟就是通過發現浮力原理解決了國王的皇冠品質問題，最牛的名言是「給我一個支點，我要撬地球玩！」。老夥計一直拿國家科技扶持基金從事各類研究，上面那些把羅馬軍隊打傻的玩意都是他的創造。羅馬軍隊遠距離著火，據說是他召集了大量百姓用鏡子聚焦的結果。羅馬將軍當時無奈地說了一句話：這是羅馬艦隊與阿基米德一個人的戰鬥，可是還贏不了他。

了解了內幕後，羅馬人心裡反而踏實了，阿基米德雖然是個神人，可畢竟不是仙，他要吃飯啊。所以後來的羅馬軍隊不跟敘古拉城直接交手，開始圍城，三年後這個小國終於彈盡糧窮，羅馬士兵乘著守軍的麻痹大意攻陷了城池。

羅馬的將軍進城第一件事就是找到阿基米德，他倒不是要找人家報仇算帳，而是對這位老人家多少有些崇拜，所以讓一個士兵專門去請他來見面懇談一下。這些羅馬士兵都是些粗人，大大咧咧地就衝進了阿基米德的研究室，耀武揚威地要求阿基米德跟他走。當時的阿基米德不知道在證明什麼理論，反正是全神貫注，根本不知道羅馬人已經破城，作為一個七十五歲的老知識份子，長期養尊處優的，哪裡跟野蠻的羅馬士兵打過交道。阿基米德傻兮兮還抱著他那些題板、圖紙，對士兵說：「保持安靜！我要先證明完這個理論！」士兵哪知道一個數學家的書呆子氣啊，只知道自己過來請他，老頭居然不給面子，暴怒之下，一劍就結果了老頭的性命。

羅馬將軍好心卻辦了錯事，懊惱異常，雖然殺掉那個蠢大兵，可阿基米德這樣的天才卻難再得了。他厚葬了這位歷史上最傑出的數學家，為他建造了帶有幾何圖形的墓塚，總算讓西西里島除了黑手黨的壞名聲之外，還帶了點上古時代的智慧之光。阿基米德、牛頓、高斯被認為是歷史上最有影響的三大數學家。

4

羅馬共和國的擴張之路是很艱苦的，除了上面說的三次布匿戰爭，還跟希臘的馬其頓王國打了四次，利用希臘諸城邦之間的矛盾，終於將馬其頓剿滅，跟迦太基一樣，將之收為羅馬的行省。又跟敘利亞打架，將勢力推進到西亞，西元前二世紀左右的羅馬共和國橫跨非洲、亞洲、歐洲，雄踞地中海，成為當時世界上最霸道的大國之一（那時的中國是秦漢時代）。

古時候打仗沒有優待俘虜這一說，冷兵器時代血肉橫飛的，要麼勝利，要麼戰死，俘虜絕對是很低賤的，所以一落在敵人手裡，基本命運就是淪為對方的奴隸。羅馬連年征戰，經常打贏，家裡這種性質的奴隸越來越多，古羅馬人在娛樂方面對世界文化是有特殊貢獻的，是暴力美學的先鋒派代表，而且，他家在色情方面對世界藝術的貢獻也是比較大的，這事以後再說。

羅馬的貴族打架之餘發明了「角鬥」這種玩法，不是每個貴族都會分到一些戰俘奴隸嗎，貴族們會在這些人中仔細揀選，高大英俊，肌肉健碩的有福了，不用到農莊裡幹活或是餵豬，可以進學校進修，修什麼呢，專業學廝打。畢業之後國家安排就業，平時基本是帶著腳鐐，被關在籠子裡，到重要日子，貴族們會把自己培養出來的角鬥士打扮漂亮，給他們配上短刀、匕首、盾牌等物，到角鬥場讓他們互相廝殺，代表各自的主人出戰。場外除了看熱鬧，自然也可以投注，娛樂博彩業呈現了勃勃生機。打贏的角鬥士獎勵他吃飽關回籠子裡，打輸而沒被打死的則由女巫之類的神職人員決定命運，她的大拇指向上，這人還能活著下次再打，她如果大拇指向下，現場就歡聲雷動了，因為所有人到角鬥場曬半天太陽看打架，最渴望的結果就是就地處決戰敗者，沒看到手起刀落人頭飛起、血花噴薄這個高潮畫面，觀眾是會要退票的，神職人員出於收視考慮，一般會滿足觀眾要求，戰敗者就地殘殺，觀眾大呼過癮，羅馬社會一片和諧。

這一年，在馬其頓戰爭中，有個色雷斯的希臘人被俘了，他的名字叫斯巴達克斯，此人出身希臘城邦一個上等家庭，除了長得高大俊美，虎背熊腰，還受過很好的教育，舉手投足頗有修養。這個寶貝落在誰手裡誰不喜歡啊，他主子高興壞了，趕忙把他送進角鬥學校重點培養，眼看著自己將擁有一個明星角鬥士了！

像斯巴達克斯這樣的人怎麼可能甘心給人家當奴隸呢，一進入角鬥士學校，他就開始構築地下組織進行革命宣傳，告訴同學們：寧可自由而死，絕不做奴隸而活。這人還是有些煽動天份的，居然說動了不少人，他們決定發動起義逃離魔窟。

大約過程是，有天晚上，斯巴達克斯和一幫人在牢房裡大喊大叫，騙得看守的衛兵打開了牢門，這些準角鬥士們一擁而上，搶了衛兵的劍和鑰匙，打開牢門就往外跑，這些專業暴徒要發狠，誰能攔得住啊。這一次大約衝出來七十八人，運氣非常好，一逃出來就碰上了羅馬軍隊的後勤運輸隊，繳獲了一批武器。這些武林高手手裡有了傢伙，底氣更足了，斯巴達克斯號召大家到義大利最著名的維蘇威火山去集合，準備更大的造反動作。

斯巴達克斯登上維蘇威火山安營紮寨，這個消息很快傳遍了義大利，各地的奴隸聽說自己有組織了，都跑過來要求入夥，頃刻之間聚集了萬餘人。這幫人是梁山泊的祖師爺，佔據山頭造反，吃喝拉撒的費用主要是山下的有錢人報銷，美其名曰：殺富濟貧，當然他們那時沒想出「替天行道」這樣的高屋建瓴的詞句。

羅馬元老院趕緊派軍隊鎮壓，想把他們困死在山上，事實證明「卑賤者最聰明」這句話是對的，被圍在維蘇威山頂的起義軍，居然用山上的葡萄藤編成軟梯，從後山的峭壁上下來，抄了羅馬軍隊的後路，將他們打敗。斯巴達克斯當時的計畫是：不能在義大利內跟羅馬軍隊硬碰，還是應該翻越阿爾卑斯山到山那邊去建立自己的家園。於是這萬人大軍向北進發，沿途不斷收編新的奴隸，隊伍日漸壯大，到阿爾卑斯山腳下時，起義軍已經有大約十萬的人馬，聲勢浩大，士氣喧天。

羅馬軍隊幾次剿匪行動都鎩羽而歸。斯巴達克斯當時肯定意氣風發的，他大概已經在構思新的家園如何管理規劃了，可他萬萬沒有想到，真正的阿爾卑斯山跟地圖上看到的不一樣。那一排排尖銳的山峰直插九霄，雪線上冷冷地閃著慘白的寒光，起義軍大部分都是海邊的長大的居民，還不習慣穿秋褲呢，如今都露著胳膊露著腿，想要翻越這皚皚的雪山談何容易。

斯巴達克斯的起義軍被雪山嚇壞了，決定還是不要迎著困難上，掉頭南下，到西西里島去。羅馬元老院鬱悶死了，本來這幫人只要翻越了阿爾卑斯山就算離開義大利了，不再給羅馬找麻煩，也不用追著他們剿匪了，雖然跑了不少奴隸，必定奴隸是個容易收穫的品種，正預備歡慶這幫禍害離境呢。突然間，聽說他們又回來了，而且目標是西西里島，到羅馬人費了牛勁弄回來的寶地去搗亂，是可忍孰不可忍?!尤其這支奴隸兵團夥在義大利半島上颶風般地一會從南到北，一會從北到南，來回亂竄，元老院的老人家看得眼花繚亂，極大影響羅馬正常的社會秩序，嚴重侵害了羅馬政府的權益，所以無論如何，還是要把這幫人消滅。

據說羅馬軍隊在斯巴達克斯軍隊手下吃了幾次敗仗後，有點打怕了，那陣子，沒人願意出來競選執政官，因為這個執政官肯定是要統帥部隊去跟奴隸打架的，他們天天看角鬥表演，知道角鬥士的厲害，傳說中的斯巴達克斯更是角鬥士中的角鬥士，如雄獅般地威猛剛烈，誰敢跟他正面交鋒啊。最後總算選了個叫克拉蘇的大地主出來。這克拉蘇最大的特點就是手黑，為人血腥冷酷。他一上臺，就恢復了羅馬軍隊禁絕了多年的軍法，那就是，臨陣脫逃的士兵，十人一組抽籤，中籤的倒楣鬼當場處決。這法子奏效，羅馬軍隊打不贏就跑得情況得到了極大改善，在對起義軍的戰鬥中漸漸掌握了些主動。

起義軍終於掙扎著到了南部海邊，斯巴達克斯跟地中海的海盜交了訂金，讓他們幫忙將軍隊偷渡上西西里島。結果是到了合同約定的偷渡日，海盜船隊無影無蹤的，只有後面的羅馬軍隊說話算數，如約而至，絕不遲到！

克拉蘇將斯巴達克斯堵在海邊，還橫跨義大利南部挖了好大一條壕溝，起義軍進退無路，被甕中捉鱉、關門打狗。突圍過程中，六萬起義軍陣亡，斯巴達克斯身受十幾處重傷，慘死沙場。克拉蘇打得辛苦，贏了以後還是氣憤難平，將六千名戰俘全部釘死在十字架上，從起義開始的卡普亞一直到羅馬，一條路上全是掛著屍體的十字架。

斯巴達克斯起義失敗原因是一群烏合之眾組合在一起，沒有共同的主義，共同的信仰，也沒給自己一個合理定位，光是為打架而打架，也沒個長遠算計，不知道建根據地，步步為營，主力部隊像沒扯線的風箏在敵軍的地盤上亂跑等等。反正既然是失敗了，就可以找出幾百個理由來，但斯巴達克斯起義作為古代奴隸社會歷史上最大規模的革命活動，絕對是偉大的壯舉，算是為後代的奴隸們找到一種新的活法。

起義失敗後，斯巴達克斯的餘部還堅持了十幾年，羅馬費了老大的功夫才把流毒肅清。這段時間很不太平，除了斯巴達克斯起義，西西里島的奴隸也造了反，國內貴族和平民階層一直矛盾重重，最近有點激化的兆頭，元老院感覺到，羅馬好像要出大事了！

連年征戰，土地、奴隸越來越多，利益矛盾越來越多，羅馬國內危機四伏。所謂的民主共和國的權力把持在幾個大貴族手裡，政府機構從上到下貪污成風，腐化墮落，社會風氣一塌糊塗。國亂方顯忠良，從這一篇起，羅馬進入英雄輩出，猛將如雲的時代。

先說一對叫格拉古的兄弟，這哥倆出身貴族，都參加過羅馬的各級戰事，都做過一任保民官，都被元老院的保守派貴族殺掉。這兄弟在歷史上出名的事蹟是宣導羅馬土改，簡單說就是打土豪分田地，所以共同的下場都是被土豪幹掉，不過這兩人付出了生命的事業也並不是一點效果沒有。

因為平民的土地問題總是得不到合理公正的解決，平民仇恨貴族，對國家的政策越來越不認同，也不配合，奴隸和奴隸主矛盾日深，靠打仗起家的羅馬想徵兵成了很頭痛的事，時間一長，羅馬人就發現自己的軍隊不行，江湖地位受到挑釁了。

幹掉迦太基後，羅馬在北非收了好幾個小弟，自稱是人家的保護國，其中有個叫努比底亞的，大約就在現在的阿爾及利亞一帶。這個小國原來是迦太基的鄰居，經常拿自己的鴕鳥毛換迦太基的玻璃之類的東西，貿易關係密切。努比底亞的騎兵是出名善戰的，本來一直是迦太基打架的重要幫手，後來兩家反目，努比底亞站到羅馬那邊去了。戰神漢尼拔罕見的陸上戰役的失敗就是輸在努比底亞騎兵手裡。

努比底亞依靠羅馬成為北非之霸，家裡也有些爭權奪位的事兒。有個叫朱古拉的最後掌權了，因為在奪位的過程中，羅馬並沒有支持他，所以他一登基就開始跟羅馬算舊賬，殺了他城裡不少羅馬人。羅馬為了收拾他，又要幹仗了。

西元前一一一年，羅馬開始出兵，在努比底亞征戰數年，雖然有效地打擊了朱古拉的囂張氣焰，但要完全消滅他還是做不到，朱古拉開始了游擊戰生涯，成日以騷擾羅馬軍團為樂，讓羅馬大軍陷在北非不能自拔。

此次帶兵出戰北非的羅馬將軍叫馬略，他一登陸就消滅了朱古拉的主力，迫使朱古拉的反動活動轉入地下，所以聲望很高。

西元前一〇七年，他如願成為為羅馬執政官。馬略從戰場上回國參加選舉，就是希望自己上臺後，能為羅馬軍隊帶來新的生氣。所以一當選，就啟動了他規劃已久的軍事改革。原來的羅馬人成年男人都有兵役義務，國家下令要出國打架，這些夥計就要自己預備傢伙盔甲，因為戰事頻繁，再窮也不好拿兵器換酒喝，因為不知道什麼時候就要用的。兵器鎧甲自備不說，打完仗回家，地也荒了老婆也跑了，兒子也混黑社會了。拿得出盔甲兵器為國打架的，都屬於小有財產的羅馬人，因為那些沒有財產的人不許他們參軍，怕這幫人耍無賴不好好幹。大家想，有家有口的人誰願意上戰場玩命啊。

針對這個情況，馬略實行了一種叫募兵制的徵兵方式。就是說：參軍自願，國家提供裝備，按月發給工資；隨著軍階提高，工資跟漲；到歲數沒被殺死健康退休的還能分塊地，有養老保險，簡單地說，就是軍人職業化。很快，馬略手裡就誕生了羅馬第一支職業軍隊。大家不要小看這次軍改，他對後來羅馬的影響幾乎是翻天覆地的。

馬略帶著他的新軍隊再次光臨北非戰場，職業軍人的作風就是不一樣，羅馬很快就將朱古拉和他的游擊隊逼上絕境，朱古拉本人還不知躲到哪裡去了，羅馬人上天入地的找。可是北非地勢危險，環境複雜，這個朱古拉不知鑽到哪個老鼠洞去了，怎麼找都找不到。不把這傢伙抓出來，此次遠征北非不算完勝，馬略回家也不能充分神氣。這時，另一個古羅馬明星出場了。

正當馬略為抓不住朱古拉而煩惱時，他手下的愛將，財務官蘇拉來了。根據羅馬軍隊的情報，朱古拉很可能藏在茅利塔尼亞，而那裡的國王就是朱古拉的岳父。蘇拉根據一些小道消息和傳聞分析出，朱古拉的岳父對朱古拉是很不滿意的，翁婿倆關係一向不太好。所以蘇拉向馬略請纓，要求去遊說茅利塔尼亞的國王讓他幫著誘捕朱古拉，這件事很冒險，萬一岳父不肯出賣女婿，蘇拉自己說不定就回不來了。在蘇拉的堅持下，馬略只好讓他去了。他這一去，單刀赴會，不僅成功地抓住了朱古拉，還讓茅利塔尼亞的老王對他推崇備至，說蘇拉是大大的英雄。

北非一戰，除了執政官馬略贏得很高的聲譽外，更出名的卻是深入虎穴，勇擒匪首的蘇拉了。馬略這麼多年領軍非洲，運籌帷幄，辛苦經營才有這戰爭的勝利，可蘇拉不過是臨門一腳射中，就功高震主，揚名立萬，這事讓馬略特別不爽。不爽歸不爽，馬略作為一個執政官，手下還是要用人的，回到羅馬後，蘇拉在馬略的提拔下一路平步青雲做到保民官。

蘇拉是個野心很大的人，做到保民官兵沒有讓他滿足，但他發現，馬略好像已經沒有再提拔他的意思了。好在羅馬有兩個執政官，各自都有屬於自己的小集團，此處不留人，自有留人處，蘇拉以最快的速度投奔到另一個執政官的陣營，這件事，讓馬略決定不跟蘇拉玩了，兩邊絕交，隨後，又出了件事，直接導致翻臉決裂。

西元前九〇年，義大利爆發了同盟者戰爭，主要是羅馬的義大利同盟找麻煩。這絕對是羅馬內部管理不善造成的，義大利盟軍天天幫羅馬打仗，為羅馬賣命，卻得不到羅馬的公民權，當然也就沒有分贓的權益，所以這幫人集合起來跟羅馬叫板，逼得羅馬投入全部的精力來整飭亞平寧半島的秩序，那些海外的行省和殖民地之類的根本顧不上了。這時黑海邊上有個叫本都的國家開始作亂了，他們的國王米特達拉第也因為跟羅馬為敵成為羅馬史上的知名人物。

米特的大軍戰領了羅馬在西亞的亞細亞行省，正預備向希臘行省進發，為了表示自己對羅馬戰鬥的決心，他一邊在羅馬的海外領土上不斷推進，一邊屠殺羅馬人，女人和孩子都不放過，大約殺了六、七萬人。羅馬在這個地區的駐軍司令也被他抓獲，米特將黃金燒熔灌進他的喉嚨，讓他到另一個世界不缺錢用。

眼看著羅馬的東方土地逐漸被米特蠶食，羅馬實在不能坐視不管了，只好再次組織軍隊遠征。派誰指揮這支西亞遠征軍呢？羅馬又亂套了，元老院推薦的統帥是蘇拉，而公民大會卻認為應該由馬略領軍，兩邊爭持不下。馬略的門客越看蘇拉越不順眼，鬧到忍無可忍的時候，這幫人直接上街殺人，當然殺的都是蘇拉派的支持者。矛盾徹底激化，蘇拉也是個作事果決有效的，他立即潛出城，趕到自己的軍營，集合軍隊殺進了羅馬。這個動作太突然了，馬略也沒想到蘇拉能幹出這種指揮羅馬軍隊打羅馬的事，兩邊在大街上激烈械鬥，馬略戰敗，逃之夭夭。蘇拉進城後，儼然以羅馬老大自居了，馬上召集元老院開會，公布了新政策：以後元老院決定的事，公民大會不准反對，保民官也不准嘰嘰歪歪，可憐羅馬平民哭著喊著爭取了幾百年的權益又被剝奪了。

蘇拉搞定了內部事務，沒時間享受成功喜悅，趕緊帶上軍隊到西亞去收拾另一個麻煩。他前腳剛走，後腳馬略就捲土重來了，他跟當時的執政官裡應外合，很快就平定了蘇拉留在羅馬的勢力，並對所有蘇拉的支持者發動屠殺。報了仇之後，馬略再次成為羅馬執政官，這是馬略第七次出任這一職務。

深陷在西亞戰爭中的蘇拉當然知道羅馬的變故，可他無法抽身，只好咬著牙忍著，因為憋著這股要回去報仇的力氣，所以在對米特的戰爭中特別勇猛，三年後，終於在希臘擊敗對手，迫使米特求和。外敵肅清，蘇拉趕緊掉頭回到羅馬找家裡的敵人報仇。

蘇拉大軍登陸義大利，正式宣布羅馬的內戰開打，馬略沒等到蘇拉的復仇，他早就病死了，跟蘇拉作戰的，是他的餘黨。羅馬人對自己人下手也沒留情面，這場羅馬對羅馬之戰打了兩年，死了十萬多人，蘇拉終於攻陷羅馬，再次以征服者姿態入城。蘇拉這次更暴躁了，他發布了歷史上很出名的「公敵宣告」，中心思想是：我的敵人們你們走運了，我將用最殘酷的手段懲罰你們！

說話算數，整個羅馬立即陷入嚴打，所有跟馬略一黨有染，或疑似有染，或即將有染的人通通殺無赦，不用審判，沒得投訴。

將仇家斬盡殺除後，蘇拉的權力達到極點，公民大會竟然通過選舉他成為終身的獨裁官，立法、行政、司法、財政、軍事這些瑣事他一個人決定就行了。還進行了一系列改革，基本上都是為了加強獨裁領導，讓共和國的獨裁制度化，那些支持他的保守貴族之前一直受到民主派的衝擊，現在地位得到了鞏固，恢復了昔日的榮光。

蘇拉在羅馬史上有很顯赫的地位，雖然所有人都認為他是扼殺民主的專制劊子手，但在羅馬當時的環境下，他的這種軍事獨裁統治確實是形勢發展的必然產物，也幫助當時的羅馬社會解決了一些緊急的麻煩。但他的榜樣作用太惡劣了，在他的感召下，後來的羅馬，稍微有點本事的人都打獨裁的主意，最後終於將共和國葬送，上古那一縷清新的民主之風就這樣被一代代的羅馬英雄爭權奪利，互相廝打的血腥空氣取代，瀰散在硝煙裡。

蘇拉這人挺有意思，他浴血奮戰這麼多年，終於登基成了實質上的羅馬皇帝，每個人都認為他的成功源自於對權力孜孜不倦的求索，可他作了獨裁官三年左右，就突然宣布退休，從此隱居山林，不再過問政治。這個事當時轟動了整個義大利，誰也想不出這個猛人要出什麼新花樣。結果他還真的放棄了一切地位，成為一個平頭百姓回家種地去了，留在身後無數驚愕的目光。蘇拉為什麼在巔峰退休一直是歷史之謎，兩千多年了，我估計沒什麼機會問他了。

6

上面說過，整個羅馬共和國的歷史就是貴族和平民的拔河史，隨著平民的權益增加，逐漸出現了一批掌握巨大財富的平民，加上一些在征戰中立有軍功而獲得封賞的騎士，這些人慢慢向羅馬的管理層滲透，元老院的人越來越多，種類越來越複雜，漸漸地形成了以老貴族老地主為首的保守派

和新興貴族為主的民主派。哪一派選出來的執政官佔了上風，哪一派的勢力就明顯壯大，此消彼長，高低起伏。

蘇拉在西亞對本都國王打仗時，馬略獲得了羅馬執政官的位置，另一個執政官名叫秦納，馬略和秦納都是民主派代表，所以這段時間，老牌貴族被擠兌，民主派的勢力日漸增強。

馬略出身於平民，但娶了個家世不錯的老婆，娘家出了好幾個執政官、大法官、總督等，非常顯赫，尤其是老婆有個很英俊健壯的侄子，對馬略崇拜的五體投地，經常過來找姑父請教國家大事，探討人生理想，小小年紀文韜武略頗有見識，隱隱有龍駒鳳雛之像，整個家族都對這個孩子寄予很大的期望，都認為他將會是家族新的驕傲，這個男孩的名字叫尤利烏斯・凱撒！

為了讓家族的地位更加牢固，凱撒的前途更加順利，十八歲那年，凱撒迎娶了執政官秦納的女兒，在秦納的支持下，凱撒獲得成為祭司的資格。可惜好景不長，姑父和岳父先後死去，而他倆的仇家蘇拉殺進羅馬，取得了獨裁地位，並開始對馬略和秦納的餘黨進行清算。

凱撒此時在羅馬已經微有影響，因為經常參與民主派活動，與老百姓打成一片，親民形象頗有人緣，可以預見這個年輕人金光燦爛的前途。可政治這東西，不怕辦錯事，就怕站錯隊，蘇拉得勢，凱撒作為馬略的侄子、秦納的女婿，絕對應該是蘇拉「敵人黑名單」裡VIP級的仇家，既然疑似馬略黨人都被處死了，像凱撒這樣無數次公開支持馬略的更該死了。不過蘇拉必定是個成熟的政治家，下棋並不需要吃光所有棋子，凱撒是個人才，這是地球人都知道的事，年輕人犯了錯誤，上帝都會原諒的，只要能改，就要給機會，在蘇拉心目中，凱撒屬於可以改造好的反動派子弟，所以開始著手拉攏他了。

他請凱撒吃飯，自己的女兒作陪，然後連明示帶暗示，只要休掉自己的髮妻（秦納的女兒），娶自己的女兒，作為終身獨裁官蘇拉的女婿，凱撒的前途錦繡一片，不可限量。可蘇拉萬萬沒想到，自己這麼禮賢下士的一腔熱情竟遭遇一桶冰水，凱撒堅決不肯拋妻棄女。蘇拉愛才之心深受打擊，凱撒的命運自然就堪虞了。在親戚朋友的幫助下，凱撒避禍西亞，雖然蘇拉後來還是決定原諒凱撒放他一馬，但出於謹慎考慮，凱撒還是待在小亞細亞，在當地的總督手下謀個差事，打發日子。資深老政治家蘇拉對凱撒的評價是：「這小子比幾個馬略加在一起還難對付！」

用女兒釣魚，將政治新星發展為女婿是蘇拉老大拉攏人才的重要方法，一直卓有成效，比如說那個手握重兵，戰功顯赫，動輒跟蘇拉叫板的龐培。

龐培出身貴族，接了父親的班成為家長後，很是有事業心，當時蘇拉和馬略正在鏖戰，龐培天生的政治敏感讓他預見，蘇拉的勝算更大，於是立即在自己的屬地招募了一支軍團，投靠了蘇拉陣營。龐培也是個錐子，早晚肯定要扎穿口袋冒出頭來的，幾次戰役打下來，蘇拉發現還有這麼個軍事尖子在自己麾下，自然大力培養，重點關照。蘇拉如願取得羅馬後，更有籠絡人才的需要，而龐培看到老頭子成了獨裁官，權傾天下，自己則有進一步親近他的需要，兩邊王八看綠豆，越看越順眼，很快龐培就拋妻棄子，隆重迎娶蘇拉的女兒，成為當朝駙馬，標準版陳世美。

隨後的龐培就如日中天的，先後揮師西西里島和非洲追擊馬略餘部，閃電般地滌清了這兩個地區的反動派餘孽，尤其是非洲一戰，用了四十天時間，就讓整個非洲臣服在他腳下。非洲的風水適合羅馬大將，這個戰場最容易出名，不知不覺中整個羅馬又在傳頌龐培的英勇事蹟了。這件事引起了蘇拉的警惕，當年的蘇拉就是在非洲戰場崛起，功高震主，最後廢了自己的主子馬略。現在龐培的聲勢似乎比當年自己還高，這可不好，要把這傢伙的氣焰打滅，扼殺在搖籃裡。蘇拉馬上下令，讓龐培解散軍隊，交出軍權，等待安排，羅馬元老院緊急開會商量如何安置龐培轉業。誰知龐培的效率比蘇拉高多了，蘇拉正跟元老院開會還沒開出什麼結果呢，突然收到消息，龐培帶著自己的大軍已經出現在羅馬城下！

非洲歸來的龐培帶著一身的征塵，勝利者的驕傲讓他臉上發亮，全副武裝站在羅馬城門口，他向自己的岳父兼上級提了個小小的要求，他認為蘇拉應該為自己舉行一個凱旋禮。

羅馬軍隊獎罰嚴明，冷兵器時代軍人榮譽比什麼都重要，所以物質方面的獎勵就顯得很庸俗，各種花哨的儀式最受歡迎，比如第一個登上敵人城牆的戰士，或者在激戰中救過戰友的士兵給予的最高獎勵就是給戴個花冠；而勝利的統帥如在一次戰役中殲敵五千人以上，且有開疆闢土的功勳，則由元老院決定授予月桂冠，舉行凱旋式，這是古羅馬人最頂級的榮譽了（後人對羅馬名帥的排行榜很多是以獲得凱旋式的數量來衡量的，凱撒經歷過五次！），但這個統帥必須是有一定的行政職務的，不是執政官也應該是各級行政長官，龐培雖然是勝利者，可他畢竟只是蘇拉軍中一個將軍，沒有正式公職，不夠凱旋式的資格。可這時龐培說了句名言，「崇拜朝陽的人肯定要多於崇拜落日的人！」

對蘇拉來說，誰是朝陽誰是落日是很清楚的，尤其是在羅馬城下的龐培大軍，士未卸甲，馬未解鞍，萬一惹毛了，這支大軍殺進羅馬城易如反掌，最讓蘇拉鬱悶的是，帶著羅馬戰士進攻羅馬城這個大好傳統，是蘇拉老大自己一手開創的，如今自己栽的苦瓜自己要吃下去，還非得說很去火。最後，蘇拉在反覆權衡之下，屈服於龐培的要求，為他舉辦了盛大的凱旋儀式，龐培這輪朝陽在羅馬人民的崇拜眼神中冉冉上升到羅馬的天際。

蘇拉在位時，他所代表的元老院保守貴族派非常囂張，他突然離奇隱退又仙逝鄉村後，元老院的民主派又抬頭了。所以元老院趕緊扶持龐培，讓他用武力壓制民主派的崛起。龐培也算不負地主老財主所託，幹掉了一夥民主派的官員，再次遠征，這次是到羅馬的西班牙行省去收拾當地一個民主派的總督，就在這時，斯巴達克斯起義爆發了，元老院兩派不能狗咬狗了，先把這些造反的奴才收拾清楚再說。

上篇說過，鎮壓斯巴達克斯，一個叫克拉蘇的統帥應勢而起，名聲大噪。其實最後的勝利是在龐培了結了西班牙的戰事並獲得大勝後，立即回援克拉蘇的鎮壓行動，兩人雙劍合璧，才最終解決了羅馬的起義危機，平定了家中的局勢。現在這兩個人雙懸日月照耀羅馬，鋒頭都很盛，羅馬人覺得冷落得罪了哪邊都不好，都手握重兵呢，算了，讓這兩人一起當執政官吧。但奴隸起義對保守派是個打擊，克拉蘇和龐培當選後，發現民主派有點咄咄逼人，所以兩人竟心有靈犀，動作統一地開始拉攏討好民主派，逐漸將蘇拉時代獨裁統治的各項法制法規剔除了，羅馬共和國的政府又沐浴了點民主的清風。

克拉蘇和龐培在羅馬叱吒期間，大家別忘了還有個猛人流落海外呢。

旅居東方的凱撒在小亞細亞打小工，給羅馬亞細亞行省的總督作侍從。當時黑海邊的一圈小國中，有個叫比提尼亞的國度，羅馬總督向這個小國招募一支艦隊打仗，比提尼亞的國王尼科美德斯既不敢得罪羅馬，又不願受他們敲詐，所以雖然答應贊助，卻遲遲不兌現。左等右等，這支艦隊總是弄不到手，總督著急了，就派了助理凱撒去催帳。大家都認為這事是個不可能任務，因為尼科美德斯擺明是敷衍羅馬的，他幹嘛要白白將個艦隊拱手送人啊？總督派凱撒去出這趟差，實在是很強人所難。誰也沒想到的是，凱撒到了那裡沒多久，尼科國王非常痛快地交出了一支艦隊，一點沒有不情願，看起來似乎還頗為愉快。

到底凱撒有什麼本事，可以將這次野蠻敲竹槓的艱巨任務輕鬆完成呢?!只因為凱撒長得帥，是個唇紅齒白的美男子。他一出現在尼科國王的視線裡，就讓他墜入情網，根據狗仔隊的消息：凱撒一身紅衣，躺在黃金臥榻上，向尼科美德斯奉獻了他的貞操！這個狗仔隊絕對信得過，因為他大名叫西塞羅，是古羅馬著名的思想家、法學家、政治家還有收藏家，最大的收藏是各種裸體的男子塑像，所以他關於凱撒出櫃（同性戀公開）的消息應該是真的。尼科美德斯不僅將艦隊送給了羅馬，還在死後將自己的國家送給了羅馬。

凱撒奇蹟般地從比提尼亞王國要來一支艦隊，各種名聲都有了，包括後來對他最著名的一句評價：他是所有男人的女人，他是所有女人的男人。一個人獲得這樣的評價到底應該得意還是汗顏呢。拋開私生活和性取向不說，至少凱撒完成了上級領導交代的任務，為國家利益犧牲了自己的貞操，省了國家外交或者軍事的大量經費，正是一個巨大的愛國動作，所以凱撒的行情漸漸又看漲了。

在東方漂了幾年，跟著湊熱鬧，也參與幾場戰事，還獲得過花冠。蘇拉死後，凱撒回到羅馬，也沒什麼有前途的差事，就是替人辯護，打官司，不太低調，也不太張揚，估計時間長了自己也覺得沒勁，在東方住習慣了，還是出去留學吧。凱撒選擇了愛琴海上靠近土耳其的羅德島，找一位雄辯大師深造去了。

羅德島幾乎是希臘在愛琴海域最東端的領土，離土耳其只有十八公里，這個島最出名的是，島上曾經有一尊像現在的自由女神像那麼高的太陽神像，據說是屹立在海港入口，所有的船隻要從神像兩腿之下穿過，這個神像是世界七大奇觀之一，也是最短命的疑似豆腐渣工程，這麼大的傢伙還不到一百年就被地震震塌了，雖然後人都知道有這麼個東西，可究竟是什麼樣子？在哪個具體位置？這些都是歷史之謎。羅德島也是愛琴海文明最早的發源地之一，聚集著很多學者，是當時羅馬上流人士求學鍍金的首選，於是凱撒也到這來了。

江湖上有三個行當是歷史最悠久的，一個是賣淫、一個是行醫、另一個就是海盜。愛琴海和地中海之間島嶼密布，是歐亞的重要商道，自動成為海盜的大本營。小亞細亞半島的海域，很早就可以看到象徵死亡和掠奪的黑色骷髏旗，羅馬人和希臘人兜裡有錢，還沒事喜歡在海上閒溜達，遭遇海盜的機率跟咱家古代出門辦事遭遇山匪也差不多。凱撒就是個倒楣的，去羅德島求學的途中，就被奇里乞亞（賽普勒斯以北）的海盜抓去了。

羅馬貴族出身的凱撒自然氣度不凡，海盜是專業人士，肉票的身價一看便知。扣押了凱撒後，向家屬發信要求贖金二十塔蘭特（一種希臘貨幣）。凱撒一聽就樂了，教育他們：「我說你們這幫不著調的東西業務能力也太差了，抓了凱撒才要這麼點錢，傳出江湖去，我回羅馬怎麼混啊，你們在海上還怎麼混啊，你們真給全世界的壞人丟臉！」把海盜罵懵了，只好不恥下問，讓凱撒自己報個價，凱撒讓他們要求五十塔蘭特。這個金額大約相當於多少呢，如果你在古羅馬時代是個帶兵的統帥，這筆錢是可以養活大約八百個士兵一年的全部開銷。海盜雖然覺得這個價格有點哄抬物價，但能要更多的錢自然是不介意的，所以就按這個金額發了勒索信。

剩下等贖金的日子，海盜就倒楣了，別的人質一被海盜關起來基本都嚇得神經失常了，天天哭爹叫娘的，凱撒這個人質卻是來渡假的，讀書寫字打瞌睡。他能保持安靜固然好，可是他不讓海盜好過。據說被關押期間，凱撒作為著名文學青年寫了大量詩歌，最要命的是，他寫詩的時候要求海盜必須保持安靜，不准喧嘩，詩寫完後，他大聲朗讀，讀完了諸海盜必須鼓掌叫好，還要跟著一起誦讀，這些海盜鬱悶壞了，分明是不愛讀書才做了海盜，如今幹綁票比高考還累，不過這夥計值五十塔蘭特，是張金票，還是別惹他，橫豎閒著沒事，跟著薰陶一下也好。僅僅是要求讀書也還罷了，這個囂張的肉票隔三差五喜歡威脅海盜，「你們千萬別讓我活著回去，老子回去後立即帶兵來把你們全釘在十字架上！」他每次說完，海盜就跟著哄笑一場，時間長了，一致認為這個肉票腦子是有毛病的，下次再綁架可一定要先檢驗清楚，腦子有病的，喜歡寫詩的以後都不能再綁了。

三十八天後，海盜居然如願收到了五十塔蘭特的贖金！不僅讀了書，還發了筆小財，精神物質雙豐收，海盜高興啊，趕緊給凱撒收拾乾淨，放他回家。離去的凱撒給海盜們留下一個意味深長的笑容，海盜們忙著分錢，沒功夫分析這個詩人的表情。

這五十塔蘭特還沒花光，羅馬艦隊就出現了，輕而易舉地將這些海盜全部捕獲。即將被釘上十字架的海盜發現，領導這支艦隊的羅馬將軍正是那個寫詩的肉票凱撒！凱撒是個恩怨分明的人，考慮到這些海盜曾經高度讚揚自己寫的詩，凱撒決定給他們點優惠政策，先割斷他們的喉嚨再釘十字架。這幫海盜如果知道後來凱撒的江湖地位，就應該後悔這五十塔蘭特實在是太便宜了，而如果他們知道後來凱撒的戰績，就應該榮幸有機會跟這樣的巨星交手，千百年來，地中海一帶的海盜比過街的老鼠還多，只有這一小撮隨著凱撒的大名留在世界歷史上！

羅德島學成回國，凱撒的仕途漸漸走入正軌，西元前六十九年，三十二歲的凱撒當選當年的財務官，並進入元老院。同年，進入羅馬西班牙行省，為那裡的總督管理財政。在西班牙作會計是凱撒人生中的重要轉折，巡視各地查帳期間，他參觀了當地的一個神廟，裡面有一尊亞歷山大大帝的塑像，凱撒突然想到，亞歷山大在自己這個年紀的時候，已經指揮千軍萬馬、開疆闢土，征服半個地球了，自己每天窩在這裡打算盤，看帳本，什麼時候是個頭啊。受了刺激的凱撒毅然辭去了財務官的職務，回到羅馬，並參選成為羅馬市長。

羅馬市長最重要的工作是要保障老百姓的娛樂生活豐富多樣。羅馬一直富庶而繁榮，老百姓也不愁吃喝，除了亂搞男女關係，最喜歡的就是紮堆看熱鬧，各種大型競技活動最受歡迎。元老院當然知道羅馬人這麼點愛好，但是這麼大一個國家，不能一天到晚就是把錢花在這些個事上面，所以對羅馬城內娛樂項目的政府撥款是非常少的。凱撒為什麼要當羅馬市長，自然是為了給自己積攢政治資本。凱撒一直是以民主派的形象出現在政壇的，民主派最大的籌碼就是老百姓的支持，如何成為一個受老百姓歡迎成功的羅馬市長，很簡單，多建幾個娛樂設施，舉辦幾次大型文藝活動就行了。可政府沒這筆預算啊，不要緊，政治前途是自己的，掏自己的腰包給老百姓辦事，凱撒慣於犧牲自己利益為國家人民謀福祉，其拳拳的愛國之情相當令人感動！

羅馬市長任內，凱撒獲得了極高的人氣，當然，這些都是錢買的，一年任期內，民眾支持率節節攀升，腰包卻像瀉肚子一樣越來越癟，終於光榮交班的時候，本來就不太富裕的凱撒在財政上基本破產，欠了幾百塔蘭特的外債（應該相當於百萬歐元）！

好在那些錢花得有價值，西元前六十三年，這是凱撒生命中另一個重要年份，這一年已經身無分文背水一戰的凱撒同時獲得了祭司長和大法官兩個職務，並在同年迎娶了蘇拉的孫女（原配此時已經去世）。

凱撒是個英雄，並不是聖人，他一生最受人詬病的是：私生活混亂和行賄。同時兼任祭司長和大法官後，又加上凱撒除了有點禿頂，還是個帥哥，所以羅馬貴族的女眷跟他傳緋聞的不少，而他與蘇拉孫女龐培亞的短暫婚史，就是個很戲劇性的事件。羅馬有個風俗，每年十二月初，羅馬的各級長官家裡會輪流組織一個祭祀慈愛女神的活動，由長官家的女主人主持，只允許羅馬上流社會的女性參加。當時的羅馬政壇有個憤青刺頭，叫普爾喀，這傢伙本來是當時執政官西塞羅（上篇說過的狗仔隊）的親信，後來兩人反目了，長期跟西塞羅作對。普爾喀是個離經叛道的人，經常毀僧謗道，對於羅馬神話的各類神仙也有自己的看法，語不驚人死不休。這一年羅馬的祭祀慈愛女神的活動輪到了凱撒家，凱撒的新夫人龐培亞就成了女主持人。祭司活動的現場純是各類老少女人，種類應該比女澡堂還單純，突然大家發現了有個異樣的女傭，粗手大腳的還露著腿毛，這下熱鬧了，馬上揪出來驗明正身，發現這個假扮女傭的竟是普爾喀！

普爾喀男扮女裝闖進祭祀大會，本來是想證明這個祭祀活動其實沒有所有人想得那麼莊嚴神聖，他絕對想不到這事鬧這麼大。普爾喀的宗教探索行動馬上演變為風化問題，全羅馬都在傳聞普爾喀這樣做肯定是因為跟當時參與祭祀的某個貴族女眷有染，全羅馬陷入家庭信任危機，都在排查自己的老婆是不是事件女主角。當然，傳得最盛的，就是普爾喀跟凱撒的新夫人的關係，那陣子羅馬人的茶餘飯後，都在討論普爾喀如何在神聖的祭祀大會上勾搭凱撒老婆的事。雖然後來經過仔細調查，沒有任何證據證明凱撒夫人失節，可是凱撒仍然不依不饒，所以結婚不到一年，凱撒就果斷休妻，他的說法是「凱撒之妻不容懷疑！」

凱撒自己在羅馬幾乎是夜夜作新郎，送出去綠帽子更是數量不詳，可對老婆事卻表現得比一個衛道士還高尚，還潔癖，我一直陰暗地認為，當時對於手頭拮据的凱撒來說，這一次婚姻，他考慮的利益方面多些，各種目的達到，陪嫁也落到自己腰包了，這個女人基本就可以不用了，藉著這件事，順利達到拋妻的目的，名正言順，大義凜然。

凱撒的成功之路是靠大筆金錢鋪就的，沒錢的日子特別難過，好在命中有貴人相助，羅馬有些眼光長遠的人喜歡在他身上長線投資，而最大的財神爺，凱撒的提款機則是羅馬的首富——克拉蘇。

話說凱撒在仕途上披荊斬棘不斷攀登時，羅馬政壇還有兩個巨頭級的政治人物，西元前七十年的執政官，前面講過的龐培和克拉蘇。

克拉蘇號稱是羅馬最有錢的人，是個標準的心黑手辣的角色，當時的羅馬社會跟古代中國一樣，認為貿易這個動作有點下三濫，不入流，所以稍有身分的人是絕對不幹的。克拉蘇雖然也出身名門，思想還是比較前衛的，不管入不入流，有錢賺的事他都絕不放過，經常把自己當小商人定位。苦心經營之下，口袋裡的錢越來越多，據說販賣人口（奴隸），放高利貸等事都有他的股份，但最出名的還是「趁火打劫」。

羅馬城內的房子年久失修，經常鬧火災，克拉蘇專門訓練了一支很專業的救火兼維修隊伍，哪裡一冒煙，他們就出現在哪裡，可別以為這幫人是大救星，一到現場，克拉蘇就會跟房主講價，要求對方把著火的房子以低得驚人的價格賣給自己，基本克拉蘇買一棟房子絕對不出超過一輛三輪車的價格。如果房主不答應，克拉蘇便會任由房子被化為灰燼。一般的房主都會答應，當時沒有保險公司，都燒光是沒人會賠的，賣給克拉蘇好過連渣都不剩，而且也由不得房主不賣，因為左鄰右舍怕火燒到自己家，都提著板凳、菜刀等傢伙群起而攻之，逼這著火的倒楣鬼趕緊賣給克拉蘇，好讓他趕緊滅火。在這種形勢下，克拉蘇基本都能達到目的。跟對方一成交，克拉蘇的小分隊就會以最專業的速度和動作將火撲滅，然後將房屋維修粉刷。煥然一新的住宅成為克拉蘇名下的物業，他再將其出租或者出賣，這種昧心錢克拉蘇賺得順暢之至，逐漸地，克拉蘇成為羅馬最大的包租公，擁有半個城的地產。

因為這些事，克拉蘇在羅馬的地位很尷尬，一方面，他手裡攥著半個羅馬的財富，比神仙還奢侈，另一方面，個人形象非常惡劣，比惡鬼還招人恨，但作為一個政治人物，聲望和名譽顯然是更重要的。

而龐培則不一樣，因為是元老院保守派力捧的明星，所以龐培的受歡迎程度要高多了。比如鎮壓斯巴達克斯起義，公平地說，克拉蘇是立下大功的，後期的戰爭中，跟奴隸們死磕的羅馬軍隊靠的就是克拉蘇源源不斷的金錢支援，出錢又搏命，表現真是可圈可點。克拉蘇將斯巴達克斯主力幹掉後，龐培才從西班牙戰場趕回來，幫著收尾，可是元老院的表彰卻是規格不同的，兩個人都享受了凱旋式，克拉蘇的規模卻比龐培小多了，這讓克拉蘇從那時就在心裡忌恨龐培，兩人結下樑子。

一起成為執政官後，克拉蘇覺得一定要在人氣上壓倒龐培，可想在軍功上有所作為也沒機會，怎麼辦，他不是有錢嗎，開始花錢買民心，在羅馬獻祭的日子裡，這夥計擺了上萬桌的流水席請羅馬百姓吃飯，還送給每個人三個月的穀物津貼。而在元老院，克拉蘇打點的錢就更多了，幾乎所有的羅馬貴族都跟他借過錢，那些很有政治前途的人，克拉蘇更是堅持長期投資，絕不擔心血本無歸，比如說凱撒，他就像克拉蘇一直捂在手裡的金蛋，幾乎每次的經濟困境都是克拉蘇幫他解決，凱撒大法官的任期結束，獲得了西班牙總督的位置，臨到上任，還欠著一屁股外債走不掉，還是克拉蘇仗義疏財，幫他打發了各類債主，讓凱撒安心上班去了。

凱撒到西班牙作總督，為了解決自己的經濟拮据問題，一上任，他就開始跟周圍的小國和部族打架，整個凱撒的西班牙總督任期都被用來搶劫了，人窮志短啊，大英雄凱撒沒錢的時候，吃相也挺難看的。

羅馬城內，蘇拉和克拉蘇雖然到期都從執政官職位退下，可兩人爭風一直沒斷過，蘇拉是元老院貴族派的代表，而克拉蘇是騎士派的代表，雖然克拉蘇在老百姓身上也散了不少錢，可買帳的平民還是不多，畢竟以前的名聲太差了。

這時，羅馬又出了件大事，老百姓突然發現，羅馬城突然物價飛漲，各類生活用品緊缺，甚至還出現了糧荒。難道是通貨膨脹了?!奴隸制社會也有這毛病？當然不是，管事的很快發現，造成這個局面最主要的原因是地中海的海盜太猖獗了，進出羅馬的商船基本被他們搶完了。

羅馬人自己基本不種地，絕大部分糧食供應都是靠埃及，肥沃的尼羅河流域一直是羅馬人的糧倉。被這些海盜一劫，羅馬城很快就要沒飯吃了。只需要消滅這幫海盜就能解決生活用品的價格問題。根據羅馬人最近幾年形成的思維定式，要打仗，找龐培！所以，名將龐培再次披掛出征，剿匪去了。

這次戰爭關乎整個羅馬的生計，絕對不能失敗的，所以元老院授予龐培巨大的權力，光戰艦就是兩百七十艘，大軍十二萬人，軍費超過六千塔蘭特，限他在三年期限內，蕩清地中海，恢復羅馬海上正常貿易。

龐培果然是不負眾望的，他採取一邊打，一邊招安的政策，分片圍剿，用了三個月就將地中海上的海盜全部掃清。此時的龐培再次如旭日東昇在羅馬天空，人要是走運，走路都能踢到金子。一結束地中海的剿匪行動，龐培就被派到小亞細亞與本都國王（蘇拉曾經打敗的傢伙，一直找羅馬麻煩）開戰，其實當時的戰事已經明顯對羅馬有利了，這時安排龐培過去接收戰局，就是讓他領這件天大的功勞，摘別人種好的桃子。龐培到西亞不久就徹底擊潰了本都軍隊，逼其國王自盡，建立了新的羅馬行省，還對巴勒斯坦之類的事物指手畫腳，在小亞細亞的各小國扶持自己的勢力，安排別人家的國家大事，那一段時間，龐培被稱為羅馬東方片區的「王中之王」，鋒頭之盛，氣勢之高，完全是正午的烈日，讓人不敢逼視。

根據龐培這人的做事風格，讓他低調顯然是不可能的，在西亞期間，新建的行省內所有的財政、稅收之類的政策都是按龐培的意思制定的，他將各地的稅收承包給手下的騎士，還想將土地分給那些跟自己東征西討多年的老兵，這些事，當然羅馬元老院都是不願意答應的。所以，兩次大戰，龐培立下了不世軍功，可元老院硬是磨蹭了一年才給他舉辦凱旋式。此時的龐培已經由不得別人跟他說「不」了，元老院囉囉嗦嗦對自己在西亞動作的諸多批評讓這輪烈日火冒三丈，龐培逐漸意識到，跟這幫老東西混一點好處也沒有，作為元老院貴族派代表的龐培開始公開與自己代表的階層反目。羅馬政局的變化，讓很多人心裡有了新的政治鬥爭策略，比如凱撒。

西班牙總督凱撒一通劫掠，總算是讓自己的經濟窘境得到緩解，一有了錢，他才不願意在西班牙混呢，要上位自然是到權力中心去，眼看著新的執政官提名要開始了，凱撒甚至顧不上等新來的總督交接工作，就跑回羅馬參選去了，據說本來凱撒在西班牙的搶劫活動可以為他贏得一次凱旋式，但為了獲得執政官的候選資格，他放棄了。

一回到羅馬，凱撒就仔細分析羅馬局勢，他發現整個羅馬，權勢和聲望是龐培最高，而財富當然克拉蘇最多，如果自己能與這兩人結成一黨，對自己的順利當選是很有利的。凱撒作為民主派的代表，在廣大老百姓中人氣很高，又加上自己是克拉蘇的金蛋，所以跟克拉蘇的結盟是一點問題也沒有的，關鍵是龐培，他跟克拉蘇有仇啊，到底能不能拋棄前嫌共襄盛舉呢？

如果這麼點小事都做不好，凱撒就不成為凱撒了，西元前六十年，羅馬城內最轟動的娛樂新聞就是，年近五十的龐培迎娶十四歲的凱撒女兒（這龐培是個老流氓，誰想拉攏他只要把女兒嫁給他就行了）！凱撒成為龐培的岳父之後，很快就讓龐培和克拉蘇握手言和了，這對龐培來說也是鬥爭需要，他剛跟保守派鬧翻了，有投靠民主派的需要。這樣凱撒、龐培、克拉蘇的聯盟就正式形成，這樣的同盟，羅馬還能有什麼麻煩事呢？凱撒順利當選當年的執政官。

當時的元老院已經感覺到，這三人聯盟後的勢力是不受控制的，所以不惜通過暗箱操作加賄選讓他們的一個忠實代表也成為執政官。這傢伙也算是羅馬史上最沒面子的執政官了，上班第一天，就因為想反對凱撒一項會議提議，直接被凱撒派人操棍子打出去了！在後來的任期裡，這位聯合執政官每天的工作就是躲在家裡，向元老院的老貴族們傳紙條，抒發自己不到年齡提前退休的鬱悶的心情。雖然羅馬法律規定，任何一個執政官的政策必須取得另一個執政官的同意，元老院也憂慮地發現，凱撒提出的各項政改，從來就沒遇到過任何阻撓，很多人經常忘記羅馬還有另一個執政官。

凱撒上任第一天，就拋出了他醞釀已久的土地法案，這個法案擺明就是答謝選民的，尤其是對自己的女婿龐培，這個法案明確承認龐培在西亞的所有政策，並同意分給老兵土地，而羅馬平民自然也應該獲得土地，畢竟這些人一直是凱撒的支持者。凱撒的這個法案獲得了老百姓山呼海嘯的歡迎，所以當元老院的老貴族們調唆另一個執政官否決此法案時，這個倒楣的傢伙竟被老百姓當場痛打！法案通過後，元老院氣極敗壞，眼看著凱撒的任期快到了，他們準備聯手將他打發到羅馬最窮的行省去管事。凱撒對元老院的挑釁完全不放在心上，現在他手裡有百戰百勝的鬥爭王牌——百姓的支持。所以他一覺得元老院有詭計，就上訴公民大會，羅馬百姓的力量從沒讓凱撒失望，又鬧了一場，結果是，卸下執政官的凱撒當選他最渴望的高盧總督。

為什麼對阿爾卑斯山腳下的高盧行省這麼看重呢？凱撒知道，義大利這個小半島對他來說實在太小了，他的世界應該在阿爾卑斯山的另一面！

9

古羅馬軍隊的每個軍團有一個「鷹幟」，用銅或是銀鑄的展翅雄鷹的雕像，下面用同樣材料的杆支起，由專人舉著，行走在軍團前列，其功能相當於現在的軍旗，不過地位要更尊崇一些。羅馬軍法規定：羅馬的軍團只要失去了鷹幟就會被直接解散，主要責任人不僅受到重罰，而且被認為是奇恥大辱，失去生命都要搶回來。而敵方如果繳獲了鷹幟，則成為自己手上一個重要的談判籌碼，羅馬人會放棄很多權益來換回這件冰冷的物件。鷹幟代表羅馬軍人的榮譽，代表著羅馬軍團的戰鬥精神。西風殘陽、衰草枯揚、黃沙碧血、雁鳴馬嘶，所有的生命都在哀號，只有一隻雄鷹閃耀著寒冷的金屬光澤漠然矗立在遍地的屍首中，銳利如刀鋒的鷹爪上滴著血，這個場景帶著油畫般的濃郁和華麗，鐵與血交織的古典美。西元前五十八年～前五十年這段時間裡，這個畫面在西歐的各個地區隨處可見。

凱撒與龐培、克拉蘇組成聯盟後，被稱為三巨頭，因為後來也有三個狠角色這樣聯盟，所以這一次高手抱團被稱為「前三頭」。

三人中，凱撒實力最弱，他委身於這兩個人也是權宜之計，他知道這兩人擁有的是軍功聲望和財富，只要他也擁有，就可以超越這兩人，不用再跟著他們混了。而軍功、聲望、財富這三樣東西，全都是一次漂亮征伐的衍生產品，選擇一個好地段，打幾場漂亮仗，什麼問題都能解決。在地中海沿岸地區大部分都成為羅馬行省後，要掠奪新的土地、財富和奴隸，就要向北方想辦法了，所以凱撒費盡心機要成為高盧總督，就是希望以山南高盧為根據地，打過阿爾卑斯山，在那裡的廣袤大地實現自己所有的理想。

高盧人就是如今法國、比利時、德意志西部和義大利北部的凱爾特人。凱撒進入高盧前，高盧分為三個部分：山南高盧，阿爾卑斯山以南到盧比孔河流域的義大利北部地方，這裡的高盧聚集地已經完全羅馬化；那爾波高盧，這裡是臣服羅馬的行省；山北高盧，即阿爾卑斯山經地中海北岸，連接庇里牛斯山以北廣大地區，這一帶是羅馬沒有征服的地帶，被稱為「野蠻」高盧。

高盧地區土地肥美、水草豐茂，很適合人類定居，吸引了很多游牧部落居住，人口稠密，看上去很富饒。這裡農業、畜牧業、林業和手工業都挺發達，尤其是手工業中已有明顯的勞動分工。由於手工業的發展，各個地區有一些壁壘森嚴，防衛安全的城市逐漸發展成為中心，比如現在的巴黎和奧爾良都是在那段時間成型。每遭到攻打，散居在郊野的居民便蜂擁地逃進這些城市，隨著進城的農民工越來越多，中心城市的人口也逐漸增加。有人就有商機，於是這裡定期組織各類經貿活動，如農貿市場等，發展到一定規模時，就會吸引不少羅馬、希臘的商人來此地進行交易。

凱撒幾乎是一到任，就啟動了對山北高盧的攻擊。一進入外高盧，凱撒就發現一個問題，有一群人活得很礙眼。他們居住在多瑙河以北、萊茵河以東的地區，長得高大壯實，既不種地也不生產，一直維持著原始的生活形態。部落聚居，打野獸分著吃，男女老少都披著獸皮，目光中閃著猛獸般的光芒。羅馬人稱呼這幫野人為：日耳曼人，這個名字翻譯成中文就是恐怖而好戰的鬥士。聽這個名字就知道是一些茹毛飲血的猛人，在羅馬人心裡，這幫人的形象是跟上古的各種怪獸聯繫在一起的。

日耳曼人不開荒不種地，因為他們不需要，各種生活物質都可以通過狩獵解決，如果需要適當提高生活品質，他們就直接殺過萊茵河到高盧人家裡借，想要什麼借什麼，反正借了也不用還。而住在這一帶的的高盧氏族部落林立，發展中貧富分化越來越大，實力強大的氏族部落頭領有更多的領土和人口要求，要擴張就要欺負鄰居，所以經常鄰里糾紛，鬥毆頻繁。這些來自萊茵河對岸的日耳曼人就找到工作了，自然成為了高盧人的雇傭兵，幫著打群架。看來是收益不錯，來搶劫和打工的日耳曼人越來越多。這幫人圖省事，所以在哪打工就在哪安家，也不回河對岸的老家去了。慢慢地，高盧人發現，怎麼自己這邊滿大街都是日耳曼人啊，這個移民動作也太大了吧。到凱撒執掌高盧時，他發現過了河定居的日耳曼人已經超過二十多萬了，好像還一邊跟高盧人進行各種規格的戰事，一邊向前推進，照他們的進度，這幫人不久就要進入羅馬的版圖借東西了。

凱撒心裡清楚，這支日耳曼人是整個高盧地帶最不安定的因素之一，想在高盧有大型的軍事動作，必須先把這幫人趕回萊茵河東岸去。凱撒與當時日耳曼人的老大阿里奧維司都斯談判，好言勸說，看這位老大能不能從佔領的高盧土地上撤出去。這阿里奧老大從會吃奶就會打架，只有他威脅別人，從沒人敢威脅他，對於凱撒的要求，他的回答是：「你也太張狂了，這高盧的地盤許你羅馬霸佔，不許我們也來踩一腳啊！你要是不服，約個地方咱哥倆過兩手！」

凱撒知道碰上這種蠻子，不打怕他他是不會服的。可真要開打，凱撒又猶豫了。據說當時羅馬軍隊，一聽說要跟日耳曼人開戰，很多士兵要求回家。這些可以為軍人榮譽付出生命的羅馬戰士認為，跟那些打架比吃飯還專業、高大結實像公牛的日耳曼人硬碰，絕對是以卵擊石，一時間，整個羅馬軍營充斥著濃郁的悲觀氣氛，那些老兵不敢撂挑子，都偷偷地寫下了遺書。

古羅馬時期的統帥，首先要會煽動，凱撒還是專業學過雄辯的，口才一流。他趕緊召集了一個戰前動員大會，再次強調了軍人的榮譽，並告誡大家不要輕信流言，日耳曼敵人其實是紙老虎。另外又說，如果大家都不願參戰，他將帶領自己的警衛部隊——第十軍團投入戰鬥，因為只有第十軍團是真正勇敢無畏的羅馬戰士（因為這個軍團曾護送凱撒與日耳曼人談判）。凱撒這一招激將法非常成功，第十軍團本來只是擔任凱撒警衛團，聽說要打日耳曼人心裡也發毛，現在被老大這樣提名表彰，熱血沸騰之下，當場表態，他們將在凱撒的指揮下在任何時候與任何敵人開戰，絕不退縮！而第十軍團也由此時起揚名天下，成為後來羅馬軍團中的王牌。第十軍團的表態激發了其他軍團的爭強好勝之心，所有軍團都不再猶豫，硬著頭皮跟野蠻人幹仗去！

當時凱撒來高盧上任帶著六個軍團，為了後勤保障，他留下兩個軍團，實際參戰的只有四個軍團兩萬多人。而對手日耳曼人則有十萬大軍！兩軍在萊茵河畔各自列陣，日耳曼人將自己的老婆孩子，鍋碗瓢盆都擺在旁邊，用一些戰車之類的圍起來，這個動作的意思是，如果戰敗，這些東西就都給羅馬人拿走，不管羅馬人要不要。所以士兵們都有背水一戰的心情，如狼似虎，敢於博命。

其實，日耳曼人並不是一個統一的種族，而是一些語言、文化和習俗相近的民族聚居在一起後的總稱，所以在打仗時，他們也是以民族為單位作戰的。這樣的烏合之眾，在指揮上，日耳曼這十萬大軍的效率顯然就比凱撒那兩萬人差多了。

日耳曼最厲害的戰法就是龜盾陣，所有人將盾牌舉起，連稱一片，密不透風，軍團如一個大烏龜般向前推進，刀槍不入，威力很大。可是久經考驗的羅馬士兵畢竟不是浪得虛名的，雖然戰前有點腿軟，一正式開打，羅馬戰士的血性就被釋放了。凱撒手下有大批忠勇驍悍的基層領導——百夫長，這些人的戰鬥經驗和戰鬥精神是羅馬軍團最大財富。面對日耳曼的龜盾陣，又是這些百夫長發揚了善打硬仗的精神，他們直接跳上敵人的盾牌，用手將這些連在一起的盾陣分開，揮劍對盾牌下面的日耳曼人猛刺，這種同歸於盡的打法，徹底破了日耳曼人的戰陣。加上訓練有素的羅馬騎兵的支援、衝殺，十萬日耳曼人很快就潰不成軍，紛紛敗逃，老婆孩子，鍋碗瓢盆都是顧不上了。

日耳曼的那個猖狂得不得了的阿里奧老大乘小船逃到萊茵河對岸，老婆和女兒都落在羅馬人手裡。在後來的幾年，凱撒不斷清洗在高盧地區的日耳曼人，在萊茵河西岸基本被清理乾淨後，凱撒認為還是應該殺過萊茵河，給日耳曼人留下永遠的心理創傷，讓他們以後都在河對岸老實待著。他用了十天時間在萊茵河上架設一座木橋，羅馬大兵開進了萊茵河東岸，這樣咄咄逼人的鐵騎讓當地的日耳曼人根本無力招架，凱撒在河對岸停留了八天，確認這幫野獸絕不再敢撚羅馬的虎鬚後，心滿意足地撤回高盧。

凱撒對日耳曼的出擊讓羅馬軍隊在高盧地區軍威大盛，那些長期被日耳曼欺負的高盧地區對凱撒更是崇拜得無以復加。對於如何處理日耳曼人大量俘虜時，很多高盧人要求將他們賣為奴隸，或是趕過河去，永遠不許他們再回來。可凱撒有自己的考慮，他在萊茵河西岸開闢了一個地區讓那些戰敗的日耳曼人居住，給與他們原來的生活，前提必須是服從羅馬的領導。這一個動作後來被證明非常高明，就是這個部分的日耳曼人，一直不斷地為羅馬軍團提供精銳的戰士，在後來的羅馬戰史上，來自日耳曼的騎兵部隊是非常出眾耀眼的。

日耳曼人種很複雜，在發展過程中，他們演化出斯堪地那維亞民族、英國人、弗里斯蘭人和德國人，後來這些人又演化出荷蘭人、瑞士的德國人、加拿大、美國、澳大利亞以及南非的許多白人。雖然敗於凱撒，但這幫人好戰、善戰、執拗的特徵依然是很出名的，所以給後來的世界製造很多麻煩。

幹掉了最難纏的敵人後，凱撒面對的是外高盧那些桀驁不馴的部落，最出名的是一群叫赫爾維第的人，他們是凱撒征討外高盧時碰到的最堅硬的對手。

10

凱撒的高盧戰事是他戎馬生涯的重要篇章，因為在打仗之餘，凱撒作為一個文學愛好者一直在直播戰事，可惜他當時不能網路同步，否則他這篇名為「高盧戰記」的帖子肯定紅遍鐵血或者天涯國觀之類的論壇。

不論是打仗還是寫文章，凱撒都有大師級的風格，整個「高盧戰紀」原來可能是他向羅馬元老院作的年度工作總結，但集結成書後，文字平實樸素，行文流暢自如，將驚濤駭浪般殺伐寫得如深谷幽澗般不動聲色，文如其人，可以感覺到凱撒從容淡定卻極為強大的心理能量。而「高盧戰記」這本書，不論是文學成就還是對研究歷史的幫助都是非常大的，我們大約揀選最重要的戰事了解一下。

上一篇，凱撒渡過萊茵河，讓日耳曼的蠻族領教了「現代戰爭」的威力。在出擊日耳曼前，凱撒先平復了外高盧最猛的部落赫爾維第人的南遷行動。

赫爾維第人大約發源於現在的瑞士境內，生活在萊茵河、汝拉山、羅納河之間的地帶，原本日子過得很不錯，按凱撒的說法，這幫人天生好戰，被夾在這樣的環境裡，發展的空間有限，如果想對外發展，攻擊鄰居都施展不開手腳，於是這幫人就在首領的煽動下，作了兩年的準備，預備了大量物質，計畫將整個部落南遷，找個寬敞的地方欺負別人也壯大自己。為了表示去廣闊天地施展抱負的決心，他們燒掉了自己村莊和鎮子，帶了三個月的糧食，堅定果斷地背井離鄉。在凱撒剛接任高盧總督時，這支武裝盲流就開始在高盧大地上遊動了。

凱撒上任的第一戰就是阻止這支盲流亂跑，一邊追襲一邊集合部隊，終於在一條叫阿拉河的河畔追上了盲流大軍。當時的赫爾維第人已經開始渡河，大約渡過了四分之三的人，剩下那四分之一既然落在凱撒手裡，結局自然是不太幸福。據凱撒自己說，他殺掉的這四分之一盲流正好屬於一個叫幾古林尼的部落，而這個部落曾經在西元前一〇七年跟羅馬交手，幹掉了領軍作戰的執政官，還逼著羅馬軍隊鑽了軛門。

鑽軛門是羅馬軍隊對戰敗者的最大懲罰，將兩支矛插在地上，上面再搭一支矛，形成一個小門，敗軍從這個小門通過，算是一個投降儀式。這個動作被認為是對羅馬軍人最大的侮辱，凡是鑽過軛門的將領，羅馬基本就當他已經死了，家人會為他舉辦喪禮，如果還厚著臉皮苟活，那處境堪比「文革」時的反革命份子，就等著天天挨批鬥，境遇還不如死掉。這個事遍傳江湖後，羅馬軍隊的敵人經常用這招羞辱他們。

凱撒殲滅了這個曾經讓羅馬軍團受過奇恥大辱的部落，軍隊更是士氣昂揚。凱撒下令搭橋渡河，赫爾維第人搭橋過河用了二十多天，所以他們認為羅馬人也需要半個月，還慢騰騰地溜達呢。神勇的羅馬士兵在一天之內便全部渡過阿拉河出現在赫爾維第人面前，驚恐萬狀的盲流顧不上研究凱撒是怎麼空降到面前的，趕緊議和。事實證明，這些蠻夷部落就是不學好，凱撒作為一個受過羅馬高級文明薰陶的大知識份子，一般是接受談判的，但他很快發現，這幫盲流過來談判並不是服軟，而是過來危言恐嚇，凱撒顯然不是嚇大的，看到盲流嘴還這麼硬，只好給他們教訓了。

這一仗的結果是，盲流軍團參加遷徙的人數大約四十萬，倖存被凱撒強制性遣返回鄉的人口是十一萬。可憐這幫傢伙妻離子散，財物損失嚴重，還要跑回原住地，把自己燒掉的房子重新蓋起來，一邊重建家園，一邊後悔自己當初怎麼燒得這麼徹底。

從西元前五十八年到西元前五十五年這幾年的時間裡，凱撒的軍隊在整個高盧地區縱橫捭闔，摧枯拉朽，基本佔領了外高盧地區的中部和北部，有些歷史悠久的部落和民族直接被凱撒滅族。休息了幾天，凱撒登高望遠，目光越過英吉利海峽，落到了不列顛群島上。據凱撒自己說，他征戰高盧這幾年，幾乎每一場戰役都能在敵方陣營裡看到不列顛幫手過來打架，既然這小島不學好，他就準備到那裡去顯示一下軍威，以絕後患。

居住在不列顛沿海地區的人主要是來自高盧北部的比爾及人，而這比爾及人是很早就渡過萊茵河到高盧定居而繁衍的日耳曼人後代。不列顛內陸則是一些島上的土著，這些土著依然過著原始狀態的生活，喜歡在身上塗上些藍色的植物汁液，藍熒熒地吱哇亂叫；還處在兄弟、父子共用一個老婆的禽獸階段。但是這些看起來很落後很不開化的不列顛人卻讓凱撒費了不少功夫，西元前五十五年到前五十四年，凱撒經過兩次艱苦卓絕的跨海遠征，總算勉強讓不列顛臣服，此後不列顛要向羅馬交納稅賦，還要定期送人質到羅馬以示忠誠。

西元前五十三年，凱撒佔領高盧大部分地區，在各重鎮和交通要衝建立常駐軍營，要求各邦提供人質、納貢、聽從凱撒的軍事調度和服從羅馬的統治。高盧人雖然總是打敗仗，可並不是容易屈服的，那些驍悍的部落，一邊巧言令色地應付羅馬，一邊私下勾勾搭搭，預備團結所有被欺壓征服的高盧人起來反抗凱撒。正好西元前五十二年，羅馬城內發生了點混亂，高盧各部認為機會來了，於是便聯手起義了。

高盧起義是許多民族和部落聯合發起，他們推選了造反的頭目維欽及托列克斯，這傢伙曾經在羅馬軍團服役，還有些拉幫結派的才華，所以很快就遊說高盧各部團結在自己周圍，正式跟凱撒作對。一聽說自己新打下的土地造反，在羅馬解決政治鬥爭的凱撒趕緊殺回高盧戰場，新組建的日耳曼騎兵團發揮了重要作用，很快就讓起義大軍大受挫折。維欽也算是凱撒戎馬生涯的最重要對手之一了，他很快就改變了戰術，不再與羅馬軍隊正面對抗，改打游擊戰騷擾後方，破壞補給線。為了達到堅壁清野的目的，高盧人在維欽的領導下，將沿大路的村莊全部燒毀，甚至還燒掉了二十多個不易防守的市鎮。親手燒毀自己辛苦建立的家園，高盧人的心痛是可想而知的，也表達了對羅馬人的戰鬥決心。

接下來羅馬大軍就陷入了人民戰爭的汪洋大海，對高盧起義軍來說，不論在哪一個部族、哪一個地區作戰，當地的百姓都會無條件地支援子弟兵，紅米飯、南瓜湯，妻子送郎上戰場，母親叫兒打羅馬，村村寨寨開展聲勢浩大的擁軍活動，高盧起義軍的游擊戰打得風生水起。而羅馬就慘了，一邊要應付游擊隊的不斷滋擾，一邊還要分出很多兵力出去找食物和糧草。

維欽的焦土策略獲得了巨大成功，可也沒有萬事如意。有一個美麗的城市叫阿凡歷古姆，這裡被稱為整個高盧最美麗的城市，當地人哀求維欽保留這個明珠，不要燒毀它，雖然維欽認為這時的一念之差肯定會後患無窮，但他扛不住所有人趴在地上哀求，最後他只好安頓很強的守城人馬，將這個城市留在了羅馬的征途中。凱撒知道，這個城池是他的重要機會，所以攻城戰，凱撒幾乎拼盡了全力，好在最後還是拿下了。進城後，凱撒下令屠城，老人、婦女、小孩都不放過，全城四萬人幾乎被殺光，不要責怪凱撒的冷酷，他的士兵要吃飯，他必須將其他吃飯的人殺光，以節省糧食。

而這個城市給彈盡糧絕的羅馬軍團提供了很好的休憩場所，幾乎被饑餓拖垮的羅馬軍隊吃飽了，恢復了往日的鬥志，戰爭形勢再次逆轉。可憐高盧起義曾經那麼接近幸福。

高盧聯軍來自不同的部族，像沙子一樣難以聚攏成團，而凱撒也知道各個擊破是唯一的鎮壓辦法。其實高盧地區也從沒有真正團結過，很多部落，看到羅馬軍勝利就投靠羅馬人，高盧人佔上風又倒向起義軍，所以維欽很多協同作戰的策略都沒辦法付諸實現，而手下的各部首腦也不可能完全聽指揮。如果評價個人能力，維欽絕對算得上是高盧最卓越的統帥，但要指揮這樣一群烏合之眾，也是很艱難的。相比之下，凱撒軍團就顯得更加的指揮有素，行動一致。很快，這次高盧人付出巨大代價發起的反羅馬起義失敗，而維欽在戰爭的最後階段為了不讓高盧人受更大的打擊，主動要求手下將自己交給凱撒。這個幾乎讓凱撒英名大喪的高盧英雄成為遠征軍最牛的戰利品被帶回羅馬，關押六年後，在為凱撒舉辦的凱旋式上被砍掉了腦袋，是凱撒軍功章上最耀眼的一抹血色。

後來的高盧基本就沒什麼太大的反抗動作了，西元前五十年左右，該地區總算安靜了，高盧戰事勝利結束。

凱撒對高盧的經年遠征，大量的奴隸與財富源源流入羅馬，奴隸制經濟高速發展；豐饒繁榮的高盧地區歸屬羅馬版圖，使羅馬的疆土擴展到萊茵河西岸和庇里牛斯山脈以東，並遠至不列顛。整個羅馬的土地和人口幾乎都增加了一倍。

離開羅馬開始遠征的凱撒只有四個兵團的人馬，其中一個軍團還是龐培贊助的，戰事結束時，凱撒的鷹幟下指揮著十個軍團。原來說過，馬略的軍事改革給後世的羅馬軍隊帶來很大的影響，自從軍隊職業化以後，大兵一般只對自己的長官忠誠，無論什麼樣的戰事，跟誰作戰，他們都只忠於自己的統帥，凱撒的軍團只為凱撒而戰，從來都不是為羅馬而戰，所以這十個軍團完全是凱撒的嫡系部隊，忠誠無比，團結有力。高盧征戰的七年時間裡，凱撒大軍佔領了八百多個城市，征服了三百多個部落，對羅馬作戰的各種高盧人超過三百萬，其中一百萬人被殲滅，一百萬人被俘。

對高盧的征戰，是凱撒政治生涯中的重要階段。當初，他的兩個同盟者，龐培和克拉蘇支持凱撒出任高盧總督並沒有什麼善良的用意，地球人都知道高盧人英勇善戰不畏死，戰爭一啟動，便是無窮無盡的深淵，誰陷進去都別想輕易出來，就算凱撒可以在高盧全身而退，他也沒精力插手羅馬的政局。然而，凱撒一直在羅馬廣布親信耳目，遠征的這幾年，雖然人很少在羅馬，可羅馬所有的大事都沒有躲開他的操控，每次公民大會召開，凱撒在羅馬的親信就糾集大批的奴隸和城市貧民組成的打手衝進會場，干擾公民大會的各種決定，所以，征戰高盧期間，凱撒不僅在戰爭中取得了巨大的聲望和榮譽，累積了不計其數的錢財和奴隸，而他在羅馬政治事務中的地位還不斷在提升。此時的凱撒野心也不一樣了，他開始作更高級的人生規劃！

11

「地主」們掐指一算，好像埃及豔后該出場了吧？看了這一長篇羅馬史，就等這一篇呢！

時間還早，埃及豔后沒那麼早出來，人家還要梳妝打扮好一陣子呢。

先講個花絮，關於中國的。

在甘肅省永昌縣，那裡有個叫者來寨村的小村莊，這個村子前幾年突然轟動了世界，因為有幾個外國考古學家在這一帶瞎逛的時候，發現這個村子裡有一些人長著金色鬈髮、藍目深凹、鷹勾鼻子、絡腮鬍子而且身材高大，皮膚白皙，我現在一說這些特徵，大家馬上知道這是標準的歐洲品種，可這些人如果生活在中國西北一個貧瘠的小山村，拖著一雙爛布鞋，靠牆根抽旱煙袋，就不能不引起考古學家的興趣了。

隨著考古學者和好事者的介入，這個村子很快就名聲遠播、脫貧致富了，很多人去甘肅會慕名前往參觀的。考古學家在小村子裡一通亂刨，挖出了上百具歐洲人的骸骨，現在對那些黃毛村民進行的 DNA 檢測，已經驗證出這些在正宗中國人群裡平時很自卑，以為自己是怪物的村民實實在在是有歐洲血統的，那麼到底是為什麼，這個村子會聚居繁衍著一批歐洲人呢？

……

凱撒自己給自己分配了高盧地區作總督，因而創下了羅馬戰史不朽的偉業，而他兩個同盟呢，既然是同夥，分豬肉的時候就要公平啊，所以龐培得到了西班牙行省，而克拉蘇得到了東方的敘利亞行省。

隨著凱撒在高盧的戰績不斷傳回羅馬，家裡那兩個同夥有點坐不住了。尤其是克拉蘇。本來克拉蘇也是個人物，要頭腦有頭腦，要膽略有膽略，放在哪一朝都是一條好漢，可他時運不濟，偏偏跟凱撒和龐培這樣罕見的天才英雄降生在同一時期同一地點，以至於克拉蘇的能力和光彩總是得不到展示，尤其是作為一個天生商人的貪婪，讓他在人品上永遠輸一節，雖然後來克拉蘇成為最親民的羅馬貴族，經常到乞丐、貧民哪裡去做秀，作悲天憫人狀，差點改名叫克大善人，可老百姓的眼睛是雪亮的，克拉蘇每次散錢，他們都不客氣地收下，可要打心眼裡認同克拉蘇，還是做不到的。

凱撒和龐培則不同，他倆的名望和人氣是建立在赫赫的軍功上，羅馬人對英雄的崇拜是盲目的，對貪婪商人的原諒卻是理智的。隨著凱撒水漲船高，克拉蘇在前三頭中的地位似乎有些沒落，他在家憋屈了幾天後認識到，再多的錢買不回榮譽，羅馬的地位是需要金戈鐵馬的戰鬥才能鞏固的，於是，他決定以他的敘利亞行省為根據地，向東方擴張戰鬥，像凱撒和龐培一樣，為自己打出一支忠誠的嫡系部隊和金銀遍地的土地，獲得像他倆一樣的榮光。

克拉蘇的目標是佔領富饒肥沃的兩河流域，所以他必須進攻的敵人就是當時的西亞強國——波斯帕提亞（伊朗一帶，咱們叫安息），開戰前元老院是非常反對的，因為在之前的幾次交手中，那些快如幽靈，銳如利刃的波斯輕騎兵讓羅馬軍隊很吃虧，稍為有頭腦的人都告誡克拉蘇，挑釁波斯是沒有好處的，可此時的克拉蘇還能聽進這樣的建議嗎？

開戰之前，西亞的羅馬盟國曾經建議克拉蘇沿山地進軍，這樣波斯最強的輕騎兵就發揮不了作用，可克拉蘇心想，老子難得出來打一次仗，怎麼能鬼鬼祟祟像組團行竊呢，於是他驕傲地說，羅馬大軍不需要躲躲閃閃。於是克拉蘇帶著七個軍團，渡過了幼發拉底河，浩浩蕩蕩，陣容招搖地進入了浩瀚悶熱的戈壁沙漠。

迎戰克拉蘇的波斯軍隊統帥叫蘇來納，剛過三十歲，已經是波斯的大將軍，在國內一人之下，萬人之上，小蘇同志是波斯歷史上的名將，而且生得健壯俊美，戰神一般的人物，偶像派統帥。傳說他出征時排場極大，光他個人的行李就要動用一千匹駱駝來拉，還有兩百輛車，車上是他的各色嬪妃，鐵甲護衛不下千人，加上門客、幕僚、管家、傭人、廚子、髮型師、化妝師、修甲師、經紀人、助理約有一萬人，生活品質極高，這樣的富貴公子上了戰場多半膿包，所以克拉蘇壓根沒把這小白臉放在心上。

跟克拉蘇預料的一樣，雙方大軍還未接觸，波斯軍隊就開始潰逃。克拉蘇沒想到勝利來得如此容易，也不管羅馬士兵口渴、中暑，昏昏沉沉這些不宜參戰的跡象，竟踏著那些炙熱的黃沙全力追擊波斯軍隊。很快，克拉蘇就發現，波斯軍隊並沒有走遠，而是密集地圍在羅馬軍隊周圍，羅馬大軍就這樣陷入了蘇來納誘敵深入的口袋陣。其後的戰鬥不用說了，兵敗如山倒，羅馬大軍拋棄傷患退守卡萊城，被蘇來納設計誘出，克拉蘇在突圍中死於亂軍，這夥計一心想成就偉大功業最後卻慘死異鄉，不但沒給自己和羅馬帶來榮光，還讓波斯軍隊成為羅馬永遠的屈辱。

波斯一戰，克拉蘇帶領著四萬大軍，而蘇來納卻只出兵兩萬，被打散的羅馬軍隊最後只有不到一萬回到敘利亞。後來羅馬和波斯斷斷續續的戰爭持續了很多年，兩邊都打不動以後決定和解，羅馬要求波斯將卡萊城之戰俘虜的羅馬士兵交還，可是波斯交出的俘虜人很少，克拉蘇長子曾帶領羅馬第一軍團六千人帥先突圍，清點下來，這幫人居然活不見人，屍不見屍，活活地失蹤了！

現在大家已經可以猜到這一路人馬的去向了，但僅僅是猜測，還沒有特別的鐵證。根據咱家的歷史書，西元前三十六年，西漢大軍殺進現在的哈薩克斯坦，收拾北匈奴時，發現匈奴軍隊中有一支特殊的雇傭軍，裝束模樣都不太一樣，他們用盾牌圍成鐵桶陣前進，喜歡遠距離投擲標槍，雖然那時咱們大漢的軍隊也不知這夥人的來路，但也猜到肯定不是本地人，而現在我們知道，這樣的戰法是羅馬軍團的專利，也就是說，可能當年卡萊城突圍的羅馬士兵，有一些投靠了匈奴等部族打工去了。

大漢對北匈奴的征伐大獲全勝，當時俘虜了一百多個疑似羅馬兵，漢元帝看他們長得挺好玩的，就將他們集中安置在河西走廊的一個村子裡，當時給這裡起名叫驪靬縣，而「驪靬」是當時對羅馬的稱呼。後來這個地區在隋朝被合併到另外一個縣，這些羅馬士兵的事就再沒人提起了。

現在甘肅永昌者來寨也把自己定位為羅馬古城，還修了個有羅馬士兵的雕塑，反正是發展旅遊嘛，有這樣的噱頭自然大加利用，至於這些人到底是不是古羅馬第一軍團的後代，讓考古學家繼續研究吧。

回到羅馬，克拉蘇戰敗，羅馬政壇上就剩了凱撒和龐培的雙頭拱立，少了克拉蘇這個中間制衡的力量，兩個人爭權奪利的矛盾日漸突出，每個人都知道，這是個一山容不得二虎的時刻。而兩人本來是翁婿關係，龐培娶了凱撒未成年的女兒，這種老夫少妻的組合往往都是老頭先死比較符合自然規律，誰知道凱撒那個薄命的女兒年紀輕輕的卻先死掉了。如此以來，兩個人就什麼關係也沒有了，剩下的就是狹路相逢看誰先死。

元老院的貴族派敏感到三頭同盟出了問題，就馬上下手拉攏龐培，龐培審時度勢，覺得這時自己很有必要回到保守派懷抱，利用他們的力量鉗制凱撒。正好當時羅馬城裡出現平民暴動，元老院以處理緊急事態的名義，授予龐培特別執政官的權柄，雖然任期只有兩個月，可其權力幾乎是獨裁。

西元前四十九年，凱撒在高盧第二個任期期滿，現在的高盧行省幾乎相當於整個羅馬，而且周邊還有巨大的想像空間，凱撒當然希望留在這個廣闊天地，更有作為。所以他對元老院要求延長高盧總督的任期，但此時的元老院對他已經起了殺心，除掉凱撒上升到元老院工作重心。元老院拒絕了凱撒的要求，命令他立即返回羅馬，如果在約定時間沒有趕回，則直接宣布凱撒為「國敵」！

躊躇中的凱撒帶著他的軍團來到了盧比肯河邊，這是一條十幾米寬的小水溝，可卻是羅馬與高盧之間的界河。當時羅馬的法律規定，像凱撒這樣的封疆大吏，渡過盧比肯河回國是不允許帶兵的，否則將視為反叛。凱撒在河邊對他的軍團說：「渡河之後，將是人世間的悲劇；不渡河，則是我自身的毀滅。」權衡之後，凱撒對全軍喊出了他的反叛宣言：「The die is cast!」這句話的意思就是說，骰子已經擲下！只能前進不能後退，沒有什麼猶豫了。

凱撒軍隊在整個羅馬的震驚中渡過了盧比肯河，正如他自己說的，人間悲劇就這樣開始了！

12

凱撒「悍然」帶兵開進了羅馬，這個公然反叛的動作讓整個羅馬都震驚了，龐培當然也沒想到，他一直以為靠嚇唬就能將凱撒清除，所以當凱撒那些在高盧戰場上百煉成剛的大軍越過盧比肯河後，龐培和元老院的死硬派立時慌了，龐培作為一個軍事專家，深諳「三十六計」，非常睿智地選擇了「逃之夭夭」這一反抗方法。帶著一群元老院的老傢伙，各種行李細軟，逃向希臘。凱撒本來以為會面臨一場羅馬城內的殺伐，沒想大軍像觀光旅遊一樣，溜達著就進了城。既然討厭的對頭都跑了，剩下的元老院成員都是識時務之輩，趕緊冊封凱撒為獨裁官吧，別廢話了，還有好多事要做呢。

剩下的日子就忙碌了，凱撒和龐培上演了一幕古典版的貓和老鼠，基本上是龐培在前面瘋跑，凱撒的大軍在後面猛追，從羅馬追到希臘，再從希臘追到西班牙，在龐培的西班牙老巢幹掉了老龐的主力，讓老龐這個大老鼠丟盔卸甲狼狽不堪竄進了埃及。

……

好了，女主角終於出來見客了……

西元前三二三年到前三十年這段時間，埃及處於托勒密王朝時代。在此之前，埃及隸屬波斯帝國，馬其頓的亞歷山大大帝征服了波斯，當然也將埃及收入囊中。亞歷山大將自己的部將托勒密留在埃及作總督，老大死後，托勒密毫不客氣地自立為埃及國王，開啟了埃及歷史上的托勒密王朝。

龐培逃到埃及是有原因的，因為埃及的上一任國王托勒密十二世是個暴君，被老百姓推翻，避禍羅馬。龐培老哥義薄雲天，拉了這個埃及兄弟一把，出錢出槍幫他奪回了王位。這樣大的人情，自然是要收高利貸的，所以龐培一落難，當然到埃及收利息。按照龐培的想法，他到了埃及，應該收到恩公一樣的禮遇，說不定還可以跟托勒密王朝借一支軍隊，打回羅馬，重整山河。

此時的埃及，十二世已死，將王位傳給了自己的女兒和兒子公共執掌。埃及王朝一直有個大好的優良傳統，就是近親結婚。從西元前三千多年起，埃及的國王就把自己設定了一個神族的形象，既然是神當然就不能跟人通婚，而且，跟家族以外的人聯姻，很容易產生外戚干政這樣危害社稷的事件，於是，基本上埃及王都是在家族內部繁殖，肥水不流外人田。最多是兄妹聯姻，父女也有，最離譜的還發生過祖孫成親的情況。到托勒密王朝，都知道創立者托勒密是人不是神啊，他偏偏要維護這個神族的傳統，可他的後代卻要遵循人類的遺傳學規律。根據現代醫學的研究，近親結婚產生畸形的可能性很高，但因為產量大，廣種薄收的，總能找到一兩個正常的，所以埃及國王也不全是小傻子，但是從各方面素質來講，正是秋後的韭菜，一茬不如一茬。

托勒密十二世的兒女卻很不錯，不像近親結婚生出來的，尤其是這個閨女，絕對是最成功的優生結晶，不僅生得天使面孔，魔鬼身材，而且有著天才般的頭腦，天文地理、機械數學、規劃設計無一不通，會講九種語言，如果不是因為身高稍微差了一點，參加各種環球選美絕對豔壓群芳，穩操勝券，這樣的女人如果遇上合適的時機是可以改變國際局勢的，這位埃及的新女王大名叫克利奧帕特拉。

克利奧帕特拉和自己的弟弟按照父王的要求結為夫婦，共同登基。此時的姐弟倆，一個十八歲，一個九歲。雖然沒有外戚，埃及王朝也分為帝黨和后黨，既是骨肉又是夫妻。這種近親結婚的小孩一般都沒什麼良心，趕走另一個獨掌王權是共同的心思。在克利奧帕特拉姐弟倆的爭權鬥爭中，弟弟佔了上風，將姐姐放逐敘利亞。姐姐也不是省油的燈，她在敘利亞集結軍隊，預備殺回埃及討個說法，姐弟倆都摩拳擦掌，咬牙切齒，整個埃及瀰漫著即將開戰前的緊張氣氛，而垂頭喪氣的龐培就是在這個環境下，出現在埃及的海域。

克利奧帕特拉的弟弟——托勒密十三世雖然只是個十幾歲的小孩，身邊的老狐狸可不少，大家湊在一起開個會，一致認為龐培已是喪家之犬，為他得罪此時如潛龍騰淵般的凱撒是很愚蠢的，不如幫凱撒幹掉龐培，送個人情給羅馬的新主，如果凱撒講究非要表示感謝，那就讓他幫忙收拾克利奧帕特拉，解決心腹大患。主意一定，托勒密王朝的文武百官就到碼頭列隊歡迎龐培上岸，看到岸上的歡迎儀仗，龐培的老心充滿了對未來的新希望，可他萬沒料到，這不是個歡迎儀式，而是個盛大的處決儀式，托勒密十三世的一個手下從背後一劍劈下，將龐培白髮蒼蒼的腦袋砍落在地。

凱撒緊跟著登陸後，托勒密十三世奉上了龐培的戒指和頭顱作為見面禮，以為會收到這個新羅馬王的高度讚揚，誰知凱撒拿著龐培的頭流出了眼淚。托勒密王朝的庸人們理解不了這種高手間的愛恨情仇。對凱撒來說，龐培曾是自己的摯友和對手，這樣一個人的死，凱撒的心理是很複雜的，尤其是對他來說，更希望的結局是和龐培相約華山絕頂，由自己親手決定龐培的結果，而不是在這裡坐著接受他的頭顱，另外，像龐培這樣的蓋世英雄死在鼠輩手上，同樣是蓋世英雄的凱撒心裡肯定是會有些落寞的感慨。雖然托勒密十三世送出這樣一份厚禮，凱撒對他卻是嫌惡得很，沒表現出對方期盼中的親熱和禮遇。

羅馬一直以埃及的庇護國自居的，凱撒到了這裡後，既然龐培的事不用操心了，就幹點別的吧。不是國王和王后各陳重兵預備幹仗嘛，凱撒覺得自己有義務有責任調解這場皇族糾紛，以穩定埃及的局勢。打發托勒密十三世回去時，凱撒通知帝后雙方，第二天，凱撒將到埃及王宮召集三方會談，解決懸而未決好幾年的姐弟恩仇。

羅馬歷史就從這一晚開始散發出氤氳透骨的暗香，一枝豔麗的玫瑰幽幽地綻放在古羅馬的金戈鐵馬，驚濤駭浪中。

當天晚上，有人稟告凱撒，有個埃及富商要給凱撒送一條地毯，根據傳統，賣給第一次見面的羅馬人地毯，像藏族人獻哈達一樣，是一種尊崇的待客儀式。送來的毛毯貼著金箔，手工細緻，華麗精美，雖然只是捲著，但可以想像打開後的美麗。實際情況是，地毯打開後，果然是好東西，一個身材小巧的絕世美女緩緩地從金光閃閃的地毯上站起來。

凱撒的一生經歷的女人無數，羅馬城中的各色美女，試用過不少，遠征期間，對各民族各人種的女子自然也沒有客氣，對美女的認識和品味還是不錯的。初進埃及的這個夜晚，非洲的空氣這樣悶熱，龐培那死不瞑目的腦底還歷歷在目，五十四歲的凱撒這時太需要有人陪伴自己，而出乎意料的是，這個小巧的希臘美女不僅有著眩目的美麗，還有讓凱撒驚歎的談吐和智慧。這一夜，不知道這個躲在毛毯中的神秘美人跟凱撒談了些什麼，第二天，托勒密十三世就驚恐地得知，自己的姐姐和老婆克利奧帕特拉已經成為凱撒的情婦。

參加三方會議的凱撒滿面紅光神清氣爽，他宣布遵照先王的遺詔，王位還是由姐弟倆共同坐著，誰也不許擠兌另一個。這樣的結果，帝黨肯定是不滿的，為了反對凱撒，托勒密十三世的幕僚們發動埃及的軍隊和老百姓開始跟凱撒叫陣，羅馬軍隊和埃及軍隊廝打起來。

這一仗打得不算激烈，凱撒召來援軍，很快就將埃及人制服了，托勒密十三世在逃亡的過程中，淹死在尼羅河。雖然戰事不算好看，可造成的損失非常大，羅馬的火箭命中了亞歷山大城的圖書館，六十多萬本圖書付之一炬，影響了整個歐洲歷史的大量古希臘珍貴書本也都隨著這一場無端的戰事化為灰燼，其中包括舊約聖經的很多章節，因為這些章節的缺失，使後來對聖經的一些觀點總是缺少權威的解釋。

本來按凱撒以往的習慣，既然征服了埃及就應該宣布這裡成為羅馬的行省，可凱撒直接將新寵扶上埃及女王之位，讓埃及繼續保留自己的主權。接下來的兩個月，凱撒跟埃及的新女王進行了兩個月的尼羅河巡遊之旅，算是渡了一個舉世聞名的蜜月。

凱撒埃及蜜月期間，龐培的老同黨，西亞的本都國王鬧事了，凱撒立即領軍開進土耳其，讓西亞領教了凱撒的軍威，到此時為止，凱撒圍繞義大利打了一圈，在幾乎所有的羅馬領土和行省上與各種對手戰鬥，基本都是漂亮的勝利。平定西亞後，凱撒給元老院發了一封戰況報告，言簡意賅，只有三個動詞：「veni，vidi，vici」，這三個動詞的意思就是：到、見、勝，後來我們翻譯為：我來過，我見到，我戰勝！這三個詞已經成為凱撒一生的總結，雖然歷史上的大人物豪言壯語都不少，什麼「燕雀安知鴻鵠之志」，「王侯將相寧有種乎」等等，都挺振聾發聵的，但凱撒的這三個動詞，絕對可以超越所有的名言，燙金鑲在世界歷史的封面上！

將龐培的殘渣餘孽打掃乾淨，凱撒長舒了一口氣，現在他應該回到羅馬整飭國事了，他隱隱感覺到，也許，執政官或是獨裁官這樣的職務都不足以承載凱撒這樣巨大的榮譽和輝煌了！

13

西元前四十六年，凱撒回到了羅馬，帶著埃及的女王，和他們的孩子，連續十天的四次盛大凱旋式讓他前無古人後無來者成為歷史上最榮耀的羅馬人。據說這十天羅馬進入普城的狂歡，最有趣的是，活動高潮時，凱撒手下的軍團長、百夫長等突然高聲呼喊：「市民們，藏起你們的妻子，專門誘拐女人的禿頭來了！」隨後，幾萬個士兵也跟著呼喊，全城都哈哈大笑。由此可見凱撒的軍隊跟老大的親密關係。

回到羅馬後，凱撒著手進行了各項改革，比如分給老兵土地，授予被征服土地人民的羅馬公民權，讓一些高盧等民族的老實人進入元老院，將行省的地位提升到跟羅馬相同的地位等等。接著便大興土木建設城市、美化環境，建造和平廣場，改革收稅制度等。最重要的是，他為羅馬制定了新的曆法，每年按三百六十五天計算，多出的那一天，每四年在二月份增加一天。這就是大名鼎鼎的儒略曆，我們對它都不陌生。

凱撒的改革讓古老陳舊的羅馬煥發了新的生機，在此之前，羅馬已經被效率低下的共和制拖累成一個步履沉重的老人。凱撒的改革之所以高效、迅捷地實施並收到效果，最根本的原因是因為他獨裁，此時的元老院成為政策研究室兼諮詢機構，而公民大會更是聾子的耳朵——純粹擺設。回到羅馬的凱撒，已經被授予了「祖國之父」的頭銜，後來他逐漸將執政官、祭司長、大法官、大將軍的等職務全部收下，一人承包了共和國所有的大小事務，西元前四十四年，成為終身獨裁官，坐在黃金象牙的御座上，畫像跟天神並列，此時的凱撒離皇帝之位所差的不過是一頂皇冠！

俗話說一個好漢三個幫，凱撒也不是一個人在戰鬥，戎馬生涯，凱撒一直有兩個左右手般的人物，一個是凱撒大軍的副指揮官——安東尼，一個是後來凱撒的騎兵隊長——雷必達。這兩人在凱撒的扶持下，都進入了政界的頂峰，就任執政官一職，當然，這兩人所有的成就都是在無限忠於凱撒的前提下。凱撒帶兵進入羅馬，後來一直在外出差，羅馬就是交給這兩個人看守，能夠幫凱撒管理後方，足見此二人在凱撒心目中的重要地位。

西元前四十四年，成為終身獨裁官的凱撒躊躇滿志，放眼環球，誰是敵手。突然想到，當年克拉蘇攻打帕提拉國慘敗，還有大量的羅馬士兵被俘在對方手裡，這一奇恥大辱是偉大羅馬的一個難看的污點。凱撒也是個閒不住的，黃金象牙御座總是坐不舒服，心裡有隻小貓撓得難受，總想出去找人打架，西征帕提拉的渴望又讓他蠢蠢欲動。

根據古代的習慣，打仗前一定要找人占卜一下的，巫師的妖言惑眾一般是替某個政權服務的，以至於占卜經常壞事。這一次關於凱撒東征的預言是這樣的：只有王者才能征服帕提亞！此言一出，羅馬的局勢立時緊張了。現在羅馬的元老院面對這樣一個命題：想打敗帕提亞為羅馬復仇必須有人稱帝；如果沒人稱帝，羅馬軍隊在西亞的侮辱永遠得不到洗刷！

對凱撒獨裁時的元老院貴族派來說，日子是非常艱難的，幾百年的所謂共和國讓這些老傢伙吃香的喝辣的養得胖胖的，每天到元老院商量著開個會就能決定羅馬老少爺們的命運，當然，這些決定都是以他們自己獲得最大權益為前提的。隨著凱撒讓他們退居二線，失去權力和相應的利益，這樣的生活讓他們生不如死，凱撒一點一點將所有的權勢集中在自己手裡，老貴族們知道，凱撒長官成為凱撒大帝完全是個時間問題，而羅馬共和國似乎正逐漸向帝國緩緩過渡，每當想起這事，老東西們吃不香睡不好，頭都想破了，希望能找到解決的辦法。

在這件事上，元老院的貴族們跟羅馬的老百姓還是一致的，古羅馬的老百姓是世界上最不喜歡皇帝的人，雖說對於凱撒的擁護是毋庸置疑的，而且即使是凱撒獨裁他們也能接受，可如果非要在形式上立一個皇帝，他們就產生本能的抵觸感，羅馬絕不能出現皇帝這個職稱，即使是凱撒也不能給他面子！

西元前四十四年二月，春歸大地，萬物復甦，羅馬傳統在這個月份有一個祭祀牧神盛大活動，這本是個萬民同慶的節日，凱撒帶著元老院的眾貴族出現在祭祀現場，雖然各懷心事，但場面還是熱鬧的。這時，突然出現了一個小插曲，凱撒最大的小弟，當時的羅馬執政官安東尼突然拿出來一個花環，畢恭畢敬地將花環帶在凱撒的頭上，並稱呼他為皇上！這是個黃袍加身的關鍵時刻，安東尼的這個動作顯然也是一個善解人意的巨大拍馬行為，可惜這個祭祀現場不是咱家宋太祖陳橋時的環境，凱撒傻呼呼地頂著個花冠，沒有聽到他希望的排山倒海般的請他登基的歡呼聲，現場雖然有幾個忠實粉絲拍手吶喊高聲叫好，但大多數人選擇了沉默。凱撒在貴族和老百姓臉上清楚地看到了厭惡和反感，所以他毫不猶豫地摘下花冠，擲在地上，安東尼這個馬屁精明顯是對形勢不了解，或者他還想再賭一把，所以趕緊撿起來，又給他老大戴上了。凱撒心裡已經非常清楚了，眼下的形勢他必須順應民意，所以他用一個更堅決地動作摘下花冠丟掉，這個動作引起了現場潮水般的歡呼，所有人都鬆了口氣。

這個二月，凱撒離羅馬的帝位就是一步之遙，元老院的貴族回家擦乾身上的冷汗後，開始仔細思考：這一次算是躲過一劫，完全是因為凱撒自覺，下一次，還會不會這樣幸運?!只要凱撒還坐在黃金寶座上，這個危險永遠存在！對！一勞永逸的解決方法是：把他幹掉！一想到這個解決辦法，所有的元老貴族都覺得鬆了一口氣，再複雜的問題，總有死人這個最終的解決辦法。下面的問題就是，怎麼讓他死？

讓貴族派的元老們在家仔細研究吧，我們趁凱撒還沒死趕緊關心一下他的私生活。老禿頭凱撒號稱有半個城的相好，各種情婦更是數不勝數。像凱撒這樣的男人是屬於全體女人的，如果其中一個有點變態的癡情就很容易痛苦。凱撒的情婦在歷史書上是很難查找的，因為數量太多，而留在史冊上有名字可查的有兩個，一個自然是改變了埃及國家命運的埃及豔后，另一個名叫塞維利亞。

塞維利亞也出身顯赫的羅馬政治世家，是羅馬著名的貴婦也是著名的寡婦，老公被龐培殺害，帶著兒子生活。她的兒子大名叫布魯圖斯。所謂寡婦門前是非多，孤兒寡母的，想日子過得好一點靠山很重要，而整個羅馬城最大的靠山就是凱撒了，加上這老禿子又好這口，所以塞維利亞成為凱撒床上的新寵基本沒費什麼功夫。江湖傳聞這個女人將情書投遞到元老院，讓坐在御座上的凱撒一邊主持會議一邊神搖意奪地暗爽，後來因為被懷疑是陰謀信，凱撒不得不將情書公開，這個情書門事件又讓羅馬的八卦人群 high 了一把。

塞維利亞的兒子布魯圖斯長大後自然也進入政界，這個小孩很奇怪，在龐培和凱撒對打的期間，他一直是站在他的殺父仇人龐培那一邊的。但是凱撒對他卻是照顧有加，凱撒大軍預備殺進羅馬跟龐培血戰之前，他還特別關照要保全布魯圖斯的生命，以至於後來很多人懷疑布魯圖斯根本就是凱撒的兒子，這當然不可能，因為布魯圖斯出生時凱撒才十五歲，還不具備勾引一個貴婦的各種條件。

龐培兵敗逃亡埃及後，布魯圖斯很識時務地投靠了凱撒陣營，凱撒不但不處理他，反而對他親熱得很，並將他收為義子，器重而寵愛，布魯圖斯有這個待遇，自然跟他母親對凱撒的服務是分不開的。

時間來到了西元前四十四年的三月十五日，歐洲歷史上最神秘的日子之一，凱撒突然收到消息，元老院邀請他去接受一封陳情書。這天之前，已經有很多傳聞說有人將刺殺凱撒，一大早起床，凱撒的妻子就過來告訴他，說自己做了噩夢，讓凱撒不要到元老院去。對身經百戰的凱撒來說，一個小小的謀殺傳聞不見得會讓他改變行動。在去元老院的路上，有人塞給他一個紙條，告訴他這裡有關乎凱撒的大事，凱撒雖然收下了這張紙條，當時卻沒有看，只是隨手揣進了口袋裡，而這張紙條上就是那些要謀殺他的人的名字。

坐在元老院黃金御座上的凱撒像往常一樣拿著一支筆和一塊蠟板，讓元老們將他們所說的陳情書拿來看，如果凱撒稍微敏感一點，他會發現，這一天的元老院充滿著一種說不出的詭異氣氛，幾個老傢伙的表情鬼鬼祟祟，目光中分明交換著陰謀詭計。這時一個貴族突然走到凱撒面前，請他寬恕自己被流放的兄弟，態度太誠懇了，不僅跪在面前，還緊緊抓著凱撒的兩肩，這樣親暱的動作顯然不適合元老院的肅穆氣氛，凱撒在這一霎那發現了異樣。可是一切都太遲了，後面的人從長袍下抽出短劍，刺向凱撒的喉嚨，然後，屠殺就開始了，眼花繚亂中，不斷有人衝上來，操各種兇器在凱撒身上亂刺，這是一次集體謀殺行動，參與者大約超過六十人，凱撒面對著層層疊疊的兇手，以最後的雄風反抗著，突然，他看到了一張熟悉的臉，那是布魯圖斯，自己鍾愛的乾兒子！在確信布魯圖斯也是謀殺者之一後，凱撒徹底崩潰了，他看著布魯圖斯問了一句：「還有你嗎？我的孩子！」這是英雄凱撒留在人世的最後一句話，說完後，他放棄了抵抗，用最後一絲力氣撩起長袍，蓋住自己的臉，轟然倒地，在他的仇人和朋友龐培的雕像下溘然離世。

這個舉世聞名的謀殺，主謀者之一就是布魯圖斯，在凱撒死後，他也表現出了深刻的哀傷。布魯圖斯又不是呂布，為什麼要殺自己的義父呢？因為布魯圖斯的祖先就是上篇說的，帶領羅馬百姓推翻皇帝塔克文的人，布魯圖斯的家族是羅馬共和制的締造者，所以當有人想要刺殺凱撒，挑唆布魯圖斯出來主持，最好的說詞就是，殺死凱撒維護共和是他們家族的責任！顯然，這個遊說達到了效果。

整個謀殺行動是在布魯圖斯家裡策劃並完善的，而在背後出謀劃策的，就有布魯圖斯的老媽，凱撒的情婦塞維利亞。這應該是個標準的愛恨一線的故事，凱撒注定不會停留在一個女人身邊，尤其是這次回來，還帶著埃及的妖女和一個小凱撒。很多歷史書都說凱撒將他的情婦們安置得很好，互相不太爭風吃醋找麻煩，但從布魯圖斯這件事來看，凱撒的後宮也不見得如他自己想像的和諧，一個女人如此處心積慮地安排兒子殺害情郎，除了被拋棄因愛生恨似乎也沒有別的解釋，但凡還有一些情意，怎麼也會阻止一把，或者向凱撒通個消息吧。看著倒在血泊中的凱撒，布魯圖斯沉痛地說：我愛凱撒，但我更愛羅馬！他在告訴全世界的人，他下手弒父乃是一個為造福羅馬的大義滅親行為！

14

凱撒被亂劍砍死在元老院，身上共中了二十三刀，不過據驗屍報告說，只有一處捅對了地方，足以致命，可見這個龐大的謀殺集團在下手的時候是怎樣的一場混亂。凱撒的死訊很快傳遍羅馬，當那些滿身是血的兇手們走出犯罪現場時，街上已經開始有人圍觀，沒人歡呼，沒人鼓掌，羅馬人一臉冷漠地看著他們。

帶頭殺死凱撒，給了這位神一樣的人物最致命打擊的乾兒子布魯圖斯鬱悶無比，自己做了一個愛國的舉動，維護了先祖辛苦締造的共和國，讓自己的家族再一次成為羅馬的民主之光，這明明是一件應該讓自己很驕傲很得意地事，為什麼心裡卻高興不起來呢，看著元老院外圍觀人群的臉色，布魯圖斯感覺到一種莫名的沮喪，所以當謀殺集團的其他人要求將凱撒的屍體丟進台伯河，並追剿凱撒的左右手安東尼和雷必達時，布魯圖斯拒絕了，他以為凱撒已經為他所做的事付出生命，就不要再遷罪於其他人。

一聽說凱撒被殺，小弟安東尼就迅速的竄出了羅馬，直到聽說布魯圖斯不預備誅九族，驚魂未定的安東尼才想起來，自己是羅馬的執政官啊，凱撒已死，自己是羅馬最大的行政長官，這樣像兔子似的亂竄像話嗎？趕緊收拾了一下，回羅馬去，凱撒還有後事要辦呢。

安東尼曾是個出名的花花公子，在所有人心目中，這傢伙除了張了一張漂亮臉蛋，打仗不要命之外，沒什麼上得了檯面的地方。年輕時代，喝酒賭錢狎妓無所不為，欠了一屁股債，若不是從了軍，絕對就是個危害社會的壞分子。後來凱撒出門打架，將羅馬交給他管理，這傢伙居然讓整個城市陷入無政府狀態，辦事相當不靠譜。對元老院那些老傢伙來說，這個對手，不構成威脅。可是他們忘記了，安東尼的祖父曾是羅馬最著名的辯論家，如果放在中國，應該是鬼谷子這一個門派的縱橫學門徒，這幫人如果真要耍心眼，是可以玩死很多人的，而安東尼會不會被遺傳一點呢？

凱撒的葬禮規格很高，布魯圖斯無比悲痛地向民眾訴說了他殺害凱撒的無奈，和他為國弒父的悲壯，這個「祖國英雄」在一剎那讓整個羅馬感動，如果不是有人跳出來攪局，老百姓真要撲上去親吻布魯圖斯，感謝他為民除害了。

葬禮的尾聲，執政官安東尼帶著凱撒的屍體來到了集會現場，這個曾經的花花公子從沒有像今天這樣表情莊重，還未開言就淚如雨下，接著，安東尼以哀傷平靜的語調發表了一次演說，雖然安東尼一輩子荒唐事幹了不少，但凱撒葬禮上的這篇話，卻讓他改變了歷史。在演講中，他先是逐條辯駁了凱撒的野心獨裁論：他在外征戰幾寒暑，提著腦袋擴版圖，打來的錢帛都進了國庫；聽說百姓有怨言，看到百姓受了苦，他經常流著眼淚默默哭；我三次敬冕讓他受，他戴上就能做君主，可他嚴詞拒絕我，大家說，這樣的人何曾有野心，凱撒的冤屈向誰訴?!（一邊打快板一邊說的）。

羅馬的老百姓容易受忽悠，開始布魯圖斯羅列凱撒的罪狀讓他們覺得凱撒這老東西就是想搞獨裁想稱帝，很不是東西死不足惜。現在聽完安東尼的快板書，又覺得凱撒是挺冤的，搞不好是錯怪他了。此時安東尼被他祖父附體，縱橫學家的所有才華在他身上熠熠發光。看到民眾的情緒出現轉變，他挑起了凱撒被刺時穿的袍子，那二十三個窟窿和深紫色的血跡觸目驚心，安東尼一邊痛哭，一邊向大家介紹，這個窟窿是張三刺的，哪個窟窿是李四捅的，羅馬的百姓被震驚了，這不是簡單的處決，這是虐殺，就算凱撒有罪，這樣的死法也太殘酷了。民眾情緒開始轉移方向了，開始有少部分人要求處罰兇手。

看到形勢已經成功反轉，安東尼拋出了最後的「殺手鐗」，他向大家宣讀了凱撒的遺囑。在凱撒的遺囑裡，這位羅馬英雄將自己那座極盡華美的台伯河私人花園贈送給羅馬人民成為公共娛樂場所，另外，所有的羅馬公民，每人可獲得三百塞斯特爾提烏斯的饋贈，相當於多少錢呢，當時的消費水準，一阿斯可以購買半升葡萄酒加麵包，而一塞斯特爾提烏斯等於四阿斯，這筆錢肯定能讓每人好好吃一頓了。凱撒實在太有錢太慷慨了。而且在對自己可能出生的孩子指定的監護人中，很多都是謀殺俱樂部的成員！

吃人家的嘴短，拿人家的心軟，遺囑一讀完，整個廣場淚水化作傾盆雨，羅馬百姓一邊考慮拿那筆意外收入如何消費，一邊感念凱撒的恩德，這樣的好人，豈能讓他冤死？民眾憤怒了，元老院這幫老東西陰謀殺死了一個聖人，他們必須血債血償。當天夜裡就發生了暴動，民眾舉著火把圍攻謀殺組織成員的住所，那些兇手慌不擇路逃亡到國外。安東尼藉著百姓激昂的情緒和對凱撒的懷念和支持，接受了羅馬的大權，可是他知道，自己的野心前途也是波折的，因為名正言順、根正苗紅的凱撒繼承人出現了！

補一個花絮，最近一些犯罪學家、精神分析學家、考古學家等得出一個新結論，說是從種種跡象表明，凱撒的死是他自己策劃的！確切地說，他知道這場謀殺，而主動配合了所有的事。因為參與謀殺的人太多了，整個俱樂部有超過六十人，這麼大的陰謀涉及這麼多人，怎麼能指望它嚴格保密呢。尤其是，凱撒即使征戰高盧，遠離羅馬時，對羅馬的大事小情也都瞭若指掌，如今這麼大的事他會一點風都收不到嗎？而且在出發去受死之前，很多人都給他預警，凱撒縱然完全不知道謀殺的事，也不可能一點不設防吧，而他幾乎是孤身一人將自己送進了虎口。如果凱撒真是這樣不小心的人，在南征北戰中不知道死幾百次了。被殺之前，元老院說要授予他一個榮譽稱號，他卻不站起來接受，這個傲慢的舉動直接激怒了元老院，可是凱撒從不是這樣不懂禮數的人，這一切疑點如何解釋呢？

根據現代醫學對凱撒遺留下來的驗屍報告分析，這個絕世的男人當時已患有嚴重的顳葉性癲癇，發作時，行動不受控，而且大小便失禁，對於凱撒這樣的人來說，得了這樣的病，還不如死去。他突然修改遺囑，並慷慨地千金散盡收買人心，就是處心積慮地為自己的繼承人鋪路，他知道，自己的宏圖霸業已經沒有機會實現了，但是自己精心選擇的接班人會延續自己的榮耀，甚至是自己的名字！他將自己的名字「凱撒」傳給了自己的繼承人，這個年輕的新凱撒名叫屋大維！如果凱撒天上有靈，他應該得意自己所有的安排，和他自己的驚人慧眼，因為凱撒這個名字加上屋大維這個尾碼後更加豔光四射，爍古燦今！

15

屋大維的母親是凱撒的外甥女，按輩分屋大維應該叫凱撒外公，凱撒除了埃及豔后生的小崽子，也沒有正經兒子，如果有 DNA 檢測，親生兒子肯定還有，但當時的科技不太容易確定這件事，尤其是這些孩子的媽大部分不只凱撒一個老公。凱撒選擇屋大維作自己的繼承人，作為凱撒的養子，獲得了「凱撒」這個尊貴無比的名字。別跟羅馬人講輩分啊，他們不懂這個。

凱撒遇刺時，屋大維正在外地的軍隊接受軍訓，時年十八歲。這樣一個小屁孩不容易讓人重視，雖然他總是把凱撒的大名掛在嘴上。一收到凱撒遇刺的消息，屋大維火速從亞得里亞海邊趕回羅馬，根據凱撒的遺囑，他將繼承百分之七十五的遺產，是真正意義上的凱撒繼承人。

走到安東尼面前的屋大維一臉稚氣，軍營的生活條件讓他看上去有些黑瘦，他低聲下氣地向安東尼要求他的權益時，讓安東尼覺得很好笑，此時的安東尼鐵了心要欺負小孩，他嘻皮笑臉地對屋大維說：「小子，已經繼承了凱撒的名字，你就知足吧。現在要錢沒有，我把凱撒的政權給你，敢要嗎？」看著安東尼戲弄的臉，這個十八歲的青年什麼也沒說，轉身走了出去，安東尼不知道，此時走出去的屋大維直接走上了羅馬歷史的舞臺中心，而且將是他和羅馬共和國的掘墓人！

安東尼恣意戲弄屋大維，在安東尼心目中，屋大維不過是個穿男人衣服的女子，之所以得到凱撒的信任完全是因為屋大維是凱撒的男寵，否則不能解釋為什麼凱撒所有的大型活動都把這個瘦弱的男孩帶在身邊。

凱撒死後，直接參與謀殺的元老院成員都鳥獸散了，留下的元老院成員也惶惶不可終日，因為不知道接下來的命運會是什麼，他們感覺到，現在獨攬大權的安東尼似乎比凱撒更難對付。看到他日益高漲的人氣，老傢伙們又睡不著覺了，已經殺掉一個凱撒，又冒出來一個獨裁者，共和國的危機還是沒有解決。而且，雖然沒有直接參與刺殺，但或多或少都有牽連，安東尼高興的時候不追究，不高興的時候隨時找他們算舊賬。這時，他們發現，有個可以處理他們難題的人出現了，這個十八歲的男孩剛把自己的名字改為：凱撒•屋大維，這是凱撒的正牌繼承人，只要扶植這個正版凱撒，安東尼這個山寨版的凱撒自然就囂張不起來了。於是在安東尼還在肆無忌憚地調戲屋大維的時候，這個男孩已經成為元老院的新寵，而且居然開始拍賣家產，招募軍隊！

凱撒軍團轉業後，都受到很好的關照，分錢分地日子逍遙，就因為跟了凱撒生活有著落，因而心裡對凱撒更加感激和忠誠。如果凱撒重生，這些舊部隨時會披上征衣再次為老大博命。凱撒死後，軍團的士兵們主要有三個投奔方向，一個自然是安東尼，另一個則是原來的騎兵隊長雷必達，更大一部分則是靜觀其變。隨著凱撒•屋大維招募軍隊的消息傳出，那些老兵們聽說將再次為凱撒而戰，紛紛丟掉鋤頭，找出鎧甲，圍繞在這個十八歲的少年周圍。上有元老院扶助，下有百姓支持，頃刻之間，屋大維就擁有了屬於自己的精銳部隊，效率比變戲法還高，安東尼晃了好久腦袋才反應過來。

安東尼大約盤算了一下，發現自己輸這小子就輸在人氣上，在羅馬要獲得民眾支持就是靠出去打架，為了找回屬於自己的威風，安東尼出兵義大利北部，因為那裡窩藏著謀殺凱撒的幾個元兇。

緊跟著屋大維的軍團也出發了，只不過他是在元老院的安排下去征討安東尼的。

兩軍終於對峙，戰爭似乎在所難免。這一仗是標準的正版和山寨版的對壘，安東尼的軍團很快就潰不成軍。並不是安東尼打仗不如屋大維，就算再天才，也不能指望一個十八歲的小孩戰勝老兵油子安東尼，問題就出在安東尼的手下也是凱撒舊部，他們不願意跟小凱撒的軍隊同室操戈，而屋大維的手下，因為覺得自己的統帥是正宗，所以理直氣壯，士氣如虹。

擊潰安東尼的軍隊後，屋大維馬上敏感到了元老院的態度變化，他意識到元老院一直是拿他當槍使的。如今借他的手剷除了安東尼，元老院立時變臉，排擠並限制他。這幫老傢伙也小看了這個小孩，此時的屋大維已經不可能再被任何人調戲了，他即刻率大軍回到羅馬，以乾淨俐落的武力控制了羅馬政局。安東尼並沒有徹底失敗，他很快就重新招募了軍隊，與另一個凱撒餘部雷必達合兵一處，也向羅馬開進。此時的羅馬出現了三個巨頭，全都擁兵自重，霸道異常，屋大維、安東尼、雷必達，這三人誰也控制不了誰。而這三個人很快發現，元老院那幫老傢伙很希望他們，狗咬狗一嘴毛，在內耗中將凱撒的勢力全部清除。三個人智商都不低，馬上就有了對付元老院的辦法：那就是拋棄前嫌，攜手合作，先幹掉共同的敵人再說。就這樣，歷史上著名的「後三頭」聯盟形成了。

前三頭的聯盟化敵為友的基礎是聯姻，這個辦法顯然適用於任何人。屋大維很痛苦地娶了安東尼的繼女（安東尼娶了個孕婦），而這孩子當時還沒成年。三巨頭成功地獲得了五年的羅馬統治權，三巨頭成立的第一件大事是追剿刺殺凱撒的人，這是一次大清洗，所有曾跟三人作對，或是讓他們看不順眼的、桀驁不馴的、賊眉鼠眼的通通上了黑名單，大約有三百名元老院成員，和兩千多各類地主富翁，全部殺掉，不用審判，不准上訴，家產全部充公！清理完羅馬的異己，那個謀殺俱樂部的頭目，凱撒最愛的乾兒子布魯圖斯還在外流竄呢，聽說也集結了部隊，預備殺回來。這倒是同仇敵愾，安東尼和屋大維馬上攜手，各自率領部隊開進希臘，找布魯圖斯和其同夥算帳。

安東尼和屋大維這一次聯手出擊發生在馬其頓的菲利比城，算是一場實地考試，測出了兩人的實力高下，這場戰爭二對二，結果是安東尼打敗了自己的對手，屋大維卻被對手打敗，還差點被俘虜。好在安東尼的軍團在沼澤地蘆葦蕩跟對手死磕，終於控制了局勢。

從理論上和形勢上分析，這場仗應該是要打一段時間的，然而卻出人意料地突然結束了，結束得很有戲劇性，估計是凱撒在天上顯靈了。布魯圖斯的軍隊雖然受到重創，戰鬥力猶存，只是布魯圖斯自從親手殺掉自己的義父，他就一直活在莫名的恐懼中，還經常夢到凱撒找他索命，以至於在對安東尼的戰鬥失勢時，他馬上想到不論他如何努力，失敗的結局都將是注定的，因為他要為弒父受到懲罰。如果早晚會落在安東尼和屋大維手裡被他們萬般凌辱，還不如自行了斷，一死了之。他叫來手下，舉著自己的短劍，然後閉著眼撲上去。這個死法也不知道究竟算自殺還是他殺，反正是死翹翹了，而插在他心口的短劍，正是他刺殺凱撒的那一把。後來的人清算發現，當時參與刺殺凱撒的人，最長的也沒有活過三年。

主帥自刎，這仗就打得沒意思了。安東尼和屋大維基本清理了元老院貴族派的殘渣餘孽，現在這三個人誰想獨裁，道路都是通達的，可問題是，誰上位成為老大呢？既然勢均力敵，還是繼續吃大鍋飯吧，回到羅馬，三巨頭照規矩開始分地盤，安東尼統治東部地區，屋大維統治義大利和高盧，雷必達統轄北非包括西班牙。

這三人各有特點，在野心上，最大的應該是屋大維，安東尼和雷必達都有點小富則安。安東尼領到了他夢寐以求的東部行省，他骨子裡是個享受派，小時候有很長一段時間生活在希臘，對這裡的碧海藍天有天然親切感，如今成了希臘之主，更是實現了人生最大的理想，流連在愛琴海那些島嶼上，安東尼的小日子過得非常愜意。值得稱道的是，在東部行省執政的安東尼享樂之餘沒耽誤工作，在東方各小國，他幫著驅除暴君，建設城市，改革賦稅，有條有理地將自己那塊自留地耕耘得有聲有色。

雷必達比較超然，他自覺躲在西班牙，從不冒頭添亂。而屋大維在羅馬則是如火如荼地培養自己的勢力，不斷地壯大成長走向成熟，現在誰也不敢小覷這個年輕人了。安東尼自然知道他與屋大維的聯盟基礎是很薄弱的，屋大維找自己的麻煩是早晚的事，所以也在動腦筋。此時他想到了一個女人。

羅馬國家軍功赫赫，內部經濟卻一塌糊塗。大部分的生活生產用品依靠進口，比如說糧食，羅馬人忙著玩沒時間種地，他家的一稻一麥，麵包大米統統需要從埃及進口，尼羅河每年氾濫擴展出的肥沃土地滋養著不斷增長的羅馬人口，所以埃及對羅馬的意義就顯得異常重要。

又見到我們的老熟人，埃及女王克利奧帕特拉了。凱撒遇刺後，她以最快的速度逃離了羅馬，有很長一段時間，她為自己和兒子的命運擔心，也為埃及的命運擔心。隨著安東尼、屋大維在羅馬城的一通喧鬧，風平浪靜後的埃及豔后開始打其他主意了。本來她生的兒子是凱撒的親生兒子，如果是繼承人也應該是第一位的，她夢想著如果自己的兒子接掌羅馬，羅馬和埃及將合併成一個巨大的帝國，埃及豔后則創下和她的祖先亞歷山大一樣的霸業。可是現在那個頂著凱撒名號在羅馬冉冉上升的卻是屋大維，而對屋大維來說，海對面那個叫凱撒・里昂的小野種，也是心腹大患。克利奧帕特拉在家裡尋思了好幾天，跟羅馬為敵，她顯然是沒有實力的，面對隨時會被屋大維的絞殺，她必須趕緊為自己找一個可以跟屋大維對峙的靠山，這個人地球人都知道，當然是安東尼。

這段宿世的情緣從心有靈犀開始。當克利奧帕特拉想到安東尼的時候，安東尼也正在想她。他知道，只要掌握埃及，在幹掉屋大維成為羅馬老大的這盤棋上，安東尼就擁有了最有力量的棋子。於是他就找了個藉口，宣埃及豔后來西亞相見。這藉口很有意思，他認為埃及豔后曾經私下幫助刺殺凱撒的叛軍。收到安東尼的會見邀請，埃及豔后知道這是上蒼給她和兒子的最後機會，若干年前，她將自己捲在毛毯中獻給凱撒，改變了自己和埃及的命運，如今，她需要再賭一次，不知道自己的魅力在安東尼身上能不能產生效力。

兩個人的會見是在一條遊船上，跟凱撒一樣，安東尼也是閱女無數，據說他在希臘各海島留戀期間，那些小島國的國王都很願意讓自己的王后陪伴他共度春宵。乍見埃及豔后，安東尼並沒有眼睛一亮，可隨著這個小巧的希臘美女閃著明亮的大眼睛，娓娓地向安東尼述說。安東尼發現，這個徹底迷惑了凱撒的女人有著一般女人都不具備的學識和智慧，這種知性氣質讓她如此與眾不同，性感迷人。會面的結果是，安東尼以一種年輕人的狂熱墜入愛河，甚至還表現出比凱撒還炙熱的癡狂，他換上了埃及的裝束，開始學習埃及的一切，以女王的臣民自居，這個雄師般的羅馬戰將徹底墜入埃及溫柔鄉。

對於安東尼如此嚴重地陷入情網這個事，其實是很值得研究的，埃及豔后固然迷人，但她更迷人的資本卻是——她曾是凱撒的女人。安東尼作為一個小弟，對老大的一切肯定有些說不明的敬仰，如今自己媳婦熬成婆，他絕對相信有一天他會建立跟老大一樣的霸業，所以先享用老大的女人正是一個成功的標誌。

安東尼瘋狂愛上了埃及豔后，這個事件是個小三問題，因為安東尼在羅馬還有原配老婆，安東尼的老婆也是個人物，她幾乎是整個羅馬野心最大的女人了！

16

安東尼在西亞墜入埃及豔后那張無邊無際的情網。羅馬將軍的政治素質普遍不高，做事很少出於高尚的主義或是理想。為國出征，一是為了給自己贏得地位、權勢、榮耀，二是為了掠奪金銀財寶。有錢就有各種享受，能吸引更多的女人，讓自己過上紙醉金迷，奢侈淫亂的生活，對羅馬人來說，餓了有肉吃，閒了有女人絕對是生活的最高境界。安東尼就是這樣一個標準的羅馬浪蕩子。在西亞，他不僅接收了埃及豔后的身體，還有她帶來的大批琳琅耀眼的珠寶。所以當豔后盛情地邀請他一起回埃及時，安東尼已經憧憬到了那個神秘國度裡，財色兼收的神仙日子。二話不說，將他最初預備征伐帕提亞的夢想拋到西伯利亞，歡天喜地溜達到埃及去了。

羅馬人的私生活混亂，基本上又不喜歡獨身，無論外面如何野花燦爛，家裡至少要常備盆景一尊。安東尼此時的老婆叫福爾維亞，原來也是凱撒一個親信將領的妻子，後來福爾維亞的老公替凱撒出征，敗在非洲一個小國手裡。福爾維亞嫁給安東尼的時候，是帶著肚子裡的陪嫁來的，羅馬人對子嗣的血統似乎並不在意，而且尤其喜歡娶孕婦。這個孩子生下來八、九歲時，就嫁給了屋大維以維繫三頭的聯盟。福爾維亞後來又生了兩個孩子。

作為安東尼的老婆，福爾維亞對權勢的關心超過安東尼，在誅殺共和派亂黨的過程裡，這個女人顯示出異乎尋常的心狠手辣。他老公黑名單上的很多人，是由她親自指定的，該殺的原因是她看中了那家的花園，或是其他什麼好東西，幹掉主人據為己有。安東尼常駐東方行省期間，羅馬的事全權交給他的老婆，福爾維亞親領兩個軍團的子弟兵，對屋大維虎視眈眈，對這個母老虎般的岳母，屋大維也經常鬱悶煩躁。好在有人替他解決問題了。

原來說過，羅馬是當時世界上八卦最發達的國家之一，那些終年來往地中海的商人們兼職狗仔隊，散布在天涯海角的各行省新聞，各類花邊緋聞都會在第一時間進入羅馬城，滿足市民們茶餘飯後的文化生活需要。

安東尼到埃及後，過著閒雲野鶴的生活，王宮的廚師使出看家本事為他烹煮美食，女王溫柔多情如小貓，那些幾千年歷史的國庫財寶隨便拿，安東尼每日穿著長袍拖鞋，釣魚摸蝦聽小曲，每日逍遙樂無邊。安東尼和埃及豔后的生活被包裝成各種版本，傳回了羅馬，主流媒體都以報導此事為樂，而更多的人則是在等另一場熱鬧：那個出名厲害的安東尼原配預備如何處理這起高調張揚的小三事件呢？當時有本著名雜誌叫《知己》的，標題文章就是：多情的女強人啊，你要如何面對海那邊負心的丈夫?!

福爾維亞作為一個貴族婦女，深知好歹，尤其對方是埃及女王，縱然福爾維亞敢越海撒潑吃醋，也不見得能突破人家的艦隊屏障。在家裡愁了好幾天，福爾維亞想到一個絕頂的辦法，她預備利用手中的安東尼軍隊挑釁屋大維，發動一場新的羅馬內戰。戰事一旦開始，安東尼如果是心痛自己的老婆，還顧念夫妻之情自然要回來幫忙，就算他已經毫無夫妻之情，自己的老婆跟自己的同盟打起來，他也必須回來解勸。那樣，他就不得不離開那個埃及妖婦回到羅馬，落在福爾維亞的手心裡再慢慢收拾這個負心人。

正巧當時安東尼軍團和屋大維軍團爭地，福爾維亞趁機佔領了十八座城池，而且把土地瓜分了，引起屋大維軍隊的極大不滿。而此時屋大維對自己的老婆，也就是福爾維亞的女兒厭倦得很，想休了她。這一年的羅馬執政官是安東尼的弟弟，既然大哥不在家，大嫂和侄女自然是要照顧的，尤其是安東尼派的人多半都看不順眼屋大維，有打架的機會，都非常起勁。叔嫂倆達成共識，組織了八個軍團進攻羅馬！

羅馬歷史是男人的鐵血演義，這些鏖戰大片的主角全是男人，如今塞爾維亞帥軍隊攻入羅馬，極大提升了西方歷史上的婦女地位，所以塞爾維亞的頭像是唯一一個出現在羅馬貨幣上的真人女子頭像，其他的女性頭像都是女神。

這支莫名其妙的叛軍短暫佔領羅馬，但很快就被屋大維壓制，並驅逐到一個城市。被圍後，福爾維亞叔嫂要求投降，屋大維將安東尼太太放逐到一個島上，並給安東尼去信，詳細述說了事件原委。表示自己是不得已才還手的，並不是對岳母不恭，也不是對同盟的背叛等等諸如此類的內容，向安東尼表達善意。因為屋大維知道，此時三頭政治絕對不能出問題，雖然那些共和派的老傢伙都被殺光，敵人並沒有死絕，一直有人在等他們內訌而坐收漁利，這個人就是龐培最小的兒子，雄踞地中海已經流落為著名海盜的塞克斯都。

其實就算屋大維不示好，安東尼也不願跟屋大維翻臉，因為他老婆引起羅馬內戰後，那個西亞的勁敵帕提亞趁亂向羅馬的西亞領地步步推進，咄咄逼人。作為地主的安東尼必須到西亞去解決這件事。

被放逐的福爾維亞沒有等到安東尼的到來就死去了，如果她一心想拆散安東尼和埃及豔后的話，目的也算達到了。安東尼回到了羅馬，但整個局勢發生了變化，屋大維休掉了安東尼的女兒，預備迎娶海盜塞克斯都的侄女，以防止這個龐培的餘孽給自己添亂。為了安撫安東尼，讓三頭聯盟再次鞏固，屋大維決定將自己鍾愛的姐姐嫁給安東尼。（千萬別研究輩分，會暈死！）安東尼很高興，因為屋大維的姐姐不僅是個出名的美人，而且賢良貞淑，恪守婦道，不論在哪個國家的標準裡，男人都願意將這樣的女人娶回家。不過屋大維的姐姐也是二婚，安東尼再次迎娶一個孕婦。

屋大維的姐姐是整個糜爛的羅馬歷史中的清流，這個如羅馬婦德指標一般的女人，嫁給安東尼後，不僅一直在安東尼和屋大維之間充當調停人，讓三頭的聯盟得以維持。更了不起的是，她不但在福爾維亞死後精心撫養她留下的兩個孩子，後來埃及豔后死去，她又將其留下的三個混血孩子撫養成人。

安東尼娶回屋大維婭最大的好處是，屋大維口頭答應要陪嫁幾個軍團給他，因為此時的安東尼急於到西亞抵擋帕提亞的進攻，軍隊是多多益善的。不過，像屋大維這樣的人，賠本買賣是不做的，他當時跟海盜塞克斯都又翻臉了，休了他侄女，娶了個美女利維亞。這個女人也是大著肚子過門的，羅馬男人真古怪。屋大維藉口要出兵討伐海盜，答應給安東尼的陪嫁遲遲不兌現。安東尼反應過來這是屋大維涮他，所以將老婆送回羅馬，自己又跑到埃及，求老情人埃及豔后幫自己出兵。

埃及豔后這時已經為安東尼生了兩個孩子，一男一女的龍鳳胎。安東尼能回到她身邊，她自然是高興的，當然也出兵出錢支持安東尼打仗。可惜在對帕提亞的戰事中，羅馬從來都佔不到便宜，遠征西亞的安東尼大敗而歸，幾乎將所有的軍隊葬送，最後只好灰溜溜地跑回埃及，預備在女王庇護下，繼續過安逸的生活。

羅馬的屋大維就不一樣了，他終於一鼓作氣除掉了心腹大患——海盜塞克斯都，又設計讓雷必達軍團倒戈，趁機奪了他的軍權，三頭政治實際上只剩兩頭。而屋大維成為整個義大利半島的唯一主人。安東尼似乎也鐵了心留在埃及，因為他拋棄了屋大維的姐姐，正式跟埃及豔后結婚了。在埃及人的支持下，安東尼再次進攻西亞拿回了被帕提亞佔去的亞美尼亞。按道理，這裡是羅馬的國土，可是安東尼卻在埃及舉行了凱旋禮，並將他打下的土地分封給他和豔后的孩子。最要命的是，他宣布了一件事，直接碰到高壓線，把自己送進地獄，他宣布：埃及豔后跟凱撒生的孩子，凱撒·里昂是真正的凱撒繼承人！

這個動作真正激怒屋大維了，他對於自己這個正版凱撒繼承人的地位是最在意的，懷恨在心的屋大維開始在羅馬散布各種消息，很快，全羅馬人都知道，安東尼要拋棄自己的祖國，投向埃及的懷抱。在消息面散布到一定程度後，屋大維對所有人公布了安東尼離開羅馬時定下的遺囑，上面寫明，安東尼死後，西里西亞、腓尼基、利比亞、敘利亞這些羅馬的土地將歸埃及女王所有，而他自己將在埃及下葬，而不是回到羅馬！

這個遺囑直接將安東尼變成了賣國賊，屋大維藉著羅馬城內的激憤情緒果斷清洗了元老院內的安東尼親信，並讓元老院和公民大會共同做出了對埃及宣戰的決議。此時的屋大維指揮著四十多個軍團的兵力，他的要求，一般人都會滿足的。

17

後三頭聯盟只剩兩頭，屋大維統治西方，安東尼雄踞東方。根據屋大維的宣傳，安東尼已經徹底被「尼羅河畔的花蛇」——克利奧帕特拉魅惑，忘記了自己是羅馬人而且隨時預備出賣祖國。屋大維和安東尼的羅馬內部矛盾已將上升為羅馬和埃及兩個國家的冤仇，如果屋大維幹掉安東尼，則羅馬將埃及收入版圖，成為自己的一個行省。這是羅馬遲來的國土，如果不是埃及豔后色誘凱撒，這片糧倉早就屬於羅馬了；而如果安東尼幹掉了屋大維，以安東尼現在的埃及女婿的立場，他絕對會把羅馬變成埃及的行省作為自己的上門彩禮，遷都亞歷山大城。偉大而壯麗的羅馬若被埃及吞下肚子，如同一條巨蟒吞噬一頭公牛，場面是會相當慘烈。這可是個生死攸關的關鍵時刻，整個羅馬當然全力支持屋大維這一戰。

埃及豔后還是小三的時候對安東尼的厲害老婆福爾維亞恨得咬牙切齒，即便扶了正，想起這個女人也是滿心詛咒的。可實際上她應該感謝福爾維亞，安東尼原來雖然是個浪蕩子，為人做事基本還能果敢決斷，可自從娶了福爾維亞，動腦筋拿主意的事就交由老婆做了，人都有些惰性，一個習慣一經形成，要改邪歸正是相當困難。成為埃及豔后老公的安東尼在思想上已經變成一個男寵，特別願意順從這個埃及女人的調派。

屋大維宣戰後，安東尼和埃及豔后率領羅馬埃及聯軍進入希臘伊奧尼亞海的亞克興角，安營紮寨，預備迎戰。這個位置是整個羅馬版圖的中心點，很適合用來同室操戈。

對於這場改變了歷史的戰役到底如何打，屋大維的腦子很清楚，他將艦隊的指揮權交給了經驗豐富、戰績彪炳的阿格里帕，這位海上名將曾經挫敗著名的海盜而揚威地中海。安東尼那邊的腦子就不是很清楚，大軍駐在希臘西部，希臘無法保證補給，軍隊的糧食全靠埃及運來，而阿格里帕一下水就襲擊了這些運輸船，讓安東尼的軍隊一開始就遭遇圍困，斷水缺糧。在這個情況下，戰前會議上，安東尼手下的戰將提出，應該放棄艦隊，軍隊轉移到希臘內陸，在陸上跟屋大維決戰。可這個計畫被埃及豔后否決了，這個女人天生就不能吃苦受累，沒吃沒喝地苦戰她簡直不敢想，所以她堅持應該在海上與羅馬對決，茫茫大海，到處都是希望，如果打贏了，可以恢復大軍的補給線，如果打輸了，可以藉順風逃回埃及。作為最後決策者的安東尼當然是堅定地站在老婆這邊，而這個打法最吸引他的就是：打不過可以跑！

屋大維抱著死磕的信念，而安東尼作逃跑的打算，整個戰役的勝負還沒打就確定了。戰前，安東尼手下搖著船投奔屋大維軍隊成為潮流，屋大維每天都能收到來自安東尼軍隊內部的各種機密，早就知道安東尼設定的逃跑主義戰術。

西元前三十一年九月二日，一場海風掀開了大戰的序幕，安東尼將自己安排在右翼，他已經研究過，這個位置往埃及順風順水，十分適合臨陣脫逃，而埃及豔后已將金銀珠寶，行李輜重裝上自己的大船，面對屋大維的海上封鎖，只需要安東尼將對方艦隊拉開一個缺口，埃及豔后就可以突圍而出。

伊奧尼亞海上的戰鬥開始，畫面非常好看，埃及的戰船高大沉重，帶著堅硬的撞角，船上是巨型投石機，遠遠看去像虎鯊一般猙獰。而羅馬的艦隊輕捷小巧，速度極快如同箭魚，靈敏地閃避著虎鯊，一有機會近身，便放下烏鴉吊橋，被憋在船上正鬱悶的羅馬士兵紅著眼跳上埃及軍艦，將對手殺光。經常是五六隻箭魚圍住一頭虎鯊，不一會，虎鯊就著火或是沉沒，海上漂浮著支離破碎的身體。眼看著自己的戰船一艘艘減少，安東尼發出了逃跑的信號，一直躲在港口等消息的埃及豔后，趕緊掛上風帆，全速逃離戰場。

埃及豔后的船用於逃跑實在是太顯眼了，這艘埃及艦隊的旗艦雕樑畫柱，精美絕倫，而且因為貼了金箔，在海面上金光四射，奪目耀眼。這艘船如此引人注目，屋大維當然也看到了，但他卻指示，放它突圍而出。

看到自己老婆和金銀家當順利逃出，安東尼趕緊弄了艘小船，拋下自己的軍隊和這個還沒有結束的戰局逃之夭夭。屋大維一早算準，只要豔后突圍成功，安東尼必然跟上，所以他放生讓他們逃跑，這樣才能徹底摧毀安東尼軍團的士氣。正如屋大維預料的一樣，安東尼帶著四十艘戰艦逃走，那些還在拼命的戰士立刻就洩了氣，紛紛投降，提前收工。雖然陸上的戰鬥還勉強維持了一陣，但也基本屬於垂死掙扎了。屋大維一邊接收安東尼的降軍，一邊還在心裡納悶，這仗怎麼打得這麼順利呢？

這場著名的亞克興角海戰的結果，就是讓屋大維更加輝煌，安東尼更加丟人，對一個羅馬將領來說，在大戰中拋棄自己的軍團獨自逃生，公眾心目中，這基本就是個廢人了，所以回到埃及後的安東尼按一個廢人的標準生活，這個凱撒手下最驍勇的悍將，每日裡爛醉如泥，不思進取，在埃及皇宮混著日子，如果能這樣終老，也沒什麼不好，可是屋大維不給他終老的機會。

西元前三十年，屋大維帶領羅馬軍團奮勇追窮寇，在埃及登陸，將首都亞歷山大城團團圍住。這時的安東尼被啟動了最後一絲血性，煥發了新的鬥志，準備頑強抵抗屋大維的進攻。但是上樑不正下樑歪，誰能指望蹉跎了這麼久的過氣戰神能領導出堅定的軍隊呢。安東尼口乾舌燥意氣風發地鼓動士兵參戰，士兵們一臉冷漠地對他說：「老大，省省吧。」然後爭先恐後投向屋大維的軍隊，讓安東尼那一點迴光返照的火苗立時熄滅。

一輩子很有主意的埃及豔后當然不會坐以待斃，她知道，再次走到一個生死路口，她那個從不失手的絕招，必須再次奏效，否則自己、孩子和埃及都完了。她躲進屬於自己的陵墓裡，叫手下給安東尼送了個消息，說她自盡了。這個驚天噩耗摧垮了安東尼最後的心理支撐，他為這個女人背叛祖國，受全羅馬唾棄，落下逃兵的臭名，如果不是愛上這個女人，自己的人生絕對不會這麼窩囊。為這份愛情付出這麼多，安東尼並不後悔，這麼多年來，依賴她已經成為習慣，此時大兵壓境，雖知不敵，也願意跟屋大維以命相拼，最主要的考慮，就是要幫她保住王位和性命，可既然她已經死了，自己的努力和抵抗還有什麼用！既然不需要抵抗，自己又何必活著受屋大維侮辱。萬念俱灰的安東尼將劍刺進了自己的胸膛，他以為他是追隨埃及豔后而去，在另一個世界延續他們的愛情。

安東尼不愛江山愛美人，是個情種，可惜，他愛上的女人更愛江山。安東尼還沒斷氣，埃及豔后就走了出來，不能說她一點都不悲痛，可她有更重要的事要做，她要去見屋大維，而安東尼的屍體正是很好的見面禮。

帶著黃金靈柩，克利奧帕特拉再次盛裝去會見一個羅馬男人。此時的豔后三十九歲，十五年前她讓凱撒一夜之後為她著迷，十一年前她令安東尼一見鍾情墜入情網，這次要見的羅馬男人三十出頭，她的魅力還能發生作用嗎？

美人如花，一朝春盡，紅顏彈指即去，也許這個女人還是美麗睿智的，可對屋大維來說，兩個前輩的教訓足夠深刻了，他的偉業和雄心並不是一個女人可以交換的，克利奧帕特拉的看家本領沒收到預期的效果，極大地傷了自尊，豔名嚴重受損。但最讓埃及豔后痛苦的是隨後傳來的消息：屋大維預備將她帶回羅馬，在即將舉行的凱旋禮上砍頭示眾！根據羅馬人喜歡看砍頭的光榮傳統，砍這麼漂亮的腦袋肯定更加刺激，這個節目一定可以帶給羅馬人最喜歡的凱旋禮活動一個巨大的高潮，據說消息一傳回羅馬，連樹上的位置都被訂光了。

色誘和求饒都沒收到效果，埃及豔后知道，大勢已去，她不能跟屋大維回羅馬，至少在埃及，她還可以選擇自己的死法。

埃及法老一直有個愚昧的理論，他們認定人死後，如果屍體保持完好，可以辨認，則那個離自己而去的靈魂在天上溜達一圈後，還可以找到原來的身體，靈魂歸位後人就可以重生。所以這幫人最怕屍體腐爛，變著法子讓自己永垂不朽，木乃伊這個邪門的東西就是這樣的來歷。如果不能被做成木乃伊，他們還有另外的法子，也不知誰告訴他們，如果被蛇咬死，蛇毒進入血液，就可保屍身不腐！於是，找毒蛇玩就成了埃及皇室的傳統高尚娛樂，如果要自殺，一般都是找條蛇把自己咬死。

據說埃及豔后一直在給自己找後路，那就是如何安樂死，應該說，如何被毒蛇安樂地咬死。她最後的聰明才智都用來研究毒蛇了，找了大量的蛇，還抓了很多士兵來當試驗品，看看哪種蛇死得最快，死得最舒服，死相最好看。如果屋大維能留她活命，說不定這個女人就能鑽研成動物學家、蛇毒專家。

此時的豔后被屋大維派人軟禁，設置了重重看守，人要真心想死總能想出辦法來。一天晚上，她的僕人帶給她一藍無花果，屋大維寬待俘虜，水果還是要吃的，保持她的美貌，砍頭的時候更好看。這籃無花果裡藏著一條小蛇，是豔后無數次試驗後確定的自殺工具。她將自己的衣服脫下，讓小蛇在心臟的位置咬了一口，非要在這個位置下手，也不知出於什麼愚昧的想法，反正後來關於豔后的死狀描述，都喜歡強調她半裸。這個風華絕代的女人片刻就香消玉殞。她留下遺書，希望和安東尼合葬在一處。

這條小蛇終結了羅馬史上最旖旎浪漫的春光，也終結了埃及的托勒密王朝，更終結了埃及作為一個獨立國家的歷史，埃及併入羅馬，成為一個行省，後來屢換宗主，受盡蹂躪。直到近代，這裡才重新獲得國家主權，以獨立的埃及名號再次進入世界地圖。

18

屋大維征服埃及，此時羅馬的疆域北起多瑙河，南到非洲（包括埃及在內的北非一帶），西起庇里牛斯半島，東到兩河流域和小亞細亞半島，是地球上最龐大的帝國之一，而地中海成了羅馬的內湖。

從埃及凱旋的屋大維真正找到了凱撒的感覺，尤其是手刃埃及豔后生的那個叫凱撒•里昂的小野種後，晚上睡覺都踏實多了。但有凱撒的教訓在前，一樣野心勃勃的屋大維要保持低調。他必須讓所有人知道，他支持共和的心絕不會變，而且堅決不稱帝獨裁。接著，羅馬百姓看到了一個這樣的屋大維：回到羅馬，他就解散了軍隊，參選執政官。西元前二十七年，他多次要求將自己在埃及的勢力撤出，態度非常誠懇，但元老院堅決不幹，不但不准他放掉埃及，還將羅馬最強的三個省高盧、敘利亞、西班牙的統治權交給他，屋大維謙虛了一陣就笑納了。羅馬人眼中，這個新領袖一點都不囂張，謙順得很。所以在萬眾歡呼中，元老院授予他「奧古斯都」的稱號，意思就是「至尊至聖」，這樣的尊號，一般的皇帝也不敢往自己頭上加。

其實，他解散軍隊是為了重組，精兵簡政後的羅馬軍團被派駐邊疆，雖然離首都很遠，美其名曰不得干預政治，其實這些軍隊全部成為靠屋大維供養的職業軍團，第一支包括海軍的常備軍隊，而且只對他一人盡忠負責。至於元老院為什麼這麼有眼色，完全是因為如今的元老院已經不像凱撒時代桀驚不馴了，被屋大維血洗幾次，又精簡了幾次，元老院裡的老少爺們幾乎都是屋大維的嫡系，基本上不太會跟主子抬槓。

屋大維深知羅馬百姓好大喜功，虛榮浮躁的特點，開始大興土木建設形象工程，神廟、劇場、浴場（羅馬人最喜歡泡澡）如雨後春筍，幾乎將羅馬城翻新了一遍，別說人家浪費納稅人的錢啊，所有的設施是屋大維掏自己的腰包蓋的，這夥計真是富可敵國。所以他很得意地說：我接受了一座用磚建造的羅馬城，卻留下一座大理石的城池。」

這段時期羅馬的交通建設達到頂峰，各個行省都修築了新的大路，把帝國的各個部分連接成塊，羅馬自然成為這些大道的中心。另外在羅馬城市廣場有空中引水道三十一條，有的高達五十米，輻射形的道路有三百多條，總長八萬多公里，交通便利帶動商業發達，整個帝國一派欣欣向榮，而我們最熟悉的諺語：條條大路通羅馬，就是來自這個時期。

他將軍隊安置在邊境，在羅馬為自己留下九千人的禁衛軍，保障自己的安全。鑒於羅馬的娛樂場所很多，他為了防止再出一個克拉蘇趁火打劫，索性自己成立了一支專業救火隊伍，這是人類歷史上第一支消防隊。為了維持交通和社會治安，還專門成立了一支專業員警部隊，所有的事進行得有條有理。

一邊做形象工程，一邊以非常審慎智慧的手段不斷將權力集中在自己手中，好像是不斷提升元老院的權力，實際上是給自己相應的更大權力，比如國庫歸元老院管理，他絕不插手，可各行省和羅馬的財政和稅收卻由他負責，他如果不高興，自然可以讓國庫空空如也，元老院無錢可管。到西元前二十三年，屋大維實際上已經將軍政財權全部掌握在自己手裡，他可以越過元老院和公民大會決定任何事。雖然沒有黃袍加身，正式登基，但他已經是一位實質上的帝王，而為了讓羅馬的老百姓心裡舒坦，他迴避「皇帝」這個虛名，一直稱自己為「第一公民」也就是「元首」，此時的羅馬就是一個元首制的帝國，只是所有的羅馬人在大池子裡泡澡時，還堅持說自己的共和國如何如何。

成功地騙過輿論登上大位，雖然不能帶上皇冠，但屋大維已經很知足了，凱撒至死沒有達到的理想終於實現了。

儘管屋大維終結了所謂羅馬共和國，扼殺了上古時代非常金貴的民主制度，但他帶給羅馬近兩百年的和平，而他統治羅馬的四十多年，史稱「羅馬和平」。

屋大維是個文藝愛好者，對文人墨客，藝術家之類的盛世產物非常寬厚，這一段還是羅馬文學的黃金時代。

屋大維回到羅馬後曾承諾會帶給羅馬人民和平，所以他在位時很少到外面啟釁打架，最多就是遠處的行省鬧事，派兵鎮壓一下。除了一件事，不知道這算不算屋大維在位的最大遺憾和羞辱，但從他捶胸頓足，以頭撞牆的行為來看，估計是很傷心的，這是一場羅馬軍隊的慘敗，這一仗之後，歐洲的新霸主隱隱顯出輪廓，為後來的羅馬帝國埋下巨大的隱患。

這個讓屋大維在晚年受了巨大刺激的敵手就是日耳曼人，西元紀年的最初幾年，萊茵河沿岸的日耳曼人已經被羅馬人降服，羅馬在那裡設立日耳曼尼亞行省，而對那些野性難馴的日耳曼各部落，羅馬按照分而治之的方法小心控制著。西元九年的時候，鎮守這個危險地區的羅馬總督叫提比留。

提比留是屋大維的養子，他的親爹本來是凱撒的手下，後來加入了安東尼派系。屋大維得勢後，看中了提比留的媽——利維亞，很客氣地建議提比留老爸離婚，好讓他自己將利維亞娶回家。

而提比留跟他媽肚子裡的弟弟一起過繼給屋大維，成為元首的養子。

前面說過，羅馬人對血統沒什麼偏執的，所以屋大維對提比留視如己出，大力培養提拔，讓他仕途順利，非常得志。

鎮守日耳曼的提比留深諳這些蠻夷難以馴服的特點，他一手操大棒一手舉著糖，一邊拉攏一邊打屁股，把頭腦簡單的日耳曼人搞得很暈，基本不敢造次惹事，各自相安無事，萊茵河沿岸大體平靜而正常。

有一天，羅馬的潘羅尼亞行省當地人暴動，屋大維急忙調出他認為最可靠譜的將領前去鎮壓，誰呢？提比留。提比留急急忙忙離開日耳曼去平亂，接任日耳曼尼亞總督的是羅馬城裡著名的花花公子——敘利亞總督瓦魯斯，也是皇親，屋大維的侄子。

用瓦魯斯替換提比留，屋大維也並不是隨意而為，他一直認為提比留過於鐵腕，在萊茵河兩岸，牲口都活得很焦慮，所有人更是大氣都不敢出。此時的屋大維已經是七十多歲的老人了，有些仁愛慈悲之心，認為對行省的管理應該懷柔一點，不要老對人家黑臉。而瓦魯斯恰好是個溫和的人。有沒有考慮對這幫人太寬鬆他們會造反呢，沒問題，提比留在日耳曼精心訓練的三個軍團，驍勇善戰，絕對可以藐視該地區所有對手。

日耳曼的各部落中，有個叫切魯西的部族，這一直是羅馬比較寬容願意拉攏的部族，他們的首領阿爾米尼烏斯作為又紅又專的少數民族分子，深受羅馬各界喜愛，曾隨著羅馬軍隊到處打架，被羅馬人當作哥們，對羅馬的打架機器諳熟於心。提比留管事時，這個阿爾米尼烏斯聽話乖巧，形象非常安全。但實際上對於羅馬軍隊侵佔他的土地奴役他的子民一直很不爽，趕跑羅馬，光復自己的家園成為一生的理想，可他並沒有實力跟羅馬作對。

瓦魯斯來到日耳曼，給阿爾米尼烏斯帶來了希望，這個羅馬少爺生活放蕩隨性，到了新駐地不久，他就為日耳曼尼亞帶來全新的空氣，軍營大門常打開，開放懷抱等妓女，擁抱後就有了默契，流鶯都愛上這裡。所有的將領到士兵，過著荒淫無度的生活。

日耳曼這個民族雖然開化得晚，但從根上就是個很自律很有道德觀的種族，他們提倡一夫一妻，尊重婦女，男人戰敗，女人一般會自殺保全貞操。對這樣一群人來說，看到羅馬軍隊這些放縱的醜態，想到自己的家園竟被這樣一些爛人蹂躪，怎麼能沒有一點不滿的情緒呢。阿爾米尼烏斯當然敏感到這些，他開始在同胞中傳播革命思想了。

在得到同族人的支持後，阿爾米尼烏斯的計畫啟動，他開始更為頻繁地到瓦魯斯軍營拜訪，早請示，晚彙報，對羅馬的忠心日月可鑒，讓瓦魯斯打心眼裡認定阿爾米尼烏斯這個夥計可靠。

這一天，有探子來報，說是北方一個部落突然造反了，瓦魯斯過來這麼久，也沒正經打過仗，聽說有人敢犯天威，自然是雖遠必誅。

當時正值秋季，下過幾場豪雨，大路小路都泥濘不堪。瓦魯斯也不是一味地廢物，他知道必須找個當地人打聽一條快捷而安全的行軍路線。在萊茵河一帶，有困難找阿爾米尼烏斯，這個思維已經在瓦魯斯腦子裡形成定式了，而阿爾米尼烏斯提供的這條穿越條頓堡森林的路線，聽起來相當不錯，馬上採用出發！

瓦魯斯被人賣了還幫人數錢，他哪裡知道，連北方叛亂都是阿爾米尼烏斯專門設計的，就是要將羅馬軍隊騙進森林，然後伏擊他們。戰局的發展跟阿爾米尼烏斯設想的一樣，兩萬羅馬大軍一進入森林就遭遇了迎頭痛擊，高大的橡樹林密密地生長，羅馬軍團慣用的戰陣無法排列，處處制肘，只要無法布陣，單兵作戰的羅馬戰士哪裡是虎狼般的日耳曼人的對手，那些遠古的橡樹見證了一場真正的屠殺，被砍下的萬枚羅馬頭顱被日耳曼人掛在樹上，橡樹林中穿梭了千年的風將他們吹乾，永遠留在這片漆黑的森林裡。據說在屠殺的最後關頭，一小撮羅馬老兵憑著頑強的意志和豐富的經驗在一個小山丘上設立一個環形防線，頂住了日耳曼人排山倒海的衝擊，堅守了很長時間。他們當時修建的工事到現在還完好保存，成為條頓堡森林的一個重要景點。

兩萬羅馬士兵最後逃出的不過百多人，三個精銳的軍團不明不白地消失在羅馬的戰鬥序列。指揮官瓦魯斯在開戰後不久就發現無力回天，所以果斷地殺掉自己，自決於眾將士面前。消息傳到羅馬，屋大維痛徹心扉，據說老人家撕爛了自己的衣裳，用腦袋撞牆，把自己關在屋裡撕心裂肺的嚎叫：「瓦魯斯，你個小兔崽子，把我的軍團還給我！」

那三個軍團是擋在羅馬和日耳曼之間的鋼鐵屏障，如今屏障被打碎，屋大維似乎已經看見日耳曼人大舉殺來！他不光心痛他那三個軍團被打光，最讓他煩惱的是，如果日耳曼人乘勝南下，直逼羅馬，那才是真正的危機了。羅馬經過四十多年的和平，已經不記得打架這件事了，而且羅馬的正規軍隊全都在行省邊界，首都無兵可用，日耳曼人真想來旅遊，真的只能唱《羅馬歡迎你》了。屋大維的一生是幸運的，大部分時間萬事如意，如有神庇佑，所以這一次，雖然慌亂中徵兵沒什麼收穫，可阿爾米尼烏斯硬是沒敢打過來。阿爾米尼烏斯對羅馬還是了解的，知道瘦死的駱駝比馬大，他不敢指望搞一次陰謀詭計得手就可以公然跟世界霸主叫板。

隨後羅馬也安排了幾次對萊茵河對岸的復仇，可終究無法將日耳曼徹底打服，後來屋大維自己也想開了，算了，自己也沒幾年活頭了，別跟好日子過不去，以萊茵河為界，以後跟日耳曼井水不犯河水，最好老死不相往來。

經過條頓堡森林一戰，日耳曼人扭轉了將被羅馬同化合併的命運，將這支血性堅強的種族保存下來，並在幾百年後隨著羅馬的衰退逐漸強大，最後將這個宿敵摧毀，稱霸歐洲。所以條頓堡森林戰役被稱為日耳曼帝國的立國之戰，日耳曼人又叫「條頓人」。

19

回到羅馬，整個古羅馬歷史有兩個關鍵字，一個是打仗，一個是淫亂。羅馬人應該說是地球上開化得比較早，進化得比較高級的人種，可不知道為什麼在男女之事方面，總不能按人類的標準行事。而當時整個羅馬的情色世界，淫亂教主，就是屋大維的女兒——茱莉亞。

先交代一下屋大維的家庭情況，他一生結婚三次，第一次被迫娶了安東尼的繼女，以結成三頭同盟，第二次想跟海盜結盟，又離婚改娶了海盜的侄女，這兩次婚姻都是為了政治目的，屋大維咬著牙閉著眼進了洞房，心中痛苦萬分。當他終於可以主導自己的命運，不用為政治目的而犧牲肉體時，沉寂多年的愛情之火在全身上下亂竄，當他一看到利維亞，就天雷勾動地火，愛火焚身，當時就決定要讓自己為愛結婚一次。前面說過，利維亞的前夫是安東尼派系的，在屋大維治下日子有點難過，如果能用老婆和兩個兒子換自己平安無事，這個買賣一般的羅馬男人還是會做的。

江湖傳聞屋大維在臥室裡表現一般，好像還有些特殊癖好，以至於前兩次婚姻只有個女兒。還有人說利維亞大著肚子嫁過來，肚子裡的孩子是屋大維的，這是個標準假新聞，因為屋大維和利維亞一見鍾情，當天就各自離婚結婚，還沒機會提前媾和，利維亞帶過來的兩個孩子都是前夫——提比留・克勞迪・尼祿家族的血脈，這件事必須搞清楚，因為這是後來羅馬帝國的王室正統。

整個羅馬的社會風氣頹廢、糜爛、放縱，而屋大維本人卻是很正派的，雖然偶爾跟其他貴婦私會的事肯定也有，但在當時的社會環境下算乾淨了。他和利維亞生活簡單，並不奢華，一直公開宣揚尊重婚姻、反對濫交、反對同性戀、反對通姦，把自己弄得像個道德標誌。可已經放縱得不受控的羅馬根本不買帳，身體愉快，精神健康是最高級的生活準則。

最不給屋大維面子的就是唯一的女兒茱莉亞。朱莉亞其實也是個不幸的女子，屋大維一貫認為婚姻是為政治服務的，所以茱莉亞就成了屋大維皇帝對手下最大的恩寵和賞賜。屋大維本來挺看重自己姐姐的兒子，想讓他做自己的繼承人，所以讓他迎娶茱莉亞成為女婿，可沒多久這位駙馬爺就神秘被毒死了。當時有人分析，這個投毒事件的元兇很可能是皇后利維亞，為什麼下毒，原因不用分析了吧，反正後來屋大維的幾個準繼承人都不明不白地死掉，成為懸案。緊接著茱莉亞又嫁給屋大維的左右手，亞克興海戰上很出鋒頭的艦隊司令——阿格里帕，兩人生了五個孩子。屋大維收養了最大的兩個孩子作為繼承人。（別研究輩分！）這場婚姻也沒白頭到老，阿格里帕也死了，屋大維一點不浪費時間，趕緊又安排茱莉亞改嫁利維亞帶過來的孩子提比留。

一個女人經過這麼折騰，想讓她安分守己是不容易的。茱莉亞應該算是性解放的先驅，成立性愛俱樂部，組織大規模群交等活動就不說了，更勁爆的是，這位公主經常在半夜三更跑到廣場上，僅披一件絲綢袍子，專找陌生男子切磋技術。

茱莉亞身邊長期圍繞著一群花花公子，他們將公主奉為愛神和盟主，這個組織還有自己的行動手冊和綱領，就是當時的大詩人奧維德寫的《愛經》。這本西方歷史最著名的「淫書」分三部分，第一部分是獵豔秘笈；第二部分是被人甩了怎麼辦；第三部是婦女之友。這是一部愛情寶典，其主題思想勉強還算是一本情感教科書，可惜裡面充斥了大量的淫穢描寫。奧維德文筆不錯，寫什麼都詩情畫意山青水綠的，可惜後來色情內容被大量刪改，糟蹋了一部好書。

提比留本來有個感情很好的老婆，被屋大維強迫離婚迎娶豪放女茱莉亞，陪嫁的金銀財寶不少，那一車的大小綠帽子更是刺眼。為了政治前途，提比留咬著牙跟茱莉亞混了一陣，實在是忍無可忍，加上提比留在屋大維所有的子侄中，年紀最大軍功最高，根據咱們知道的立太子的原則，他應該是正選，可他畢竟沒有一絲一毫的屋大維血統，地位不尷不尬的，不知如何自處，所以在和茱莉亞唯一的孩子夭折後，提比留離家出走了！這位未來的羅馬皇帝將自己放逐羅德島，像普通人那樣生活了七年時間。

有茱莉亞這樣的女兒，任何一個父親都不會感到自豪的，為了處理這個丟人現眼的女兒，屋大維特地頒布了《羅馬通姦法》，用立法來監控女兒的操守，真是皇家才有的待遇。

新法律規定，禁止丈夫殺死有通姦行為的妻子（此前可以殺），但是，如果發現妻子與別人通姦，丈夫必須將妻子帶到法庭對她進行控告，否則予以罰款；如果丈夫沒有這樣做，女方的父親就有義務這樣做；如果女方的父親沒有做到，那麼，任何一位有正義感的公民都可以控告她；如果法庭認定她犯有通姦罪，控告者可以得到她的一部分家產。這個法律想把通姦至於公眾監視之下，舉報通姦成為一種義務，什麼都不幹，辭職在家專業抓通姦的，很容易致富。

據說提比留的離去跟這個法律有很大的關係，茱莉亞通姦的事在羅馬是高調張揚的事件。新法一公布，羅馬人自然每天伸長脖子，豎起耳朵單等屋大維家的消息。如果提比留不能將自己的老婆帶到法庭受審，他就犯法了，可是將茱莉亞帶去公審，未免讓屋大維家族臉上太難看，所以他選擇了逃跑，離開所有的煩惱。既然老公走了，將淫婦繩之以法的事就落在父親屋大維身上。最後，無奈的皇帝徇了私，沒有按律將女兒送上法院審判，而是親自簽發命令將她流放荒島。女兒被處理了，屋大維並沒有省心，茱莉亞的女兒也出江湖了，繼承衣缽，高張豔幟，成為羅馬色情文化的新貴。母女倆命運相同，屋大維支撐著再將自己的外孫女流放，還處理了有牽連了一批人，包括上面說的情色詩人奧維德。他的《愛經》被宣布為禁書，這本書裡有著名的一句話認為，愛情這東西，偷來的果子比較好吃。簡直就是公然宣揚通姦，教壞多少學生。

西元十四年八月十九日，屋大維逝世。他死後被列入仙班，也就是神的行列（這個事一直沒想清楚，人類怎麼可以決定神的資格和名額）。在遺囑中，他告誡後來的繼承人，守住現有的羅馬疆界，不要隨意擴張，而為後來的羅馬帶來近兩百年的和平。

為了紀念這位羅馬史上偉大的奧古斯都，他死的這個月被叫做「August」，他跟凱撒的名字放在一起，成為古羅馬的代表，西方歷史上最閃亮的兩個名字，代表著無上的榮耀和權勢。

屋大維的遺囑還將躲在羅德島隱居的提比留列為自己其中一個王位繼承人。

20

提比留最後順利繼承屋大維的帝位成為羅馬皇帝是個疑點重重的歷史懸案。在屋大維所有兒孫中，雖然提比留看起來最可靠，率軍平亂戰績顯赫，號稱百戰百勝。可他畢竟是過繼的兒子，即使是他弟弟，至少還疑似屋大維跟利維亞婚前勾搭的產物。所以，在所有可能的繼承人當中，他離皇位應該是最遠的，除非其他人都死光了，才有機會輪到他。有些事天算不如人算，莫名其妙地、不知不覺地、迷迷糊糊地，屋大維發現除了提比留，所有的繼承人都死了！古今中外很多事例證明，自己有本事不如老媽有手段，有個厲害的媽事半功倍，屋大維家連續死亡案的第一凶嫌自然是利維亞，鑒於沒有證據，不好隨便懷疑羅馬帝國的第一任國母。

提比留從小生活流離，過繼給屋大維後寄人籬下的心理肯定也有，所以成年後為人嚴肅、冷漠，長得還歪瓜裂棗，一臉痤瘡，很不討人喜歡。這樣的人一旦君臨天下，坐在萬人之上，心裡的起伏太大，變態的機率自然就產生了。

剛登基時看起來還正常，尊重元老院，大小事都喜歡跟他們商量著辦，經常到法院聽審，生活節儉，不鋪張浪費，對外也採取守勢，除了鎮壓行省暴亂，並不輕易用兵。主觀上還是有做好皇帝的意願。他在羅馬成立了一支近衛步兵大隊，有幾千人駐在羅馬，維護治安、保障皇權，成為顯赫的御林軍，而就是這支御林軍勢力越來越大，影響和改變了後來羅馬帝國的很多大事。

提比留曾收養自己的侄子日耳曼尼庫斯，而這個侄子因為迎娶了屋大維的孫女，所以按道理他應該成為提比留當然的接班人。日耳曼尼庫斯是提比留時代的名將，鎮壓日耳曼地區的叛亂，並打過了萊茵河，軍威熾盛，在羅馬軍團中擁有很高的聲譽和支持率，戰士們對他死忠。如果不是提比留覺得應該遵循屋大維的遺囑，對萊茵河對岸只防不攻，讓他撤軍回來，他也許會有更卓越的戰績（傳說讓他撤軍是提比留嫉妒人家的軍功）。羅馬為他舉行凱旋式後，他被派往敘利亞跟帕提亞（波斯）辦些外交事務（被派到西亞也有放逐之嫌），不久離奇病死在當地，據他自己臨死說，是當時的敘利亞總督害他，敘利亞總督為什麼敢害一個皇子呢？肯定是皇帝授意的。據推斷是提比留想讓自己的親生兒子接班，而日耳曼尼庫斯因為凱撒家族的關係，有優先權，所以提比留學習他老媽的做法，幫自己的兒子拔草。這也是歷史學家的猜測，暫時沒有確鑿證據。

雖然沒有理性證據，但有一些分析證據。日耳曼尼庫斯的老婆，屋大維嫡親的孫女叫大阿格利帕娜，大家都說她從一開始就看不起提比留，根據提比留自己的說法，這個女人想當女王，他倆之前有什麼恩怨就不用說了，反正是日耳曼尼庫斯死了以後，阿格利帕娜在皇宮就過著步步為營的生活。她知道提比留對自己下手是早晚的事。有一天，吃晚飯的時候，提比留笑瞇瞇地遞給阿格利帕娜一個蘋果，這兩公媳的關係沒融洽到這個程度，阿格利深知無事獻殷情，非奸即盜的道理，所以拒絕了這隻透著詭異的蘋果。提比留當即翻臉，因為媳婦的不尊重和不信任，理當處罰，找人上來對阿格利一通鞭打，當時就打瞎了她一隻眼睛。打完後將她和她女兒流放。最後阿格利在流放地絕食而死。阿格利留下的三個兒子，大兒子被迫自殺，二兒子被關在皇宮活活的餓死，三兒子卡利古拉被流放到荒島，保住了性命。

此時提比留的暴君嘴臉開始暴露，他生性多疑，總活在自己嚇自己的氛圍裡，生怕有人暗殺，後來他索性不在羅馬城裡住了，跑到卡普里島隱居去了。當然他還是遙控羅馬的政局。

卡普里島只有一個海灘可以登陸，易守難攻，對一個多疑的隱居者是個好地方。可是提比留這種隱居可沒有修身養性的功效，他在卡普里島的歲月如果拍成紀實電影，絕對不能允許十八歲以下進場觀看。

首先他在島上建造一座宮殿，牆上畫滿各種春宮圖，在羅馬各地遍尋少男少女住在裡面，提比留每天最喜歡的活動就是讓這些羅馬少年在這些春宮圖下現場表演，有時還到花園裡戶外公開表演。提比留最喜歡小男孩，他經常在游泳池裡站著，讓這些小男孩在他兩腿間游來游去，所以提比留的男寵有個很清純的名字叫「小魚」！

提比留的變態獸欲花樣繁多，還喜歡酷刑殺人，據說他設計的酷刑光聽說就能把人活活嚇死，落在他手裡的敵人一般都想盡辦法自殺。比如，他抓到一個人，會很客氣地請別人喝酒，這人一邊喝一邊還高興，心想，都說提比留是個暴君，謠言嘛，人家多客氣啊。一高興多喝了幾杯，身體裡水太多了，要去廁所釋放一下，那可沒這麼便宜了。提比留會派人把這傢伙的「命根子」用細繩子緊緊紮住，以後的事，大家想像吧。在看現場交媾表演之餘，島上還有個節目，就是提比留坐在懸崖上，曬著太陽，喝著美酒，把那些被酷刑折磨得半死的人丟下海去，還有幾個羅馬士兵開船在海上等著，萬一被丟下來的人試圖爬上來，則用棍子敲他們的頭。

除了以上這種種缺德行徑，最讓提比留名留史冊的卻是一件很重要的大事，那就是，在他任內，基督耶穌被釘死在十字架上！

其實這個事不能直接責備提比留，因為對於他來說，耶路撒冷一帶出現一個叫耶穌的人傳道不算什麼大事，就算被他定性為邪教，也不見得會親自關心。

當時管理耶路撒冷的總督希律王不是羅馬人，也不是猶太人，他是個少數民族，因為知道好歹，羅馬人比較滿意，所以派他管理加利利一帶，給他一個「猶太王」的稱號，級別相當於羅馬的總督。後來為了管理更有效，官民關係更協調，希律王才加入猶太教。但既然耶穌三天後復活了，不管是提比留還是希律王咱們就都不追究了。

提比留晚年時將卡利古拉接到身邊，卡利古拉就是提比留的養子日耳曼尼庫斯的三兒子，日耳曼尼庫斯在軍隊和百姓中深受愛戴，他的離奇死去及他一家的遭遇讓羅馬的百姓非常同情，此時的提比留已經是個撕破臉的暴君，全羅馬都在背後詛咒他，所以日耳曼家的遺孤成為悲情偶像，支持率不斷攀升。

卡利古拉從小跟父親出征，幾乎是在軍營中長大，小時候就喜歡穿大人的軍裝和靴子，所以「卡利古拉」其實是個暱稱，是「小靴子」的意思，會一直用暱稱稱呼一個成年人，充分代表民眾對這個忠良之後的喜愛。父母哥哥都被提比留害死，卡利古拉來到這個暴君身邊時，心態自然是誠惶誠恐。他對這個怪物祖父表現出驚人的孝順和服從，察言觀色，畢恭畢敬，有時提比留都懷疑自己究竟是不是真的跟這小孩有殺父之仇。

提比留這樣的人壽命還挺長，活了七十九歲，似乎如果不是被殺，還能再活幾年。關於他的死說法也很多，有人說他是被卡利古拉用枕頭捂死的，也有人說是近衛軍對這個變態忍無可忍，殺掉他，擁立卡利古拉。而成為羅馬一支重要力量的近衛軍團體，也從這時開始以殺昏君，立新帝為己任，鞠躬盡瘁，任勞任怨。不過主流的歷史書都說提比留是病死的。

在提比留死後，羅馬的百姓高呼要把他丟進台伯河去。不管這個醜八怪到底怎麼死，反正是卡利古拉在萬眾期待中成為繼承人，另外還有一個提比留的孫子也被列為繼承人，但那孩子還未成年，所以卡利古拉基本上就是新的羅馬皇帝了。在趕回羅馬登基的路上，鑼鼓喧天，彩旗飄揚，老百姓歡天喜地迎接這個小靴子，拿回了屬於屋大維血系的王位，他死去的父母在天上也可以瞑目了。善良的老百姓被自己的同情心蒙蔽耳目，他們沒有聽見，提比留死前，曾留下一句意味深長的遺言，他說：我在羅馬的胸膛留下一條毒蛇。而他所說的毒蛇，就是深受廣大軍民愛戴的小靴子，卡利古拉！

一般的歷史書上，提比留都是被當作暴君來描述的，但後來有些歷史學家根據當時的一些社會經濟情況推論出，提比留在治國方面絕對不算是一個昏君，尤其是他死之後，留下一個充裕的國庫，和穩定的國家。有比較才能有鑒別，跟後來的卡利古拉比起來，提比留不論是作昏君還是作暴君等級都差遠了。接下來，讓我們看看小靴子皇帝是如何做暴君的！

「小靴子」帶著萬千寵愛成為羅馬第三位皇帝，所以雖然提比留的遺囑是讓卡利古拉和自己的親孫子共同執掌政權，但在民眾哭著喊著的要求下，小靴子獨享了所有權利。

剛上位的小靴子看上去很正常，不計前嫌，厚葬了提比留，把那些被提比留暴政流放的人都接回來，其中包括自己的妹妹小阿格利帕娜。公開焚燒一些原來的告密文件，要求將一部分權力歸還元老院，經常給老百姓發錢，經常請文武百官吃飯。修整城市，興辦娛樂，這些事都是羅馬人最希望一個元首做的，這個二十五歲的皇帝生涯開局風和日麗，春暖花開，誰也看不出，這個孩子是個隱性的精神病人。

還記得提比留死前對卡利古拉的評價嗎，說他是一條毒蛇，卡利古拉是個堅忍的人，也很善於偽裝，在卡普里島上伺候提比留時飽受虐待卻從不抱怨，但是有些細節上的疏漏讓提比留發現這個小孩並不像看上去那麼簡單。比如說卡利古拉喜歡看殺人，尤其有人被酷刑折磨而死的畫面讓他興奮莫名，還經常提出一些讓殺人更有樂趣的合理化建議。在私生活方面，他就更加品味獨特卓然不群，他瘋狂地迷戀著他的親妹妹德魯塞拉，將她從自己妹夫那裡搶來，兩人像夫妻恩愛地生活在一起！這是個高調張揚的亂倫關係，卡利古拉從登基開始就要求德魯塞拉分享權力。繼位之後不久，小靴子生了一場大病，這期間，他將朝政都交給這個妹妹處理，甚至留下遺囑，死後全部財產留給她。可是，命運之神搞了個惡作劇，大病的卡利古拉最後恢復了健康，可德魯塞拉卻病死了。痛失摯愛的小靴子打擊太大了，隨後的幾天，他獨自在荒野裡流浪，近侍們已經隱約感覺，這孩子的神志正在逐步喪失。

果然，回到羅馬的小靴子正式變成瘋子，他突然宣布自己是神！他為自己建造了一座神廟，並按真人比例塑造了黃金雕像，這個神殿享受羅馬最豐厚的祭品，所以全羅馬人都希望成為這裡的祭司。過了幾天，他牽著一匹馬進了元老院，要求成員們通過讓這匹馬成為元老院成員！

既然已經成為瘋子，幹什麼都不奇怪了，他讓自己的朋友和親信跟自己另外兩個妹妹上床，然後昭告天下這兩個女人是蕩婦，並將剛接回來的小阿格利帕娜再次流放。參加別人的婚禮，看中新娘子，直接讓新郎下班，他將新娘子帶回家親自作新郎。所有羅馬的貴婦、寡婦、小媳婦、小閨女，他只要看上就絕不放過；不久，他毒死提比留的親孫子，和元老院徹底決裂。他喜歡用黃金為自己修建所有的東西，包括馬槽。很快，提比留時代豐裕的國庫就被掏空。為了找錢用，他又興兵攻打日耳曼地區，誰知他不是日耳曼人的對手，灰溜溜地跑回來，讓財政更困難。這小瘋子最願意幹的事就是殺人，他喜歡看人獸角鬥，以至於需要大量肉類供應猛獸的日常伙食，隨著國庫枯竭，這份開銷不易維持，他便開始將罪犯剁了餵獅子老虎。最喜歡的殺人方法是羅馬版凌遲，就是在人身上弄出很多細小的傷口，最後連成片，緩慢死去。他殺人時要求親屬一定參與其盛，殺兒子時父親要在場觀看，殺父親時兒子也必須親眼見證。傳說有些人因為生病不能光臨現場，小靴子會非常周到地派人將病人抬到刑場，生怕別人錯過自己親人被殘殺的過程。

這樣混帳瘋狂的皇帝讓羅馬人民目瞪口呆。此時的羅馬近衛軍對殺暴君已經頗有經驗，而且對御林軍來說，他們的權勢是和皇權共生的，沒有皇帝就沒有他們耀武揚威的生活，所以他們最怕的就是民眾造反，推翻皇帝，回到共和。在這個指導思想下，在對待暴君或是昏君的態度上，御林軍顯得更正義。眼看局勢越來越糟，他們要早作打算，切掉整個君主制機體上的毒瘤，扶持一個可靠的皇帝上來平息民憤。西元四十一年，做了四年皇帝的卡利古拉被近衛軍殺掉，他娶了個妓女作皇后，還生了個女兒，這母女也被推撞在牆上，腦漿迸裂橫死當場。

近衛軍誅殺皇帝一家，事前對於皇帝死後誰接班這事也沒計畫好，在殺人的過程中，有個胖子進入他們的視線。這傢伙正躲窗簾後面瑟瑟發抖，他是小靴子的叔叔，大英雄日耳曼尼庫斯的弟弟，當時被當作擺設的執政官——克勞狄。這位皇叔出了名的就是懦弱遲鈍，話都說不清楚，每日渾渾噩噩地混日子，唯一的愛好是讀書，標準書呆子。這一日突然天上降下一場巨大的富貴，稀裡糊塗地成了羅馬皇帝，讓這個五十五歲的胖老兒很發了一陣黑暈。

到底是個讀書人，克勞狄清醒之後，逐漸接受了現實，找到感覺，開始工作了。這老頭快退休才當上皇帝，一輩子也沒想過當皇帝，身邊並沒有提前預備幕僚、內閣班子之類的東西。在羅馬城張望一圈，那些老政客都信不過，怎麼辦，找誰幫忙呢？對了，不是有幾個秘書和家人嘛，這是真正的自己人，肥水不流外人田，通通進入權力中心幫忙。克勞狄在位的時代，羅馬朝廷權力最大的不是他的秘書就是他的老婆，宦官和外戚，亙古不變的帝王家事。

克勞狄雖然不是個經天緯地的君主，但也絕不是昏君，應該說，他幹得還挺不錯，在他任內，元首跟元老院關係改善了，君主制的政體進一步被完善，很多人都說到克勞狄這輩，羅馬帝國才真正名正言順。最值得稱道的是他親自參與的幾項民生工程，比如將亞平寧山上一個堰塞湖挖開，將水安全引進羅馬城，三英里長連續石拱的高架引水渠現在還剩些遺跡，是義大利的重要景點之一；克勞狄還擴建了奧斯提亞港，並在港口修建了高大的燈塔。但他在歷史上最出名的事件是：羅馬又開始向外擴張了，這一次，終於將不列顛吃下肚子，完成了凱撒當年沒有完成的大業。

西元四十三年，羅馬軍團已經三十多年沒大規模出征，大部分現役士兵都沒見過真正的戰場，對一個靠武力和擴張進步的國家來說，有點可怕。自從凱撒進攻不列顛島失利，那個海對面的地方經常讓羅馬人浮想。克勞狄彈指一算，距凱撒登陸已經快一百年了，風水輪流轉，現在的羅馬更加強盛發達，國力昌盛，不列顛島依然還是些蠻族部落散居在深山老林裡，如果凱撒在天有靈，他一定會指引羅馬軍團拿回不列顛這塊早該屬於羅馬的土地。克勞狄皇帝突然宣布要御駕親征不列顛！

克勞狄是個書呆子，對一個「以軍立國」的國家來說，這樣的皇帝很容易讓人輕視，所以他必須為自己建立一項軍功，最少要經歷一次凱旋式，否則混得很沒有底氣。好久沒有打架的羅馬軍團一出征就如同被禁錮以久而釋放的猛獸，出鞘的利劍閃著寒光，雖然遭遇不列顛部落頑強的反抗，但畢竟勢力懸殊太大，羅馬逐漸佔據上風。還沒有完全勝利，克勞狄就宣布不列顛南部改為不列顛尼亞，成為羅馬的新行省，而他自己跌跌撞撞地登陸，並在岸上溜達一圈後回到羅馬，所有媒體就開始宣傳皇上親征大獲全勝的消息，自然，元老院要趕緊預備凱旋式了。只是這個遠離大陸的行省並不好約束，那些土著部落面對羅馬的統治毫不屈服，若干年後不列顛出現一位女戰神，讓羅馬人在不列顛吃了大虧，羅馬實際上用了很長時間才將這個行省真正地收服在羅馬版圖內。

除了不列顛，還有非洲的茅利塔尼亞和保加利亞的色雷斯，克勞狄任內羅馬增加了五個新的行省，既建置了部隊，又擴張了疆域。再次證明，像羅馬這樣的國家，完全不打架是不現實的。

克勞狄在任日理萬機，工作繁忙，他老婆也沒閒著，這位皇后為人霸道囂張，對權力和金錢的追逐讓所有人側目。比如她曾經看中一個男演員，就按了個罪名殺掉人家的老婆，佔為己用。她看中某人的花園，就說這人要搞政變，逼他自殺後，侵佔人家的宅子。驕橫的女人一般愚蠢，作為皇后幹了這麼多缺德事，只要不惹皇帝，還是可以繼續逍遙乖張，可她不知道哪根筋不對，突然自尋死路，克勞狄在港口視察擴建工程時，皇后居然跟情夫近衛軍頭目公然舉行婚禮！克勞狄趕回羅馬，冷靜地任命了新的近衛軍司令，以政變謀反的罪名將這個婚禮鬧劇終止，殺掉了有關人等，並讓皇后自殺。

皇后之位懸空，老皇帝不能身邊沒人，在秘書的安排下，克勞狄皇上迎娶了自己的第四任老婆——小阿格利帕娜。還記得這個不幸的女人嗎，日耳曼尼庫斯的女兒、小靴子的妹妹，總是被流放，命運多舛的皇親國戚。大家算清楚輩分了嗎？她是克勞狄皇上的親侄女！

22

根據歷史經驗，好皇帝廢寢忘食地改革，建設軍隊、建設國家，既不鬧緋聞也不搞醜聞，口碑不錯但票房收入卻不高。倒是昏君，各有各的精彩，各有各的瘋狂，缺少了他們，歷史多麼乏味

啊！再次感謝歷史上這些昏君、暴君，雖然他們大都不得好死，卻給我們帶來了無數快樂和刺激！這一篇，又是一個登峰造極的暴君，他的名字在歐洲幾乎等同魔鬼，如雷貫耳，他，就是尼祿！

孩子不好，肯定是有爹生沒娘教，先介紹尼祿老媽。小阿格利帕娜是羅馬著名的豪放女茱莉亞的孫女，這一支的遺傳基因不太好，想生出守婦道的女人的機率為零。小阿格利帕娜我們也不指望她能進入「烈女傳」，在她家族的無數浪女中，她也算毫不遜色，因為她跟尼祿的關係，除了是母子，還是情人！

上篇說過，克勞狄的老婆自殺後，他在秘書的介紹下娶了寡婦小阿格利帕娜，自己的親侄女。從種種跡象看來，這個婚姻的成功跟小阿格利帕娜的多方打點分不開，她靠自己的努力不懈將自己送上皇后之位，十二歲的尼祿跟著進入皇宮，成為克勞狄的養子。

嚴格地說，尼祿是實實在在的屋大維子孫，本來這個血統的男兒都是天生的戰士，冷峻而堅毅。尼祿比較變異，他從小就表現出對文學詩歌戲劇演出之類的興趣，多愁善感的文藝青年，每天吟詩唱歌，籌劃演出，給自己定位為羅馬的宣傳幹部。他老媽可不能跟著沒出息，費這麼大勁嫁入皇宮，難道是為了幫助羅馬文化建設的？

克勞狄自己已經有一兒一女，兒子是必然的王儲，小阿格利帕娜先是成功地將尼祿擠入繼承人的序列，後來因為尼祿的年紀較長，在她的枕頭風之下，克勞狄稀裡糊塗地將尼祿列為第一繼承人，繼位順序在自己親生兒子之上。克勞狄顯然有點間歇性老年癡呆，他犯病時對皇后的主意就言聽計從，清醒時就收回成命。剛立了尼祿為太子，轉頭就發現不對，又想反悔了。小阿格利帕娜做事果決，馬上找毒藥專家精心烹製了一份毒蘑菇，給克勞狄吃下去，老頭很快就蹬腿了。十六歲的太子尼祿登基成為第四任羅馬皇帝。

剛成為皇帝的尼祿態度是不錯的，而且所有人都公認，尼祿早期是古羅馬的鼎盛時代。對一個十六歲的文藝氣青年來說，沒有一定的培養，也幹不出太出格的事。可惜這個年輕人是在羅馬皇位上學習成長的，此時的羅馬已經沒有任何信仰和道德可言，整個社會氣氛浮躁而迷亂，低下的道德水準跟強大的國力嚴重不匹配，當一個有錢人沒有操守的時候，那可是什麼事都能幹出來的。在這樣一片畸形土壤裡，尼祿這樣一個小孩除了跟自己的老媽亂倫，肯定還有其他的娛樂。

先是在一次宮廷飯局上，尼祿在眾目睽睽之下將克勞狄留下的親生兒子毒死，據說當這位十四歲的正牌王儲中毒痛苦地抽瘂時，尼祿一邊繼續津津有味地大嚼食物，一邊告訴大家，他弟弟是癲癇發作了。

除掉對自己的王位最有威脅的人，尼祿很快發現，在這種要風得風要雨得雨的生活狀態下，最讓人煩惱的是，總有個人在自己耳邊嘮嘮叨叨，這個人就是成為皇太后的小阿格利帕娜。尼祿登上皇位，皇太后居功至偉，只要尼祿什麼事做得不讓她滿意，她便會以這件事要脅，時間長了，很容易讓一個皇帝煩躁。尼祿當然也不是個好脾氣的人，惹毛了就直接動了殺機。尼祿弒母的過程跌宕起伏，驚心動魄。他先是三次對她下毒，也不知是不是買到了假藥，皇太后吃了三次都沒死，後來又讓人把天花板弄鬆，想等皇太后上床睡覺後被壓死，這個詭計後來暴露了，又沒成功；接著他就安排太后出海散心，又在船上動了些手腳，讓這船出了海碰上風浪被打成碎片，皇太后她老人家費老大勁才游水回來。屢次的謀殺失手，讓尼祿更加心煩氣躁，本來怕輿論難聽才搞陰謀詭計背後下手，這老巫婆怎麼都死不了，也管不了那麼多了，隨便給她安個罪名，派個手下一刀捅死解決！尼祿長出一口氣，自言自語道：「白費這半天勁！這老巫婆再不死，朕都累死了！」據說頗有藝術細胞的尼祿繞著他媽的屍體跳了半天舞蹈。

對老媽尚且如此，對老婆就更加俐落了。他多次試圖掐死第一任妻子，徹底感情破裂後，倆人離了婚，尼祿將她處死。離婚十二天以後，他又娶了一位羅馬武士的妻子，非常有錢，富甲一方，尼祿殺死了她的丈夫佔有這個富裕的寡婦。開始他還是挺寵愛的，可是一天晚上，老婆隨口抱怨出去觀看比賽的尼祿回家太晚，結果這個正懷著身孕的女人被尼祿當場活活踢死。隨後他又在老媽安排下向克勞狄的女兒安東尼婭求婚，親上加親，政權更鞏固，但因為給尼祿作老婆的惡劣教訓已經太多了，哪個女人願意冒這樣的風險，所以安東尼婭拒絕了，雖然沒有落在魔鬼手裡，但也沒逃出地獄，她很快被判處死刑，罪名是企圖暴動謀反。討不到老婆的尼祿在惱羞成怒之下，索性不要女人了，他找了個漂亮的男孩，閹割後把他打扮成女人，隆重地娶他為皇后，還滿大街巡遊昭告天下！

以上的事件說起來都是尼祿家事，如果他僅在家族內部作惡，這樣的暴君也沒什麼，充其量給老百姓增加些下飯談資，可尼祿顯然沒這麼低調。

尼祿嬉皮笑臉地說：「你們想罵我，說明不了解我，如果你們了解我，你們會想打我的！」

西元六十四年七月十八日夜晚，羅馬城突然著了大火，原來說過，羅馬最怕火燭，因為有很多年代古老的木質建築，一燒起來就不可控制。這場大火整整燒了七天七夜，羅馬的中心城區幾乎變成白地。這麼大的事故，作為君主的尼祿趕緊組織滅火隊救災，並將公共設施和私人花園開放給無家可歸的人居住，看上去沒什麼問題。可很快地在羅馬城內就開始流傳一種說法，這把火實際上是尼祿安排放的！大家都不相信，什麼樣的傻皇帝會自己燒自己的首都啊？尼祿會啊，據說他一坐上皇位就覺得宮殿太小，太簡陋，讓他透不過氣來。他偶爾在陽臺上往下看，羅馬那些好地段都被密密麻麻的各色宅子填滿，想擴充宮殿沒有土地。這種小混蛋總能想出混蛋的法子，不破不立，把這些地段的房子都燒了，土地不就有了。據當事人描述，火災當晚，面對熊熊燃燒的街區，皇帝在陽臺上像看焰火一樣興奮，不光手舞足蹈，他還彈琴唱曲。

那些被燒出來的土地最後都被尼祿徵用，他在這裡興建了一座叫「金宮」的宮殿，佔地一百三十公頃，有一百多個房間，動用了當時剛剛問世的混凝土材料，全部採用拱門支撐保證採光，房間明亮通透；牆體用黃金寶石鑲嵌，天花板由象牙製成，大廳的天花板甚至可以轉動，灑下香水和鮮花。最宏大的是配套的園林設計，整個宮殿包括草原、牧場、樹林、葡萄園、花園、人工湖等各種自然景觀，據說宮內的水池既可引進泉水也可引進海水，引進海水的原因是尼祿皇帝希望宮殿裡有片海洋。前庭立著高達三十五米的尼祿全身雕像。進入宮殿，從大門開始，每隔三十米就有一片新天地，新風景，整個宮殿就像一個微觀的世界。綠樹成蔭，湖光山色，四季都鳥語花香，到處是奇花異草，用最庸俗的形容絕不為過，這是片人間仙境，可是尼祿皇帝搬進來後，簡單的評價是：我總算是過上人過的日子了！

隨著金宮的建設，越來越多的羅馬人深信，尼祿就是縱火者。為了給自己洗脫嫌疑，尼祿開始大造輿論，說這件缺德事是當時被視為邪教，可信眾卻越來越多的基督教幹的！那時候的基督徒都是些地位低下的窮苦百姓或者外鄉人，被誣告了也無處打官司，尼祿讓基督徒披上獸皮，放進角鬥場給猛獸撕咬，還將他們釘十字架，這個事件中被他殺害的教徒不計其數，基督徒在其間表現出的堅韌和寬容卻讓很多羅馬人動容，美善和邪惡在陽光下涇渭分明，雖然沒出現六月飛雪這樣的畫面，大部分羅馬人也清楚，這顯然是個巨大的冤案。

尼祿分明是既不靠譜又不著調的人，可他偏偏喜歡音樂，愛好文藝！組織樂隊、策劃演出是他主要的生活內容。在羅馬不缺吃不少穿的時代，這樣的皇帝也沒什麼。他經常在希臘等地參加各種運動會、競技會之類的活動，得到桂冠無數。他要是獲得獎金之類的，還主動上繳國庫。但最讓羅馬人民難以忍受的是，這傢伙喜歡公開表演。他自己的樂隊，自己的劇團，佔據羅馬最大的劇場演出，要求所有人來觀看，演出時關閉大門，禁止有人中途退場。皇帝集編導演於一身，經常在臺上一唱就是半天。尼祿雖然從小就是個發燒友，還特意請了老師教唱歌，可鑒於天賦有限，混了好幾年最多是個票友水準，自己挑大樑上臺唱，觀眾的痛苦還是可以想像的，據說有些膽子大的觀眾從牆頭爬出去逃跑了。尼祿在羅馬沒有知音，就組織了一個行省的巡演，皇帝像個草台班子的班主，趕著些大車去各荒郊野嶺趕場子，天涯海角尋知音。

皇天不負，沒想到在希臘尼祿的藝術才能終於得到了肯定，在希臘一年的巡遊中，所到之處受到當地群眾極大歡迎，皇帝親自帶文化下鄉，讓希臘百姓充分感受到中央對他們的關心和愛護。尼祿自己也很感動，這種知遇之感讓他藝術家的敏感內心很受觸動，回到羅馬的尼祿宣布了他對希臘的獎勵——他要讓希臘脫離羅馬獨立！

建議一提出來，元老院幾乎被嚇死一半，這個想法簡直比放火還要瘋狂，還沒容元老院想出反應的辦法來，各行省都先後受到風聲，很快，高盧和西班牙行省開始暴亂，要求獨立，那些沒有暴亂的行省也開始湧動著解放的暗流，整個羅馬版圖遭遇巨大的地震。

鬧到這個程度，神仙也救不了尼祿了，御林軍和元老院聯起手來，宣布尼祿為人民公敵，並決定用羅馬的帝王家法處理他，給他套上木枷，脫光衣服，用藤條將他活活抽打致死。尼祿一聽說這樣的酷刑，嚇得趕緊跑到郊外的皇家農莊躲起來。他知道肯定是活不成了，自殺是最好的法子，拿了把刀子卻下不了手，他甚至讓自己的一個隨從先自殺給自己做個示範。後來聽到追兵已經進來，馬上要被抓到時，萬念俱灰之下，他讓奴隸舉著刀子，自己瞄準了半天用喉嚨撞過去，一陣血雨噴濺在地上，暴君中的明星——尼祿離開了世界，終年三十一歲！

尼祿死後，從屋大維開始的尤利烏斯—克勞狄血系建立的王朝結束，羅馬帝國進入另四個皇帝的時代，因為更亂，所以叫四帝內亂時代。

23

作為一個有悠久歷史的古老國家，羅馬的繁文縟節是非常多的，文明標誌最重要的表現就是把簡單的事情搞複雜。前面無數次地講過的凱旋禮，打了勝仗的統帥在喧天的歡呼中，軍團的簇擁下，顧盼神飛縱馬進城，隊伍中間是奇形怪狀的各種戰利品和蓬頭垢面的男女戰犯，車轔轔馬嘯嘯，粉絲觀眾盡折腰。這還嫌鬧得不夠，大型的凱旋禮除了各種活動外，還有配套的基礎建設項目，那就是造一座凱旋門，用大理石極盡華美雕一座大牌坊，樹在街道上。古羅馬時代，有大約超過二十個為各個戰役建成的大牌坊，雕樑畫柱，氣象萬千，都帶著當時的時代特色，雖然佔地方，又浪費錢，但這些大牌坊如果留到如今也還是算藝術瑰寶、考古資料、旅遊拍照景點。可惜，良辰美景奈何天，姹紫嫣紅最後也付於這斷壁殘垣。如今羅馬城內，保存完好，拍照還能看得清楚的凱旋門剩下三個，在帝國大道上，中間是提圖斯凱旋門，為紀念提圖斯皇帝東征耶路撒冷的勝利於西元八十一年建造；北邊的塞維魯凱旋門，紀念塞維魯皇帝和他兩個兒子遠征波斯國於二〇四年建造；南面的君士坦丁凱旋門，紀念君士坦丁大帝於三一二年徹底戰勝強敵馬克森提並統一羅馬帝國而建。這一篇，我們從中間這座凱旋門的主人——提圖斯皇帝開始。

暴君尼祿自殺，各地暴動起義風起雲湧，那些手握重兵的封疆大吏趁機輪流過皇帝癮，從西元六十八年到六十九年，先是西班牙總督稱帝，又被自己一手提拔的小弟幹掉；日耳曼行省不服，自己立了個皇帝；西班牙派和日耳曼派為王位大打出手，西班牙人輸掉自殺，日耳曼人登上皇位。螳螂撲蟬，黃雀都在看熱鬧，此時手握重兵，坐山觀虎鬥的各行省軍閥很多，有一個叫韋帕薌的黃雀最先下手了。

韋帕薌出身並不高貴，憑著軍功終於艱辛地爬進了權力中心。可惜辛苦幾十年，一朝回到解放前。有一次尼祿皇帝開專場演唱會，韋帕薌同志公然睡著了。這在當時絕對是大不敬之罪，所以他被皇上直接趕出首都，到一個小鎮反省。當時羅馬在耶路撒冷這個行省稅收一直不太好，主要是苛捐雜稅，猶太人實在交不出來。羅馬派駐當地的行政長官很生氣，覺得猶太人摳門，有錢不拿出來，所以這些羅馬大兵不知輕重就跑進人家的聖殿去搶東西。這個事態過分了，猶太人立刻爆炸了，聲勢浩大的反羅馬起義就這樣爆發了。

為鎮壓猶太暴亂，羅馬的敘利亞軍團大軍出動，卻遭受重挫，不但沒有壓服住耶路撒冷的猶太人，連散居在其他各行省的猶太人都開始蠢動了。尼祿無奈之下，只好請高手出山，韋帕薌雖然沒有音樂細胞，打仗卻是好手，停止反省吧，趕緊到耶路撒冷平亂去。

上陣父子兵，韋帕薌委任他兒子提圖斯為副將共同出征，一出手就顯示了良好的軍事素養，提圖斯將耶路撒冷層層圍住，氣勢洶洶。

雖然身在外地，父子倆對首都的局勢還是高度關注的，聽說羅馬已經被日耳曼系軍閥佔據，東方派系的軍閥馬上不幹了，在對猶太人的戰事告一段落後，他們擁戴韋帕薌回到羅馬，一場混戰後趕走了日耳曼系，韋帕薌在東方軍團的支持下成為新的羅馬皇帝，終結了四帝內亂時代，開啟了羅馬的弗拉維王朝。

韋帕薌接手的羅馬已經是個窮困潦倒的爛攤子，起義的烽火還在各處燃燒，國庫枯竭，機構鬆懈。所以這個新皇帝一上臺就要鎮壓叛亂，增加稅收，整頓內務。為了迅速補充國庫，收稅收得有點狠，後來的人對這位皇帝主要評價就是貪財。他派兒子提圖斯繼續猶太的戰事，終於攻陷了耶路撒冷，從此，猶太人動輒被大批屠殺流離失所的命運正式開始。提圖斯洗劫並摧毀了猶太復建的第二聖殿，將猶太聖物帶回羅馬，耶路撒冷滿大街都是釘死在十字架上的猶太人，為羅馬增加了八萬猶太奴隸。跟迦太基的命運一樣，羅馬大兵將耶路撒冷的土地也撒上了鹽，讓這裡再不能耕種居住，詛咒猶太人永不能復國。就因為這個戰功，羅馬為提圖斯建造了前面所說的凱旋門。

韋帕薌死後，四十歲的提圖斯接班成為羅馬皇帝。提圖斯在羅馬歷史上算是數得著的好皇帝，跟前面幾個暴君相反，剛上臺時，羅馬上下對這個皇帝的口碑並不好。因為在作太子期間，提圖斯打擊異己的手段就有些狠辣。所有威脅自家皇權的不馴分子都被他用各種手段制服，看上去比較歹毒，加上平時私生活還有些混亂，當時很多人斷言，這傢伙上臺搞不好是第二個尼祿。誰知正式成為皇帝的提圖斯猶如換了個人，在皇位坐穩，敵人清除之後，他居然是一個友善溫和的帝王，仁義德政，法度寬容，甚至有些謀反作亂分子，他都給予原諒，漸漸收到各方好評。當時羅馬元老院的保守派認為皇帝不能娶異族女子為妻，所以提圖斯雖然當時對猶太公主百般寵愛，還是將她打發走了，這個動作讓元老院非常滿意。像其他受歡迎的羅馬皇帝一樣，他掏自己的錢興辦大型娛樂場所非常慷慨，經常組織角鬥節目，並興建了大競技場和浴池。

雖然是個好皇帝，八字並不適合羅馬，他在位兩年零二個月，羅馬如同受了詛咒一般，倒楣得一場糊塗，災難一件接著一件。

西元七十九年八月，世界上最不老實的火山——維蘇威火山爆發，距它南麓十公里有一座羅馬很繁華的城市，叫龐培，大約居住著兩萬富足安逸的羅馬人。維蘇威火山噴發出來的岩漿帶著毀滅一切的溫度，頃刻之間覆城而來，將這個熱鬧的城市掩蓋在灰燼之下。十八世紀，義大利工人在挖水渠時，讓這座羅馬古城重見天日，隨著義大利不斷地投入挖掘，這座被封存在六米岩漿下的古城，古羅馬全盛時最實景的生活形態將會完好無損地展現在世人面前。

八十年，羅馬城突發大火，燒了三天三夜，連大競技場也被損壞。這次大火可不是皇帝放的，因為他救災救得焦頭爛額。大災之後防大疫，提圖斯不知道這個真理，所以火災後不久，羅馬就開始流行瘟疫，死人無數。提圖斯被這接二連三的事件累垮，不久就死去了，因為沒有兒子，他的弟弟圖密善接掌了皇位。

24

圖密善很早就表現出是個野心家，他父親做皇帝期間，他經常擅自安排行省的事務，自說自話地插手很多國家大事，動作過猛，讓他父親很看不上他。等他哥哥登基，他膽子更大了，到處宣揚他父親的遺囑是讓兄弟倆共同作皇帝，因為是提圖斯偷偷修改了遺囑，讓他受到迫害。好在此時的提圖斯是個寬容大度的人，雖然身邊的人經常讓他提防這個弟弟作亂，可他還是宣稱圖密善是自己的第一繼承人，還流著淚抒發對兄弟的友愛之情。所以，在救災後回到鄉下別墅休息的提圖斯盛年猝死，很多人懷疑是圖密善下的黑手。

順利取得王位，圖密善知道自己沒什麼軍界背景，軍功更是一件都無，在羅馬沒有軍隊支持的皇帝是很危險的，所以他上任第一件事就是提高軍隊待遇，增加士兵軍餉，花了大把銀子為自己在軍界買下很好的名聲。羅馬皇帝的新官三把火自然包括大興土木蓋房子，圖密善重建了被火災損壞的朱庇特神廟，並完成修建了羅馬最著名的大競技場。

在歷史上，圖密善是歸在暴君之列，跟其他的同類一樣，在皇帝位上沒老實幾天就原形畢露了。隨著年紀的增長，他越來越多疑，元老院裡經常有讓他心生疑惑的動靜，所以無故頻繁的把元老抓來殺掉成了他解決心病的辦法。因為國庫裡銀子不夠，他尋思了一個個缺德法子增加稅賦，所有人猶太人或是基督教徒都必須交特別稅，鑒別標準就是做過割包皮手術的都屬此列。除了要基督徒的錢，還要他們的命，把基督徒丟進角鬥場餵獅子是他比較喜歡的節目。基督教取得歐洲統治地位後，對羅馬皇帝進行過一次清算，那些在位時迫害過基督徒的羅馬皇帝都上了黑名單，這個圖密善就是赫然在榜的基督教大敵。

不僅對外人不好，圖密善對自己家人和周圍的近侍衛也充滿猜忌，他的第一任皇后是他搶來的，皇后跟他沒感情，於是愛上了一個叫帕里斯的演員，圖密善知道後先休掉了皇后，又將帕里斯殺死。雖然休掉了皇后，他卻還是讓皇后在自己身邊待著。隨後他又將他大哥的女兒納為皇后，不知為什麼又把人家流放，讓她客死他鄉。過了幾天他又懷疑自己的堂兄有野心，所以很果斷地將其殺掉，在圖密善的最後幾年，草菅人命成了習慣了。在他的莫名疑心中，經常有大臣和皇親們死得不明不白，元老院、皇親、近侍日子都過得惶恐不安。壓力過大，總有崩潰的時候。終於有一天，前任皇后和後任皇后留下的親信，宮裡的幾個近侍私下組成小團夥，計畫著把圖密善這個暴君幹掉。而此時，圖密善收到了一些可怕的預言……

小道消息橫流的羅馬經常有各種預言，最近流行的說法是：圖密善皇帝會「死於鐵」，可以理解為被鐵弄死，不是被刀劈死，就是被劍刺死，再不就是被鐵錘砸死，反正是非正常死法。後來流言越來越邪門，連圖密善死於非命的時間都被精準地計算，最後確定為西元九十六年九月十八日的中午。圖密善自然也聽到這些傳聞，他將最先散布這個預言的大仙抓來，問他「神棍啊，你可以預言朕的死法，能不能預言一下自己的死法啊？」皇帝這樣問，肯定是動了殺心。這個大仙很坦然說自己會被野狗咬死。圖密善哈哈大笑之後，下令將這個大仙拖去燒死，改變預言。誰知大火一起，天上就雷電交加，大雨傾盆，澆滅了大火後，不知從哪裡冒出來幾隻黑狗，撲上來就亂咬，大仙最後死於野狗撕咬。這個過程讓圖密善看得心驚肉跳，他不得不考慮相信那個關於自己的預言了。

從九月十七日開始，圖密善就在皇宮每個角落安置保鏢護衛，讓自己吃飯睡覺上廁所都處於嚴密保衛之下。十八日這天，當真是度秒如年，圖密善在重重護衛之下，不斷地打發人去看時間，看看大仙預言的時辰有沒有過去。一分鐘讓侍衛看幾次，讓這些下人非常煩躁，所以在時間快到時，圖密善再問時間，那個專門看時間的侍衛很不耐煩地說，還早著呢。圖密善聽說離出事時間還早，覺得自己總傻坐著自己嚇自己壓力更大，正好這時圖密善親信的寢宮侍衛長過來附耳彙報，說是死去的皇后的管家探聽到一個陰謀要跟皇帝彙報，圖密善正好分散一下注意力，所以進入書房。管家裝作受傷，包著胳膊進來，靠近皇帝時，突然從繃帶裡抽出刀子，對皇帝連刺數刀，在規定時間內完成了規定動作，將一個暴君終結，也將短暫的弗拉維王朝終結。

不破不立，隨著上面說的那些個精彩絕倫，花樣紛呈的暴君被陸續殺掉，羅馬帝國終於迎來一陣清明，隨後的近一百年裡，古羅馬的帝位輪番更替了五個賢德仁慈的君主，政通人和，天下太平，這是羅馬歷史上最強盛的治世，被稱為：五賢帝時代。

國不可一日無君，圖密善一死，元老院就擁戴了六十一歲的老頭涅爾瓦成為新主，因為涅爾瓦公認是個君子，年高德劭，仁厚慈祥，很適合給一個被暴君嚴重傷害的國家療傷。前面說過，圖密善雖然是個暴君，但在軍隊的人緣非常之好。所以被刺後，近衛軍一直跟新皇帝叫板要求嚴辦兇手，而因為涅爾瓦遲遲不追究先王的死因，讓近衛軍認定，涅爾瓦是謀殺的幕後黑手，所以這些大兵把新皇帝軟禁。涅爾瓦此時不得不將幾個愛國殺手交給大兵，由他們被折磨致死。皇帝當得這麼被動，很沒有面子，他總結原因，根本問題是自己雖然受到元老院的擁戴，在軍隊卻沒有根基，這些大兵敢這麼囂張欺負自己，也沒人敢替自己出頭。涅爾瓦在整個羅馬看了一圈，找到一個可以改變自己的處境的人。

在羅馬所有行省中，日耳曼地區是比較難管束的，哪些驍悍的日耳曼人從沒有隨著文明一起進化過，不論什麼樣的生活都讓他們保持獅虎般的秉性，能在日耳曼地區壓服當地的軍事長官一般都是羅馬最牛的統帥，最容易建立軍功，最容易受到軍界和百姓的崇拜。圖密善時代，鎮守日耳曼的猛人是當時的羅馬名將——圖拉真。

涅爾瓦非常高明地將圖拉真收為養子，也就是太子。眾望所歸，圖拉真成為繼承人的消息是當年羅馬時政的最大利多。而涅爾瓦也因為這個蓋世英雄的乾兒子與有榮焉，再沒人敢公然欺負他，

讓老頭定下心來整理內務，調節各種關係，撫平羅馬的創口。可圖拉真的命太硬了，不是隨便哪個人就可以給他做爹的，所以涅爾瓦還沒機會得到乾兒子的孝敬就駕崩了，圖拉真在作了一年的太子後就成為皇帝。

涅爾瓦雖然死得早，卻是死得比泰山還重，他開創了一個挑選乾兒子的繼位方法，後來羅馬皇帝都會在清醒的時候，遍選賢能，為自己預備繼承人。之所以會這麼密集地出現「賢帝」，就是因為任人唯賢的傳承方式，這個時段的羅馬皇帝被認為是帝國史上水準和素質最高的，都是萬裡挑一被精選出來的人物，而這五個卓越不凡的帝王中，文治武功成就最高的還是我們馬上要說到的圖拉真，在他的統治期內，羅馬的版圖達到極限，羅馬的國運運行到峰頂。

圖拉真出生在西班牙，從他這一輩開始，後來的羅馬皇帝已經幾乎沒有義大利本土出生的。根據歷史資料，圖拉真善良淳樸，堅毅勇敢，驍勇善戰而又心細如髮，完美得像個聖人，簡直就是神特地為羅馬訂製的帝王。

涅爾瓦死時，圖拉真正在邊境巡視，收到登基的通知，他並沒有猴急地跑回羅馬去，而是鎮定坦然地繼續將所有的防禦工事和營地都視察完，一年之後才回到羅馬繼承大統。鑒於羅馬百年來的軍界和元老院互相猜忌的傳統，這位行武出生的皇帝讓元老院心理多少有些疑慮，圖拉真一上任就向所有元老承諾，他不會無故處死任何一個元老，而且國家大事會跟元老商量討論，絕不專斷獨行。承諾了，也做到了，羅馬城內洋溢好久不見的詳和和團結。這時的圖拉真可以考慮更重要的事了，那就是，老百姓需要新的娛樂，羅馬城需要新的設施，國庫需要大把銀子。原來說過，羅馬帝國的經濟理想都需要靠向外打仗才能實現，所以，在屋大維死去百年後，又一個開疆闢土的新皇帝踏上了征途。

多瑙河下游有個叫達西亞的國家盛產金銀，一直是羅馬很垂涎的地方，歷史上也有幾個羅馬皇帝去騷擾過，互有輸贏，但搶劫的目的基本沒有達到。所以圖拉真的第一個目標就選擇了這裡。一○一至一○五年，兩次漂亮的大戰，讓達西亞徹底臣服。在戰爭中，圖拉真一直堅持衝鋒在軍隊的前列，身先士卒，親自撕下戰袍為戰士裹傷，讓羅馬軍隊的士氣空前高漲，發揮蓄積已久最大的威力。收服達西亞成為羅馬行省後，圖拉真一邊忙著把該地區的金銀往羅馬搬，一邊號召羅馬人向這個地區移民，開荒屯田蓋房建屋，移民過來的羅馬人從此後子子孫孫都在多瑙河下游繁衍生息，而達西亞，就是現在的羅馬尼亞。

打完羅馬尼亞，圖拉真發現，阿拉伯半島北部的一個小國是個二道販子**（注：利用政府限價和市場價格之差，非法買進賣出商品以獲利的商販。）**，當時羅馬跟帕提亞貿易來往頻繁，但因為這個小國卡在兩家之間，經常在中間倒賣緊俏物質，讓羅馬花了很多糊塗錢。一○六年，圖拉真幹掉了這個中間商，成立阿拉伯行省，正式掌控了東西貿易的要道。

此時班師羅馬的圖拉真接受了羅馬歷史上最浩大的凱旋禮，他宣布全國放假一百二十三天慶祝勝利，把懶散的羅馬人都休息累了。配套的基礎建設也不能隨便建個凱旋門就算，而是樹立了一座四十米高的大理石帶浮雕的紀念碑，這座羅馬旅遊的重要景點學名叫「圖拉真紀念柱」，至今保存完好，據說整個作品雕刻了兩千五百多個人物，精準描述了羅馬軍團與達西亞人的戰鬥場景，人物面孔惟妙惟肖，栩栩如生，很多羅馬尼亞人尋找祖先時都來膜拜這根柱子。

打仗跟打牌一樣，手風一順怎麼打都能贏。圖拉真找到了這種戰神附體的美妙感覺，對他來說，這世上已經沒有不可戰勝的對手，所以有個羅馬的老仇家自然就要倒楣了，那就是宿敵帕提亞。之前提到帕提亞的輕騎兵幾乎是天下無敵的，羅馬軍隊經常吃虧，而這個必殺技這回沒有收到效果，圖拉真的兵團長驅直入，攻陷帕提亞首都，直抵波斯灣口。他是唯一進入這一地區的羅馬統帥，隨後他在這個地區成立三個行省，在交鋒了一百年後將西亞收到羅馬囊中。雖然這片土地很快又失去了，佔有的時間很短，但畢竟曾經成功了。

現在羅馬版圖可以想像嗎？看地圖吧，東邊是兩河流域，西邊是大西洋包括不列顛大部分地區，北方到達萊茵河岸，南方包括埃及和北非。這是古羅馬疆域最大的時期，也基本算是擴張的極限了。

除了打仗，圖拉真對國內的改革也是卓有成效的，最值得稱道的是，成立了一種叫「國家慈善基金」的東西，對老少邊窮地區重點扶助，實現共同發展，共同富裕。輕徭薄役，涵養民生，收到很好的效果。吸收部分行省貴族進入元老院，促進了行省和羅馬本土的融合。但他還規定，所有羅馬貴族必須拿出總財產的三分之一在羅馬買地，這樣做的目的是使貴族的資產被留在國內，副作用是大大提高了羅馬的土地價格，房地產業進入牛市，土地不斷向有錢人手裡集中，買不起房子的平民只好到那些房價低的行省去討生活，為後來封建制國家的大地主的割據埋下了伏筆。

圖拉真時代是羅馬帝國的峰頂，而他本人在羅馬皇帝的排行榜上是經常跟屋大維相提並論的，很多年後，元老院在新皇帝登基發表文告時，對新皇的祝願還是：像奧古斯都一樣造福百姓，像圖拉真一樣仁厚善良。

圖拉真沒有屋大維那樣的高壽，在跟帕提亞戰鬥時，猶太人又造反了，皇帝趕緊班師回國平亂，結果在路途中病死在小亞細亞。

這篇從猶太人的歷史課開始。以色列國家沒有地理課，因為地方實在太小，但他家的歷史課可是課業沉重的。因為以色列對下一代的教育中，最重要的是要牢記歷史上猶太人所經歷的苦難和屈辱而奮發圖強。咱們小時候經常在一些特定的節日被學校安排到烈士陵園之類的地方弔唁，以色列也有這樣的活動，他們安排的弔唁地點主要在死海邊一個叫馬塞達的城堡。

前面我們說過，羅馬對中東地區猶太行省的管理是很心不在焉的。外聘總經理，讓他承包。承包制的最大特點就是掙快錢，在合約期內抓緊時間盤剝削壓榨當地百姓。猶太人對這些外來管家從來沒有打心眼裡順從過，仇恨和怨懟情緒聚沙成塔，加上羅馬軍隊張牙舞爪總欺負人，搶劫猶太聖殿從不客氣，所以，尼祿在位時，就已經開始出現此起彼伏的猶太人起義。

提比留皇帝還是太子的時候，最大的功績就是圍困耶路撒冷成功，摧毀洗劫了人家費好大勁重新建造的猶太聖殿。耶路撒冷破城之際，提比留將大量的猶太人釘上十字架，後來死的猶太人沒有這個待遇是因為耶路撒冷實在沒有立十字架的地方了。這時有九百多名猶太人逃出來退守死海岸邊的馬塞達城堡。羅馬如狼似虎的軍隊緊隨其後，將這個城堡重重包圍，狂轟亂炸，西元七十～七十三年，九百多名猶太人固守城堡抵抗了上萬名羅馬士兵輪番進攻，創下了一個驚人的守城奇蹟。七十三年四月，馬塞達城內的猶太人知道，已經不可能再堅守下去，如果落在羅馬人手裡，可能最舒服的死法也是被釘死。所以他們用抽籤的方法選出十個男人，這十個男人先將其他人殺掉，然後自殺。這期間有兩名婦女帶著五個孩子跑了出來，找到羅馬軍隊講訴了這個慘烈無比的集體自殺事件。羅馬軍隊最後終於進入這座城堡時，這裡已經是一座死城。

馬塞達城堡濃縮著猶太人血性剛烈的秉賦，是這個永不屈服民族的重要象徵，現在到以色列旅遊，這也是一個讓猶太人自豪無比的重要景點。

耶路撒冷被打成廢墟後，這些斷垣殘壁的土地被封給羅馬有功的將士，猶太人實際上已經失去了自己的國家，他們聚集在海邊的一些小城裡勉強維持，偶爾攢了點實力就跳出來給羅馬人找點麻煩。羅馬歷史上的蓋世賢君圖拉真就是死於猶太人的騷擾。

圖拉真的養子哈德良繼位。歷史上對哈德良接班一直有些曖昧說法。圖拉真活著的時候，從沒說過乾兒子哈德良是未來的王位繼承人。羅馬皇帝一般都是先作羅馬執政官然後派駐行省作總督的順序，哈德良雖然做過執政官，可在卸任後，圖拉真遲遲沒安置他，後來是圖拉真的皇后好說歹說才讓他到敘利亞的總督府上任。圖拉真嚥氣時把皇位傳給哈德良這口諭是皇后傳達的，鑒於皇后一直對哈德良比較器重，所以很多歷史學家分析，哈德良的登基很大程度上是皇后的意思。就因為開頭開得不夠理直氣壯，所以雖然位列五賢帝，哈德良總顯得有些異類，也有很多歷史學家認為他就是個暴君，跟尼祿之流是一類的。

哈德良算是有點智慧，是個「捨得」之人，一上任，他就發現，先帝圖拉真以性命征服的帕提亞是一塊河豚肉，無論味道有多美，它的劇毒是可能讓人送命的。所以哈德良一主事就宣布放棄東方三個行省，讓帕提亞的流亡皇帝重新上崗，以後跟羅馬和平共處，管好自己的地方。後來的半個世紀，羅馬和帕提亞這對宿世的仇敵難得地相安無事。

哈德良皇帝生涯的關鍵字就是巡遊、城建和同性戀。

西元一二一～一二八年哈德良分三次視察羅馬所有的土地，成為第一個足跡遍布羅馬所有行省的皇帝。哈德良沒什麼版圖野心，他視察一圈沒搞出什麼建設性的意見，最大的成就就是為不老顛家留下一個珍貴的世界文化遺產——哈德良長城。

大家還記得克勞狄皇帝遠征不列顛，最後將其收為羅馬行省的故事。其實，羅馬對不列顛的征服並沒那麼輕鬆，進駐不列顛島後，當地土著博命似的反抗，加上羅馬軍團欺負已臣服的地區的百姓也毫不手軟。比如不列顛東部有個叫愛西尼的凱爾特人部落，被羅馬人佔領後，所有人低眉順眼，不吵不鬧，小心地伺候也沒有取悅羅馬人，在這個部落的國王死後，羅馬人乘亂佔領當地的土地、設施，搶奪財物，據說還侮辱國王的遺孀。而這個遺孀也不是好惹的，她就是不列顛家歷史上最英勇烈性的波迪卡女王！

波迪卡很快就集結了其他不服羅馬人的部落組成大軍向羅馬人復仇，這支軍隊的戰鬥宗旨就是血債血償，所有的打法都是同歸於盡式的。他們攻佔賈斯特城後，將這個繁華的城池燒毀，殺進倫敦，將全城人殺光，當然主要還是殺羅馬人，殺完後又放一把火，將這個後來的金融之都燒成白地。這次起義，波迪卡為首的部落聯盟大約屠殺了七萬羅馬人，毀壞的城鎮鄉村無數。而羅馬人也沒客氣，調來大軍血腥鎮壓，不論有沒有參加造反的部落，有殺錯沒放過，所有的不列顛人都有罪，頃刻間，羅馬人就殺掉了八萬不列顛人算是回敬。這是英國歷史上最慘烈最血腥的篇章。

波迪卡起義被徹底鎮壓，羅馬對不列顛的管束才算真正實現。但他們佔領的是不列顛的南部，北部的部落也從沒安分守己過，經常越境騷擾，羅馬在不列顛的駐軍一天到晚就忙著這些局部戰爭。

哈德良沒有屋大維和圖拉真那樣的風骨，他巡視不列顛時，看到北部邊境的麻煩，並沒有興起發兵除暴的念頭，他首先是想到是北方的野蠻人不好對付，還是不要惹他們。鄰居不老實，不用打人家，把圍牆修高點小心防守不就行了。皇帝一聲令下，用了六年時間，在英格蘭北部修建了一條長七十三公里，高四點六米，配有城堡和瞭望塔的長城。這個圍牆的規模在咱們看來就小兒科了，跟咱家的長城比起來，這段城牆完全沒有防禦的誠意，但這個動作對羅馬的影響卻是標誌性的，這個圍牆的矗立等於告訴整個歐洲：羅馬人打不動了，羅馬的版圖到此為止，從今往後羅馬不再打你們，你們也別來騷擾羅馬！也就是說，羅馬這個地球霸主從這一刻起，鋒芒盡失，不進則退。

又要說到猶太人了。哈德良對耶路撒冷的處理方式更加極端。雖然耶路撒冷已經成為一片廢墟，但猶太人對這片土地的感情卻是一點沒有減少，朝拜聖殿廢墟也成為他們的主要活動，為了讓猶太人徹底死心，哈德良宣布，在耶路撒冷的廢墟上修建一座羅馬的城市，並蓋一座羅馬的神殿。這件事給猶太人的打擊很大，但緊接著的打擊更大更多。羅馬突然宣布不許在耶路撒冷有閹割的行為，這當然是針對牛羊等牲口的，可這個方案最缺德的是還把禁止猶太人施行割禮算在其內，大家知道，割包皮這件事不僅是個文明的男性保健行為，更是猶太人跟上帝的約定，是崇高的宗教事務，所以羅馬的禁令簡直是對猶太人最大的侮辱。不久，哈德良又宣布，猶太人不許閱讀猶太法典，防止看了學壞。經過這幾件事，猶太人再次爆發了。一三二年，猶太人又發動了規模浩大的起義，激憤的猶太人甚至一度奪回了聖城。不過，畢竟實力相差太遠，經過兩年多的鏖戰，羅馬軍團採取圍城的老打法，再次攻陷耶路撒冷，這一次，被激怒的羅馬人不再客氣，屠殺的猶太人超過五十萬。重新進入耶路撒冷的羅馬軍團加緊了城市建設的速度，要讓聖城徹底消失在地球上。並宣布，猶太人以後到全世界各地流浪去，永遠不准再回到這裡。為了徹底消除猶太人的回家的念頭，在聖城廢墟上新建立的羅馬城市不再叫羅馬的猶太行省，而是起名為「巴勒斯坦」。

為什麼叫「巴勒斯坦」，這個名字有個長篇的來歷。根據《聖經・舊約》中，「士師記篇」，猶太人有個大力士叫參孫，他能徒手撕裂一頭雄獅。參孫的成名活動就是率領猶太人反抗腓力斯人的進攻，因其天生神力，腓力斯人一直拿他沒辦法，後來買通了他身邊的女人，歷史上第一次使用美人計幹掉了參孫。參孫死後，猶太人受了好長一段時間腓力斯人的凌辱。所以在猶太人心目中，腓力斯人正是萬惡的仇敵，而「巴勒斯坦」這個名字是希臘人對腓力斯人居住地的稱呼。現在大家知道羅馬的猶太行省被改名為「巴勒斯坦」的用意何其狠毒了。這一刻開始，猶太人正式過上了飄零異鄉的生活。

27

老楊的歷史課主要作用可作旅遊手冊，當大家看到那些斷壁殘牆、衰草枯楊大約能說出來歷，

老楊的功德就算到家了。這篇還是從一個羅馬旅遊的著名景點開始。

羅馬萬神廟，現在的名字叫聖母與諸殉道者教堂，巨大的穹頂整個用混凝土澆鑄而成，這是個建築奇蹟，因為即使是現在，混凝土也很難支持這麼大的跨度。萬神廟最早由屋大維的副手為拍馬屁建的，它主要用於紀念屋大維幹掉安東尼和埃及豔后。這座萬神廟後來毀於羅馬大火，到哈德良皇帝時，他下令重建。

哈德良到底是個賢君還是個暴君暫不討論，但他一定是個智商很高的人。不論是文學、數學還是建築，他都有些專業造詣，號稱是羅馬皇帝中最有文化的一位。所以他在位時的主要工作不是到處旅遊，就是到處蓋房子。他在希臘留下的哈德良凱旋門，和羅馬城內的哈德良別墅都成為公認的經典。這夥計有穹頂情結，對那種頂個圓帽子加廊柱的設計怎麼看怎麼喜歡。萬神廟就是他這個情結的終極體現，這種設計後來成為西方建築的古典代表，西方各國的議會、大學、圖書館、紀念堂之類的莊重地方喜歡抄襲沿用這個設計。

羅馬時代有學問的人有個共同標誌就是精通希臘文化，哈德良作為一個知識份子當然也不會落伍。希臘文化中，男子的同性之愛被認為是最高尚唯美的，是愛情這個東西的最高級形式。梁山伯與祝英台的故事，最精彩之處在於梁山伯最好永遠不知道祝英台是女人，這樣的愛情才能最後化為蝴蝶，一男一女最後頂多變成兩把骨灰。古希臘歷史上的同性戀名人是很多的，比如蘇格拉底、柏拉圖和亞歷山大大帝。而斯巴達軍團縱橫江湖時，很多人認為是軍團中洋溢在戰友間的愛情讓他們更團結，更英勇，更不懼死。這種同性之愛在希臘標準配置一般是老男人搭配小正太（**注：可愛的小男孩**），老男人除了是情郎，還是小正太人生中的良師益友，指引成長或是成才的方向。這種靈欲合一的言傳身教也是家庭教育的最高境界了。而到了羅馬，這種關係的一般配置則是貴族找個貌美的小奴隸。

根據這個潮流，哈德良皇帝公開宣布他喜歡小正太也並無不妥，既然他是皇帝，這個事情還可以規模化處理，他開始在所有行省廣選美男子充斥自己的後宮。在希臘，哈德良遭遇了他一生中唯一的愛情，一個十二歲的少年安提諾烏斯被帶到他跟前。我們知道咱家歷史上有武則天皇帝的男寵號稱「比蓮花還美」的六郎張宗昌，到底一個男人怎麼樣才會「比蓮花還美」，我們是沒辦法想像的。可安提諾烏斯的頭像雕塑現在都可以看到，客觀地說，如果沒有真人模特兒，很難雕出這麼完美的一張臉，哪怕是冰冷的石像，都能讓很多女同學驚豔，這樣的好東西落在老男人手裡，不能不說是廣大女同胞的重大損失。所以大家可以想像，這樣一個花樣男童被帶到哈德良身邊，皇帝的老心是如何小鹿亂撞。從此以後，哈德良就一直將這個男孩帶在身邊，萬千寵愛集於一身。甚至在一次狩獵活動中，眼看著一頭猛獅向安提諾烏斯撲來，哈德良以羅馬皇帝之尊毫無猶豫地擋在前面，也算是英雄救美。

一三〇年，哈德良在埃及行省巡遊時，安提諾烏斯溺死在尼羅河。他的死因非常神秘，到現在為止，很少有歷史學者認為這個美男死於意外。有一種說法是死於自殺，因為此時他已經十八歲，對一個小正太來說，這個年齡顯然太老了，為了維持他小男孩的外形，哈德良對他進行了閹割手術，似乎是手術失敗，安提諾烏斯痛苦不堪導致輕生。還有一種說法是宗教獻祭。當年尼羅河大旱，作為羅馬的糧倉，這可是個重大自然災害，安提諾烏斯為了報答哈德良的愛情，用自己作為祭品淹死在尼羅河。還有些政治謀殺之類的說法，但有一點肯定，愛人的死讓哈德良非常痛苦，甚至讓他性情大變。所有人都覺得，一個會在英格蘭造長城來防禦外敵的人，不太可能會對猶太人做出過於血腥屠殺的動作。而他突發奇想禁止猶太人的割禮，很可能也是因為安提。除了天天痛哭失聲，哈德良想出了所有辦法來紀念安提，他在尼羅河畔建立一座城市以安提的名字命名。在帝國很多城市中心為安提豎立雕像、興建廟宇，甚至還宣布安提為神。今天的大英博物館裡，還擺放著哈德良和安提的雕塑，被作為一個同性愛情的浪漫經典供後人瞻仰。

哈德良作皇帝還是很特立獨行的，他以前的羅馬皇帝都認為留一把大鬍子是很野蠻的形象，他卻留了鬍子，後來成為羅馬皇帝的一種時尚。哈德良的晚年生活比較壓抑，總在一種莫名的暴躁和煩悶中，他甚至給手下一把匕首讓他殺掉自己。因為沒有子嗣，哈德良的繼承人問題一直很困擾羅馬。他先看中一個三十歲的青年才俊，並將他立為太子，為皇位作準備被派到行省軍團去鍛鍊，可惜這位才俊是個羸弱之人，艱困的軍隊環境極大損害他的健康，沒多久就死去了。哈德良此時又看中一位少年，但年齡太小，才十六歲，哈德良的有生之年很難看到他繼位了，皇帝很快想到了辦法，他通過修改法律抓了一個比自己小十歲的元老院長老給自己做養子，收養條件是這位名叫安敦寧的老太子必須將這位十六歲的少年和那位才俊的遺孤收為養子，保證自己選擇的人最後終於可以繼承大統。事實證明，哈德良在看人方面眼神相當靠譜，這位十六歲的少年大名叫馬可奧理略。

安敦寧以五十二歲的高齡意外成為羅馬皇帝，所有人都認為這個老傢伙不過是給馬可奧理略登基做過渡的，以那個年代的醫學保健水準，五十二歲的老同志基本四分之三的部分已經在棺材裡了。誰知這位老頭還很能活，一口氣做了二十三年皇帝，七十五歲的高壽才退休，讓出皇位。因為他是五賢帝中在位時間最長的，所以整個五賢帝的王朝又被稱為「安敦寧王朝」。

雖然叫安敦寧王朝，安敦寧在位時帝國幾乎是風平浪靜沒有任何大事的，而對羅馬帝國來說，沒有大事可以理解為是好事，代表政局穩定，生活安寧。安敦寧符合一個賢帝所有的條件，為人慈悲善良，生活節儉，從不人為搞事擾民，也很少打架擾鄰居，最重要的軍事事件就是在不列顛跟蘇格蘭打了一場，把羅馬的邊境向北推進了一百公里。

一六一年，安敦寧皇帝終於駕崩，馬可奧理略從一個少年成為中年人。雖然等待登基的路途漫長了些，但所有的等待也是積累，此時登上王位的馬克奧利略成熟而智慧，帶著自己獨特的人生思考，以一個哲學家的修為和氣度成為羅馬皇帝。

這時歷史上第一次出現二帝共治的情況，除了馬可奧理略，安敦寧收的另一個養子維魯斯也共登大寶。

馬可奧理略寫過一本《沉思錄》的巨作。就是因為這部西方哲學史上的偉大著作，馬可奧理略超越了羅馬帝國的榮耀，號稱是「比他的帝國更完美的君王。」

奧理略和維魯斯的八字也不太適合羅馬，一上任就遭遇了羅馬的母親河台伯河因為暴雨決堤，直接導致了羅馬本土的糧食歉收，是個大災之年。邊境還不安寧，剛老實了幾年的帕提亞又再騷擾羅馬的西亞行省。維魯斯皇帝親征西亞，經過五年的艱苦戰鬥取得了勝利，軍隊在兩河流域大肆搶劫後，凱旋班師。從這個時期開始，帕提亞帝國才算真正被羅馬打服帖了。

大勝帕提亞當然應該舉辦盛大的凱旋禮，可這久違的盛大熱鬧還沒完全消散，羅馬突然爆發了大規模的瘟疫。這場災難非常突然，羅馬城內每天都有上千人死亡，後來據專家分析，這場突如其來的瘟疫實際上是凱旋的羅馬東方軍團從西亞帶來的。也許是羅馬在西亞的殺戮和掠奪產生的報應，誰知道呢，反正是直到兩個皇帝都被這場瘟疫奪去性命，瘟疫才逐漸得到控制。

蔓延羅馬的瘟疫讓兩個皇帝焦頭爛額之際，安靜了很久的北部邊境又出事了，日耳曼人竟悍然入侵，穿越了羅馬過境，進入帝國內部。這個惡性事件在羅馬歷史上還是很少出現的，兩個皇帝也顧不上瘟疫的事了，披掛親征阻擊北方的蠻族。

柏拉圖在《理想國》這部書裡提出「一個哲學家必須具備有超人的智慧和健全的體魄，並且是國家的統治者。」意思是說，哲學家作皇帝才是天經地義，理所當然地。按照他的論點，古往今來這麼多君王，只有羅馬的奧理略專業對口，充分實現了哲學家的人生價值。

奧理略是一個哲學家，這類人都有自己的派系，他代表的是一個叫斯多亞的哲學流派，該流派認為宇宙是個完整有序的整體，人是宇宙的一部分，是個「小宇宙」。人作為宇宙的一部分、個人作為社會的一部分，對於來自整體的一切事物就都要欣然接受，要忍受外界施加於人的種種，不論是艱苦還是幸福。奧理略的沉思錄有點像隨筆、心得之類的東西，講述自己關於人生和自然的思考，很聖人、很心靈雞湯。其實很多「站著說話不腰痛」的人生理論都是哲學家吃飽喝足之餘冥想出來的，哲學家一定要有錢又有閒，當然沒有錢也可以安貧樂道，餓著肚子不妨礙思考，但一個忙碌的人就很難實現思考這個奢侈理想，比如正要寫文章，樓上在搬家，不斷有人打擾，這非常難（寫這段時，老楊的樓上正在裝修）。就因為這樣，奧理略作為一個哲學家才是偉大的，因為他身為一個皇帝，幾乎一天安逸的日子也沒有過，不是抗災就是打仗。東征西討、焦頭爛額之餘還能寫出那樣一本哲學書來。《沉思錄》很沉思，沒有一點的浮躁和動盪，代表著最冷靜最沉著的人生思考，不能不說奧理略皇上擁有超級強大的「小宇宙」。

奧理略和維魯斯共同執掌王權，維魯斯是個無能之輩，跟奧理略站在一起純屬陪襯。但鑒於奧理略是個聖人，他從不介意把羅馬的最高權力與這個庸人分享，為了讓他放心當副皇帝，奧理略還把女兒嫁給他。維魯斯非常感念奧理略的寬容和大度，兩個皇帝不倫不類的倒也相安無事。

上篇說到，萊茵河和多瑙河一帶的日耳曼游牧部落突然殺入羅馬境內劫掠，事態嚴重，兩個皇帝共同親征。打仗要錢啊，那陣子災禍連年的，國庫窮得只剩四面牆了，奧理略於是賣掉了羅馬皇帝王冠上的寶石來籌措軍費，兵力不夠，他押上了羅馬城裡的角鬥士。奧理略是個崇尚簡約的皇帝，對他來說寶石和角鬥士代表著奢華無聊的生活，早就是他打心眼唾棄的，而對擺排場習慣了的羅馬百姓來說，這個皇帝未免有些狼狽。

征戰日耳曼部落是個與蠻夷對抗的過程，艱苦卓絕，又加上羅馬的瘟疫還在蔓延，軍團也不斷有士兵死於傳染病。不久後，維魯斯皇帝就因為這種疫症而死，奧理略獨撐大局。好歹把日耳曼勉強壓住，此時西亞的敘利亞總督凱西烏斯又謀反了！這傢伙在對帕提亞的戰爭中立過大功，在東方有幾個軍團支持他，覺得自己已經有足夠的資本角逐羅馬皇帝之位，所以在假傳皇帝的死訊後自立為帝。奧理略又急忙忙地跑到西亞平亂，並親自證明皇帝還活著。凱西烏斯被殺，謀反被鎮壓後，奧理略又回師多瑙河，繼續跟日耳曼作戰，直到將日耳曼人徹底趕出羅馬的領土。

將日耳曼人趕出國境後，奧理略腦袋一熱，犯了個婦人之仁的錯誤，他見日耳曼人在自己的地盤生活有些困難，覺得生活困難就怪不得人家經常越境搶劫，所以不如就讓他們在邊境住下，挨著羅馬富庶的邊境，討生活容易一點。日耳曼族的男人都不事生產，唯一喜歡的工作就是代人打架，他們在邊境一住下，就經常被羅馬軍團拉來作雇傭軍，羅馬就這樣培養壯大了自己的毀滅者。

在多瑙河戰場上的奧理略也沒有逃脫羅馬這場神秘傳染病，客死異鄉。此時，他又犯了一個智者不太容易犯的錯誤，那就是任人唯親。後人經常以他不按前人的規矩選擇賢能繼位，而是讓自己的兒子接班這個動作而詬病他。實際上，這很冤枉，因為前幾個賢帝不是不想傳給自己兒子，而是實在沒有合適的親生兒子。奧理略的太子康茂德從小就是被當作羅馬皇帝培養的，嚴格的文化教育和艱苦的軍營鍛鍊一樣也沒少，甚至見的世面比前幾個王儲都多，所以當時整個羅馬，沒人認為康茂德接他老爸的班有任何不妥。至於康茂德正式登基後變成一個混蛋，則是奧理略自己也不能預見的了。

奧理略作為一個哲學家，他的思考方式可能也有些特異之處，比如說他自己修練成一個聖人，品質高潔，完美無比，他的妻子是當時羅馬的絕頂美女，生了十三個孩子，龐大的皇室家庭一直其樂融融，從沒聽說鬧出家庭糾紛。在《沉思錄》的第一章裡，奧理略深情地寫道：我有一個十分溫順、深情和樸實的妻子。甚至在皇后死後，將她列為神請進神殿，讓所有的羅馬青年婚前都去祭拜，讓皇后保佑他們忠貞的愛情。這個事在羅馬是個大笑話，因為幾乎所有的羅馬人都知道，皇后淫亂放蕩，私生活很糟很暴力，皇后的男寵遍布各地，還有很多通過枕頭風成為奧理略身邊的近臣，好多人在皇后的寢宮找到了羅馬皇帝的待遇，只有奧理略自己對皇后的忠貞堅信不疑。所以當他宣布康茂德是一個合適的羅馬帝王人選時，我們不得不懷疑，作為哲學家的奧理略又在自己騙自己了。

29

一個不肖的兒子最多是讓老爸蒙羞，可一個混蛋的君主就要讓很多人倒楣了。康茂德在歷史上被學者們稱為最惡劣的羅馬皇帝，不僅因為他是一個暴君還是個昏君。大家可以參看「角鬥士」這部電影，裡面的羅馬王就是康茂德。

康茂德一直跟在奧理略身邊，在日耳曼戰區現場作統帥實習。老爸死後，火線登基成為皇帝。奧理略死前正忙著將波希米亞收為羅馬的行省，康茂德一管事就下令停戰，並以十分優厚的條件放了波希米亞一條生路，大軍撤回羅馬，和平為重。

所有的羅馬暴君都有一個很文明的出場，康茂德皇帝頭兩年還算正常。一八二年的一天，皇帝到劇院去消遣，經過漆黑的柱廊，突然有人跳出來大叫：「元老院要你的命！」然後拔劍就刺，這個殺手顯然是個外行，因為一流的殺手動手前不喊口號。刺客被按住，虛驚一場，徹查刺駕事件，發現這個蹩腳刺客是親姐姐魯琪拉的相好，而他大呼小叫的弒君行為是魯琪拉一手安排的。

魯琪拉就是被奧理略嫁給副皇帝維魯斯的那個女兒，因為是皇后，所以擁有「奧古斯塔」這個稱號，維魯斯死後，她改嫁一個軍團的將軍。

「奧古斯塔」這個名號代表著羅馬女性的巔峰，任何人一經擁有就不會放棄的。康茂德登基後，他的皇后不久也懷孕了，此時魯琪拉已經不好意思再頂著「奧古斯塔」這個尊貴的稱號。但如果康茂德死掉，再把自己的老公扶上帝位，則自己還是名正言順的「奧古斯塔」。女人一鑽牛角尖，就很容易動蠢念頭，她老公對皇上忠誠，不願意陪她瘋，所以她只好從自己的相好裡找了一個，看來皇姐的相好素質很一般。這個事件也再次說明，奧理略自己認為的妻賢子孝的幸福家庭也是他自己騙自己的，養不教父之過，作為父親，咱們的哲學家皇帝顯然非常不上路。

康茂德也沒跟自己的姐姐客氣，將她流放，後來又要了她的命，骨肉相殘得理直氣壯。這個事件給康茂德打擊很大，在生死一線走了一圈的皇帝突然對國家政事產生了極大的厭倦，自己不管事，羅馬總要有人安排。康茂德對元老院是完全信不過的，他只相信他親手提拔的近衛軍長官，所以近衛軍充當了皇帝的內閣，管理著各種國家大事。後來發現自己的寢宮侍衛更可信，於是處死近衛軍長官，讓寢宮侍衛長掌握了朝政。這位寢宮侍衛長是個被解放的奴隸出身，眼皮淺，為人貪婪，一上任就賣官，最熱鬧的時候，羅馬一年賣出去二十五個執政官頭銜。他甚至還將發給老百姓的穀物拿去出售，大發黑心財，讓羅馬幾乎陷入饑荒。後來因為民怨太大，康茂德不得不將這傢伙砍了腦袋。

根據中國歷史的經驗，只要有宦官幫著出主意，皇帝一般都能把自己培養成一個超級玩家。康茂德最出名的玩法是喜歡當角鬥士。他可不僅僅是業餘愛好，他幾乎是一流的專業運動員。傳說一隻鴕鳥在奔跑，他可以一箭射穿鳥脖子。更駭人的是，有一次，一百隻獅子從競技場的獸籠放出來，皇上連續投擲了一百支標槍，將這些獅子全數殺死！這個故事我感覺應該是演繹的，要不他也太牛了。康茂德一生無數次親自下場參與角鬥，不管是別人有意相讓還是他真有實力，反正是戰績彪炳，他還自稱是大力神海克力斯轉世。摔跤、馬戲都是他非常熱衷的活動。

因為不理朝政，只知嬉戲，所以很招人厭恨，尤其是元老院。從康茂德上臺那一刻起，元老院就幾乎成為了羅馬的擺設，任何重大決策，元老院都沒有機會參與意見。有不少人策劃幹掉皇帝，康茂德自己也知道自己的處境，當然變本加厲的憎恨元老院，經常無故捕殺政壇的高層。而他自己一手提拔，替他管理朝政的近衛軍長官一職，更是走馬燈一樣不停的換，雖然沒人信得過，也不能沒人管事啊，大不了換得勤快點。所以那些近衛軍長官也許今天還頗受信任，明天就成為皇帝的眼中釘被無端殺掉。國家亂成一鍋粥。

一九二年的最後一天，從角鬥場參加一場酣暢淋漓的角鬥回來，康茂德興致勃勃興高采烈地向他的情婦誇耀，自己如何的驍勇。他的情婦遞給他美酒一杯，犒賞他的戰績。康茂德喝下之後，就進了浴室洗澡，近衛軍長官早就安排好一個摔跤手藏在浴室，帝國第一角鬥士康茂德毒酒發作後赤身裸體地被一個摔跤手活活掐死。羅馬的近衛軍又恪盡職守地結果了一個昏君。

康茂德之後的國家陷入混亂，群雄逐鹿，羅馬帝國陷入誰有兵誰就是老大的軍閥混戰期。很多歷史學家認為，康茂德是羅馬衰亡的開始。

30

上篇說到康茂德被近衛軍殺死，扶持一個傀儡登基，這個傀儡上了台之後想擺脫傀儡的命運，又被幹掉。近衛軍找不到合適的繼位人，索性將羅馬帝位掛牌拍賣，價高者得。一個有錢人順利贏得了拍賣，可羅馬皇帝不是隨便誰都可以玩的，沒有軍隊的擁立，純粹白花錢。不久，因為行省駐軍的強烈反對，這個買了皇位的又狼狽下臺，不久還被收了他錢的近衛軍殺死。「凱撒」這個尊貴華麗的名字墜入泥沼。

以後的羅馬歷史就真是亂得不像話了，眼花繚亂的帝王更替，各行省總督或者是近衛軍長官都是最有力的爭奪者。一九三年～二三五年，潘尼西亞的總督打敗其他想做皇帝的軍閥建立賽維魯王朝，歷經五個皇帝，又進入大混亂。二三五～二八四年不到五十年的時間，羅馬的皇帝寶座更替了十五個君主。

好在二六八年開始，羅馬皇帝位上出現了幾個像樣的人物，將幾乎毀於軍閥和蠻族之手的羅馬帝國挽救回來了這幾位中興之主大都出自伊利里亞行省，所以被稱為伊利里亞諸帝。

第一位就是克勞狄。克勞狄登基的背景也是軍隊叛亂。多瑙河地區軍隊攻入羅馬要推翻當時的皇帝加里艾努斯。皇帝戰敗，臨死時將皇冠傳給手下的軍官克勞狄。因為之前有位被臨時拉出來登基的克勞狄皇上，所以這位是克勞狄二世。

克勞狄在位只有兩年，可是卻是羅馬歷史上非常重要的兩年，他為越來越跑偏的羅馬大車扶正了車轅，讓他慢慢地又走上了大道。

克勞狄沒有登基時，就已經名滿天下了，因為他打敗了驍悍的哥德人，將他們趕過了多瑙河，哥德人後來恢復快一個世紀才敢再次來騷擾，所以克勞狄擁有一個「哥德人剋星」的大名。

此時的帝國軍閥割據，高盧、不列顛、伊比利半島都宣布獨立，對羅馬皇帝來說，當時頭等大事就是平亂，並收復這些土地，讓羅馬重新統一。

在短短的兩年任期裡，先是驅逐了日耳曼，而後又收復了西班牙，還有部分的高盧，後來預備去潘諾尼亞（匈牙利奧地利一帶）收拾汪達爾人，染上瘟疫，不幸駕崩，克勞狄死後被羅馬的元老院宣布為神。羅馬的元老院手裡攥著一張封神榜。

好在羅馬統一步伐沒有被打亂。本來元老院安排了克勞狄的弟弟接班，但是軍隊不幹，他們擁立了奧勒良，如果說克勞狄號稱是「蠻族征服者」，奧勒良的名號就是：「世界征服者」，世界就是羅馬，在當時的羅馬人看來，羅馬就是整個世界。

奧勒良出身一般，家裡是個佃戶。他從軍隊裡的小兵開始一步步成為騎兵司令。還獲得某位有錢的元老院議員垂青，將女兒嫁給他，送了他好大一筆嫁妝。

當年凱撒在位時，覺得羅馬已經不需要設防了，周圍那些個圍牆實在阻擋風景有礙觀瞻，於是將羅馬的圍牆幾乎都拆了。奧勒良上任後，開始動手修牆。十九里長，六米高，三點五米寬，羅馬又被包裹了。說明這時候，羅馬已經顧不上看外面的風景了，最怕蠻族進來看風景。我們現在去羅馬旅遊，參觀的古城牆，就是奧勒良城牆。

奧勒良在位不到五年，主要工作也是打仗，但是他效率比克勞狄還高，大概算一下，他先是通過談判終結了跟哥德人的糾紛。克勞狄一死，哥德人又蠢蠢欲動，奧勒良先出手打消了他們的進取心，隨後大家商量好，隔江對峙，但是不互相騷擾，軍隊從多瑙河北岸撤回；有一支汪達爾人入侵羅馬，奧勒良趁他們回家的時候伏擊成功，並徹底殲滅；收復了高盧和不列顛，還有克勞狄沒有徹底了結的西班牙。大約有三分之二羅馬的土地收回並統一。但是奧勒良最得意的戰績就是征服了帕爾米拉王國。

帕爾米拉在現在的敘利亞，是羅馬的阿拉伯行省的首府，是羅馬與波斯貿易的紐帶和中心。哈德良在位時，給了這個小國很大的自治權，它趁機發展壯大了。

說帕爾米拉的故事，要先說早先的一位羅馬皇帝，他叫瓦列里安，在位時間大約是二五三～二六〇年。他是羅馬皇帝中下場比較慘的一位，比被謀殺還慘。

二六〇年，他帥七萬大軍東征，收復了敘利亞之後，很神秘地被俘虜了，包括整個羅馬軍團全部被波斯人抓走。

這些羅馬人被解除武裝，全部送去修水壩。波斯人的水壩修得很講究，上面還有雕刻，畫面主要的內容就是羅馬皇帝跪在波斯皇帝沙普爾馬前。這不是波斯人意淫，這位羅馬皇帝被俘後就幹這事了，沙普爾要上馬，瓦列里安就跪在馬前，露出脊背，讓沙普爾踩著上去。羅馬皇帝在水壩工地了結餘生，後事成謎。

皇帝被俘，羅馬奇恥大辱，不幸以當時羅馬的情況，也不能說報仇就報仇。不過，沙普爾凱旋回家的路上，有人幫羅馬報了仇，那就是帕爾米拉國王奧登納圖斯。

奧登納圖斯本來是看這位波斯鄰居兵威正熾，想來結交一下，所以寫了封信，還送了厚禮。沙普爾太傲慢了，他連羅馬皇帝都抓了，屬國的國王有啥資格過來攀交情呢，所以沙普爾出言不遜，將帕爾米拉的來使侮辱了一番，還揚言要把國王送來的破東西丟進幼發拉底河。

奧登最恨人有人亂丟垃圾，於是召集了一小股人馬，跟沙普爾大軍幹仗。雖然是人少勢單，不過他們游擊戰不斷騷擾大軍，也讓波斯軍隊無所適從，後來沙普爾的幾個姬妾被搶跑，還丟了大量的金銀財寶。氣得沙普爾嗷嗷叫。

這個事以後，羅馬就不太好意思說帕爾米拉是自己的屬國了，瓦列里安的兒子繼承了皇位，感念這個小國家算是幫自己報了仇，所以一直視他家為盟國。

帕爾米拉的國王奧登納圖斯固然是個英雄人物，不過讓這個小國出盡鋒頭的，卻是奧登納圖斯的老婆，芳名芝諾比婭。

芝諾比婭號稱自己是埃及馬其頓王朝的後裔，也就是說，埃及豔后是她祖先。看外貌應該是有關係，芝諾比婭是世界歷史上數得著的美女，明眸善睞，齒如編貝，聲音悅耳，談吐優雅，還博學多才。美女、淑女、才女集於一身，但是最出眾的是，她居然還是個猛女。奧登納圖斯喜歡狩獵，更喜歡帶老婆狩獵，據說不論是獅、虎還是熊，芝諾比婭都是騎著駱駝帶頭追趕，對危險的運動有特殊的嗜好。

芝諾比婭的性格導致她成為王后後喜歡插手國事，尤其是喜歡擴張。奧登在位時多次對外征戰，包括兩次戰勝波斯帝國，都是這個老婆教唆指導有方。

奧登死於宮廷陰謀，起因是他侄子跟他狩獵時，在他面前丟標槍，國王差點被擊中。奧登一氣之下不准侄子騎馬。不騎馬也不是什麼大事，不知道對於他們國家是不是某種巨大的刑罰。侄子生氣了，組織幾個人，在一個宴會上把叔叔幹掉了。

芝諾比婭反應最快，提前將王權抓在手裡，在奧登的喪禮上，殺掉了侄子。從此，她成為帕爾米拉的女王。

帕爾米拉掌握著東西貿易，所以家裡富裕，女王要是有點野心，能辦成不少事。一個喜歡獵獅的女人，你絕對不要指望她安分守己了。坐穩了寶座不久，她就開始向外擴張。先是整個敘利亞，然後是小亞細亞，最後甚至進入了非洲，佔領了埃及，又佔有了羅馬人的糧倉。帕爾米拉封自己為「東方女王」，這個稱號一點不吹牛，基本上，羅馬的東部行省大部分落入她的手中。

奧勒良上臺後，覺得這個女人太張狂了，不管實在不行了。對一個羅馬統帥來說，跟一個女人幹仗是很尷尬的，打贏了，沒啥光榮的，打輸了，肯定沒臉見人了，所以，奧勒良決定先寫封信嚇唬她，最後讓她知難而退。

信的大意是打架不是女人幹的事，乾脆你投降回家再婚帶孩子，我保證不碰你的家族和財產。奧勒良很注意，根本沒有稱呼她為「女王」。

芝諾比婭回了一封信，大意是：「東方女王知會奧勒良皇帝：姑奶奶長這麼大，還沒人敢這樣跟我說話呢！你要真是個爺們，這事寫什麼信啊，咱倆上戰場去了斷吧。你勸我投降，你忘記了，我是克利奧帕特拉的後代，我的祖先寧死都不會汙損名譽。波斯人已經答應幫我，近期就來，阿拉伯人和亞美尼亞人都會跟我聯盟，敘利亞的貝都因人也經常讓你鬱悶吧。你還需要其他情報不？我明白告訴你，東南北三路援軍都在路上了！」

芝諾比婭口才不錯，但是打仗差點。兩次戰役後，奧勒良圍住了帕爾米拉城。其實羅馬軍團打得很辛苦，但是奧勒良總覺得跟一個女人幹仗，久攻不下，羅馬人會笑他，所以隔三差五地寫信彙報戰局。經他描述，芝諾比婭正像一個女戰神。

羅馬軍團有耐力，終於讓芝諾比婭先不行了。這時候她忘記她是東方女王，是克利奧帕特拉的後代了。趁黑天找了匹快駱駝，逃跑。在幼發拉底河岸，剛跟船夫談好條件過河，羅馬騎兵就把她抓住了。

被擒後的東方女王一點體統都沒有了，嚇得花容變色，梨花帶雨，奧勒良問他，你為啥大逆不道對抗羅馬。芝諾比婭口才好：「羅馬以前那兩個皇帝不行啊，小女子瞧不上他兩個，所以反了，早知道如今是您這麼個大英雄大豪傑在位，小女子縱有十個膽子也不敢啊！」

然後就一邊哭，一邊敘述了自己如何被那些大臣幕僚欺騙，給他們當槍使，這些壞主意全是朝臣們出的，她一個弱女子不聽話後果堪虞等等。奧勒良聽信了這個美女的話，按叛國罪殺掉了不少帕爾米亞的高層。

收復了帕爾米亞，西亞那些不服的行省老實多了，奧勒良再把幾個露頭的作亂分子鎮壓一下，帝國再次擁有了東部。

作為羅馬的重建者，奧勒良接受了羅馬史上最華麗的凱旋式，整個入城的隊伍由二十頭大象和四頭老虎帶領，各國的珍禽異獸，金銀財寶都被擺列在隊伍中，戰俘隊伍更是一眼望不到邊，被俘的哥德女戰士很引人注目。不過這些都比不上最耀眼的明星芝諾比婭女王，她帶著一條金鎖鏈，盛裝華服走在奧勒良的御輦前，羅馬現場歡聲雷動。大家還記得，屋大維最大的遺憾是沒將克利奧帕特拉帶上自己的凱旋禮，奧勒良把這個理想實現了。

皇帝在離羅馬二十里的地方給芝諾比婭安排了一個養老的莊園，非常精緻，東方女王終老於此。

凱旋禮後幾個月，奧勒良再次出征西亞，視察那裡的局勢，順帶收拾一下波斯。行軍路上，他發現他的秘書受賄，於是就警告他，並說回頭要好好收拾他。秘書怕了，他想了狠毒的辦法。他是皇帝秘書，皇帝的一些文字工作都是他負責的，於是他冒充皇帝擬定了一份名單，幾乎涵蓋了奧勒良手下所有的高級將領，這份名單被傳說是死亡名單，上了名單的，皇帝預備挨個整死。這些高級將領不願無辜屈死，於是先下手將皇帝幹掉了。以奧勒良的功績，他死了之後，元老院自然是又封他為神！

31

奧勒良死後十年，羅馬又四個皇帝先後當值，只能是值班性質的，看看有沒有人偷東西，搞破壞。十年換四個皇帝，也別指望能有什麼好的，羅馬帝國這輛大車，跑得是越來越沉重了。

二八四年，近衛軍長官戴克里先造反成功，戴上了羅馬皇冠。不知道從什麼時候起，羅馬皇帝的出身越來越低微，到戴克里先這輩，已經不能再淪落了，他的父親曾是個奴隸！

如果我們堅持說羅馬在屋大維時代就已經拋棄了共和制，羅馬人肯定不答應，共和制這件誰也看不見的衣服如遮羞布一般，在羅馬人心裡自我感覺良好的維持了兩百多年，還給自己找了個「元首制」這種不倫不類的名字粉飾虛假民主。戴克里先的父親是個被解放的農奴，這種草根出身已經徹底顛覆了羅馬的貴族傳統。所以他一上臺，第一件事就是痛快地將共和制這層畫皮撕掉拋棄，正式將羅馬的政體改為君主制。從這時起，皇帝穿紫袍，頂皇冠，高踞寶座，羅馬人見到皇帝要跪拜了，親吻皇帝的長袍下襬是個無上的恩寵。以前的羅馬皇帝死後才被封神，現在活著就是神了。所以，從各方面都能接受的說法精確地來講，戴克里先才是真正的羅馬帝國第一位皇帝。

此時的羅馬其實已經百病纏身，如果不是歷史上的積澱深厚，早就折騰散了。大家都知道，這種亂世沒有鐵腕的中央集權是不好管理的。羅馬還有另一個問題，就是行省眾多，對中央都沒有忠誠度，地域跨度還特別大，一個人很難在這麼廣闊的領域，這麼複雜的各部族人種中維持和平。戴克里先於是開始實行分封制，將權力分散給可靠的手下。

先將帝國一分為二，他自己管理東部，西部交給自己的好友馬克西米安看管，兩個人都為「奧古斯都」，算是正皇帝，每人再各配一個副皇帝，名號為「凱撒」，副皇帝必須是正皇帝的養子和女婿，四個人像分蛋糕一樣各領一片區域管理，但正皇帝在二十年後必須退位讓給副皇帝。當然老大還是戴克里先。這段時期，羅馬歷史被稱為「四帝共治」，為後來管不了就分開管建設性地開闢了新思路，四個人分自留地，包產到戶成為帝國後期主要的管理形式。

戴克里先在羅馬最混亂的時候上臺，雖然他也沒有為一團亂麻般的羅馬政治經濟形勢理出更清晰的發展軌道，但稅收和行政方面的改革還是稍有成效，總算是延續克勞狄和奧勒良的業績為羅馬帶來了一段時期的短暫中興。

不過戴克里先在歷史上最出名的卻是迫害基督教。戴克里先篤信羅馬宗教，自認為是朱庇特之子，所以對當時日益興盛的基督教很不待見。他驅趕軍隊中的基督教士兵，燒毀基督教書籍，還沒收人家教堂的私產。後來更是發展到要求基督徒改變信仰，如果不從就處死。這是基督教歷史上黎明前最黑暗的時代，也是最壯麗的時代，這段時間裡，基督徒採取了殉道的方式與羅馬強權抗爭，不少人為維護信仰而死，感動了很多羅馬人。

戴克里先說話算數，二十年期限一到，主動交出了正皇帝的位置，而西方的皇帝也踐約退位。這種四帝共治的思路要求四個人都有極高的道德水準和忠誠度，如果是打麻將的心思，一開始就考慮將其他三個全部幹掉，這種分治方法就是個內戰的禍端。

西方副皇帝的兒子君士坦丁一世上臺後，就很快在四人牌局中找到了坐莊的感覺，西元三二三年，他成功地吃掉最後一個對手，一統江山，成為羅馬唯一的君主。

君士坦丁一世是第一位信仰基督教的羅馬皇帝。大家奇怪，不是大多數羅馬皇帝都將基督教視為異端嗎。為什麼會突然冒出這麼個基督徒皇帝呢？傳說西元三一二年，君士坦丁在羅馬城外的米爾凡橋跟另一位羅馬皇帝決戰，爭奪大位。決戰前夜，君士坦丁堡親眼見證到星空中突然出現耀眼的十字架，上面刻著「執此標記，征戰凱旋」的字樣，受了神啟的君士坦丁第二天將代表基督教的希臘字母刻在士兵的盾牌上，結果自然是大勝對手，成為羅馬之主。

在歷經幾百年的迫害和壓制後，基督教此刻終於冰凌化盡，迎來春天。一獲得權力，君士坦丁便通過《米蘭敕令》，給予基督教以合法地位，以前沒收的基督教堂和財產全部歸還，基督教僧侶個人免除各項徭役，規定主教有權審判教會案件。西元三二五年他還召開了一個「全世界大會」，制定了所有基督徒都必須遵奉的信條：聖子基督是永恆的，與聖父、聖靈是同體的。將幾百年間因流離顛沛而凌亂不堪的教義重新統一了一下，為基督教後來的順利發展奠定了堅實基礎。自此以後，基督教終於獲得了尊崇的地位，甚至在三九二年成為羅馬帝國的國教，開啟其在西方文化史上唯我獨尊的歷史，最後成為三分之一地球人的精神之主。這絕對是件了不得的大事，所以君士坦丁大帝在西方歷史的地位是非常高傲而尊貴的，江湖地位絕對在亞歷山大大帝之上。

君士坦丁還重新制定了休息制度，從他這一代起，原來星期六放假的歷史就結束了，所有人工作六天再休息一天，正式產生了禮拜天這個聽上去就很悠閒的日子。他還將羅馬首都遷到了現在土耳其的伊斯坦布爾，在那裡建設新的城池，因為對此時的羅馬疆域來說，這裡的地理位置更為重要一些，皇帝用自己的名字稱之為君士坦丁堡。說到這裡地主們已經隱隱感到，帝國正式分裂的日子不遠了。

君士坦丁在臨死前才正式接受洗禮，以一個基督徒的身分去到以前的羅馬皇帝都不能到達的地方。他死後的羅馬又陷入帝位之爭，主要是他三個兒子互相傾軋，最後二兒子取得勝利，隨後二兒子的堂弟又終結了君士坦丁王朝。

一通混亂，三六四年，多瑙河駐軍的長官瓦倫提尼安被擁戴為帝，他安排自己的弟弟瓦倫斯做了東部羅馬的皇帝，反正此時的羅馬，沒有兩個人是肯定管不過來了。不過從後面的故事看起來，即使是兩個皇帝，這個家也管不好啊。

32

這一篇我們先離開羅馬，回到華夏大陸，去拜訪一群我們都很熟悉的猛人，這群人江湖名號叫做匈奴。

匈奴怎麼來的？不知道。歷史學家也不知道，眾說紛紜，沒有定論。好在研究古代歷史，中國有本權威讀物，叫做《史記》。如果沒什麼重大考古發現，我們一般還是當司馬遷的是事件真相。

根據司馬遷的記錄，匈奴人是夏朝後裔，商滅了夏，有一支夏朝遺民流竄到西北，跟當地一些原本亂竄的游牧部落融合，成了後來的匈奴。

這個說法很多人都不信，因為夏朝的領土，大約是在現在的山東、山西、河北、安徽一帶，以當時的交通條件，向現在的新疆蒙古一帶流竄，難度還是比較高。既然歷史學家也說不清楚，我們就不管他們的來歷了吧，反正是，我們開始學歷史，就知道中國的北方，鄂爾多斯草原地區有一個叫匈奴的少數民族，經常騷擾咱們大漢先民的安寧。

匈奴挑釁華夏，最早我們知道的開始就是周幽王烽火戲諸侯，周幽王為了博冷美人褒姒一笑，三次烽火戲諸侯，終於把諸侯們調戲火了，周幽王的岳父夥同犬戎殺進了周王室的領地，此時點烽火也沒有傻小子願意上當了，西周王朝就這樣被滅掉了。而殺進鎬京的犬戎部落，就是匈奴的一支。西周滅亡，逼平王東遷洛陽，開始了大周王朝越混越慘的東周時代。

從這以後，中國歷史舞臺就經常看到匈奴人的演出了，有的時候戲份很重，直接影響華夏歷史的發展進程。比如進入戰國時代，趙國的趙武靈王看北方這些游牧部落能征善戰的，「來如飛鳥，去如絕弦」，研究後發現是人家的軍裝比較科學，於是解放思想，大膽革新，給漢人的士兵也穿上了胡人的制服，還學習他們的騎射功夫。最後趙國發展為戰國七雄之一。而趙武靈王的這次重大軍事改革，就是我們都知道的「胡服騎射」。

面對統一後強大的大秦帝國，匈奴人也沒退縮，繼續騷擾邊疆。要說匈奴人真是一所好學校，從秦到漢那幾百年的歷史，華夏大地猛人輩出，將星閃耀，大部分都是被匈奴人訓練出來的。頭一個全優畢業生就是秦將蒙恬。

話說秦始皇征戰六國期間，華夏大地一片混亂，匈奴人趁著沒人搭理他們，就自動自覺地故態重萌。他們毫不客氣佔領了河套以及河套以南的地區，這個區域歷史書稱為「河南地」，因為這個地區離秦都咸陽已經很近了，所以雙方非常敏感死不相讓。讓蒙恬名垂青史的戰役就是西元前二一五年，蒙恬指揮三十萬大軍將匈奴殺得人仰馬翻，潰逃七百里，將河南地收回。隨後，蒙恬將戰國時期秦國趙國和燕國建的防禦城牆連接起來，一座西起臨洮東到遼東的萬里長城巍然而立。要不是有錢有勢，誰家能建這麼高的圍牆來看家護院，對一個游牧民族來說，這樣的防禦太隆重了，搞得匈奴「不敢南下而牧馬」，老實了好多年，相當鬱悶。

沒法到南方搶劫，沒有壞事幹了，就開始內省了，很快迎來了一個全盛的時代，匈奴最優秀的領袖冒頓單于殺掉老爸取得了老大的位置。冒頓吃掉了左鄰右舍的游牧鄰居，自然又垂涎南方那些綠油油的水草了。在冒頓任內，匈奴拿回了河南地，佔領了當年蒙恬當作防衛大本營的陝西榆林地區，更厲害的是，他將匈奴的地盤推進到了現在的陝西河北北部！

匈奴人這麼囂張，漢人忙啥呢？楚漢戰爭啊，等劉邦收拾了項羽，逼他演完了霸王別姬後發現，匈奴已經登上了鼻子，即將踩在臉上了。當時封在山西的韓王劉信，見匈奴人太凶，加上對劉邦還有點意見，於是投降，加入匈奴一起找事，大軍逼近了山西太原。

西元前二〇〇年，那是一個冬天，高祖劉邦親帥漢軍狙擊匈奴軍隊。高祖剛登上大位，意氣風發的，大秦和楚霸王哪個是容易啃的骨頭，不都被搞掂了嗎，還會怕幾個匈奴小野人？尤其是，漢軍和匈奴一照面，匈奴就開始潰逃，這些個匈奴士兵各個老弱病殘歪瓜裂棗。

都知道匈奴軍隊如狼似虎，老弱病殘肯定是誘敵之計，不過劉邦不知道，他不信邪，結果就是在山西大同東面的白登山劉邦發現自己中了埋伏：在這個滴水成冰，天寒地凍的地方，劉邦大軍被圍了七天七夜。要不是參謀陳平想出個賄賂單于老婆的主意，大漢的開國之君就不明不白地掛掉了。這就是歷史上著名的「白登之圍」。

劉邦是古惑仔出身，知道做人最不能吃眼前虧，腿發軟逃出性命，想的絕對不是傾全國之力找匈奴報仇，而是如何安撫這幫小野人，千萬被再惹毛他們了。

高祖安撫匈奴鐵騎的辦法就是和親，從這時開始，大漢宮室的金枝玉葉，走出熏香的繡閣，踏上了冰天雪地的沙礫荒原，用自己嬌弱的身體，為大漢的男人們爭取和平和安全。中國歷史上，這些和番的女子，不管有沒有在史書上留下姓名，她們的功績，絕對不亞於那些聲名顯赫受萬世敬仰的名將！

千嬌百媚的漢人女子帶著眼花繚亂的巨額嫁妝，財色兼收的單于日子很滋潤。匈奴人眼皮子淺，反正挑釁漢人就為搶劫嘛，既然人家客客氣氣把財物送上門了，就躲在帳篷裡好吃好喝得了，出去幹仗也怪辛苦的，於是，大漢和匈奴，就這樣大致上平靜了很多年。

立國之初的大漢，百廢未興，即使高祖有楚霸王的氣魄，咬著牙再戰匈奴，結局肯定更慘。而實際上，以匈奴此時的實力，再加幾鞭子，匈奴騎兵就直接進了中原，如果操作得當，那些匈奴牧民很快可以學習種水稻了。好在匈奴人沒有後來蒙古人那樣的雄心壯志，大漢得以保全生息發展，等到了劉徹親政的日子。

匈奴人壞就壞在流氓習性，跟大漢結親後，按禮法輩分，他們就算是大漢的女婿了，還收了丈人家大筆銀子，本應該安分守己。誰知道他們在帳篷裡憋久了難受，還是時常流竄到邊境去，收保護費強搶民女。小流氓平時不看報紙，不注意研究國際形勢，他們不知道，新的老丈人脾氣不好，人家叫武帝！

那是西元前一三五年，劉徹終於親政了。匈奴人照例過來接老婆。劉徹從小到大，聽慣了這幫野人在邊境欺負漢人的故事，眼下輪到自己面對這一切，當時就讓他龍顏大怒了。武帝不是愣頭青，縱然一肚子火，他也不會現場發飆，忍了兩年，他才謀劃大事。這次計畫，也就是後來歷史上著名的「馬邑之謀」。

馬邑大約是現在的山西朔州這個位置，有個商人聶壹出主意，說，我騙匈奴的單于，幫他殺掉馬邑的縣長，讓他派兵來接收馬邑城。匈奴如果上當，發大兵前來，漢軍就守在馬邑城內以逸待勞張網捕獲他們。這個計畫前半部運行得非常不錯，聶壹將幾個死囚的腦袋掛在城門上，讓人通知單于，縣委班子都死光了，就等單于過來主事了。當時的匈奴單于叫軍臣，聽到消息，發十萬騎兵就往馬邑趕，想著這麼富裕的一個城池居然唾手可得。

匈奴雖然野性，可腦子不笨，軍臣單于在快到馬邑時，發現山崗上牛羊遍野，卻不見放牧的。匈奴人長期幹壞事，對危險有天生敏感。單于感覺不對，就打下了附近一個漢軍用來觀察匈奴動向的瞭望碉堡，抓獲了一個下級軍官。不用大刑，小軍官就招了，單于一聽，馬邑城裡有三十萬漢軍等待自己，當時冷汗把棉袍子都濕透了，趕緊引兵後撤，逃出一場滅頂之災。

馬邑之謀雖然敗露失敗，但是在世界歷史上是有重大意義的，因為它正式宣布，大漢不會再向匈奴屈服了，不論未來的戰爭多麼慘烈，漢人會和這些小野人死磕到底！

大漢和匈奴正式翻臉後，漢武帝傾盡國力開始對匈奴一輪接一輪地遠征，這一輪集訓成績很驚人，被匈奴培養出來的明星學員包括，衛青、霍去病、李廣等等，這樣的大戰當然少不了外交斡旋，所以除了武將，還湧現了幾個閃耀的外交明星，比如張騫，比如蘇武。

武帝在位對匈奴最致命的一擊發生在西元前一一九年，衛青和霍去病各帥五萬精騎，從東西兩面分兵北進，直插大漠腹地，追擊匈奴。衛青追了五百公里，到了現在蒙古高原的杭愛山南，將匈奴囤積糧草的趙信城燒成白地；霍去病更猛，到底是年輕人，頂風冒雪的追出去一千公里，全殲匈奴主力七萬餘人。在一個叫狼居胥山的地方，霍去病爬上山頂，四顧蒼茫，感念自己這一仗打得驚天地泣鬼神，所以就地舉行了一個祭天儀式，還立了個石碑，然後凱旋班師。

到底狼居胥山在什麼地方已經不可考了，有人說是現在蒙古共和國的烏蘭巴托附近，有人說還是在內蒙。但是不管在哪裡，後來中文就多了一條成語，叫封狼居胥，形容彪炳的戰績和不世的軍功。而中國後來的武將，都以封狼居胥作為自己職業生涯最崇高的目標，比如清朝時，左宗棠抬著棺材出戰新疆，出發時的豪言壯語就是：一死何足懼？勢必封狼山！

霍去病封狼居胥造成的局面是：「匈奴遠遁，漠南無王庭」。跟大漢的戰鬥，十五萬匈奴人送命，永遠失去了水草豐茂氣候溫暖的河套地區，流竄到荒涼苦寒的漠北，苦苦掙扎。武帝收復河南地，派幾十萬兵卒屯田，既防禦了西北邊境，也促進了那個地區的經濟文化發展。

匈奴被打殘廢了，可沒打死，大規模重量級的較量沒有了，他們繼續維持著小規模挑釁，也不斷干擾著中國歷史，比如後來武帝派李廣利攻打匈奴，兵敗而還，他手下有個軍官是當年李廣的孫子李陵，被包圍後投降了匈奴。武帝大怒，開朝會大罵這小子不是東西計畫對其滿門抄斬，而當時的太史令居然替李陵辯解，說他投降其實是情有可原等等，這讓武帝火上澆油，於是這個倒楣的太史令被施了宮刑。大家都認識，這就是司馬遷，他遭此橫禍，沒有光顧著練葵花寶典，反而奮發圖強，給全人類貢獻了一本精彩絕倫的史書，老楊講的故事，大部分都是抄襲《史記》，所以在這裡隆重感謝！

匈奴被擠在漠北依舊野性難馴，日子不好過，人容易焦躁，除了找周圍鄰居打仗，家裡也內訌。西元前五十七年，小地方一傢伙冒出來五個單于，各個說自己是獨家正統！其中有一個叫呼韓邪單于的智商最高，眼看著幹不過自己的哥哥郅支單于，他決定找大漢幫忙。

呼韓邪是第一個進關朝見漢王的匈奴單于，當時的漢宣帝和後來的漢元帝都對他不錯，贊助他掃除異己，獨霸漠北王庭，成為一個忠心耿耿的少數民族地方幹部。呼韓邪歸順大漢，匈奴人裡比較討厭的就是郅支單于了，這傢伙還強悍，橫掃西域，給自己打了一片不小的地盤，驕橫異常，大漢派使者把他送來的做人質的兒子送回去，他居然把漢使殺掉，扣押使團其他同志。不過這傢伙在歷史上出名可不是因為他剽悍野蠻啊，他出名是因為成就了另一位大漢名將，陳湯。

不知道陳湯的同學不丟人，但要是不知道他說的一句名言，就愧為中國人了。陳湯率漢軍殺進崑崙山麓的康居城，直接砍掉了郅支單于的腦袋，大勝回朝，給漢元帝上了一道疏奏，名垂千古振聾發聵，最後一句話是：明犯強漢者，雖遠必誅！

郅支單于死掉了，呼韓邪就成了唯一單于，感念天恩，希望和親，結成骨肉。大家都知道，呼韓邪單于是中國歷史上最著名的匈奴女婿，也是最有豔福匈奴人。話說高祖劉邦同意跟匈奴結親的時候，本來是答應嫁給單于一個正牌公主，可他和呂后只有一個女兒，呂后抵死不幹，只好讓一個宗室的女兒冒名頂替了。好在匈奴人心態開放，大約也知道憑劉邦和呂雉的模樣，生出來美女的機率不高，所以對血統就不太執著了。待到呼韓邪要和親，大漢更不用費盡心思給他選公主或者皇室了，後宮抓一個給他就行了。就是這隨手一抓，呼韓邪就帶走了王昭君小姐！

王昭君姑娘抱著琵琶出塞，一路上好多大雁因為她的美貌摔死了（沉魚落雁，閉月羞花，落雁是形容昭君的）。吃的苦頭不用說了，單是呼韓邪死了還要嫁給他兒子這個風俗，就讓這個江南女人感到很受辱。不過，也就是這個大美女的隱忍，讓漢匈邊境出現了幾十年難得的平靜和安寧。

時間轉到了王莽時代，這個改革家心思靈動，有太多古怪的念頭了。他自說自話地給匈奴單于降職，把匈奴又給惹急眼了。隨後的綠林赤眉起義，匈奴趁著這大好的機會再次崛起。待到光武帝劉秀登基，不管說多少好話，匈奴都不願意跟大漢和好了。呼韓邪單于時期建立的君臣翁婿關係固然是不認了，居然還扶持傀儡在西北部分裂大漢，搞小朝廷玩！

東漢伊始跟西漢初年一樣，國力羸弱，眼看著匈奴的復興，一點脾氣也沒有。好在天佑大漢，匈奴沒得瑟起來，原因是又內訌了。本來有個叫日逐王比太子，本來要成為單于的，結果上任單于搞鬼，讓自己的兒子成了單于，也就是蒲奴單于。西元四十六年，匈奴遭遇了百年一遇的蝗災，草木俱枯，人畜餓死無數，進而瘟疫氾濫，雪上加霜。越是遭災，越要搶劫，所以大舉向東漢進攻。

日逐王比無端被剝奪了繼承權，肯定是要想辦法的，根據匈奴歷史的傳統，只要一內訌，誰先爭取到大漢的支持，誰就最先得利，日逐王比開始與東漢接觸，表達了歸順的意思。而因為和平時期大漢和匈奴邊境的融合，南部靠近大漢的一些匈奴部落是親漢的，於是這些親漢派擁立日逐比王成為單于。為了表達自己的衷心，日逐王比採用了呼韓邪單于的名號，成為小呼韓邪單于，並表示願意為大漢防禦北疆，抵抗北匈奴。就這樣，崛起的匈奴又分成了南北兩部分。

匈奴南北一分裂，北匈奴的勢力也被分解，凶不起來了。不過歷史是可以借鑒的，根據上一輪南北匈奴的生存方式，北匈奴決定參照當年郅支單于的辦法，向西發展。西邊的風水很適合匈奴人，他們又在西域找到了自信。既然南匈奴已經歸附，北匈奴就只能敵對了，東漢政府分析了一下，這幫人不管跑到哪裡都是不安定因素，決定還是出兵幹掉北匈奴，順帶打通西域。

東漢時期被匈奴培養出來的漢家名將有竇固和竇憲，附帶的外交明星是班超。決定性的戰役發生在九十一年，竇憲帶領漢軍聯合南匈奴追擊北匈奴到金微山，也就是現在蒙古的阿爾泰山，將北匈奴單于和他的軍隊團團包圍，擒獲了單于的老媽，斬殺了五千多匈奴兵，而單于趁亂逃走，不知所終。漢軍出塞五千多里，是大漢出塞遠征，跑得最遠的一次，而這一次，大漢總算可以宣布，兩漢連新朝前後四百多年的煎熬和膠著，終於剷除了北方邊境這個重大隱患。

南匈奴歸順大漢，以後他們的故事就伴隨華夏的脈絡起伏，成為中國歷史不可分割的一部分；

而北匈奴，被打散後跑沒影了……

33

插播了這麼長的匈奴故事，明顯跑題，除了老楊習慣性騙稿費的寫法，當然還是因為匈奴人跟我們講的這段歷史有莫大的關係。

北匈奴說沒就沒了，難道人間蒸發了嗎？當然不是，他們四顧茫茫，最後決定向西逃竄。

回到羅馬，此時的帝國夕陽殘照，奢靡的華宴已經到了尾聲，伴隨著帝國一步步衰敗的，卻是周圍那些鄰居們的野蠻生長。對，羅馬人叫他們蠻族，他們居住在帝國北部，他們是日耳曼人。

自從條頓堡森林，屋大維三個軍團損失殆盡，差點把老人家逼瘋後，羅馬人對日耳曼人已經沒什麼攻擊優勢了。將日耳曼吃掉更是不敢想，兩邊的勢力平衡在萊茵河多瑙河一線。

羅馬軍團不過來，失去了大規模打架鬥毆的機會，只知道幹仗喝酒的日耳曼人慢慢也開始考慮生計，族群或分化或結盟，大約西元三到四世紀，日耳曼逐漸分出了幾個非常清晰的同鄉組織，勢力比較大的有：東哥德人、西哥德人、汪達爾人、法蘭克人、盎格魯人、薩克遜人、勃艮第人（又是七個，戰國七雄或是江南七怪？）

西元三七〇年，日耳曼部落聽說了一個驚人的傳聞：阿蘭國被一隻來路不明的騎兵滅國了！阿蘭國是什麼來頭呢？一個伊朗的游牧部落，一直在裡海北岸的草原找生活，驍勇善戰，傳說還戰勝過羅馬兵團。這麼個國家怎麼說滅就給滅了，誰幹的啊？

後來消息落實了，那股神秘騎兵居然是匈奴！就是那支向西逃竄的北匈奴，他們一邊逃，一邊尋找可以安家的草原牧場。天可憐見啊，當時因為氣候的原因，阿蘭國原來的領地遭遇旱災，草原退化，阿蘭國的人有路子，找了個更好的地方搬家躲災去了。阿蘭國原來的地方空出來，北匈奴流離失所的，正好就在這裡安家了。阿蘭人嫌這裡條件不好，北匈奴可不嫌棄，因為人家來自漠北，那裡整個是人間地獄。

北匈奴安頓下來，調理大漢給他們留下的累累傷痕。可惜好景不長，過了百來年，又是氣候的原因，這片區域的草原又茂盛起來了。阿蘭人一看，還是原來的家園好，於是又想搬回來。可想而知，這是關乎安身立命的大事，能不幹仗嗎？

匈奴躲在這裡修養生息的兩百年，不是稀裡糊塗過的，他們可是韜光養晦總結了很多經驗的，此時騎上戰馬重返戰場，這些戰士已經是脫胎換骨了，隨便用阿蘭人練了練身手，就把這個小國給吞下肚子了。匈奴一戰成名，再次回到了歷史大舞臺！

阿蘭國被滅，引發了日耳曼人的不安。日耳曼部落中的東哥德人是阿蘭國的鄰居，甚至還是盟國。東哥德的實力還是不弱的，從波羅的海到亞述海這一線，都是他們的地盤。匈奴人滅掉阿蘭，阿蘭人不少進入東哥德躲避，匈奴打得順手，很自然地就向東哥德發動了攻擊。

東哥德人比阿蘭人還不禁打，沒幾年，東哥德的老王就戰敗自殺了，東哥德人大部分投降，加入匈奴，剩下那部分只好往西跑，找日耳曼老鄉幫忙。

東哥德人的西邊當然是西哥德人，西哥德人趕緊在東部設防，並在德聶斯特河畔重兵以待，指望著在河邊終結「匈人」的西進之路。

原來說過，匈奴和大漢互相折磨了幾百年，也是個互相學習共同進步的過程。漠北凜冽的寒風擦亮了大漢那些武將的招牌，而大漢那些詭譎莫測的戰法也鍛鍊了匈奴人的軍團。現在的匈奴人打仗，已經不限於傻呼呼的正面對抗了。西哥德人在河對岸殺氣沖天，匈奴人非常淡定地走到了德聶斯特河上游，找個水淺的地方，慢騰騰地過了河，很瀟灑地出現在西哥德人後方。

被抄了後路還能有好果子吃嗎？西哥德人一邊跑一邊哭：「耍賴！俺們都是蠻族，最重要的就是幹仗實誠，你們這樣耍詐，把蠻族的名聲都搞壞了，不跟你們玩了！」

日耳曼人在歐洲是鬼見愁，所有人聞名變色，見到匈奴人後，日耳曼人不得不承認，對方才是真正的野獸加蠻夷。西哥德人向西敗逃，一直到了多瑙河畔。阿蘭人被打到東哥德避難，東哥德人被打到西哥德避難，現在西哥德自身難保，他們去哪裡避難？

西哥德人現下知道，在歐洲，一般人已經不是匈奴人的對手了，還有哪裡安全呢？歐洲這不還有個老大——羅馬帝國嘛。

這是西元三七六年，羅馬雖然是有點沒落，但是這近二十萬的西哥德難民對羅馬來說，就是一支未來的羅馬軍隊，當然是歡迎他們進入啊。

都知道羅馬人道德水準一般，趁火打劫這個事就是他家發明的，眼下西哥德人衣食無著，只求活命，羅馬人當然不客氣，任意對這些流離失所的人徵收苛捐雜稅，以至於西哥德人必須將自己的孩子賣為奴隸以維持艱難的生計。當時的羅馬市場上，一個哥德人將自己的孩子賣給羅馬人為奴，可以收穫的報酬是：一隻狗的狗糧！

西哥德人到底還是日耳曼人，國破家亡，血性仍在！不久，西哥德人爆發了起義，按歷史學家的說法，「西哥德人結束了自己的饑荒，也結束了羅馬人的安全！」

哪裡有造反，哪裡就有鎮壓。西元三七八年，在西羅馬皇帝瓦倫提尼安一世爆血管死掉後不久，東部羅馬的皇帝瓦倫斯預備御駕親征出手平亂。羅馬大軍三萬五千名重甲精銳迎戰大約十萬西哥德人和阿蘭人的聯軍。這次戰役歷時上叫做「哈德良堡戰役」，被認為是羅馬帝國衰亡的界點，因為輸得太難看了。羅馬軍團損失三分之二，瓦倫斯皇帝在一間木屋藏身，蠻族做事果斷了，也不說活捉羅馬皇帝跟羅馬談判啥的，直接一把火將瓦倫斯和木屋燒成灰，還將灰撒在戰場上！

瓦倫提尼安一世的兄弟倆前後腳死掉，兩邊的皇帝都有新人。在西羅馬，本來應該是太子爺格拉提安登基，可瓦倫提尼安一世手下的將士們擁戴二王子瓦倫提尼安二世，所以只好把西羅馬分了，兄弟兩一人一半，都是皇帝；東羅馬安靜多了，西羅馬的大皇帝格拉提安任命了一個地方軍事長官狄奧多西成為東部羅馬的皇帝，於是，眼下的羅馬是三個皇帝！

一個國家好幾個皇帝是個很折磨人的問題，不僅老楊寫這些亂事寫得很眩暈，大家讀起來也混亂，所以，看到有個稍有能力的羅馬皇帝冒出來，我們就期盼著，他能趕緊把羅馬統一了。

東羅馬的狄奧多西皇帝被我們賦予很大的希望，且不說他的能力多強，單看西羅馬的一片混亂就知道他有機會。

西羅馬帝國兄弟倆分家共治，這個局面相當不和諧，尤其是弟弟年幼，老媽攝政，大哥自然經常騷動一下，希望能將分出去的土地收回來。兩個皇帝不和已經很危險了，手下的將領也沒啥忠誠度。根據我們之前的介紹，此時的羅馬，皇帝這個位置已經一點門檻都沒有了，只要手裡有兵，幹掉皇帝就可以自己等登基。不久，西羅馬的大皇帝就被手下將領幹掉，小皇帝岌岌可危。

太后帶著小皇帝請求東羅馬皇帝的庇佑，這個也是應該的嘛，東西羅馬是一家，東皇帝狄奧多西很講義氣地出兵平息了西羅馬的軍閥造反。幫忙可不白幫忙，狄奧多西沒等西羅馬感謝他，給他豐厚的報酬，他自己拿了該拿的一切。他把瓦倫提尼二世趕到維也納去渡假，不久，二十一歲的瓦倫提尼安二世在自己的居所上吊死了，羅馬的宣傳口徑很統一，這小夥估計是青春期沒過好，自殺了。

感謝狄奧多西，羅馬又統一了！這是歷史上羅馬帝國最後一次統一，狄奧多西也成了最後一個貨真價實的羅馬皇帝。

狄奧多西在任的頭等大事就是宣布基督教正式成為羅馬的國教，這個事件的衍生產品就是羅馬皇帝宣布廢止奧運會！

這個奧運會就是開源於西元前七七六年的希臘古代奧運會，到此時已經經經歷了一千一百六十八年，共二百九十三屆！可惜羅馬皇帝不喜歡這個事，既然基督教已經是國教了，那就要大力反對異教，一群人在一起瘋跑瘋跳的，搞不好是某種異教儀式啊，不用研究了，中止吧。就這樣，古代奧運會就稀裡糊塗地被滅亡了。直到一八九三年，顧拜旦老師傅又想起這個事了，於是我們四年一次的夏天又有了很盛大的娛樂項目。

西元三九五年，狄奧多西去世，又給我們惹事了，他把羅馬帝國再次分成東西兩部分，傳給他兩個兒子！羅馬皇帝這種分遺產的方式讓我們很困惑，大一統不好嗎？一個龐大的羅馬帝國不好嗎？老楊只好理解為，狄奧多西對他這兩個兒子沒啥信心，一人一塊，壓力小點吧，後來的事實也證明，生這兩孩子的確不如不生。

東羅馬帝國的皇帝阿卡狄奧斯十八歲，生性懦弱，權臣和宦官安排他所有的事務，政治上自然是亂糟糟的。他的弟弟西羅馬帝國皇帝霍諾里烏斯才十一歲，傳說有點小弱智，反而他爸爸給他留下一個救命的執政官斯提里科攝政，這個人後來居然點亮了羅馬帝國最後的榮光。

34

分裂後的羅馬虎落平陽，那些原來被他欺負奴役的人都爭相起來報仇。先是在高盧地區興起「巴哥達」起義運動，當地的農民和牧民自發組成軍隊，殺富濟貧，搶劫羅馬軍隊的補給，跟鬧山匪差不多。山匪還沒辦法解決，更大的對頭又來了。

之前西哥德人幹掉了羅馬皇帝，讓羅馬人知道他們的厲害，羅馬皇帝覺得還是不惹他們，對他們客氣點，讓他們到多瑙河東南部去建立自己的家園吧，有空的時候，還可以到羅馬來打工，幫著打打架什麼的。

西哥德人安頓下來後顯然不願跟羅馬共建和諧社區，而且西哥德人幫羅馬人打架，以盟友身分真心幫忙，羅馬人並不領他們的情，還處處防備限制他們。如今看到兩個小皇帝登基，一個比一個矬，西哥德人不報仇雪恨就見鬼了，又加上，西哥德此時碰上了一個超級領袖，他就是阿拉里克！

據說出兵之前，阿拉里克對他的妻子承諾，攻進羅馬城，會讓最尊貴的貴婦給她作奴婢，全城的珍寶給她作禮物！

西哥德大軍先是騷擾東羅馬的地盤，順利佔領了伊利里亞行省（現巴爾幹半島西北部），東羅馬的皇帝比較識時務，索性就把這個行省送給他了。西哥德人懂規矩，拿了別人的東西，就不好再欺負人家，轉頭找西羅馬帝國麻煩去。

對西羅馬的進攻沒有那麼輕鬆，因為遭遇了攝政王斯提里科。斯提里科手裡有一支純蠻族組成的兵團，其驍勇血性不在西哥德人之下，加上羅馬軍團嚴密的組織和科學的戰法，更是將其能力提升到最大。

四〇一年和四〇三年，阿拉里克的兩次進攻羅馬都被斯提里科挫敗。斯提里科是個頭腦很清醒的人，他知道雖然偶爾打退了西哥德人的進犯，但這股勢力是不容易滅絕的，以羅馬眼下的形式，不能隨便被一個蠻族纏住，消耗不起。所以他很果斷地決定跟對方結盟，出四千磅黃金（羅馬磅），再割一個行省給阿拉里克，花錢買平安。更何況，有了西哥德這支虎狼之師，不論是對付即將殺來的匈奴人，還是將來想把東羅馬收回來合併，都是生力軍，這筆買賣實際並不吃虧。

我們現在看斯提里科這個對蠻夷示弱的動作認為是有大智慧的，可是如果你是當時的羅馬人，對他的行為肯定有諸多猜測。這傢伙不會是賣國吧，他跟西哥德人結夥說不定是懷著私心，他不會是想藉著外族勢力忤逆謀反吧？根據羅馬傳播謠言的傳統速度，頃刻間全羅馬都知道斯提里科的陰謀了，他妄圖推翻皇帝，讓自己的兒子接位。這個傳聞當然小皇帝也聽說了，全世界的皇帝都一樣，不管聰明還是傻，涉及自己王權安危時，動作都俐落果決。元老院和小皇帝聯手，撲殺了斯提里科和他兒子，還清理了他的親戚和同夥，包括生活在羅馬幾千名沒有任何傷害的蠻族平民。

統帥被殺，斯提里科軍團義憤填膺，他手下最善戰的蠻夷軍隊全部投靠了西哥德軍團，人數超過三萬。

鑒於斯提里科的同盟計畫是個陰謀，那麼原來羅馬答應的黃金和地盤就不用兌現了。阿拉里克見西羅馬居然敢食言，戲弄自己，大怒之下，不惜跟匈奴人聯合，再次進攻羅馬。那是西元四〇九年，羅馬前後兩次被模模樣粗狂，野性難馴的異族部落團團圍住。同時阿拉里克還包圍了羅馬的主要港口，直接收繳了埃及運來的糧食，羅馬城內發生饑荒，進而演變為瘟疫。城裡的奴隸和下層階級都跑出來投奔西哥德人。

西羅馬的小皇帝龜縮在羅馬北部一個小城裡，毫無作為，留守的羅馬貴族在生死攸關下被迫出城跟阿拉里克談判，當時的開價是：羅馬釋放所有外族奴隸；並交黃金五千磅，白銀三萬磅，絲袍四千件，胡椒三千磅；此外，還要若干名貴族到阿拉里克那裡去作人質。答應以上條件，西哥德人可以讓出一條路來，給羅馬人出城買糧食。已經死了不少人，這些黃金白銀胡椒麵又不能當麵包吃，這個條件眼下是救命的。為了湊出五千磅黃金，當時羅馬城裡很多神像被融化。可小皇帝不幹了，這些都是亮閃閃白花花的金銀，誰拿出來不心痛啊，要想辦法把這些錢拿回來。他還算會辦事，不知用什麼辦法，從東羅馬帝國借來四千援兵還從非洲弄來了糧食，小皇帝以為這點東西夠教訓西哥德人了，並開始大勢叫板並公開辱罵阿拉里克。這下可真是打了老虎屁股，盛怒之下的阿拉里克宣布，再次圍攻羅馬，如果破城，兄弟們想怎麼搶就怎麼搶！

西元四一〇年，西哥德人嚎叫著在大雨中第三次向羅馬城發動進攻，過程不算好看，因為城裡的奴隸很快就打開城門讓他們順利進城。西哥德大軍在羅馬住了六天，其中的三天三夜純粹用來搶劫。羅馬城被稱為「永恆之城」，因為幾百年來還沒有外族入侵過，固若金湯。現在看來，這幾百年的積累彷彿就是為西哥德人攢下的，胡同雜院，犄角旮旯都被清洗，蠻夷部落在搶劫財物方面還是很認真細緻的，這是世界歷史上最徹底的幾次洗劫之一，當他們離開羅馬時，好多羅馬人都找不到褲子穿。

阿拉里克到底是蠻族出身，此時他如果想成為西羅馬之主真是易如反掌，可他好像在政治上毫無追求，非常忠誠於當強盜這個更有前途的職業。搶了一堆金銀財寶，將羅馬那些貴族嚇跑後，他也不在羅馬玩了，指揮大軍南下，繼續武裝搶劫。南下的途中，阿拉里克突然死了。據說當時他手下將附近一條河流排空，將他的屍體和半個羅馬城的財寶埋在河道下，然後再讓河水回流，讓這個神秘陵墓留在河底，事後殺掉了所有施工者，陵墓成為永遠的秘密，讓全世界的盜墓者想起來就咬牙切齒，垂涎三尺。

西哥德人因為統帥身亡而撤出義大利，西羅馬在這段混亂中有個駐守不列顛的將領君士坦丁三世自立為帝。眼看著西羅馬遭受這一輪又一輪的洗劫，東羅馬在幹嘛？不知道，基本可以總結為坐視不理。

除了西哥德人，其他的日耳曼部族都沒閒著，汪達爾人、阿蘭人、蘇維匯人組成聯軍，也想到風雨飄搖的羅馬來踩一腳，越過萊茵河，進入高盧，邊遷徙邊搶劫，一直到了西班牙，瓜分了伊比利半島。這個事對西哥德和西羅馬來說都是個威脅，在對付這幫流匪的問題上，羅馬和西哥德達成了同盟協定。於是，羅馬以夷制夷，西哥德發兵除寇，很快將這三股盲流趕到半島邊緣。為答謝西哥德人的幫助，羅馬將南高盧和西班牙送給他們，讓他們建立了自己的國家。

西哥德王國在羅馬的版圖內建立，讓其他日耳曼部落的反羅馬鬥爭找到了方向，汪達爾人這時出現了一位卓越領袖，他帶領被西哥德人打散的部族餘部，輾轉進入北非，經過十年鏖戰，佔領迦太基，建立了汪達爾人的王國。也就是說，羅馬的北非領土也失去了。

百足之蟲，死而不僵。羅馬這種大傢伙，在搖擺中還是能勉強維持著最後的平衡，只是這衰亡的大車既然已經啟程，又有什麼辦法能讓它停下。看，更大的打擊又來了。把日耳曼人趕著到處跑的匈奴人終於正式開始找羅馬麻煩了。

跟大家隆重介紹一位英偉不凡的匈奴王，他讓整個歐洲顫抖，改變了整個歐洲的歷史格局，他就是阿提拉，江湖人稱「上帝之鞭」。

35

說到「上帝之鞭」這個外號，是被匈奴打傻的歐洲人的頓悟。他們認為，匈奴人如此驍悍不可戰勝，完全是因為這幫人是上帝派來懲罰他們的。歐洲人消息不靈通，不知道這群所謂如有神助的軍隊實際上是被我大漢軍威逼迫潰逃的匈奴流民。現在很多人遺憾，咱家大漢最盛時沒能與羅馬軍團一戰，以致不知道到底當時誰更牛一些。主要是歐洲人聽不懂匈奴話，他們被匈奴嚇破了膽，可匈奴人嘴裡唱的卻是亡國的悲歌：亡我祁連山，使我六畜不蕃息；失我焉支山，使我婦女無顏色。意思是漢族這幫人搶了我的祁連山，我沒地方放牧牲畜；漢人搶了我的胭脂山，我家的女人沒東西化妝（焉支山上有一種叫「花籃」的花草，可調成胭脂）。

之所以老楊在講述匈奴在歐洲土地上的戰績前，先詳細介紹了他們跟漢人的糾結，就為了讓所有的大漢子孫偷笑一陣！

阿提拉十二歲的時候，作為匈奴和西羅馬摩擦的議和條款，被送到羅馬作人質，在羅馬長大，對帝國內部非常了解。作為交換，當時羅馬帝國送到匈奴作人質的小孩叫埃提烏斯。這兩個小孩因為共同的命運，彼此關係不錯。

阿提拉是和自己的兄弟一起接了叔父的班成為匈奴王。一上臺便把附近的東羅馬打得求饒，東羅馬帝國每年東拼西湊地向匈奴交納貢賦，日子過得苦不堪言。後來阿提拉殺掉跟自己並坐的兄弟，成為唯一的匈奴王。因為和西羅馬重臣埃提烏斯的關係，縱橫歐洲的阿提拉最開始並不直接欺負羅馬，反而是偶爾會借兵給埃提烏斯平亂。阿提拉對萊茵河一帶的進攻，主要目標還是日耳曼人。

這時西羅馬皇室出了件醜聞，當時有位羅馬公主叫荷諾利亞，有點放蕩不羈的，她跟朝廷中一個低級官員——寢宮侍衛長廝混，還懷孕了！這讓她的皇帝哥哥覺得非常丟人非常生氣，把她軟禁，還預備給她安排一個婚事讓她安分點。這個公主是個自己掌握命運的人，她不知道出於什麼目的，竟然給阿提拉寫了一封求愛信，還附上信物。阿提拉雖然長得腦袋大脖子粗，寬肩膀黑呼呼，像個門板，但因為他讓歐洲所有部族聞風喪膽，通過征服世界而征服女人，所以後宮的各族佳麗還是不少的，在廣大歐洲女子心中也是可以幻想的。阿提拉當然不會拒絕西羅馬公主的求愛，很爽快地提出同意接受西羅馬公主的愛情，還願意娶她，既然他願意接受西羅馬的二手貨公主，不計較其貞潔，西羅馬必須以一半的王國作為嫁妝！

這樣的坐地起價，哪個羅馬皇帝也不會同意，更何況，阿提拉是羅馬人眼中的蠻夷，公主跟低級軍官私通已經丟死人，還要嫁蠻夷，羅馬皇室的臉面掛在哪裡啊？

也許羅馬人拒絕阿提拉的要求正中匈奴人的下懷，他們早就想進入羅馬的外高盧劫掠。尤其是這段時間，東羅馬的態度也不好，聽話的老皇帝死後，新上任的皇帝居然開始修築邊境工事，還停止了向匈奴的貢賦。東羅馬這一番覺醒也是短暫的，阿提拉很快就讓他們知道了反抗的下場，白白多交了很多金子才讓東羅馬重新平靜。阿提拉明白，侵略要乾淨徹底，兩個羅馬都要壓制住，現在終於找到了收拾西羅馬的藉口，立刻組織了五十萬大軍越過萊茵河，殺進了外高盧。

雖然這個地區從凱撒以來時有戰禍，但這五十萬的異族大軍入境，動手的規模還是很空前的。

在這支由匈奴人和日耳曼人等組成的各種族聯軍鐵騎下，高盧的城池不堪一擊，多米諾骨牌般不斷陷落，眨眼的功夫就兵臨奧爾良城下。

在現在法國土地上征伐時，唯一倖免的城市是巴黎。當時的巴黎是個小鎮。鎮上的人找了個六歲的小姑娘，帶著禮物求見阿提拉，請求他放過巴黎。阿提拉雖然是個蠻族，但畢竟是個叱吒的英雄人物，對這個小女孩的要求竟然答應了。小姑娘最後成為巴黎聖女，也是後來另一個聖女貞德的偶像，法國的女人分化得最極端，反正不管作聖女還是作豪放女她們都能拔尖。

西羅馬皇帝不知從哪一輩開始，就學會了一有戰禍就「走為上」這一計，每遇入侵，總是帶頭溜到偏僻的小鎮上去躲避兵鋒。西羅馬的大小事一般都交給權臣。基督教成了國教後，皇帝和權臣都跑掉時，國家大權就交給教皇。皇帝不在崗，總要有人安排禦敵啊，這時的埃提烏斯挺身而出了。他不是從小在匈奴宮廷長大嘛，可能是輾轉學了點中國的縱橫學。面對舊日老友阿提拉洪水般的進攻，埃提烏斯開始在羅馬及周邊尋求同盟。好在匈奴在歐洲人緣太差了，日耳曼所有的部族都怕他們，如果非要在羅馬和匈奴之間選擇一個敵人，日耳曼人肯定是選擇匈奴的，因為蠻夷也不喜歡蠻夷。埃提烏斯一通遊說，「連縱」取得輝煌的成績，西哥德人、阿蘭人、勃艮第人、法蘭克人全都拋棄前嫌，跟羅馬聯起手來組成盟軍作戰。埃提烏斯奇蹟般地也整合出了五十萬人的軍隊！

兩軍在馬恩河畔的沙隆遭遇，這時歷史上歐洲最著名的戰役之一。參戰人數超過一百萬，戰局慘烈之至。這也是匈奴王阿提拉生命中唯一的大敗，羅馬聯軍中的西哥德大軍在西哥德王犧牲後，在王子領導下，浴血奮戰，扭轉戰局。整個戰役十六萬人戰死。大敗後的匈奴王甚至用木製馬鞍堆成小山，自己和嬪妃財寶高坐其上，單等羅馬軍團靠近後，自焚而死。不過最後埃提烏斯放了阿提拉一馬，他權衡了一下厲害，認為如果除掉匈奴人，就沒有人牽制日耳曼人，他們會更有恃無恐騷擾羅馬。非常有遠見的埃提烏斯認為羅馬最大的禍患不是匈奴而是日耳曼人。

埃提烏斯辛苦拉攏的聯軍部隊並沒能團結到最後，盟軍解體後，敗走的阿提拉後來再次嘗試進攻義大利，幾乎將北部全部摧毀，羅馬不得不派出教皇屈辱求和。但因為埃提烏斯的功績，還是為羅馬帶來了非常短暫的平靜，所以埃提烏斯被稱為「最後一個羅馬人」。

四五三年的一天，匈奴王阿提拉迎娶了一個日耳曼美女，新婚第二天，被發現爆血管而死。死因勘疑，情色派歷史學家傾向於認為這個七十歲的老傢伙死於「馬上風」，所謂牡丹花下死，做鬼也風流；陰謀派歷史學家認為他一定是死於兩個羅馬帝國中不知哪一個的下毒謀殺；嚴肅派的認為這老人家在歐洲大陸東跑西跑，勞累過度，年事已高，實屬到期死亡。不管怎麼死，這個讓整個歐洲震驚的魔王終於不在了。他對羅馬、西哥德之類的威脅驟然解除，對羅馬一戰，匈奴也算是耗盡氣力。

後來，阿提拉的兒子試圖攻打東羅馬，自己戰死，匈奴從此衰落，最後消失在歷史塵煙中。阿提拉當年的大本營也就是現在的匈牙利，匈牙利人時不時的把這段歷史拿出來緬懷，並以阿提拉為光榮的祖先頂禮膜拜，自己給自己貼金。阿提拉對歐洲歷史的影響還是很大的，比如匈奴在進攻羅馬時，打掉了羅馬外的一個叫阿奎利亞的小城，城裡的百姓逃亡到一片沼澤，在那裡建立了自己的新家園，後來發展成為威尼斯。

匈奴人不打了，羅馬城內部繼續混亂，皇帝和埃提烏斯被殺，有人篡位，汪達爾人趁亂攻入羅馬，不但像西哥德人那樣搶劫了一次，搶完了還放火，大量的珍貴歷史文物和遺跡被破壞，文化損失很大。後來「汪達爾主義」成為一個專用名詞，形容對文化和文明的毀滅行動，比如後來英法聯軍對圓明園的行為就是有光榮的歐洲傳統的。幾乎在同時，法蘭克人和勃艮第人又大舉入侵西羅馬的高盧地區。整個西羅馬帝國成了蠻夷的樂園，各種各樣的日耳曼部族沒事就過來旅遊觀光兼搶劫放火。

此時的西羅馬已經徹底變成一攤爛泥，神仙也不夠用了，羅馬城因為幾遭蹂躪，已經不適合作為國都，皇城遷往拉文納。此後大約又更替了八個皇帝，大權都掌握在軍隊統帥手裡。帝國的最後兩年，當政的羅馬統帥歐瑞斯特將自己的十二歲的兒子羅慕路斯扶上羅馬皇帝位。這是羅馬帝國的末代君王，他實際擁有的國土也只比現在的義大利多一點點，那些曾經隸屬帝國版圖的大地都已經建立起林立的蠻邦小國，脫離帝國而去。

歐瑞斯特原來是阿提拉的秘書，他之所以能在羅馬掌權，主要是因為手裡有一支強悍的蠻族軍隊，大部分軍團由日耳曼雇傭軍組成。雇傭軍從來都是以利益為先導的，所以跟統帥離心離德也很正常。歐瑞斯特作了太上皇後，雄心萬丈地想恢復帝國的光榮，到處打架惹事，雇傭軍跟著打工不能不要求工錢。這些雇傭軍坐地起價要求歐瑞斯特給他們三分之一的羅馬國土，被拒絕後，雇傭軍團擁立了他們的首領奧多亞塞，反攻歐瑞斯特。

西元四七六年九月，奧多亞塞攻陷羅馬首都拉文納，並進入了皇宮。十六歲的末代羅馬王宣布無條件退位，獲得了一座莊園和每年固定的生活費用。

奧多亞塞不過是個雇傭軍頭目，腦子一熱可以幹出驚天動地的大事，但畢竟是個蠻夷，沒有底氣的自卑感總是揮之不去。當順應時勢的羅馬貴族拿出羅馬皇帝的長袍和皇冠請他加冕時，奧多亞塞竟然不敢接受這羅馬帝國的皇帝大位，估計是自己都嫌自己土頭土腦，穿上絲袍也不像皇帝，尤其是羅馬隨處可見的那些個曾經的羅馬皇帝雕像，哪一個不是高大威嚴，英俊不凡。算了，他考慮再三後，將西羅馬的國徽送給東羅馬帝國當時的君主芝諾，並宣誓效忠，並認為西羅馬帝國已經沒有必要設置「皇帝」這樣一個職位，有個管理人就足夠了，自願要求承包義大利。雖然東羅馬帝國認為這個事很不對勁，畢竟西羅馬是一個母體的兄弟，總不能說完了就完了啊。事情已經發展到這個程度，也無可奈何，只好答應了他的要求，不管是不是合理，芝諾皇帝封了奧多亞塞作管理義大利的執政官。從這時起，西羅馬帝王被認為是真正滅亡了。

還記得羅馬建城的日子嗎，西元前七五三年，到四七六年帝國滅亡，正好經歷十二個世紀，很多人認為這是神秘的宿命安排，因為當年羅馬的建立者羅慕路斯看到的神蹟是十二隻禿鷲從自己的頭頂飛過。

關於羅馬如何隕落的研究報告很多了，反正一個帝國延續這麼長時間沒有體制上的更新是肯定越來越弱的。而且這樣一個從骨子裡崇尚享受，道德放蕩的民族，人種品質肯定是越來越差的。後人經常說是羅馬喧天的淫亂導致了生殖能力下降。羅馬城後來經常地發生瘟疫或是大規模疫症也不能不歸咎於人口的健康水準和抵抗力低下。加上頑固的奴隸制經濟，貧富分化，越來越多的平民只好依附少數富裕貴族生活，羅馬軍團沒有有效的長期兵源，又不能不打仗，只好求助蠻夷，最後引狼入室。

東羅馬帝國的芝諾皇帝看著義大利自治，西羅馬消失，兔死狐悲心理多少還是不爽的，所以不久他就派東哥德人的頭領去找奧多亞塞的麻煩。這個首領大名叫狄奧多里克。也是個歐洲史上赫赫大名的人物。他成功地攻佔了義大利，並誘殺了奧多亞塞，軍威正炙之時，他沒有像其他蠻夷那樣專事搶劫，不事生產。佔領義大利和西西里島後，狄奧多里克休兵罷戰，並努力跟義大利周圍所有蠻夷建立的小國聯姻友好，又讓義大利半島難得修養生息了幾十年。

當時的羅馬其他行省隨著分裂都已經與佔領的部落同化，與羅馬文明漸行漸遠。狄奧成為義大利的新主人後，並沒有在這裡推廣東哥德文化，而是致力於復興羅馬文明。他在位三十三年，羅馬的物價回落，糧食保障供應，元老院和各職能部門又開始上班開會了，娛樂活動也逐漸恢復開展，浴場又泡滿了吃飽無聊的羅馬人，那燈紅酒綠的富足時光似乎正慢慢回來，這個蠻族的義大利王帶給羅馬徹底消失前最後一抹迴光返照。

這一段歷史時期，歐洲亂，華夏也亂，正是南北朝的時代。跟狄奧多里克同時代的咱家也有個猛人叫蕭衍，他就是南朝宋齊梁陳四個朝代中，梁朝的開國之君梁武帝。說起來他跟狄奧多里克有些相似，都是亂世下的中興之主，為亂糟糟的時代重建了一段短暫的平靜。蕭衍在歷史上最出名的就是喜歡做和尚，隔三差五的要過一把出家的癮，晚年因為太沉迷於當和尚，不太管事，還到處亂建寺廟，壞了一輩子的好名聲。

羅馬帝國死去，它的軀體上站起無數的新政權。除了前面說的西班牙西哥德王國和北非的汪達爾王國，還有外高盧的法蘭克王國，不列顛的盎格魯・薩克遜王國等數不清的小國，義大利的本土則由東哥德人把持，歐洲各國的雛形正在逐步形成。

世界歷史有一套之

（拜占庭）

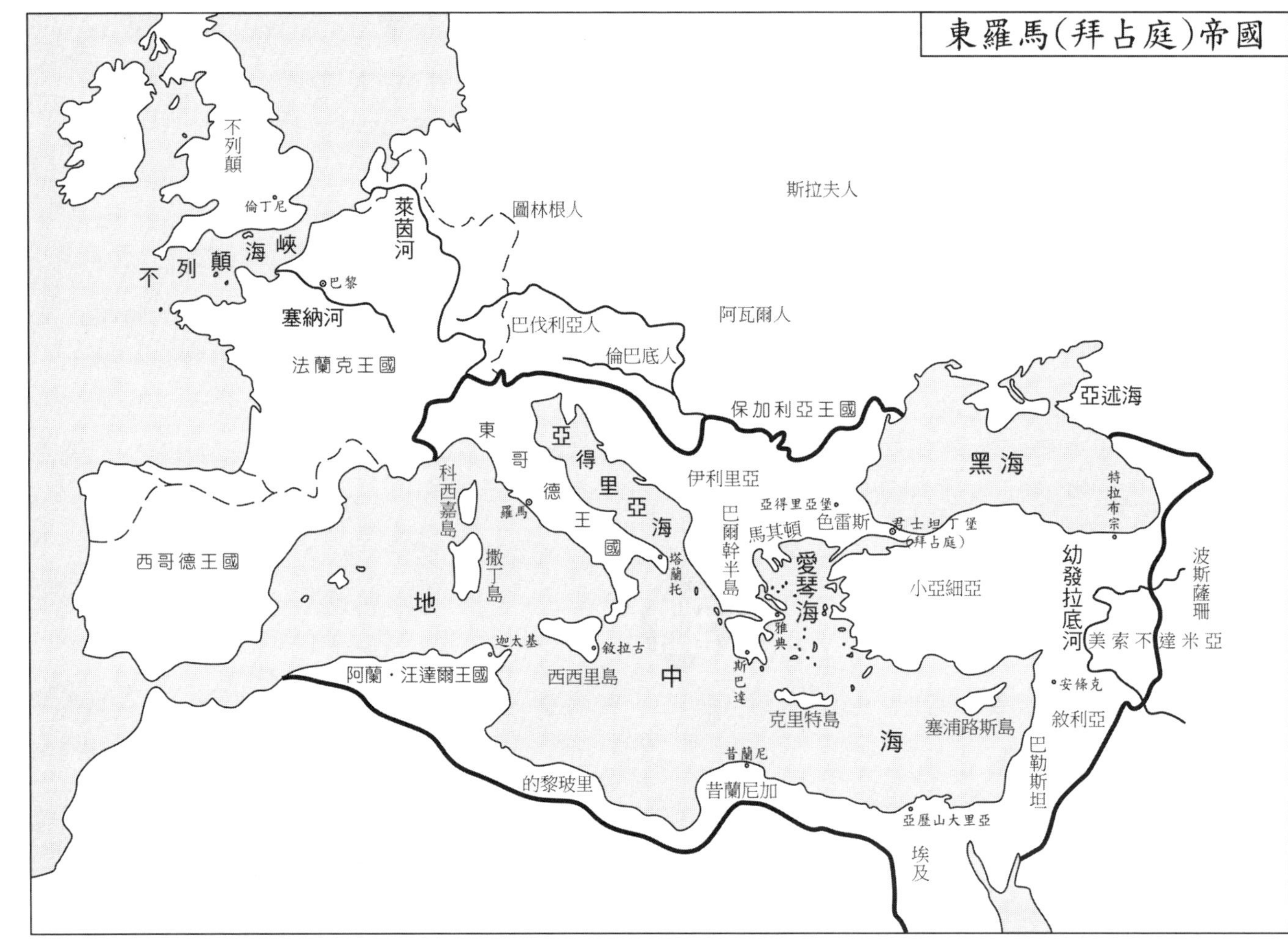
東羅馬(拜占庭)帝國
不列顛
倫丁尼
不列顛海峽
萊茵河
巴黎
塞納河
法蘭克王國
斯拉夫人
圖林根人
阿瓦爾人
巴伐利亞人
倫巴底人
保加利亞王國
亞述海
黑海
西哥德王國
東哥德王國
亞得里亞海
伊利里亞
科西嘉島
羅馬
撒丁島
地
中
海
塔蘭托
巴爾幹半島
馬其頓
色雷斯
亞得里亞堡
君士坦丁堡
(拜占庭)
特拉布宗
愛琴海
雅典
斯巴達
小亞細亞
幼發拉底河
美索不達米亞
波斯薩珊
迦太基
敘拉古
西西里島
阿蘭・汪達爾王國
克里特島
塞浦路斯島
安條克
敘利亞
巴勒斯坦
的黎玻里
昔蘭尼
昔蘭尼加
亞歷山大里亞
埃及

謝天謝地，西羅馬總算是死了，現在只剩東羅馬這一支了。要知道，花開兩朵各表一枝這種寫法相當於打仗的時候幾條戰線同時作戰，羅馬人習慣了，老楊卻沒這本事。

西羅馬滅亡的時候，東羅馬的皇帝叫芝諾，從狄奧多西將帝國正式分割那陣算起，芝諾是東羅馬第六個皇帝，都沒什麼大出息。但是，相比較西羅馬疆域內的遊人如織、硝煙滾滾，東羅馬的皇帝算是小日子非常平靜了。為啥同樣是羅馬，待遇差這麼多呢？這沒辦法，象徵著榮耀和權勢的羅馬兩個字，在蠻族看來，就是義大利半島那個羅馬城，東羅馬的君士坦丁堡雖然轉移了大部分的帝國財富，但是在精神上還沒形成特別的吸引力；加上君士坦丁堡這個位置太好了，三面臨海，只有西面是色雷斯平原，對當時以騎兵進攻的敵人來說，這裡的確易守難攻。

第二個東羅馬皇帝時期，君士坦丁堡的城牆被大規模加固，被周圍的蠻族稱為「攻不破的城池」。這道城牆後來都成了傳奇，不知道多少模樣各異的蠻族或者仇家忘牆興歎，然後落寞而歸。

因為以上原因，欺負東羅馬，基本都是小打小鬧，只要皇帝願意低頭，再花錢消災，基本都能過關，不像對西羅馬，一發動就是下死手。

哥德人幹掉了西羅馬，傳說東羅馬的某位君主私下跟蠻夷達成了協定，大約就是你們哥幾個在西羅馬的地盤上，愛怎麼玩就怎麼玩，吃好喝好，我們東羅馬絕對不插手，那塊地方我們不要了。

哥幾個需要零用錢，隨時過來取。這麼好的態度，蠻族也知道伸手不打笑臉人，況且這笑臉人也不是那麼容易欺負，所以東羅馬就這樣在西羅馬的毀滅中得以保存。

一般的開國之君都雄才偉略的，東羅馬第一個正式的君主就是個窩囊廢，搞壞了風水，以至於後面好幾任君主都扶不上牆。一個值得被記錄或者八卦的都沒有，我們在東羅馬這些無聊沉悶的帝王更替中行進，終於走到了西元五二七年，這一年，東羅馬史上最輝煌的君主，查士丁尼登基了！

查士丁尼出身低微，有個叔叔扶持。查士丁尼的叔叔叫查士丁，我們叫他老查，老查是個農民，大字不識，跟幾個哥們從了軍。地緣政治嘛，根據東羅馬的地理位置，他的主要的敵人和對手肯定是波斯帝國。老查體格剽悍，看著老實，於是被選入皇帝的衛隊參加戰鬥。近五十年的戎馬生涯打下來，老查成為皇帝衛隊的指揮官。根據之前我們讀過的羅馬歷史，都知道這個位置幾乎可以呼風喚雨。老查自然也沒有辜負這個安排，六十八歲那年，他穿上了紫袍，加冕為東羅馬帝國的皇帝。

老查沒文化，東羅馬帝國是以希臘為中心的，希臘在整個歐洲文明代表著什麼？當然是人文典範，所以，大家能想像一個文盲成為希臘的君主嗎？老查這個文盲非常徹底，據說他連自己的名字都不會寫，重要文件他只能蓋章。好在他有個大侄子，雖然也是個農民出身，但是受過完整系統的教育，算是個知識份子，於是，這個大侄子成為老查的左臂右膀，根據羅馬的傳統，這位小查自然也就成為老查的繼承人。

五二七年，老查宣布小查為共治皇帝，當年，老查就死掉了，四十五歲的小查成為東羅馬的君主，我們叫他查士丁尼一世，下稱查一。

根據老楊的八卦習慣，遇到非常精彩的皇帝，一般都是先說其文治武功，再挖掘其野史八卦。

小查皇帝不一樣，說他的故事，先要請出他的老婆，皇后狄奧多拉。不，說她是東羅馬皇后是貶低她了，實際上，她是東羅馬的共治君主，與小查同坐朝堂的。

這麼厲害的女人，武則天啊？她比武則天的人生精彩多了。先給大家介紹狄奧多拉出生時的東羅馬社會背景。

都知道羅馬人喜歡娛樂，比如看角鬥；希臘人也休閒，人家辦奧運會玩。反正不管是希臘還是羅馬，聚眾娛樂都是生活的重要部分。東羅馬兼容這兩家，在聚眾娛樂上當然也不落後。他們玩得更新潮，他們玩賽車！不是一級方程式，而是一種雙輪馬車，由四匹裝飾華美的駿馬拉著瘋跑。

希臘人參加活動，喜歡身體力行，羅馬人尤其是上層人物，自持身分，很少親自下場，張牙舞爪地給人看，所以賽車活動基本就是：上層人物出錢，下層人士經辦。

最開始的賽車比較簡單，一輛紅車，一輛白車，後來為了比賽好看，又增加了綠車和藍車。一有比賽就有「粉絲」，這個東羅馬最狂熱的運動更是吸引了帝國從皇帝到馬夫的所有人。漸漸的，喜歡某種顏色，支持某種顏色的車隊，因為共同的愛好走到一起去了，抱團甚至結黨，漸漸的，綠黨和藍黨的勢力越來越大了，社會各階層都加入其中，律師肯定不會和殺豬的進入同一陣營，慢慢地兩黨就成為一些特定階層的結合體，有點現代黨派的意思了。

不同的政黨罩著不同的階層，綠黨是比較低層階級的代表，而藍黨則以政客貴族居多。比如馴獸師這個行業就是屬於綠黨的。都知道鬥獸是羅馬傳統文化，照顧野獸也是個非常體面的工作，比現在馬戲團的地位高多了。我們的女王狄奧多拉出生在一個馴獸師的家庭，她父親是馴熊的！

熊師傅生了三個閨女，各個如花似玉，狄奧多拉是二小姐，挺好的一家人。不幸的是熊師傅在大女兒七歲的時候就死掉了。馴熊在當時是份美差，薪水福利都挺優越，熊師傅一死，覬覦這個職位的人不少。熊太太趕緊地找個男人再婚，想達到繼承老公事業的目的。不過呢，哪裡都有腐敗，負責這個人事安排的綠黨官員將這個職位給了別人。熊太太覺得自己孤兒寡婦，不能被白欺負了，所以找了個公共場合，帶著三個女兒，打扮得孤苦伶仃的，希望善心人士給她們一個說法。誰知明明應該保障她們的綠黨採取了無視的態度，非常冷漠，反而是藍黨覺得她們可憐，給熊太太一家安排了適當的職位。這些人情冷暖被清晰地記在狄奧多拉幼小的心靈裡，待到後來登上大位，童年的這段回憶影響了她很多決定。

三個女兒陸續長大，對這三個全無背景的孤女來說，美貌是她們唯一的前途。先是大小姐成為羅馬當紅的交際花，狄奧多拉一直在大姐身邊充當丫鬟，等她自己進入花樣年華，也一樣開始拋頭露面，自動進入了娛樂圈。

做演員，狄奧多拉比較冷門，既不唱歌也不跳舞，玩樂器也不拿手，只好走了一條丑星的路線，那就是演默劇出洋相。因為她本身是個美女，她一搔首弄姿，就是一種赤裸裸直觀的性感，羅馬人在私生活方面，從來不裝十三（**注：假裝顯得比別人有品味、有學識的樣子**），看到這樣一個尤物，當然就競相親近，狄奧多拉很快就豔名遠播了。

即使是羅馬，這樣玩久了也會搞壞名聲，狄奧多拉感覺到輿論壓力，有心從良，跟了一個小官員到了外地，沒想到這個小官員時間長了還嫌棄她，狄奧多拉成為棄婦。要養活自己，只好做些不要本錢的生意，還因為不小心，生出一個私生子。這一段，狄奧多拉十分窘迫，費了好大勁回到君士坦丁堡，決定收斂一下，找了個地方低調過日子，靠紡羊毛維持生計。

所謂聲妓晚景從良，一世煙花無礙。狄奧多拉這樣的女人突然安分守己了，會讓很多男人感動，即便是不施粉黛，她也是君士坦丁堡最美的紡織娘，很快地落入了當時的查士丁尼大公眼中。

大家都知道羅馬夠亂的，可不管私底下怎麼亂，表面功夫還是一本正經的。羅馬法明文規定，曾經做過娼妓的女人是不能跟元老院議員結婚的！查士丁尼完全可以把狄奧多拉當情婦養著，誰知他是真的動了情，他非要娶她過門。終於等到自己說了算的時候，他藉他叔叔的名號頒布法令，廢除了上面那條羅馬法。並規定，娼妓只要真心悔改，跟誰結婚都不能攔著！法令一問世，狄奧多拉就經過一個盛大的婚禮成為準皇后。查士丁尼還是覺得給老婆的不夠，所以登基那天，他讓老婆一起坐上了皇位，整個東羅馬大地的所有官員子民向兩個皇帝宣誓效忠！

狄奧多拉這樣成為女皇，所有人都為她捏把汗，不會是查一被下了降頭了吧？很快，女王就向所有人證明，她無愧於她的位置。

話說東羅馬帝國的藍綠兩黨互相看不爽，可惜當時的「粉絲」沒有網路這個平臺可以發帖子對罵發洩，也沒有海報可以潑墨，所以賽車場就成了是非之地，仇家相見分外眼紅，每次看比賽都有人暗藏利刃，有人死於非命，一場賽車下來，比遭遇恐怖襲擊還凶險。

這兩黨的爭執越來越大，簡直就是當時東羅馬主要的社會矛盾了。藍色代表大海，代表著冒險，最初的成員是海員，後來吸收了市民、貴族、議員等，因為階級的關係，他們支持皇帝、支持中央集權，宗教信仰上、他們信奉傳統的基督教；而綠色代表著大地，原來的成員主要是農民，後來東部的一些富商加入了這個陣營，他們希望的是更多的自治權利，而且信奉基督教中一個極端的教派，叫一性論（傳統的基督教認為基督耶穌同時兼具神性和人性，一性論認為基督只有神性這一種性情）。

社會階層不同，政治傾向不同，連宗教信仰都不同，所以一組團，他們的爭執內容顯然就不會僅僅限於賽車這點小事了。每到雙方有爭拗，從查一的角度當然是希望一碗水端平，可女王不幹，綠黨欺負過我，老娘現在翻身當家作主，縱然不會公報私仇，想我對你們笑臉相迎也是不可能的。在性格上，狄奧多拉更強勢，漸漸地所有人都感覺到兩位皇帝明著暗著總是有點偏袒藍黨。

查一登基後的第五年，慶祝一個元月的節日，照例齊聚賽車場狂歡。東羅馬的賽車比賽，一般都是帶著悲壯的心情去的，因為隨時要預備罵街幹仗甚至犧牲。比賽進行得差不多，藍綠兩邊的對罵又開始了。這次因為男女皇帝都在座，綠黨罵街就找到了新目標，他們指責皇帝公開偏袒藍黨，藍黨看聖上受辱，即刻跳起來反擊，照例又發展為群毆。這事讓查一很悶燥，朕要是喜歡看角鬥來賽車場幹嘛啊？朕要退票！藍綠都有錯，況且也不能讓綠黨看著朕偏袒，兩邊各抓幾個帶頭的，絞死！

前幾個人都被絞立決了，到最後兩個人，邪門的事發生了。繩索套上這兩個人的頭，一拉，繩子斷了，兩個人摔在地上；換根繩子，再拉，又斷了！再換，又斷了！這個事按我們理性的思維考慮，自然是為皇家行刑隊提供上吊繩的供應商以次充好，讓政府買了假冒偽劣的繩子。但是東羅馬帝國的同志們沒咱們理性，他們馬上想到，這怕不是某種神的啟示吧？正好，這兩人一個是綠黨一個是藍黨，於是兩黨都一哄而上，把這兩個傢伙救下來帶走了。可憐這兩個娃，逃過了死刑，受了嚇刑，小命雖然在，膽肯定破了。

這時藍綠兩黨突然找到同病相憐的感覺，他們覺得自己都委屈，都被欺負了，所以決定聯手找皇帝算帳。他們大喊「NIKA」（希臘語，勝利的意思）包圍了皇宮，於是歷史上這場著名騷亂就被稱為

「尼卡暴亂」。老楊到現在也不是太搞得清這場暴亂主要是訴求什麼，剛開始好像是希望皇帝赦免這兩個犯人，判人家四次絞刑太不人道了，後來又說要罷免皇帝的左右手，當時的首都市長，亂七八糟要求了很多事。想必就是難得包圍了一次皇宮，威脅了一次皇帝，最大化主張自己的權益。

查一被圍在宮中一籌莫展，宮外的亂黨可由不得他運籌帷幄，他們開始放火了。元老院，聖索菲亞大教堂等標誌建築全被點著了，燒了半條街；接著，有個傢伙從家裡被稀裡糊塗地拉出來，又被稀裡糊塗地帶上一個金項圈，街上的人群號稱，這位是他們的新皇帝！這位被皇冠加頭的傢伙是誰呢？他是查一叔叔之前那個皇帝的侄子！看明白沒，老查拿了人家的皇位，這位大侄子可是天潢貴胄，皇室正統呢。

君士坦丁堡作為一個首都，地理位置得天獨厚，尤其適合逃跑，當年建城的時候，皇宮就建了水道與大海相連，皇帝的龍船停在皇宮門口，從宮內就可以直接上船出海，想去哪去哪。查一看著連新皇帝都被選出來了，凶多吉少，收拾細軟，趕緊逃吧。

這時狄奧多拉拉住了他，這個出身卑賤的女人說了一段話，成為世界歷史的名言，可與任何一個聖君猛將的豪言壯語媲美，原文摘錄如下：

哪怕只有逃走才能安全，我也不會離開。人在出生以後都不願去死，但是在上位的統治者失去榮耀和權力，就不應該苟且偷生。我祈求上蒼，別讓人看見我失去冠冕和紫袍，哪怕是一天！要是人們不再尊我為女皇，那時我寧可見不到陽光。聖上啊，如果你決定逃走，你還擁有財富。看大海上，你還有如此眾多的船隻。對君主而言，最可怕的事莫過於求生的欲望，會讓你陷入可憐的放逐和羞辱的死亡。在我來說，我只相信一句古老的諺語：「皇座是最光榮的棺槨」！

女王的鎮定和堅強讓男人們腦子頓時清楚了，查一也感覺到了羞愧，找回了一個君主應對危機該有的狀態。他先是遊說了原先比較忠誠的藍黨，讓他們感覺到自己會與綠黨結夥鬧事絕對是腦子進水了，然後，召集他手下剛與波斯征戰過的士兵開進市區平亂。幡然悔悟的藍黨加上查一的衛隊對暴亂人群進行了血腥清洗，大約有三萬人丟了性命。不管有多慘，好在是平息了。

這次事件過去，賽車場由是非之地變成了傷心之地，好長時間都沒人去玩了。事件收穫最大的是女王，關鍵時刻，她性格上的堅毅果敢正好彌補了查一的懦弱和優柔，很多人都覺得，這樣兩個王，還挺相得益彰的。

2

查一在歷史上很出名，他出名的原因肯定不是找了個曾經是妓女的厲害老婆。查一一生最大的成就，就是組織一個委員會，系統編撰羅馬帝國的法典，也就是著名的《查士丁尼法典》。這是歷史上有基石地位的一部法學文獻，也是歐洲第一部系統完備的法典，是後來歐洲各國立法的基礎，縱然是查一在位什麼事也不做，這部偉大的法典都可以讓他進入對世界歷史影響最大的帝王之列，查士丁尼因此被稱為「歐洲法律之父」。

法典裡有個很重要的內容，就是第一次提出了君權神授，「皇帝的意志就是法律的本源」，告訴所有臣民，什麼是守法，順從君上就是守法，既然一切以皇帝說了算，羅馬傳統的執政官角色就多餘了嘛，還浪費納稅人的錢，這個職位撤掉了吧。從這時起，羅馬的老百姓終於跟其他地區的老百姓一樣了，天下之大，莫非王土，率土之濱，莫非王臣，羅馬帝國那麼多君主，混到查一這輩，才真正找到當皇帝的感覺了。

原來說過，昏君一般的判詞都是：大興土木，窮兵黷武。這兩條，查一都有。我們可以說，不懂得開疆闢土的君主，就不配在羅馬做君主，在這點上，查一無愧於羅馬皇位上的列祖列宗。因為登基伊始，他想的事情就是：打出去！

打誰？當然是「二次征服」，拿回被蠻族佔領的羅馬土地，恢復羅馬帝國昔日的版圖！這個理想誰聽了不熱血沸騰啊，查一腦子很清楚，向西征討，最怕有人在背後捅刀子，而且他家肯定會捅刀子，因為它是東羅馬的宿敵，薩珊波斯帝國。

根據我們對羅馬歷史的了解，安息帝國一直是羅馬的死敵，還記得三巨頭之一的克拉蘇在安息手下吃了大虧的事吧。薩珊波斯取代安息後，這個恩怨也跟著繼承下來了，而且現在波斯和東羅馬帝國，還有些領土糾紛呢，這兩家都想把持東西方的商道，尤其是絲綢之路西段的歸屬。

查士丁尼登基的當年就開始部署對波斯的戰爭，上帝對他不錯，不光給他一個好老婆，還送給他一代名將，也就是貝利薩留。少年英雄，帶兵東征的時候，小貝芳齡二十二。

簡化一下小貝在波斯的工作吧，大戰有兩場，小貝駐守東羅馬重鎮德拉，手下有二萬五千名羅馬軍隊還有些良莠不齊的雇傭軍，波斯大軍精兵四萬來攻，小貝出動了新開發的重裝騎兵，取代傳統的羅馬軍團戰陣，擊潰了來勢兇猛的波斯軍隊。第二年，小貝轉戰敘利亞，不過這一輪他輸了。

對查一來說，東征波斯的目的不是為了征服對方，只為打出威風，以獲得和談籌碼。小貝顯然是很好地完成了這個任務，波斯人發現就算打贏了，也佔不到大便宜，算了，省省吧，只要東羅馬願意出錢，咱們兩邊就一起收工放假。黃金一千磅，波斯收到後就下班休假去了。

小貝可沒有假期啊，查一給他最重要的任務是西征，收復羅馬故土。羅馬的故土上全是蠻夷，先拿誰家開刀呢？正好，北非的汪達爾人給機會了。

趁著所有的蠻族在羅馬大地上狂歡，汪達爾人四三九年攻陷迦太基，建立了汪達爾——阿蘭王國。隨即建立強大的海軍，並趁亂佔領了西西里島、薩丁島、科西嘉島和巴利阿里群島。四五五年，他們甚至劫掠了羅馬。後來還打退了東羅馬的一次入侵，無奈之下，東羅馬承認汪達爾——阿蘭王國，而汪達爾人則很客氣地承認東羅馬帝國的宗主地位。這以後，雙方相安無事的。

話說查一這一段，汪達爾人的國王是個親羅馬派。查一自己是個虔誠的教徒，汪達爾這個國王也深諳聖意，在自己的國家推廣傳統基督教。但是汪達爾人原本是信仰基督教的阿里烏教派的。

基督教早期，因為理解的誤差，有不少說不明白的教派，我們不研究這個阿里烏教派和傳統教派到底什麼抵觸，但是宗教信仰這東西總是很難妥協的。國王要強行干涉百姓的信仰，汪達爾人不幹。於是，汪達爾人直接罷黜了國王，丟進監獄，扶持了國王的堂弟傑利莫。查一多次警告讓他們恢復老王的王位，人家不搭理，行，有理由揍他們了。

小貝太忙了，一邊整兵預備出征，一邊在首都還要幫忙平亂。上篇說的尼卡暴亂，就是因為小貝率兵出手，才讓查一躲過一場大劫。

五三三年，東羅馬六百艘戰艦整裝出發，兵馬並不多，小貝共帶了一萬六千人的軍隊。正如老楊常說的，打仗跟打牌一樣，手氣相當重要。這次出兵，雖然東羅馬勞師遠征沒有地利，但天時和人和卻是一個不缺。

小貝採取的辦法是偷襲，這支艦隊安靜地沿著地中海北部海岸航行。正好當時佔領了義大利的東哥德王國和汪達爾國有矛盾，東哥德人誠邀東羅馬人在西西里島上他們佔領的區域補養，然後又悄悄越過海峽，潛伏在汪達爾的海岸。

汪達爾人此時完全不知道一隻猛獸已經靠近了家門。東羅馬同時挑唆被汪達爾佔領的薩丁島造反，傑利莫派出精銳，去薩丁島平亂。派出去的精銳當然是艦隊，如果不是他們離開，很難想像小貝如何進行一場激烈的海戰，最後還要登陸。

踏上了汪達爾大陸的東羅馬軍隊就不太容易對付了，顯然在打仗方面，傑利莫不論是技術素質還是心理素質都差太多了。他採用了一個分兵三路迎擊羅馬軍隊的戰法：派弟弟帶兵正面迎接羅馬前鋒，派侄兒騷擾左翼，自己帶兵操後路。聽上去不錯，不過太超前了。這種打法最重要的是三隊進攻的一致性，三股力量同時出擊才容易讓對方首尾不得相顧，最後被打散。可惜當時既沒有對講機也沒有電話，連電臺都沒有，通訊基本靠吼，既然是伏擊，也不好扯著嗓門鬼喊鬼叫吧。三支軍隊彼此不能聯繫，以至於前兩路基本是陸續出現在羅馬人的視線裡，讓小貝非常輕鬆地各個擊破。傑利莫完全不知道前兩路人馬已經被幹掉，還一往無前地從後方插進了羅馬戰陣，羅馬人冷不丁被打了屁股，一時間還頗為慌亂，眼看傑利莫就能有所作為。誰知，汪達爾的軍隊馬上看到了一個駭人的畫面，傑利莫突然一屁股坐在地上，抱了具屍體，拍著大腿哭爹喊娘！

原來，他們正好進入了傑利莫的弟弟伏擊失敗的陣地，他抱的屍體就是他的弟弟。此時傑利莫完全忘記了自己是個統帥，而且還在戰場上，哭完了他居然還開始安排治喪了！汪達爾軍隊發現老大這個熊樣，自然也跟著崩潰了。這一下，小貝的軍隊立即反手還擊，射門得分！

小貝輕鬆佔領了汪達爾的首都迦太基，傑利莫召回發往薩丁島平亂的人馬，也組織了幾萬大軍反攻。汪達爾人幾倍於迦太基的羅馬軍隊，雙方在特里卡麥倫決戰。小貝將他手上的羅馬騎兵用得出神入化，這場汪達爾的滅國之戰一點都不慘烈，最後傑利莫敗逃，戰爭結束時戰場上兩軍陣亡的人還不超過一千人。

小貝夏至前後從君士坦丁堡出發，九月登陸，十一月結束戰鬥，滅掉一個國家花了兩個月時間，效率之高，令人驚歎。第二年，走投無路的傑利莫對小貝投降，小貝帶著戰俘和汪達爾國庫的財富班師君士坦丁堡，接受了一個浩大的凱旋式。要知道小貝不僅是東羅馬第一個獲得凱旋式的將領，兩邊羅馬都有好一陣子沒玩過這個了，當時查一還沒裁掉執政官這個職務，於是小貝自然成為下一任執政官。

北非拿回來了，查一下一個目標是拿回義大利，小貝下一個敵人是東哥德人。不能師出無名，東哥德人非常配合地給了東羅馬出兵的藉口。東哥德的攝政太后被殺了！這位太后不是別人，正是當年被東羅馬的芝諾皇帝派去義大利的狄奧多里克的閨女，她為他十歲的兒子攝政。兒子死後，太后擔心自己的地位不保，私下跟查一聯絡，尋求庇佑。結果還沒來得及談好細節，她就被自己的表兄弟軟禁，隨後被勒死在浴室裡。就為這個事，東羅馬擺出一副替太后出頭的面孔殺進了義大利。

五三五年，小貝從北非回來的第二年，又出差去了。對東哥德的戰役就沒有北非輕鬆了。剛開始還挺順，登陸的次年，東羅馬就收復了淪陷六十年的羅馬城，無奈羅馬軍團會打不會守，光復了也不知道安撫當地居民，導致東哥德人不斷造反起義，尤其是東哥德軍事長官維提吉斯取得王位後，更是非常聰明地煽動波斯軍隊進攻君士坦丁堡，希望讓東羅馬分兵回去。

查一再次暴露了他野心勃勃卻又懦弱膽小的性格，他不僅急召小貝回國駐防，還私下跟東哥德的國王達成協議，預備以波河為界，東哥德人和東羅馬人劃江而治，將義大利分吃了。誰知，小貝根本不接受這道聖諭，五三九年，國都拉文納被團團圍住，城內已經出現饑荒，小貝知道再堅持一陣就能讓東哥德徹底投降。

面對小貝這個死心眼，維提吉斯想了另一個辦法。他覺得既然小貝會抗旨不遵，搞不好是揣著不可告人的政治企圖，於是他提出將東哥德的王位讓給小貝，以換得國家得以保全。小貝還真答應了，說是馬上進城加冕。東哥德人趕緊打開大門迎闖王，小貝毫不客氣地佔領了這裡。除了把維提吉斯抓起來，還少不了大肆劫掠一番。國都失陷，其他的城市也就輪流投降了，東羅馬在形式上收回了義大利。

小貝推遲東哥德的王冠不受，其實是個很忠誠的動作，可在查一眼中這個事就是敲響警鐘了。這頂皇冠小貝沒接收，下一頂呢？如今小貝的戰功顯赫，威震八表，萬一這小子突然有啥別的企圖，天曉得會發生什麼事呢？召回來，讓他繼續打波斯，波斯反正是啃不動的，正好把這傢伙牽制在那裡。

要說小貝這個人，能打在羅馬史上有名，忠誠更是有名，忠誠到一定的程度吧，就讓人感覺有點犯傻。細算羅馬史上那些軍閥、將領，如果是有小貝這樣顯赫軍功的，誰會願意受皇帝的鳥氣，早就拉山頭獨立了。小貝不但沒有謀反的念頭，他受查一的猜忌排擠甚至下黑手都還甘之如飴。

小貝任勞任怨地跟波斯人陷入拉鋸戰。義大利那邊佔領得並不徹底，負隅頑抗的東哥德貴族眼看著東羅馬跟波斯人玩得起勁呢，趕緊出手，羅馬城又被他們佔領了，而且他們還擁戴了一個很有能力的新國王，托提拉。

東羅馬把自己陷在東西兩線作戰的窘境裡，查一堅持自己的思路：波斯是對手，打不贏慢慢打；而義大利則是別人搶了自己的東西，一定要拿回來！所以波斯戰爭打到一定的程度，只要能和談，查一總是非常痛快地遞上金子，買一段時間的平靜。小貝又給拉出來，被派去義大利。

這次小貝再去義大利可沒有查一殷切的送行目光了，查一此時又想馬兒跑又想馬兒不吃草，他不得不使用小貝，又想限制他。

這次小貝出征，帶出去的人馬少得可憐，他知道自己的實力連登陸作戰都危險，所以只好騷擾沿海並要求援兵。援兵肯定是沒有的，要能給你還不早給你了嗎，這樣拖著對誰都沒好處，不久，查一將他召回君士坦丁堡，讓他賦閒在家。

過了一陣，東羅馬帝國受到斯拉夫人和保加利亞人的進攻，小貝又被找了出來。靜如處子動如脫兔，閒著時無聲無息的，一上戰場就雷霆萬鈞。這兩股人馬很快就被趕出去了。

現在小貝有任何戰功，查一都是麻木的，你幫我打仗是應該的，我收拾你也是應該的，所謂君讓臣死，臣不得不死嘛。不久後，查一用一個莫須有的罪狀來表彰小貝了，說他疑似謀反，還貪污。這個罪名在中國肯定是抄家滅族，查一人性多了，抄家就行了，人就不殺了吧。小貝征戰連年，過手的財富無數，他作為一個羅馬統帥，往自己家搬一點也無可厚非，所以查一這次抄家發了筆小財。根據野史記錄，查一雖然沒殺小貝，但是弄瞎了他一隻眼睛，讓他乞討終老。五六五年，羅馬帝國史上好久不見的名將貝利薩留在落寞中死去。

查一和小貝這對著名的君臣有點奇怪的緣分，查一娶了個妓女，而小貝的老婆也是野史女主角。小貝天縱英才、少年得志、儀表堂堂，無論是北非、義大利還是西班牙，他都是一個征服者，他征服的不僅是對方的軍隊，當然也順帶征服敵方的女人。可不論是何地的美女對他投懷送抱，他都坐懷不亂。他打仗將老婆帶在身邊，對老婆的忠誠還大於他對查一的忠誠。

對老婆忠誠放在哪個國家都是好男人的標準，可小貝卻是所有人的笑柄。小貝的老婆叫安東尼娜，媽媽是妓女，爸爸是賽車手，有過婚史和一個兒子。這位貝太太的媒體曝光率絕對在英格蘭那位貝太太之上，而且所有的新聞幾乎都是她亂搞男女關係。對於老婆所有不忠的指控，小貝一概拒絕相信。這，讓我們不僅遙想到羅馬帝國史上最著名的哲學家皇帝奧理略。總懷疑自己老婆出軌的男人固然是可恥的，老婆已經出軌還盲目自信的男人則是可悲的。

小貝的一生，是悲壯的一生，他無限忠誠的君上懷疑他，他無比摯愛的老婆背叛他，他在戰場上混不畏死，可對這兩件要命的侮辱，他全都平靜地接受。看著小貝遠去的身影，老楊很無語……

3

剛才說到東哥德托提拉再次興兵，小貝被召回，那義大利的戰事怎麼辦呢？查一這段專出人傑，你看，妓女和蕩婦都精彩吧，還有更神的，就連後宮的太監都是英雄！代替小貝出征義大利的，就是一個宦官，一個以名將姿態留在歷史上的宦官——納爾塞斯。

相比較小貝的高大英俊，納公公又老朽又瘦小。他雖然貌不驚人，情商卻是一流的。作為查一的主管太監，他能當皇帝一半的家，另一半當然是皇后當家。納公公最大的特點就是為人慷慨，沒事喜歡給人錢，隨身帶大量銀票，碰到大臣侍衛見面就發。所以納公公在京城，人緣相當好，人氣相當高。

查一實在找不出人來了，決定讓納公公帶兵，會不會打仗不知道，反正查一就是信他。納公公出征不是小事，他對皇帝說了，「像小貝那樣寒酸的配置，咱家肯定是不能去的，陛下看著辦吧。」查一不敢怠慢，在不影響帝國防禦的前提下，幾乎調用了全羅馬的軍事資源，絕對是小貝想都不敢想的隆重其事。納公公比小貝還有一個優勢，小貝治軍是以軍紀約束，納公公不用，一聽說他要帶兵打仗，多少貴族子弟上趕著要求參軍，軍隊中的軍官士兵都知道這老爺子重情義，跟他不會吃虧，都死心塌地願意給他賣命呢。

納爾塞斯沒有讓人失望，他主持的那場大戰就是著名的塔吉納戰役。老楊寫歷史，總是迴避戰爭過程，怕女讀者覺得無趣，但是對於查一這段的征服戰，老楊還是願意詳細描述，因為太有看點了。而這個塔吉納戰役，就是古代戰史上很好看的幾場表演之一，說它是表演，一點都不誇張。

納公公有頭腦，從出發開始，他就放棄了小貝一貫的航線，他繞道登陸，甚至冒險穿越了當時羅馬的仇家法蘭克人的領地。托提拉在港口嚴陣以待，結果他設防的碼頭沒有見到東羅馬的戰艦，東羅馬軍隊神奇地出現在身後。納公公佔得了先機，在亞平寧山脈中部的一個叫塔吉納的村子，兩軍相遇，各布戰陣預備開打。納公公出征的時候，已經年近七旬，有著一個老人家的沉穩和謹慎。在塔吉納兩軍對陣時，羅馬的軍隊遠多於東哥德的軍隊，可他就是不願貿然出擊，排好佇列，等待東哥德先動手。

東哥德打架平時挺虎的，不太猶豫，這次比較奇怪，他們也遲遲不動手。不但不動手，戰場上還出現了很驚人的一幕。東哥德的國王托提拉換了一身黃金盔甲，披著紫袍，騎了一匹裝飾得花裡胡哨的戰馬，跑到兩軍中間的空地上開始表演馬術！一會馬上翻飛，一會凌空耍大刀，一會跳街舞，一會民族舞，要不是找不到捧哏的，他估計還想說相聲呢。看得出，托提拉陛下相當有文藝天賦。老楊此時想，如果是小貝那樣的將領看到這個畫面他會怎麼處理呢？以他的剛猛，估計由不得托提拉把全部表演完成，要麼大軍呼嘯而去，要麼會派狙擊手一箭將他射個對穿，最友善的反應也應該是射死那匹戰馬，讓托提拉摔個四仰八叉吧。納公公什麼都沒做，老成持重的人就是不一樣，老人家非常淡定地看演出，偶爾還跟著打拍子。

終於表演完了，托提拉達到目的了，他出賣色相，以帝王之尊給東羅馬將士來了一場即興表演，目的就是等兩千騎兵過來與大軍會合，等他看到騎兵終於到達，趕緊回去換掉戲服，開始進攻。

不管知不知道托提拉這套拖延把戲，納公公都不需要有任何反應，因為實力強太多了，尤其是經過幾輪大戰，羅馬軍團中的重裝騎兵越打越順手。最關鍵的是，開打之前，納公公已經向所有將士展示了一把銀票，很明白，打贏了這筆錢大家花差花差，這實在是最刺激的戰前動員了，羅馬人士氣如虹啊。

哥德兵衝進了東羅馬的「月牙」戰陣，中間不能突破鐵甲錚錚的重裝騎兵，兩邊的羅馬射手箭矢如蝗，哥德兵掉頭想跑，又遭到無情地追擊，托提拉當場被刺死。納公公會伺候主子，他第一時間將東哥德王帶血的長袍快遞給查一，聖心大悅。

納公公再次收復了羅馬。可憐羅馬，在查一任內，一會被光復一會被佔領前後易手五次，算上之前被各色人等一輪輪的佔有蹂躪，啥樣的城池能禁受這樣的折騰啊。

五五三年，東羅馬在維蘇威火山一帶將最後集結的東哥德死硬分子消滅，這一次，東哥德國家徹底滅亡了。而東羅馬歷時十九年，在兩位名將共同的努力下，義大利終於重新回歸羅馬的版圖。

除了幹掉汪達爾國和東哥德國，查一還遠征西班牙，去西哥德人的地盤插了一腳，佔領了人家的東南部地區，包括直布羅陀海峽。

總之，查一任內，恢復了大半曾經的羅馬版圖，雖然整個帝國為這些征戰付出了巨大的代價。遠距離打仗已經夠花錢了，查一還是個喜歡搞基礎建設的皇帝。他信仰虔誠，所以最愛建教堂修道院，以及配套的設施。現在的伊斯坦布爾有無數著名景點，最亮麗醒目的還是聖索菲亞大教堂。

聖索菲亞大教堂初建於君士坦丁大帝，尼卡暴動時被燒毀，就是查一徵一萬民工，三十二萬黃金，花六年時間重建的。美侖美奐不用說了，最特色的就是內部用馬賽克拼出的壁畫，雖然是聖經的故事，卻能看出很多歷史線索，因為東羅馬帝國又被稱為拜占庭風格建築的傑出代表，影響了後來歐洲很多建築風格。君士坦丁堡後來被穆斯林佔領後，聖索菲亞大教堂被改成清真寺，這恐怕是地球上唯一一個由基督教堂改建的清真寺，穆斯林都不忍心推倒重建，可見聖索菲亞教堂華美程度。現在聖索菲亞教堂是基督教和伊斯蘭教共有的博物館，歷史文化價值非常高。

為了防範匈奴人、波斯人、斯拉夫人等等對東羅馬的進犯，查一在防禦工程上花錢就更多了。原來羅馬帝國為了防範日耳曼人，也就是蓋了五十座城堡連接成國界牆，查一很膽小，邊境行省造了各種碉堡幾百個，不能不說，這些密集的防禦工事也阻擋了敵人進攻的野心。

對一個皇帝來說，基礎建設和用兵是雙刃劍，明君和昏君都可以用這兩件事作為標準。從我們局外人的角度看，這兩件事查一都幹得漂亮，不愧是東羅馬帝國的千古一帝，但如果我們君士坦丁堡的居民，恐怕就不會這麼說了，因為這兩件事產生的直接結果就是，國家越來越窮，老百姓的生活水準不斷下降。而之前說的尼卡暴動，其根源也在查一的揮霍無度，據說查一死的時候，不少君士坦丁堡的居民上街歡慶。一個帝王的功過真是不好評說啊。

查一的故事還沒完，他還有件跟中國很有關係的軼事。

像查一這樣花錢，多少錢都不夠用。東羅馬控制著東西方的商道，按說利潤也不錯，但是查一很快發現，最賺錢的生意他插不上手，什麼呢？不是販毒，是販絲，也就是中國絲綢。

中國人最聰明的事之一就是養蠶吐絲，南北朝以前這項技術絕對是世界上最尖端的科技之一，絲綢自從進入歐洲，就讓他們瘋狂了，穿慣了麻衣，居然還有一種布料能這樣的柔滑，這樣的飄逸。中國人知道這東西會嚇死老外，所以很長一段時間，絲綢到底是怎麼來的，是個國家級的機密，西方人一直認為有一種會長出絲的樹。華夏各朝只許出口絲成品，不准任何人將蠶卵帶出國境。就因為這樣的保護，絲綢成為頂級奢侈品，一磅絲綢進入歐洲絕對能賣出同等重量黃金的價格，而這門生意長期把持在波斯人手裡。查一總是和波斯人幹仗，和真絲的貿易是有很大關係的。

有一天，有兩個印度和尚求見查一，他們自稱曾經在中國的南朝梁國打工，大家知道，梁國在江蘇這一帶，正是蠶桑重地。印度和尚告訴查一，絲是一種叫蠶的東西吐出來的，而那棵樹，是蠶的糧食，叫桑樹。這個事技術門檻並不高，只要查一給的工錢合適，兩個和尚就去中國出趟差，把蠶種和配套的技術給弄過來。查一感謝了幾萬次上帝，催著印度和尚趕緊出發。

南朝時期佛教盛行，兩個和尚裝模作樣的，誰知道他們是商業間諜。他們想學養蠶繅絲，自然有人趕著教這兩位天竺高僧。所有該學的都學會了，大和尚開始偷東西了，這些行腳僧不都喜歡拿個竹杖嗎，這些蠶卵就被仔細地藏在手杖裡。可憐當時的中國南北朝一片混亂，誰還管這事啊。兩個間諜全套把式都會，偷東西、走私、銷贓一條龍。

西元五五二年，查一大喜過望地收到了這份金貴的禮物，中國的蠶寶寶就這樣開始在君士坦丁堡吐絲了，被中國人壟斷的千年技術稀裡糊塗就失去了。不久，君士坦丁堡成為了西方的蠶絲工業中心。

查一在位，事太多了，他有個外號叫「永遠不睡覺的皇帝」，除了他自己折騰出來這麼多事，君士坦丁堡還發生過一次地震，引發了一次大規模的鼠疫，當時死人無數，一次減少了三分之一的人口，慘狀難以想像。

查一的故事就到這裡吧，老楊已經揀最要緊的說，還是寫了這麼長一篇。

4

因為出了查士丁尼這樣一位千古一帝，後來的史學家認為，這時的東羅馬帝國已經非常獨立而且強勢的存在了，為了讓這個帝國跟之前的羅馬帝國分得更清楚，從此時起，我們應該稱它為拜占庭帝國。叫這個名字是為了尊重本地的主流希臘文化，因為君士坦丁堡修建的這個地方，原來是一座希臘的城市，名叫拜占庭。我們尊史學慣例這樣叫，君士坦丁堡的居民肯定不爽，他們當然要堅持自己是羅馬人。

查一和狄奧多拉沒生出孩子來，侄子侄女侄孫之類的倒是一堆，繼承人就在其中了吧。最讓老楊恨的是，這麼多侄子偏偏挑了一個叫查士丁的！各位看清楚了，他跟查一的叔叔同名，叫查士丁，查一是查士丁尼。

寫歐洲歷史，這種同名的帝王更迭最讓人傷神，別說大家有時看不明白，老楊自己都不太能寫明白！真希望穿越回去，告訴歐洲人，學習日本人那樣取名字，什麼龜田、犬狼之類的，多麼容易識別啊。

恨沒用啊，老楊也干預不了拜占庭的皇帝登基。這夥計現在是查士丁二世，可我不能叫他查二，因為以後會有一個君主是查士丁尼二世！暈死！

查士丁二世應該是狄奧多拉的侄子，雖然名字討厭，人卻是不錯的。他接受了一個被嚴重透支的朝廷，查一為了打仗，跟老百姓借了不少錢，大約還打了白條子。查士丁二世登基後，他做了一件很了不起的事，在橢圓競技場，新皇帝招來了一隊挑夫，背著成袋的黃金，就地還債，兌現白條，那些債主早就對這些錢失去希望了，居然又能收回來，其欣喜可想而知了。

查士丁二世承諾給所有人一個公正而仁慈的政府，他努力想做到，不幸這樣一位仁君並不適合這個亂哄哄的內政外交形勢。國內的問題當然不是送幾袋黃金幫著還債就能解決的，而國外更麻煩，要守住查一耗盡國庫打下來的地盤，要比打下他們艱難多了，因為周圍的蠻族沒有滅絕。

上篇說到納公公最後成功收復了義大利，他便作為行省的首腦留在義大利了。君士坦丁堡有羅馬的傳統，就是喜歡傳謠言，納公公封疆大吏駐守古羅馬的中心這麼多年，大家都在猜，這夥計斂了多少錢。那些政敵們更是議論紛紛，說是因為納公公不得人心，義大利又要發生叛亂了。查士丁二世不是查一，跟這位公公沒啥感情，這些消息肯定不會空穴來風，很自然就把納公公調回來了。

納公公先幹掉東哥德後趕走法蘭克人，在義大利一帶威名鼎盛，他一走，周圍的日耳曼人又不信邪了。

這一輪來的是日耳曼倫巴底人，也是一直在歐洲中部亂跑，沒個安頓的地方，六世紀初，在現在捷克這個位置暫時安身，並嘗試著越過阿爾卑斯山，向義大利北部活動。

蠻族不怕，怕就怕基因變異出一個天才或者蓋世英雄。最近風水轉到倫巴底人這裡了，他們出了個部落頭領叫阿爾博因。

如果「地主」們熟悉中國歷史，應該知道，咱們北方那個拓跋鮮卑有一個叫柔然的民族。說到游牧部落，「地主」們千萬別暈，他們竄來跑去居無定所顯得非常混亂。柔然本來也是縱橫漠北，非常神氣。他們收編了一個部族，讓這個部族專門給自己家打鐵，起個名字叫人家「鍛奴」，這些鍛奴也不是普通盲流，人家叫突厥。

後來突厥出息了，自立門戶，開始跟主子翻臉。都知道柔然被北魏打得夠嗆。突厥趁柔然頹廢，痛下殺手，最後幹掉了他們，柔然沒死絕的那部分進入歐洲。他們是匈奴後，再次讓歐洲顫抖的匪幫。這幫柔然移民在歐洲被叫做阿瓦爾人，請記住這個名字，因為他們跟拜占庭帝國很有糾結。

阿爾博因取得了阿瓦爾人的支持，將自己一個鄰居部落幹掉，實力大增。不光吞併了人家的部落，還把這個部落原來的酋長殺掉，用他的頭骨當酒杯，每逢飯局必拿出來顯擺。傳說他攻打這個部落的原因是因為看中了酋長的女兒，如今酋長都成了酒杯，女兒自然也被他霸佔了。

就是藉著這樣大勝的威風，倫巴底攻入了義大利，先是包圍並攻佔了米蘭，然後經過三年苦戰，佔領了帕維亞，將這裡定為國都，在拜占庭皇廷無奈的目光中建立了倫巴底國。開國君主阿爾博因並沒有好下場，為了慶祝勝利，他擺流水席請客，又把頭骨拿出來喝酒，還逼著老婆一起喝，他忘了這個杯子現在是他岳父！倫巴底國的開國皇后忍無可忍，找個情夫把阿爾博因殺掉了。

義大利東部和北部又血淋淋地從拜占庭帝國身體上剝落，查士丁二世不知道怎麼反應，他也沒法反應，從他開始，拜占庭的君主顧不上西邊了，他們要忙著對付波斯。

大家都覺得查士丁二世很懦弱，沒想到他做了一件大事，他撕毀了查一跟波斯簽訂的合同，不願意給波斯年貢了！查士丁二世也不是愣頭青，不會因為頭腦發熱給自己找麻煩，他敢這麼做，第一是他窮得支持不住，實在是負擔太重了；第二就是他和波斯背後的西突厥勾連上了，人家答應打架時聯手，兩面夾擊。

五七二年，拜占庭和波斯開打，戰爭目標是爭奪亞美尼亞。一動手，查士丁二世就發現上當了，西突厥這幫傢伙沒有真心幫忙，拜占庭純粹就是單打獨鬥！

戰事膠著，查士丁二世不得不承認，光有一顆仁慈的心是罩不住整個帝國的，幹不了辭職吧，換能幹的上來幹。查士丁二世也沒兒子啊，好在皇后索菲亞推薦了一位高大英俊的美男子，提比留。

根據之前的羅馬歷史，提比留這個名字做羅馬皇帝，很不讓老百姓愉快。所以登基後，皇上改了個名字叫君士坦丁，那就是二世了，是為君二。

這段時間，世界上最折磨人的工作就是在拜占庭做皇帝，給我多少錢我都不幹，因為每天都要面對新刺激。君二除了繼續跟波斯膠著，又有新仇家來犯了，這次來的是斯拉夫人！斯拉夫人的目標是進佔拜占庭帝國在巴爾幹半島的這個部分。

君二顯然也是扛不住這個局面，所以在皇帝位子上勉強支持了四年就歇菜了。臨死前，他召來與波斯作戰的一個軍團司令叫莫里斯的，將女兒和王國打包送給他，讓他以駙馬爺的身分繼承大統，這是莫里斯一世。

莫里斯之前一直在波斯前線作戰，登基之後，與波斯的戰爭也就是政治的重點。從查士丁二世動手開始，拜占庭基本上就是輸多贏少，到莫里斯手裡，局面有了一些改善。運氣好最重要，莫里斯在位期間，波斯內部出了問題，讓莫里斯坐收了一次漁利。

五九〇年，波斯的霍爾木茲四世被罷黜，他的長子庫魯斯二世被叛亂者擁立，這小子出手毒辣，用燒紅的鐵刺將父親的眼睛刺瞎，然後登基。不過有個擁立時的將領因為自己的要求沒有達到，舉旗造反，決定幹掉波斯王自立。

庫魯斯二世倉皇逃出皇宮，他非常清楚地分析了一下形勢，波斯周邊可以投靠的地方不少，但是能幫他打回波斯拿回王位的，只有拜占庭帝國。

波斯人找羅馬人幫忙，這個事新鮮啊，莫里斯當然知道，這可是個趁火打劫坐地開價的絕好機會。所以對於波斯人的到來，莫里斯表達了極大的善意，他滿腔義憤地大罵波斯亂黨，明確表示一定會替庫魯斯主持公道。而庫魯斯二世既然淪落到這裡，當然知道自己是砧板上的一塊肉，要切肉片還是剁丸子全看莫里斯的心情，他主動提出：如果成功，他會交還歷史上波斯侵佔的拜占庭帝國所有的領土，並簽訂一個永久和平的協議。莫里斯笑呵呵地接受，並讓他把現在正在爭奪的亞美尼亞也加上。

很快，一支齊整的拜占庭大軍就渡過了底格里斯河。不是說拉鋸戰拜占庭大軍佔不到什麼便宜嗎，怎麼這次怎麼容易就過河了呢？這是波斯人的道德觀幫忙，篡位在哪種文化裡都是反派，波斯人正懊悔呢，王室正統沒死絕啊，怎麼隨便什麼人說自己是皇帝我們就認了呢？現在看到庫魯斯回來，波斯人馬上改正錯誤，加入拜占庭大軍，羅馬軍隊加上人民戰爭，不久庫魯斯二世就再次登基了。傳說莫里斯將閨女嫁給了他，在他復位之後，還讓一千羅馬士兵留在波斯王宮，保護女婿的安全。庫魯斯二世感恩戴德，兌現諾言，拜占庭和羅馬獲得了難得的和平。

5

東邊安全了，莫里斯現在預備全力收拾西邊的混亂了。到底西邊有多亂？騷擾拜占庭西部的黑幫匪幫不少，但是現在最囂張，最窮凶極惡的是阿瓦爾人。

上篇已經說過，根據主流歷史資料，阿瓦爾人就是向歐洲逃竄的柔然遺民，跟華夏帝國混了這麼多年，禮數是學到了。到了人家的地頭，先跟有關當局報備。

西元六世紀，拜占庭帝國在東歐一帶基本還能算個主管領導，所以阿瓦爾人先找當時的查一，要求給片自留地立腳。羅馬人最不能少的就是雇傭兵，不管培養了多少雇傭軍後來讓自己吃大虧，只要看到妝容奇特、形象剽悍的，他們就覺得可以控制他們讓他們為羅馬帝國賣命。阿瓦爾人光頭，留個大辮子，身上還有些乾草或者馬糞的味道，很符合羅馬的徵兵要求，查一就同意他們居住在羅馬原來的潘諾尼亞行省，也就是現在匈牙利西部，奧地利東部這個位置。

幾年以後，阿瓦爾人收編了周圍一片各種族的小弟，儼然已經成為實力雄厚的黑社會組織，而且經常找拜占庭麻煩，要求更大更好的居住地。上篇說到的斯拉夫人進攻巴爾幹，幕後主使也是阿瓦爾，因為這一部分南斯拉夫人基本上都入了阿瓦爾人的社團。

莫里斯上臺後，阿瓦爾人和拜占庭已經混成了這樣一個局面：拜占庭向阿瓦爾人繳納年貢，以換取他們不騷擾西線！花錢買平安是東羅馬人最喜歡的解決方式。上篇不是說到拜占庭跟西突厥聯手對付波斯嗎？為啥後來西突厥食言呢，有個很重要的原因就是，他們聽說拜占庭送錢給阿瓦爾人換和平，還記得吧，突厥和阿瓦爾人，他們可是宿仇。

阿瓦爾人知道拜占庭看著剽悍其實胷虛，而且蠻族做事從來不知道適可而止的。拜占庭越是卑躬屈膝，阿瓦爾人越是欺負他們沒商量。阿瓦爾人的頭目被叫做台吉，這個台吉閒著沒事就拿羅馬人開心了，每年收人家十幾萬金幣是必須的，隔三差五還點菜吃。比如拜占庭辛苦從印度搞來的胡椒肉桂他就一直很喜歡，要求這東西絕對不能斷，要是突然中斷供應，阿瓦爾人就自己過去拿！巴結阿瓦爾人不過是為了安心跟波斯幹仗，莫里斯跟波斯現在是親戚，不打了，還能由著這幫蠻夷蹬鼻子上臉嗎？

莫里斯本來就是戰將出身，御駕親征是必須的。戰爭過程就不描述了，基本上，羅馬帝國這樣的武林正宗，如果沒有其他意外，專心打架，對蠻夷還是相當有優勢的。尤其是莫里斯本人還是個學院派的打架專家，他寫了一本叫做《戰略學》的打架秘笈，內容涵蓋了作戰訓練、戰術實施、行政管理、後勤保障等各方面，基本是一部野戰教科書，到二戰之前，這本秘笈都被歐洲各國列為打架寶典。

六〇〇年，拜占庭乘勝追擊阿瓦爾人，直到多瑙河下游北岸。這個位置，羅馬人可是有幾百年沒有來過了。阿瓦爾人被趕回最初的潘諾西亞地區，並老老實實簽訂了和平協定，承認羅馬帝國在多瑙河地區的主權。

仗打得越漂亮，國家越窮，征討蠻夷地區，本來就沒啥油水。都知道拜占庭窮，皇帝摳門點也有情可原，不過莫里斯皇帝摳門得就有點病態了。這夥計幾乎是一上任就瘋狂搞錢。苛捐雜稅，壓榨百姓也就算了，他居然對自己的軍隊下手！

皇帝突然頒布詔書，說是要從軍人們的報酬裡扣一部分用於購買軍裝和兵器！這種摳錢的方法真是聞所未聞，尤其是對一個軍人出身的皇帝。這事已經讓軍隊譁然了；後來，一萬兩千羅馬士兵被阿瓦爾人俘虜，要求六千金幣的贖金，莫里斯居然不幹，任由阿瓦爾人殺光了這些羅馬戰士！六〇二年年底，莫里斯覺得長途行軍太費錢，就讓軍團在多瑙河戰區紮營過冬。莫里斯自己是個打仗專家，肯定知道紮營要找安全的地方，可多瑙河附近沒有完全平定，幾乎還是個敵佔區，這不是讓羅馬軍團去等死？所有這些事加在一起，拜占庭感覺，皇帝不會是敵方的臥底要親手毀滅拜占庭的軍隊吧？

在這個前提下，軍團推舉了一位百夫長，名叫福卡斯的，讓他帶幾個人，到君士坦丁堡去跟皇帝理論。這種事有什麼道理好講呢，莫里斯肯定是做了他自己認為對的事啊。根據羅馬的傳統，軍隊一旦跟皇帝較勁了，大部分的結果肯定是皇帝被軍隊趕下臺，福卡斯是個粗人，他心裡一煩躁，皇帝皇后以及五男三女八個孩子孩子全部被殺。

這是拜占庭的查士丁尼王朝的皇帝第一次有可以接班的子嗣，結果還都沒機會登基。百夫長福卡斯大大咧咧進入了皇宮，披上了紫袍。

福卡斯能登基，跟綠黨的支持很有關係，藍黨自然成了反對黨。福卡斯是個粗人，也沒啥文化，既然做了皇帝，就聽不得有人反對自己，反對得多了，他想，老子連皇室都敢殺光，還能讓你們跟我嘰嘰歪歪嗎？殺了幾輪後，福卡斯順利地贏得了暴君的頭銜。

一個百夫長成了皇帝，那些行省總督，封疆大吏怎麼可能效忠呢，連百夫長都能造反，顯然造反這件事是沒有門檻了。福卡斯在首都殺人，行省的勢力都在蠢蠢欲動，現在就看誰先出頭主持這件事。

先出頭的居然是波斯皇帝，庫魯斯二世。他出頭是天經地義，他是莫里斯的女婿，莫里斯是他恩公。庫魯斯二世記得自己是怎麼拿回王位的，知道一個皇室正統出來做領袖更容易成功，所以他找了個莫里斯的「兒子」。

不是殺光了嗎？恐怕這是個謎。因為福卡斯叛亂，莫里斯感覺大事不好時，派出了自己的長子去波斯求救。根據比較可靠的資料，大王子在半路就被殺了，可是江湖傳言，他並沒死，成功地找到了庫二並取得了他的支持，庫二親自帶兵進攻拜占庭為丈人討還公道。

波斯軍隊的攻擊非常順利，跟當年羅馬軍團幫他討回公道一樣，勢如破竹，拜占庭大部分行省：亞美尼亞、兩河流域、敘利亞相繼淪陷。

此時拜占庭的情況已經糟得不能再糟了，跟福卡斯叫板的人有的是，幫他禦敵就一個都沒有。這種無力感只能讓他殺更多的人。

亂世出英豪，拜占庭在福卡斯治下亂了八年，終於有人站出來收拾河山了，他是阿非利加總督席哈克略。羅馬的阿非利加行省也就是非洲北部那一帶，現在的非洲的名字也來源於此。自從福卡斯上臺，席哈克略就幾乎是獨立了，完全不搭理這個所謂皇帝，福卡斯也奈何不了他。後來君士坦丁堡的議員貴族們一致看好他，都慫恿他趕緊到君士坦丁堡主持大局，這些人還包括了福卡斯的女婿。席哈克略也躊躇滿志，可想到自己已經一把年紀了，造反這事傷筋動骨的，還是交給年輕人去辦，於是給兒子席哈克略（父子同名）預備了戰船軍隊，送他出海，到君士坦丁堡去賭一把前途。

小席哈克略的航行是一帆風順，進入君士坦丁堡也一樣的順利，這樣一次王朝更迭，平淡得不像話。艦隊一進入君士坦丁堡，就已經有軍隊和貴族過來入夥，還給席哈克略預備了全套皇帝的行頭，正準備進皇宮動手，就有人把福卡斯從皇宮裡抓出來了，丟在席哈克略面前！

當著周圍這麼多人，小席要顯得自己正義威嚴一點，於是滔滔不絕地歷數了福卡斯種種罪狀，一個行省總督的兒子，受的教育應該是在一個百夫長之上，所以對於小席的長篇控訴，他基本就沒有招架之力，只好很衰地回了一句：「你以為你能好到哪裡去啊?!」這話就找死了，人家現在是新皇帝，你怎麼能強嘴呢？席哈克略親自動手砍掉了他的腦袋，並丟到火裡就地燒掉。第二天，小席就登基，開啟了拜占庭帝國的席哈克略王朝。

按道理說，庫魯斯二世是打著幫莫里斯報仇的旗號進攻拜占庭的，如今福卡斯死了，沒他什麼事了，他就應該收兵回家去。可這傢伙打得 high 了，越跑越遠，這一輪遠征，他們甚至征服了埃及，直接拿下了拜占庭的糧倉！但是，最讓拜占庭如喪考妣的是：波斯人攻入了耶路撒冷！

現在的拜占庭是個虔誠的基督教國家，耶路撒冷已經成為聖地。據說當年君士坦丁大帝皈依基督教後，讓他的母親海倫娜去朝聖並尋訪聖跡。海倫娜太后不辱使命，居然被她找到了當年釘死耶穌的十字架！當然此時已經是碎片了。具體太后是怎麼認定這些碎木片就是那個十字架已經不可考了，反正她找到的這些碎木頭片就被稱為「真十字」，成為基督教幾大聖物之一。海倫娜還發現了耶穌被安葬又復活的洞穴，君士坦丁大帝毫不懷疑地在這個位置大興土木，建起了著名的聖墓教堂，成為後來幾個世紀基督徒朝拜的聖地。

波斯軍隊損毀聖墓，搶走十字架，又劫掠了教堂，還屠殺了大量基督徒，隨後他們就夥同阿瓦爾人一起，向君士坦丁堡發動攻擊，眼看著拜占庭帝國就要跟西羅馬一樣完蛋了。

小席剛上臺，身分轉換過快，有點無所適從。最開始對波斯人的態度就是求和，送了不少錢出去，波斯人也就是耽誤點數錢的工夫，把錢揣起來就又動手了。其實說小席的求和動作是窩囊廢實在有點冤枉，因為他並沒有閒著，他開始著手進行大規模改革。

在全國建立幾個大軍區，在這些軍區，軍政合一，軍事長官就是行政首長，跟中國歷史上的節度使這個職務差不多。現在對拜占庭來說，打仗是第一等大事，所有的資源由軍隊負責調度安排顯然是合理的。還建立了一種軍事屯田制，之前幾次內亂沒收了貴族不少土地，放著也是放著，乾脆當作軍餉發給軍官，這些人平時種地，戰時出征。這個舉措，一定程度上緩解了政府的財政危機。

一邊改革，一邊受到攻擊，小席有點挺不住了，他甚至計畫著，要遷都北非迦太基，教會的教長把他拉到聖索菲亞大教堂的祭壇，讓他發毒誓，不能拋棄君士坦丁堡和人民。

當時羅馬基本法規定，皇帝身繫舉國安危，不能隨便往戰場跑，動不動就御駕親征是古羅馬魯莽的行為，必須廢止。看著君士坦丁堡海域上的波斯戰艦，還有陸地上來勢洶洶的阿瓦爾人，小席心想，難道讓朕等死啊！

熱血翻騰的小席跑到教會，跟當時的教長借錢，教會那是相當有錢，而且在那個時代，他們幾乎只進不出。皇帝豪情萬丈、擲地有聲地承諾：「把所有的錢拿出來幫朕出征，回來連本帶利還給你們，你們按地下錢莊的利息收！」

教會很高興看到君主這個態度，而讓所有人沒想到的是，小席整飭人馬並不是為了抵抗君士坦丁堡遭受的攻擊，他是要繞開攻城的敵人，進入波斯領地去騷擾後方！戰術是不錯的，但是很危險，因為搞不好小席的軍隊還沒到波斯，君士坦丁堡已經被攻破了。小席堅持這樣做，他臨走前幾乎已經交代了後事，告訴元老院和教長，如果真的守不住，是戰是降由他們自己決定。

波斯軍隊的主力都出征在外，如同波斯軍隊進入拜占庭時的順利，小席也嘗到了摧枯拉朽的感覺，幾乎沒有遭遇有效的抵抗就進入了波斯腹地。六二二六年，小席非常高明地取得了突厥人的支持，兩面夾擊。第二年，佔領了重鎮甘札克。

甘札克這個地方要重點說說，他不是個普通的小城，大家都知道，波斯人是信祆教的，就是拜火教，既然拜火，肯定要有火吧。波斯每任新王即位，都會點一把聖火，跟奧運會一樣不能熄滅的。聖火點在全國三個地方，這三把火代表不同階層，一把火代表僧侶，一把火代表農民，還有一把火，當然就是代表君主。而代表君主的這把火，就在甘札克，放在一個專為聖火而建的祠堂裡。小席打到這裡時，聖火已經被轉移了。波斯人踐踏了耶路撒冷，羅馬士兵當然就毫不客氣地摧毀了這座聖火祠，算是給聖墓報了仇。

聖火祠一倒，波斯明顯越來越頹廢，在取得著名的城市尼尼微後，拜占庭大軍已經攻到波斯的都城泰西封城下。

小席打得這麼順，要感謝後方。君士坦丁堡雄偉的城牆阻擋了阿瓦爾人，而海上強大的艦隊打退了波斯人，羅馬人保住了自己的首都，波斯人能不能保住他們的首都呢？

波斯人用行動證明，他們也能，不過，他們有更聰明的辦法。

相比較小席的破釜沉舟，身先士卒，庫魯斯二世就顯得猥瑣多了。這一場大型鬥毆原本是他發起的，他一點也不善始善終，眼看著不行，他居然想帶著錢財逃跑。普通百姓都要為自己的錯誤負責呢，更何況是君王，還差點葬送整個國家。波斯人非常團結地將他揪下王位，擁戴大王子，也就是莫里斯的女兒生的兒子——卡瓦德二世接班。就在這個情況下，波斯宮廷還有奪位戰，為了讓自己坐穩王座，卡瓦德二世當著庫魯斯二世的面，屠殺了自己的十八個兄弟，並在五天後，要了自己老爹的命。

卡瓦德二世對自家人兇殘，對敵人很客氣。擦乾淨手上父兄的鮮血，馬上向小席提出議和。波斯之前攻佔的全部領土還給拜占庭，交換戰俘以及軍旗並簽訂和平協定，小席撤軍。

六年的遠征，終於凱旋。元老院、教士、百姓聚集在城門口，帶著橄欖枝和燈火，等待他們輝煌的君主。四頭大象拖著金色的戰車，席哈克略帶著巨大的榮耀回到了君士坦丁堡，進城的時候，我想小席的心裡肯定想到了凱撒或者屋大維這些古羅馬位列仙班的帝王，實際上，他已經超過羅馬帝王的東征極限了，上一個到達波斯首都的羅馬統帥是馬克・安東尼！

然而更大的榮耀是在第二年，波斯人交還被搶去的「真十字」，小席帶著聖物親自前往耶路撒冷，託了庫魯斯二世皇后的福，聖物完好無損。耶路撒冷舉行了巨大的儀式歡迎聖物回歸，並褒揚小席的功績。這一刻，小席不光是戰場上最神勇的將領，帝王寶座上最榮耀的君主，更是最蒙上帝喜悅的信徒。這一刻他無愧於任何讚美之詞，比太陽還光芒耀眼，自然，他也就成為世界歷史上，查一之後，東羅馬最偉大的君王。

小席回家，總結自己的這一輪大勝，覺得這是軍區制改革的功勞，於是決定大力深化改革。原來只是在邊境行省建立軍區，現在全國變成軍區，並且屯田。這是拜占庭帝國歷史上最有成效的一次改革，它雖然沒有讓帝國更加強大，卻讓它在後來大敵環伺的態勢下保全了自己。

除了軍事改革，小席任內還有一件大事就是去羅馬化。這時的拜占庭認命了，還想恢復昔日羅馬帝國的榮光應該是不切實際的夢想了，不要死守著羅馬不放了。拜占庭是希臘故地，希臘文化才是本地的，容易和周圍環境融合的；不能再說拉丁語了，改說希臘語吧。從小席這輩開始，拜占庭的官方語言就是希臘文了。而某些官員設置、政府部門的配置，也慢慢向希臘傳統靠近。

不打仗的日子真是安逸啊，不過，小席沒安逸多久。還記得嗎？當初小席悲壯的遠征是靠誰支持的？教會！皇帝借了教會一大筆錢，而且承諾按高利貸利息還給人家！

世界上都是欠債的記性不好，別指望討債的會忘記。教會當初借錢的時候，的確是預備跟王國共存亡，大約也沒指望拿回來，可現在既然皇帝凱旋，這筆錢就不能算了。而且地球人都知道，小席洗劫了波斯王宮，搶的金銀珠寶數目不詳，搞不好就被軍隊中飽私囊了。

小席苦悶死了，打仗靠什麼？士氣和金錢，大部分時候，金錢等於士氣。六年遠征，教會借的那點錢怎麼夠啊，不管搶了多少，也都用了，基本上，回到君士坦丁堡的小席，並不比他出發時富裕。

教會討債，小席哭窮，教會不信。於是，小席在任的後面幾年，就忙著跟教會鬥智鬥勇兼賴帳了，終於把自己整病了。

從安息到薩珊，波斯帝國和羅馬帝國纏鬥了幾百年，終於以羅馬的勝利結束，不幸的是，更大更強的敵人已經在身邊迅速崛起，拜占庭的皇帝正忙著跟教士們算小錢，而來自真主的號角聲已經銳利地劃過帝國的天際！

對，阿拉伯人來了！

就在小席回到君士坦丁堡登基的那一年，穆罕默德在麥加的山洞裡看見了天使加百利，收到了來自真主阿拉的消息，讓他作為使者，在人間傳播伊斯蘭教；拜占庭和波斯兩敗俱傷那幾年，穆罕默德建立了政教合一的穆斯林政權，而且開始向外擴張；拜占庭的教會忙著跟皇帝討債的那幾年，穆斯林統一了阿拉伯半島；小席病倒那幾年，阿拉伯世界的哈里發開始對拜占庭的版圖開刀。

這一輪征伐從六三三年持續到六五八年，正好是阿拉伯世界最著名的四大哈里發時期，此時的阿拉伯國家如海天間的一輪朝陽，正要噴薄而起，而他前進道路上兩大障礙，拜占庭和波斯正是遍體鱗傷，自然會被這輪耀眼的穆斯林光芒灼傷了。

阿拉伯人先是攻陷了大馬士革，這一戰，小席的弟弟，跟隨他一起征戰波斯的猛將西奧多拉斯戰死；圍城兩年後，聖城耶路撒冷開城投降；接著是敘利亞、小亞細亞、美索不達米亞；隨後，阿拉伯軍團突襲了埃及，羅馬永遠失去了自己的糧倉；埃及都失去了，可以預見北非也是早晚的事了。要不是六五六年阿拉伯世界內部譁變，還不知道拜占庭帝國要被壓縮到什麼程度。

拜占庭失去了西亞和非洲大部分領土，這些領土基本是小席從波斯人手裡搶回來，轉手送給了穆斯林。其實放在波斯人版圖上也一樣，因為他家整個被阿拉伯吃掉，徹底滅亡了。

六四一年，席哈克略駕崩。小席死前得了一種怪病，叫做恐海症，就是說不能看見大海，這病也找不到醫學資料查詢，我想會不會是一看見大海就發癲癇呢？就因為這個怪病，以至於面對阿拉伯世界的步步進逼，這位亞歐地區的「萬王之王」只能縮在家裡，啥也幹不了。

君士坦丁堡的所有人都認為，小席得這種怪病絕對是上帝的懲罰，為啥呢？他不顧所有人的阻攔，在原配皇后死了之後，迎娶了自己的侄女瑪提娜！當時也沒人告訴這兩個人，如果非要亂倫，非要近親結婚，就注意不要繁殖後代了，這兩人一鼓作氣生了九個孩子，死了四個，殘了兩個！

按小席的意思，繼承大位的應該是前妻生的長子君士坦丁三世，瑪提娜不幹，非要讓自己生的兒子也成為共治君主，小席自然不會違抗侄女的意思，於是，三十歲的君三和十五歲的弟弟赫拉克洛納斯一起登基了。

君三身體不好，長期病歪歪，在位一百多天，就死掉了。這下瑪提娜的兒子成了唯一的皇帝，母子倆有點暗爽。君三有兩個兒子，按道理呢，赫拉克洛納斯應該要關照這兩個侄子，或者拉扯一個做皇帝，但是看起來，他沒這個想法。君三身體不好，腦子不壞，死前已經給自己的幾個親信的行省軍官留了話，要幫自己的兒子出頭。亞美尼亞的一個將軍看準時機跳出來了，赫拉克洛納斯發現形勢不對，趕緊找來大侄子，給了他一頂共治的皇冠。這個動作太遲了，因為瑪提娜在君士坦丁堡形象相當惡劣，恨她以致恨她生的孩子的人太多了，所以一有人發動，這母子倆就被推翻了。

拜占庭帝國是個法治地區，不會隨便把皇帝、太后揪下來的，肯定有罪名，罪名就是謀殺君三！這個是歷史之謎了，大部分的史料都說君三死於肺結核。真相不重要，重要的是妖女和她生的孽障被趕出皇室序列了，而且判了刑，一個被割了舌頭，一個被割了鼻子。大家請注意，割鼻子這三個字我們後面會經常看到，拜占庭的法官們好像很喜歡割人鼻子。科學的說法是，一個人被割了鼻子，就算將來能翻身，也不可能登上大位或者成為重要官員了。也就是說，割掉鼻子，就算割掉了仕途。

君三的長子君士坦斯二世即位，他十二歲。

君士坦斯一輩子最忌諱的事就是他弟弟，按之前的傳統，既然是兄弟倆，就應該是共治君主，君士坦斯怎麼也不願意把皇位分一半給弟弟坐，後來迫於壓力，他竟然把他弟弟殺了！這個事讓拜占庭的人都很震驚，也對這個皇帝產生了極大的憎惡。這幫子都是基督徒，《聖經》裡有個經典的故事就是「該隱殺弟」（該隱是夏娃第一個兒子，亞伯是第二個，兄弟倆同時向主獻祭，上帝看中了亞伯的祭品，出於嫉妒，該隱將弟弟騙到郊外，殺掉了），所以君士坦丁堡的百姓私下都叫皇帝該隱。

作夢總感覺弟弟來索命，首都的氣氛也非常不友好，君士坦斯決定遷都，他預備將都城遷到西西里島的敘古拉城去，這裡也就是當年數學家阿基米德居住及被殺的地方。

這個事太一廂情願了，君士坦斯不知道自己在西西里島也不招人待見，他在自己選定的新宮殿裡作威作福，不知道死神就在身邊。這一天，洗澡的時候，一個僕從用淋浴的水瓶砸破了皇帝的頭。西西里島的軍人們擁戴一位內廷侍衛，成為新的皇帝，據說這個突然天降富貴的侍衛長得俊美絕倫。

這次軍人造反沒有成功，因為君士坦斯有三個兒子留在首都，大兒子已經被封為副皇帝了，現在，他只需要帶著自己的擁躉開進西西里島，擒拿反叛，報了殺父之仇就可以轉正了。

君士坦丁四世登基，為了給父親報仇，君四在西西里島可殺了不少人，殺戮太多也抑鬱，所以從西西里島回到君士坦丁堡這一路，皇帝陛下居然不肯刮鬍子，以至於榮登大寶那天，皇上的大鬍子造型顯得很炫，從此以後，君四就被叫做「大鬍子」了。

8

上篇說到，阿拉伯攻打拜占庭，正打得飛沙走石，意氣昂揚，突然家裡內訌，不得不將這個工作暫停。就是這段時間裡，阿拉伯世界冒出了什葉派和遜尼派兩股人馬，鬧到現在還沒鬧明白。兩邊這第一場大戰的勝利者是遜尼派的穆阿維亞，他創立了阿拉伯帝國的第一個王朝——倭馬亞王朝。

阿拉伯帝國纏上拜占庭了，視他為最重要的對手，穆阿維亞發現，陸上的優勢再強也不夠，要幹掉君士坦丁堡必須有很強的海軍，以突破對方的海上防線，進攻稍微薄弱些的海防城牆。於是，穆阿維亞一手主持了阿拉伯海軍的建立。

六五五年「船桅之戰」，新鮮的阿拉伯海軍熱辣辣地大敗拜占庭艦隊，差點俘虜了君士坦丁四世。等到穆阿維亞擺平了穆斯林世界的糾紛，坐定了哈里發大位，就趕緊又把之前中斷的工作銜接上，恢復了對拜占庭的征討。

大約是從六六三年開始，穆阿維亞就把攻打拜占庭當作國家節日了，每年一次，絕不落空。他知道直接攻打君士坦丁堡還比較困難，所以他先攻打君士坦丁堡附近的島嶼，等周圍的島嶼被收編大半，哈里發決定總攻了。

六七四年，君士坦丁堡再次被圍，隨後的四年，穆斯林孜孜不倦、百折不撓。君士坦丁堡的防守能力不是浪得虛名，不論阿拉伯戰艦在周邊佔了多大的便宜，一進入拜占庭的水域，總是艱難重重，阿拉伯人堅持不懈，終於逼得拜占庭出動了當時最高端的大規模殺傷性武器！

戰鬥進行中，阿拉伯人突然發現君士坦丁堡城內漂出來很多小木船，眼看越來越近，阿拉伯人謹慎為上，趕緊打沉，小船幾乎沒有任何防禦，說沉就沉了。小船上帶著的東西不會沉，很快就黑呼呼、黏糊糊地布滿整個海面，還有一股怪怪的氣味。阿拉伯的艦隊莫名地被這些黑色液體包圍了，還沒等分析出這是不是某種化學武器，對面的君士坦丁堡城頭開始發射火球了，破空而來，一落入海中，那些黑色液體「呼」的一聲就燃起沖天的大火，阿拉伯的木製戰船幫助了火勢，越燒越遠，頃刻間，圍城的艦隊，三分之二著火沉沒，沒有著火的戰艦看著不對，趕緊後撤，不幸後撤的道路已經有拜占庭的海軍在恭候，就算阿拉伯還有船隻能逃出戰場，在軍事上，他們也不得不承認，這個結果，就叫做全軍覆沒！

這種拜占庭獨門的大殺器就是江湖上名動一時的「希臘火」，拜占庭人喜歡叫它「海洋之火」，因為這些火焰是漂浮在水面的。

說到打仗的士氣，阿拉伯人對宗教的虔誠而引發的戰爭熱情是誰也比不了的，拜占庭非常清楚這一點，好在拜占庭也有自己的優勢，那就是文化和科技的積累。希臘火的發明者叫做卡利尼克斯，是個敘利亞建築的材料工程師，業餘時間熱衷煉金。敘利亞被阿拉伯佔領，他作為一個基督徒是不好混的，所以要逃到君士坦丁堡去，經過小亞細亞的時候，他發現當地有一種黑色黏稠的液體可以漂浮在海上，還可以燃燒，他當時就想到這個東西可以用於戰場。他將這種黑色液體和硫磺及某種松脂混合，製造出這種在當時非常高端的武器。現在我們可以猜到，這種黑色液體肯定是石油。

阿拉伯的海軍在希臘火中焚燒，而他們在陸上的戰鬥形勢也不太順利。偉大的穆阿維亞哈里發此時已經高齡，國內的政治氣氛也不算和諧，他知道，如果再掙扎著跟拜占庭死磕，後果是非常嚴重的。他願意服輸，跟君士坦丁堡簽訂三十年的合約，每年向拜占庭繳納三千塊黃金，另加五十匹純種駿馬，五十個奴隸作為年貢。

歐洲歷史高度評價這一次的勝利，因為就是這一仗，讓全世界都知道，原來阿拉伯人的擴張進程是可以被遏制的。阿拉伯人的心思地球人都知道，吃掉拜占庭，然後大舉西進，將穆斯林的戰旗插遍歐洲。

阿拉伯興起後，那些較小的部族，比如附近的阿瓦爾人、斯拉夫人都成為粉絲，這些傢伙其實都挺牆頭草的，對於伊斯蘭教或者基督教，他們也沒個明確的見識，依附的標準就是看實力。拜占庭這次打出了羅馬軍團久違的神勇，這幾個傢伙馬上表示了敬仰。但有一群人並不買帳，沒辦法，他們需要立足之地，他們是保加爾人。

中世紀的歐洲地方太小，種族太多，生存的關鍵字是遷徙和打仗，也就是打不過就跑。保加爾人被東部的卡札爾人擠兌，不得不越過多瑙河，進入色雷斯，並擠走了那裡的斯拉夫人。他們佔領的這塊地方，對外宣稱是拜占庭的領土，其實拜占庭早就說了不算了，基本就是給斯拉夫人把持了，現在不過是換了一夥釘子戶而已，如果拜占庭有其他的事情忙，是絕對管不了的，現下剛收拾了阿拉伯人，軍威正炙，閒著也是閒著，大鬍子決定親自帶兵把這塊地方收回來。

這個仗打得很詭異，傳說大鬍子有痛風的毛病，到了前線他就犯病了，於是離開前線去找藥。他手下的軍團反應很快，以為皇帝臨陣脫逃，爭先恐後鳥獸散了！這下可好，保加爾人本來預備打到這個位置有個住處就行了，現在更加深入，並且就在拜占庭的版圖上建立了自己的國家——保加利亞帝國，歷史上稱其為第一保加利亞帝國！大鬍子本來是去阻擾的，現在看起來是邀請他們進來建國了，有苦說不出，只好承認了對方的疆界！

這個事對拜占庭可是件大事，大家應該還記得，西羅馬的頹敗之初，就是許多蠻族在自己的領地上開始建國。

雖然失去了色雷斯部分地區，但比起前幾任，大鬍子算是失地比較少的了，更何況他壓制了穆斯林的咄咄逼人，這個功勞已經蓋過其他的過失了。

再大的功勞也不能掩蓋人品的邪惡。拜占庭前幾任皇廷的風波都來自於「共治」這個麻煩。大鬍子君四也遭遇了同樣的煩惱，他有兩個弟弟，按傳統，這兩個弟弟應該與他並立稱王。他雖然給了他倆副皇帝的名份，但是一點權力也沒分出去。這兩個皇弟當然也有自己的勢力，所以搞了幾次動作，被大鬍子粉碎了，但是也徹底激怒了他，他直接宣布剝奪了他倆的王位，而且割掉了弟弟們的鼻子！

大鬍子自己也有兩個兒子，他深知這其中蘊藏的隱患，於是，他宣布從他這任起以後只有長子即位，擁有整個帝國和最高權力，如果一定要立個共治君主，就當作是擺設吧。

大鬍子三十三歲死於痢疾，還不到十六歲的太子查士丁尼二世繼位。

十六歲的小孩最是熱血，滿懷理想。查二一直將查士丁尼大帝當作自己的偶像，所以一坐上了偶像的位置，就預備按照他的人生軌跡走。

查士丁尼大帝的特點就是喜歡花錢打架和花錢建設，這兩件事，查二也都喜歡。

本來阿拉伯人是個很好的對手，可查二上臺，正逢阿拉伯的哈里發也是新的，而且是剛經歷了上任哈里發死後的國內動盪，所以人家不跟他打。看到查二一副憤青面孔，阿拉伯的哈里發馬上提高了年貢，買到了平安。

阿拉伯人安全了，斯拉夫人倒楣了，他們不是一直佔據拜占庭的巴爾幹半島嗎，查二找到攻擊目標了。

拜占庭的軍隊很快獲得了巴爾幹半島的勝利，斯拉夫人表示臣服。俘虜太多了，於是查二將其中三萬人補充進拜占庭的軍隊，其他的斯拉夫人，他下令全部移民到帝國東部去開荒，那裡被阿拉伯人打得亂七八糟的，很需要民工。

大家都知道，大規模移民是需要準備和安排的，查二一概沒有，他根據自己的需要，一會讓西邊的人移民到東部，一會兒讓山區的人移民到海邊，民怨沸騰。

拜占庭一直在基督教的某些觀點理論方面跟羅馬教廷有分歧，查二初生牛犢做事魯莽，他決定親自到羅馬去把教皇抓到君士坦丁堡來洗腦！查二出差羅馬的結果是被教眾們圍追堵截，差點被痛扁，後來他跑去羅馬教廷，痛哭流涕請求原諒，才安全回家。

查二非常虔誠，他是第一個將耶穌的頭像印在貨幣上的拜占庭君主。這本來是個挺好的事，可人家阿拉伯不幹，阿拉伯這時繳納年貢是按拜占庭的款式鑄幣的，你讓人家穆斯林怎麼處理這個基督的頭像呢？這個事兩邊沒談攏，查二就叫囂跟人家開仗。

牽涉到自己的信仰，阿拉伯人就算不願意打，這時候也不肯示弱。查二剛組建了斯拉夫人的軍團，正好讓他們去迎接阿拉伯人的怒火。斯拉夫人才沒這麼傻呢，一上戰場，全跑了！

查二氣翻了，把剩下的斯拉夫人全部賣為奴隸，而帶兵的將領列昂提烏斯也被送進黑牢。

此時的帝國，今非昔比，因為實力只夠防守，所以最好還是保持低調。偏偏皇帝這樣隨性地實踐自己的抱負，除了打架惹事就是修建各種華麗建築，他寵愛的近臣打著皇上要花錢的旗號，大事搜刮，查二成了拜占庭又一個招人怨恨的皇帝。

為了安撫民怨，查二把列昂提烏斯放出來，讓他去做希臘軍區的司令。可此時列昂提的心已經拔涼拔涼的了，希臘軍區的司令算什麼，你把皇帝位給我做，也撫平不了我內心的創傷！於是，列昂提就把皇冠搶過來戴上，將查二流放，出發前還割掉了這位先帝的鼻子！

列昂提自己成了皇帝，才知道做皇帝不容易。國內有人不服，天天鬧事，國外阿拉伯人又恢復了進攻。不到三年，一個軍官又被擁立，取代了列昂提。列昂提下臺前，也被割掉了鼻子！

這個軍官為了看上去像個皇帝，給自己起了個新名字叫提比留，算一下，這個是提比留二世。

這傢伙勉強支持了七年，證明了自己的頭顱也配不上拜占庭的王冠。

君士坦丁堡裡換皇帝換得熱鬧，被流放的查二是鼻子雖無，壯心不已，日思夜想，作夢都是打回首都去，奪回王位來！

查二先是秘密流亡到卡札爾人的國家，跟他家的首領提親，要求娶他的女兒。查二雖然沒了鼻子，可畢竟曾是拜占庭的皇帝，席哈克略王朝的正統，願意給一個小汗國做駙馬，人家怎麼好意思拒絕呢。查二給自己這個蠻族的老婆起了個新名字，我們都能猜出來，肯定是叫狄奧多拉，還讓她受洗成為基督徒。他的目的當然以女婿的身分借兵回家復仇，不過他丈人膽子太小了，居然給君士坦丁堡通風報信。幸虧查二機敏，在仇家找到他之前，以最快的速度竄到保加利亞去了。

保加利亞應該是覺得這個沒鼻子的傢伙值得投資，於是真的借給他人馬，讓他打回家去。君士坦丁堡是攻不破的，但是曾經的主人自然有進門的辦法，查二找到一條廢棄的水道，突襲進城，加上城內還有他一定的支持者，就這樣，漂泊了十年後，查二取回了自己王座，二次登基了。

復仇！血腥復仇！這是查二復位後生活的全部。前兩個篡位者被帶到他面前，這次不光是割鼻子了，因為都沒有鼻子了，查二另外想到什麼招，我們就不描述了，反正這兩個倒楣鬼，死得肯定不舒服。查二的內心已經被徹底扭曲，事實證明，沒有鼻子是真沒有前途了，因為完全變態了。查二血洗了所有仇家，突然想到，早年他去羅馬還受了氣，於是發兵義大利，把那邊的仇家又抓來殺了一輪。

復位後的查二又做了七年皇帝，病態的復仇激起更多的仇恨，真是冤冤相報何時了。七一一年，亞美尼亞軍官帶著艦隊來到君士坦丁堡城下，城內的人為這位新的君主打開了大門，查二再次被罷黜，因為沒有鼻子割了，所以直接被割掉腦袋，他那個蠻族的老婆為他生的兒子也遭到殺害，席哈克略王朝的血統就完全斷絕了。

以後的六年，君士坦丁堡的王座像戲臺子一樣，亂哄哄你方唱罷我登場，換了三個劇團，沒有一個爭取到有效的收視，統統被轟下場了。

10

再沒有像樣的老大出來，拜占庭帝國就危殆了。

利奧三世來了，在前期所有造反篡位的軍區大員中，利奧是拜占庭最大軍區的司令官。七一七年，他露出稱帝意向的那一年，阿拉伯發兵十二萬，艦船一千八百艘，再次包圍了君士坦丁堡。當時在位的皇帝本來就是被強行拉上臺湊數的，聽說首都又被圍了，趕緊求爺爺告奶奶要求下課，客客氣氣讓了位。所以，利奧三世絕對不能算是篡位者，沒有一上臺就壞了名聲。

到底是軍區司令，打仗，人家一點不怵。海戰他不怕，因為有希臘火呢，關鍵是陸戰，利三也不怕，他拉幫手、找盟軍。盟軍就是保加利亞，在拜占庭的遊說下，保加利亞覺得他們在拜占庭的版圖生存，基本還是可以跟主人家相安無事，如果這個主人家是阿拉伯，恐怕就沒這麼安寧了，於是他們願意跟拜占庭聯手作戰。

七一七年，攻防戰開始，看來這次進攻，阿拉伯人並沒有想到對付希臘火的辦法，他們根本沒辦法接近君士坦丁堡的水域。阿拉伯人就是倔，沒辦法進就退吧，我就不退，我死給你看！當年冬天，出奇的寒冷，阿拉伯士兵馬匹凍死無數。不論是援軍還是給養，都被拜占庭和保加爾人聯軍半路攔截。阿拉伯死人太多，第二年夏天，軍中爆發了瘟疫，鎩羽而歸。這是君士坦丁堡第二次阻擋了阿拉伯人的龐大攻擊。

擊退穆斯林，利三算是在錯綜複雜的環境下坐穩了王位，由他開始了拜占庭的伊蘇里亞王朝。利三對國家治理是有自己的想法的，他更加完善了拜占庭國家安全的根本——軍區制，重新劃分了部分軍區，使之更符合國情和需要，影響頗為深遠。

拜占庭帝國這時有兩股勢力很強大，一個當然是軍隊，而另一股就是教會。

基督教發展到這時候，勢力很強大，阿拉伯征服了不少基督教地區，當地的老百姓也許會迫於壓力改信伊斯蘭教，但是有神職的基督教公務員不會，他們全跑回拜占庭尋求耶穌的庇佑，這就導致了利三治下的人口，教士僧侶及其他教會相關人士巨多。教會是國內最有錢的機構，他們本來佔據了全國一半以上的土地，還不用交稅，享受各種特權，現在這些新的大老爺進來，根據優惠政策又獲得一份利益，直接擠兌了老百姓的生活空間。

本來，根據《聖經》，基督徒是不能搞偶像崇拜的，也就是說基督徒應該是在內心供奉天上的主，而不是在教堂或者修道院供奉一尊泥塑的耶穌像。這個事，到利三這個時代已經徹底變了，教會或者是為了斂財，或者是沒理解《聖經》，居然開始掛一些耶穌的畫像或是雕像讓信眾過來朝拜。可能是對著一個實物讓人覺得更有安全感，因此經常去拜拜，教堂教會跟著財源廣進。

利三是反對偶像崇拜的，而且他和他的班子認為，拜占庭遭遇的不幸，地震、瘟疫或者是被阿拉伯人欺負全都是偶像崇拜搞壞的。為啥人家穆斯林這麼神勇呢，人家就絕對不搞偶像崇拜。

西元七二六年，利三下了第一道搗毀聖像的詔書。開始了聲勢浩大、延綿百年的「搗毀聖像運動」。教會當然不幹，所有不配合的修道院都被取締，土地錢財沒收。這些土地轉手就到了軍隊和貴族手裡，財富充實了國庫，所以皇上搗毀聖像的支持者還是很多的。

利三搞這麼大動作，羅馬教廷坐不住了。屢次交涉無效，利三態度強硬。羅馬教皇格列高利三世給予了他最嚴厲的懲罰，也就是開除了拜占庭皇帝的教籍！利三也不是好欺負的，本來西西里島和伊比利這兩個行省是交給羅馬教廷管轄的，現在利三宣布，以後這兩個地區拜占庭收回來了，交給君士坦丁堡的大教長管理。義大利南部的拜占庭領土，本來是讓羅馬教皇收稅的，現在也不許他收了，教皇這個氣受大了，此後的日子裡，不管哪個歐洲君主，只要是讓教皇高興，他就把羅馬帝國皇帝這個冠冕給人家戴上，完全不顧及拜占庭這個羅馬帝國正統接班人感受。

這一次利三和羅馬教廷的決裂，被認為是希臘文化和拉丁文化的正式分野，以後誰也別說羅馬和拜占庭是一家了！

利三戰勝阿拉伯名聲甚好，搗毀聖像又讓自己背了不少罵名，功過相抵，好在他還有一件很重要的功績，也就是立法。利三在任內編修了查士丁尼大帝的法典。查一這部法典過於浩大繁瑣，執行時有諸多不便。利三細化了部分章節，讓內容更加明確。歷史學家說利三的改編讓法典更人性，這個事真是見仁見智了。改編後的法典取消了部分死刑，取代的是：割鼻子、割舌頭、剁手腳、剁腦袋、或者是剃陰陽頭！不過也有先進的地方，比如對婦女和兒童的權益增加了保障，不准隨便離婚，不准墮胎，不准同性傳緋聞等等。

我們就算這個皇帝不過不失吧，利三正好統治拜占庭二十四年，駕崩的時候，國家肯定比他登基的時候更平靜，更安全，更富裕，所以他算是平安終老了。

11

自從利三發起搗毀聖像運動，整個基督教世界，特別是拜占庭國內，就分為了兩派，一派是支持的，一派是反對的。而後來的君主，支持和有的反對的交替出現，聖像一會被建起來，一會被打碎，熱鬧異常。

利奧的兒子又叫君士坦丁，這個是君五了，這傢伙跟他爸爸一邊的，完全支持搗毀聖像，而且是個強硬派。他下手比利三狠多了，而且這夥計也有點病態人格，對於支持聖像那派人，他抓住絕不留情，據說還喜歡親自操刀割鼻子剜眼珠子，有當劊子手的奇怪愛好。

自從利三登基後，覺得自己原來所管轄的軍區勢力過大，所以就給分割了，這樣一來，最大的軍區就成了首都附近的奧蒲賽金軍區了。這麼大的軍區，當然是交給信得過的人，跟利三一起打天下的好兄弟，阿爾塔巴斯杜斯，他後來甚至成了利三的女婿。

君五喜歡殺人，肯定也熱衷戰爭，討伐阿拉伯是必須的。他帶著軍隊，從奧蒲賽金軍區穿過，沒想到，還沒遭遇阿拉伯人，就遭受了重創。皇帝受到的攻擊來自於他的姐夫，奧蒲賽金軍區司令阿爾塔巴斯杜斯！

我們不指望拜占庭的封疆大吏會對自己的主子會特別的敬畏，但是姐夫跟小舅子總有點香火情吧，人家去防禦外虜，你怎麼能中間偷襲呢？這樣沒有道理講的事，一般是來自宗教狂熱，君五的姐夫，是個支持聖像派的，其強硬程度跟君五也差不多。

冷不丁被偷襲，君五大敗潰散，姐夫揮師進京，坐上了丈人家的王位。他是支持聖像崇拜的，所以首都自然有不少支持者，加上手裡有兵又是駙馬爺，稱帝的難度不大。

君五跑到了當年他父親發跡的軍區，好在雖然被分割了但實力還在，部將還忠誠。聽說舊主受辱，自然無不憤慨，紛紛披掛，隨公子打回京師，拿回主公的江山。看來利三的軍區即使被分割還是最強的，君五新統轄的這支軍隊與姐夫的人馬一場大戰，取得了勝利，終於在被趕下王位的第二年重新回到了皇宮。

姐夫和兩個兒子，也就是君五的兩個外甥，被抓起來遊街示眾，然後在大競技場刺瞎雙眼。支持者大部分被處決，沒被處決的也少了不少器官。

痛定思痛，君五總結教訓，發現奧蒲賽金這個軍區有重大的安全隱患，誰佔有這裡都有資本跟皇上叫板，老爸做得對，有些軍區要分解掉。君五很快將軍區分拆成獨立的擁有不同職能的軍團，平時互不干涉，但是皇帝的命令可以讓他們馬上集結。叛臣培養基地被取締了，君五還擁有了一支屬於自己的機動部隊，實在是太聰明了。

走過這麼大的風波，君五什麼都不怕了，繼續沒完成的事業，打阿拉伯人出氣去。

阿拉伯沒機會成為皇帝的出氣筒了，因為他們內部也打亂套了。這時的阿拉伯，正處在第二個王朝阿巴斯和第一個王朝倭馬亞更替時期，王朝的辭舊迎新總帶著血和痛。阿巴斯在中國的歷史上被稱為黑衣大食，因為喜歡舉個黑旗。倭馬亞戰敗後退縮到半島我們叫他們白衣大食。阿巴斯王朝掌權後，考慮到原來的都城大馬士革離仇家太近，不太安全，於是將都城遷到了現在的巴格達，離君士坦丁堡遠了，距離產生美，雙方都感覺舒服多了。

君五藉著阿拉伯內亂，出手收復了不少地方，不過等阿拉伯一緩過勁，就又拿回去了。這段時間，阿拉伯和拜占庭這兩大帝國的勢力在邊境均衡，都佔不到什麼大便宜，對彼此領土的野心現在變成了部分地區的邊境摩擦，也好，兩邊都需要休息了。

拜占庭帝國最不缺少的就是敵人，阿拉伯乖了，更惡劣的仇家又冒出來了，那就是保加爾人。還記得這夥人嗎？他們是第一個在拜占庭版圖上建國的部族。後來他們幫助被割掉鼻子的查二復位成功，收了拜占庭不少好處，接著又幫助利三打阿拉伯，勝利後，拜占庭答應每年給他家一筆壓歲錢表示感謝（拜占庭王朝在這件事上沒有榮辱觀，不管大國小國，就喜歡給人家送年貢），保加爾人得了好處也不感激，繼續在巴爾幹半島擴張，佔了賊大的一片地盤。

君五執政後，感覺對保加爾人還是要加強防禦，於是一口氣修了六百多座城堡，樹在保加爾人面前。保加爾人又在此時要求增加年貢，皇帝當下就惱了。

君五在位最值的稱頌的功績就是對保加利亞的幾次大戰，其中以七六三年和七七三年兩次最為著名，君五不但打退了保加爾人對君士坦丁堡的攻擊，再一次化解了拜占庭帝國被滅亡的危機，還進攻到對方的腹地，讓保加利亞國內生靈塗炭，一片混亂，短期再無力騷擾拜占庭。但是君五的目的是徹底了斷保加爾人，把這個長在拜占庭版圖上的毒瘤連根除盡，所以七七五年，年邁的君五再次出兵征討，想給保加利亞毀滅一擊時，駕崩在軍營裡。

本來羅馬帝國的統帥軍功是第一位的，教會興起後，評價皇帝的許多指標就與信仰有關了。君五挽救拜占庭於危亡，本來應該是帝國的大救星，可就是因為在聖像的問題上動作過於粗暴，導致歷史形象並不好。最可憐的是，後來崇拜聖像的那一派掌權，君五的屍體被從教堂裡翻出來丟進大海，再後來，拜占庭國家受到保加爾人的再次征伐，老百姓開始懷念君五，還組團去君五曾經的墓前痛哭。

君五共有六個兒子，第一個皇后生的長子利奧四世接了班，第二個皇后還生了五個兒子。利奧四世自幼多病，性格和身體一樣軟弱，所以給他找了個比較強勢的老婆，皇后是來自雅典的伊琳娜。

利四這樣的身體當皇帝，宏圖大業基本就不敢想了，對他來說活著最要緊的事就是安排自己的兒子順利接班，防止自己那五個異母弟弟跳出來作亂。

利四在位五年就蹬腿了，這夥計雖然也是個搗毀聖像派，但是他性格溫和，動作比較斯文，雖然兩邊都對皇帝這種有點騎牆派的作風看不上，但是也都對他沒有太大的敵意，所以，他順利地將政權交給了十歲的兒子君六，還讓太后伊琳娜成為攝政，共治君主，但是排位順序君六還是是第一皇帝，伊琳娜是第二皇帝。

伊琳娜是君五選定的兒媳婦，雖然是個孤女，沒有家世，但是才學和修養是非常好的。孤兒寡婦，五個虎視眈眈的小叔子，一看這個組合就知道會血雨腥風。伊琳娜是支持聖像崇拜那一派的，她一攝政，就忙著重建偶像崇拜，為自己網羅了不少支持者。

現在小叔子們對伊琳娜的反對，除了對王權的爭奪，還交雜關於要不要搗毀聖像這個內容。這五個小叔子一出手就發現這個來自雅典的嫂子不是一般的良家婦女。伊琳娜應該說是屢次粉碎這些敵對勢力的反攻，最後，她這五個小叔子有的被割鼻子、有的被割舌頭，並送進了修道院，清除了王座周圍這幾根特別礙眼的雜草。

隨後，她就叫來羅馬教皇，開了個著名的宗教大會，會上宣布所有搗毀聖像的都是異端，崇拜耶穌畫像和崇拜耶穌沒有矛盾，是完全正確的。皇太后還宣布，之前那些支持搗毀聖像的教長教士，只要懸崖勒馬、浪子回頭，朝廷絕對不秋後算帳，還能讓他們保留教內外一切職務。拜占庭大部分的教長都選擇保留公職，服從改造。因為這個事，伊琳娜在基督教世界的聲名大噪，獲得了一個「聖伊琳娜」稱號。

太后攝政有很多弊端，一般過於強勢的母親，兒子都比較懦弱，一個能幹的太后往往會搭配一個沒用的兒子，這就造成了兒子長大，太后不肯交權讓其親政。

大家奇怪，按道理拜占庭國內搗毀聖像派的人應該很多，為啥伊琳娜能這麼容易就否定了先帝的詔令呢。這是因為搗毀聖像派心裡有數，國內最強悍的搗毀聖像派領袖米海爾是君六重要的幕僚，也就是說，君六鐵定是這派的皇帝，早晚要君臨天下的，到時候會改變所有的錯，讓一切重新來過。

伊琳娜當然也知道這個道理，所以她遲遲不願放權，後來因為幾次針對她的宮廷鬥爭，她決定先給自己買個退路，她突然要求拜占庭人支持她成為排位在君六之上的皇帝。伊琳娜忘記了，君六家這支是發源於軍隊的，不管她在教會體系人氣有多高，本土軍隊還是願意效忠利三的子孫。亞美尼亞的軍區率先支持君六，並扶持他成為唯一的君主，將伊琳娜趕出了王宮。

女皇不會輕易認輸的，在宮外的兩年，她依然控制著她的支持者，君士坦丁堡的同黨們更是不斷通過各種管道給君六灌輸百善孝當先的做人基本道理，君六還是挺好的孩子，過了幾天，想想老媽也挺可憐的，又把伊琳娜接回來繼續做副皇帝。

歷史上關於君六的記載不多，總結了一下，對拜占庭的國家貢獻應該是負數。但是這個皇帝是深受仇家愛戴的，君六和伊琳娜主事這幾年，阿拉伯人和保加爾人看拜占庭就是一台提款機，只要亮一亮手上的刀劍，提款機就自動吐出銀子來。

因為長期面對不同仇家一起上門的局面，拜占庭早就制定了長期國策，那就是打一派拉一派，花錢跟這家上供，買得平安後跟另一家作戰，防止自己兩面受擊。但是堂堂一個羅馬帝國，年年月月地向周邊蠻族繳納歲貢，已經異常的丟人了，到君六這輩，這母子倆一頭供著阿拉伯，一頭供著保加利亞，而且還隨時因應對方要求漲價。

君六也不是不想作為，七九二年，他也曾御駕親征，迎擊保加爾人，不過皇上進入戰場後改變了主意，自己跑掉了。突然找不到皇帝的拜占庭軍隊隨即大敗，從此君六遭遇了來自軍隊的極端鄙視第二年，曾經支持他的亞美尼亞軍區起義，被他非常殘酷地鎮壓，很多曾經幫助過他的軍官都被迫害。

除了軍隊，他還把鄙視自己的人群擴大到了全社會，起因是女人。

君六十七歲的時候，伊琳娜做主，給他選擇了美麗的瑪利亞做皇后，君六一直不喜歡，他喜歡的是一個宮女。他鎮壓了軍區起義，覺得自己可以掌控一切了，就宣布和瑪利亞離婚，並舉行了一個盛大婚禮迎娶這個宮女。不管是羅馬法律還是基督教正統派教義，離婚尤其是皇帝離婚都是不可接受的，而且他和宮女的這段關係，可以定性為「通姦」。

這兩件事，讓君六丟失了幾乎所有的支持者，伊琳娜也覺得到了自己大義滅親的時候了。七九七年，伊琳娜的手下抓捕了睡夢中的君六，還剜去兒子的雙目，據說下手過重差點當場要了他的命，君六非常悲慘地又活了幾年，後來就靜悄悄地死掉了，而伊蘇里亞王朝也就這樣無聲無息地絕嗣了。

人之髮膚，受之父母，君六的眼睛是她媽給的，伊琳娜可能是覺得自己拿回來也應該。即使是看慣了挖眼割鼻這些刑罰的拜占庭人都有點看不過去了，哪有媽媽這樣對自己兒子下手的。

不管有多少微詞，伊琳娜現在是拜占庭唯一的君主了，羅馬帝國落在一個女人手裡，任人蹂躪，如果凱撒、屋大維天上有靈想必應該很傷心。

說到羅馬帝國，老楊又要申請跑個題，插播一段這前後歐洲的事。

上篇我們說到君五的功績，不論是對阿拉伯還是保加爾人，他都取得了足夠榮耀的勝利。但是他有一個大疏漏。也就是，對於拜占庭在義大利半島上的土地，還有依附拜占庭存在的羅馬教廷，他幾乎不放在心上。我們原來說過，倫巴底人在阿瓦爾人的幫助下攻佔義大利北部，成立了自己的國家。義大利半島上的三個主人分別是倫巴底人、教皇和拜占庭的總督。

倫巴底從沒放棄過對南部的征討，每遇凶險，教皇就指望著拜占庭出兵保證教廷的安全。利奧三世的搗毀聖像運動導致了羅馬教廷的天主教派和拜占庭的東正教（東部正統教派）嚴重分裂，教皇也硬氣，倫巴底人再打過來的時候，他不找拜占庭幫忙了，他找法蘭克王國。

法蘭克王國是日耳曼部族的法蘭克人建立的，而且正越來越強大。法蘭克的首相丕平掌握實權，想把當時的法蘭克國王取而代之，但是又怕名不正言不順，於是拜謁教皇，讓教皇支持他改朝換代。教皇還真答應他了，丕平推翻墨洛溫王朝，自己建立了法蘭克王國的加洛林王朝。

這樣一來，教廷和法蘭克王國就有了非常曖昧親暱的關係，所以，羅馬再次受到倫巴底人攻打時，教皇馬上想到找法蘭克人幫忙。丕平出兵趕走了倫巴底人，還將收復的拜占庭的總督行省一併送給教皇做禮物，拜占庭堅決不幹，要求丕平還回來，法蘭克人肯定是不答應的。這個事件在歷史上叫做「丕平獻土」，從此教皇不僅有個教廷，還有大片屬於自己的土地，勢力越來越大了。

丕平死後，法蘭克王國迎來了他們歷史上最牛的國王，也就是查理大帝。查理大帝任內，法蘭克王國幾乎征服了所有西歐的土地，成為羅馬以後，西歐地區地盤最大的國家。

八〇〇年，查理大帝聽說教皇有難，發兵攻入義大利，再次拯救了教皇。教皇非常知道好歹，查理大帝在教堂做禮拜，教皇突然將一個王冠給他戴上了，並宣布這是羅馬人的皇帝！從此之後，法蘭克王國改名神聖羅馬帝國，查理不是國王，他是羅馬皇帝！

這個事對拜占庭羞辱大了，而教皇也有道理啊，古羅馬沒有女人做皇帝的規定，如果拜占庭堅持自己才是羅馬帝國的延續，那伊琳娜就不是皇帝，也就是說羅馬皇帝位子正空著，人家查理怎麼不能加冕呢？

關於查理大帝加冕到底是教皇拳拳盛意，還是他自己露出了明顯企圖，我們到德國篇再去討論吧。現在的事是，查理帶著這頂羅馬帝冠，心裡還頗為忐忑，因為東西羅馬原來有個規定，西羅馬的君主必須得到東羅馬君主的認可。他覺得如果不能讓拜占庭承認自己，這個皇帝做得有點自說自話。不過查理很快就想出了妥善的解決辦法，那就是查理大帝迎娶伊琳娜皇帝，兩家變一家，誰敢說合併後的國家不是羅馬帝國?!

經過四百年的分裂，眼看著東西羅馬又要統一了，多好的事啊，伊琳娜當然也沒意見，查理大帝做事講究，專門派了一個正式的使團過來求婚。使團沒有見到伊琳娜皇帝，見到的是尼基弗魯斯皇帝！

13

這人誰啊？原來女王的財政大臣，軍區司令出身，一直是君士坦丁堡的實權派。伊琳娜呢？被流放荒島學織布去了。

尼基弗魯斯名字很長，在位的時間卻短。九年時間，最大的事情就是進行了一次人口普查，發現了很多逃稅的，到底是財長出身，馬上著手稅務改革。在他任內國庫收入明顯增加。

估計是文官做久了，尼基皇帝重上戰場非常露怯。他一登基就宣布，以後對阿拉伯的年貢不給了，打吧。這一輪打架的結果是，年貢繼續交，而皇帝還被迫同意了最屈辱的條件，就是他和他的兒子每年要以個人名義向阿拉伯繳納三個金幣的人頭稅！

尼基皇帝在阿拉伯人那裡受了恥辱，想到保加爾人身上找回來。保加爾人在歐洲中部的勁敵就是阿瓦爾人，最近法蘭克的查理大帝幹掉了阿瓦爾人，保加爾人輕鬆了，就天天找拜占庭玩。尼基皇帝一生氣，後果也挺嚴重的，指揮拜占庭大軍直撲保加利亞的首都，搶走了皇宮的金銀財寶，還一把火燒掉了這座宮殿。誰知道保加爾人並不認輸，人家有後招。追擊保加爾的汗王途中，拜占庭軍團被他們引入一個山谷，被切割包圍消滅，全軍覆沒，尼基皇帝自己也橫死當場。

這是繼羅馬帝國的瓦倫斯皇帝被西哥德人幹掉後，又一個在戰場上被蠻夷幹掉的皇帝，尼基比瓦倫斯還慘，他碰上的蠻族更剽悍，保加爾的汗王將尼基的頭骨做成了酒杯，他和他手下的戰將們輪著痛飲。

尼基的兒子重傷逃到亞得里亞堡，支撐著登基成為新皇帝。不過他傷成這樣，連回君士坦丁堡的力氣都沒有了，登基不過是過把乾癮罷了。

好在尼基還有個女兒，駙馬爺是宮廷總管米海爾，君士坦丁堡沒得選擇，只好將他扶上皇位，雖然都知道這夥計就是模樣帥點、性格窩囊、毫無才智，標準繡花枕頭。查理大帝也知道欺負老實人，看這傢伙上位，馬上要對方承認他「羅馬皇帝」的稱號，米海爾在家考慮了一下後果，只好同意了，查理大帝心裡踏實了。

保加爾人幹掉了拜占庭的皇帝，開始瘋狂地報復他對自家首都的摧毀，再進入拜占庭領土時，基本就是三光政策。這一輪他們逼近了色雷斯，佔領了一個重要港口，不僅搶走大量的金銀，最要命的是帶走了大量希臘火的原料。

米海爾不得不提著膽子出征了，兩國軍隊從兩個方向開始尋找對方，突然有一天發現對方就在面前，面面相覷，發了一陣黑暈才想起開打。開打之後，阿納多利亞軍區的司令利奧突然撤出了戰鬥，因為拜占庭軍團裡一直存在歐洲軍區和東部軍區之間的矛盾，跟搗毀聖像有很大關係。利奧帶領的東部軍區不願意跟歐洲軍區協同作戰，臨戰撂挑子不幹了。悲劇重演，拜占庭的軍隊在保加爾人手下再次全軍覆沒，米海爾皇帝逃回首都。

皇帝不會打仗被認為是此戰失利的主要原因，一個不會打仗的皇帝就別霸著位置，現在拜占庭需要的是能打的皇帝，利奧敢在陣前要態度，氣質相當硬朗，就他吧，於是利奧五世就這樣上臺了。

陣前譁變，完全不把國家利益和戰友的生死放在心上，利奧這個人，人品一般，要是讓保加爾人評價，這位利五皇帝絕對就是個卑鄙小人。

利五忙著篡位，保加爾人可不懈怠，再次攻到君士坦丁堡的城牆下。保加爾人也知道君士坦丁堡的城牆怎麼打都打不破，汗王算計一下，既然打不過就不如跟利五和談吧。讓他給老子一筆錢，老子撤軍走人，讓他趕緊收拾他們家那些亂七八糟的事。

和談好啊，利五很客氣地邀請汗王進來邊吃邊聊。蠻族心裡實誠啊，停戰談判，人家還請吃飯，全副武裝不合適，於是就換了身休閒裝，散著步趕飯局去了。過了約一個時辰，突然看到汗王披頭散髮，渾身是血跑回來，一邊跑一邊喊「利五這個老犢子騙人，他擺鴻門宴啊！」

顯然是利五以和談為名行誘殺之實，保加爾人氣瘋了，以非常狂躁的姿態洗劫了附近所有的村莊和城市。看到保加爾人瘋得厲害，君士坦丁堡只能禁閉城門，躲在城裡，祈禱這群蠻夷趕緊消停吧。證明祈禱是有用的，這種排山倒海般的衝擊終於在第二年停止了，因為汗王腦溢血死掉了。

保加爾人換領導，利五趁機出擊打了個勝仗，獲得了一張三十年不打架的承諾書。恰好，阿拉伯國內又起爭端，於是這兩大敵人誰也顧不上找拜占庭麻煩了，利五過了幾年平靜的日子。

利五是搗毀聖像派的皇帝，他總結了之前的皇帝搗毀聖像派的都比支持聖像派的結局好，他有理由要把這件事發揚光大了。利五以後又一個轟轟烈烈的打砸聖像活動開始了。正好他宣布開砸不久，他就打贏了保加爾人，他更是堅信搗毀聖像是關係國運的，絕對不能馬虎對待，要砸得徹底，砸得有效。但是，利五這個皇帝坐得不踏實，他知道自己這個位置來得不體面，對支持聖像派下手頗重，他感覺周圍的敵人很多，日子過得很危險。

利五有個賊好的哥們，一起扛過槍的老戰友，也叫米海爾。這個米海爾有口吃的毛病，當年在軍營裡地位還在利五之上，當初預備造反篡位，利五還猶豫不決，就是這位米海爾老哥哥，用劍指著利五說：「你……你……你趕緊的戴……戴……戴上皇……皇冠……冠，要是不……不答應……哥哥我就……阿就……阿就……在你身上扎……扎個對穿！」（人家是結巴，說話費勁）」。利五看他憋得一臉通紅，這次趕緊登基了。為了感謝米海爾的扶持，利五甚至是米海爾兒子的乾爹。

如果米海爾看過「明史」就應該知道，不管你跟皇帝原來有什麼樣的交情，在人家稱帝後最好都忘了，千萬別提，尤其是皇帝年輕時偷雞摸狗、喝花酒不給錢這種事，那是打死不能說的。米海爾是個莽撞人，又沒啥文化，這些前輩教訓估計是不知道的。

至於他究竟在利五背後說了什麼，我們就不深究了，他一個結巴，說話糾纏不清的，整得我們頭暈。利五一點不暈，他通過結巴的表現看到了叛逆的實質，八二〇年的一天他宣布，當年的十二月二十五日，把米海爾丟進火爐裡燒死！

利五這個人做事太絕，十二月二十五日，那不是耶誕節嗎？這一天殺人顯得不厚道。利五的老婆就勸他，耶誕節過完再動手，你好歹讓你兄弟在牢裡過個年。利五聽從了皇后的建議，但是這個節他過得一直心率不齊，總覺得要出事。早晨，利五去教堂參加早禱，教堂裡很多教士，都經過嚴格挑選，看上去規規矩矩的。利五誦讀了一節讚美詩，聲音未落，有幾個教士突然衝出來，長袍下抽出長劍圍住了利五，皇帝用一柄十字架抵抗了一陣，最後被刺穿了胸膛，血濺教堂的祭壇。

這些教士趕緊放出了被監禁的米海爾，不錯，整個行動就是這個結巴在牢裡策劃的。事發倉促，一時找不到鎖匠開鎖，米海爾是帶著腳鐐登基的，他應該是米海爾二世了。

米二雖然沒什麼文化，但還是很審時度勢。他自己是個搗毀聖像派，但是他從不表明自己的立場，在他的任期內，他下令關於搗毀還是保留聖像這個事不准討論，權當作沒有這個煩心的問題。經過上一任過激動作，米二這個處理方式顯然是緩和了很多矛盾，既然這個事總讓人受傷，就乾脆迴避不提了吧。

當年米二和利五是哥們，除了他們倆，還有一個老戰友，叫做湯瑪斯。米二幹掉利五，湯瑪斯心想，你們倆個都做了一把皇帝玩了，我也要拿過來過把癮。於是，他帶頭起義了。

湯瑪斯走的是農民起義路線，發動群眾，甚至發動敵人。他一舉事就號稱要打垮貪官污吏，做窮人的保護者。遺憾這夥計還沒先進到可以提出「打土豪，分田地」這樣高端的命題，但是就這樣也吸引了不少人。最厲害的是，他居然拉了阿拉伯人做幫手，聯合攻打君士坦丁堡。

米二發現亂黨和阿拉伯結夥，馬上拉攏保加爾人聯手。保加爾人一想，萬一湯瑪斯得勢，他跟阿拉伯人一夥的，回頭保加利亞還有好果子吃嗎？共同的利益，讓保加爾人非常投入地幫助米二平亂。

金湯般的君士坦丁堡，敵人攻不破，自己也攻不破，起義再次敗在首都的城下。湯瑪斯被擒，米二剁掉了他的手腳，讓他騎著驢遊街，好像拜占庭人認為騎驢是件非常丟人的事。

米二和湯瑪斯的內戰打了三年，軍隊尤其是海軍損失嚴重。雖然起義在拜占庭本土失敗，但是阿拉伯趁著這內外勾結的機會佔領了西西里島和克里特島，拜占庭又失地了。

米二為了讓自己這個皇帝顯得正宗點，二婚迎娶了先帝君六的公主，可惜沒生出孩子，最後即位的是他前妻生的兒子狄奧菲洛。既然順利傳給了兒子，那這也就算是個正式的王朝了，米二開始的，是拜占庭的弗里吉亞王朝。

這個王朝共傳了三代，狄奧菲洛十六歲登基。當時的拜占庭給太子選妃就像在夜總會找小姐，貴族淑女經過海選，剩下的在王宮站成兩行，太子爺手拿金蘋果送到誰手中，誰就是未來的皇后。

狄奧菲洛選擇了教養非常好的狄奧多拉，都說這個女人賢淑，也印證了一句古訓「慈母多敗兒」。狄奧菲洛是搗毀聖像派皇帝，他上臺後最不聰明的事就是重啟了聖像風波，好在也沒鬧多久，他在位十三年，兒子兩歲生日的時候，吃多了，拉肚子拉死掉了。

14

米海爾三世兩歲就是皇帝了，從懂事就知道自己君臨天下。這樣的小孩子我們不能用常理來分析。很多歷史書喜歡拿他跟尼祿相提並論，這個有點侮辱尼祿，因為不管尼祿做皇帝做得多麼差勁，人家做票友是兢兢業業的，而且他對藝術的熱愛也是真誠的。昏君這東西也分等級，玩物喪志的可以原諒，前提是你要玩出成績來。比如李煜、比如宋徽宗，這兩個前輩我們就很同情他們。尼祿在位時，一手開創了文化下鄉，這也是可圈可點的。米三一輩子最愛賽車，但充其量也就是個觀眾，他要是自己下場參賽，後來修練成了舒馬赫，老楊就很佩服他了（很多歷史書將米海爾翻譯成邁克爾，舒馬赫的全名是邁克爾・舒馬赫）。

米三看賽車有要求，天塌下來也不能打擾，如果此時敵人進攻，最好不要向皇帝稟報，因為對皇帝來說，他支持的藍色車隊有沒有取得最後勝利比國家安全重要多了。為了保證他看賽車時的平靜，連烽火都不准點！

好在他媽媽幫他攝政，他媽媽有個情夫是海軍總司令，幫著防禦外面，他媽媽還有個弟弟，幫著處理國事。外事問乾爹，內事問舅舅，小皇帝雖然愛玩，也沒闖什麼大禍。

都是外戚還有矛盾，太后和舅舅一直姐弟不和，都變著法子排擠另一邊。眼看著米三長大要親政了，這兩派外戚知道，誰爭取到米三，誰就是最後的贏家。

米三十五歲了，要大婚了。太后安排了傳統的宮廷選秀。這個事讓米三很痛苦，他早就有心上人了，一個宮女尤多西亞讓他很癡狂。太后當然不會允許米三自由戀愛，於是替他做主迎娶了一個身世修養都上層的貴族女子，雖然這位準皇后相貌並不出眾。

這個事造成了米三對自己母親的仇恨，加上舅舅巴爾達斯煽風點火，於是米三向母親要求親政，並罷黜了海軍總司令。狄奧多拉沒有當年伊琳娜那樣的殺伐決斷，看到兒子的步步緊逼，她也只好含著淚交出政權，後來被送進了修道院。

狄奧多拉太后在基督教歷史上形象非常好，她是個支持聖像派，在任內召開宗教會議。八四三年正式頒布法令，恢復聖像崇拜，將鬧騰了一個世紀的搗毀聖像運動暫時平息了。

太后退政，政權自動轉移到舅舅手裡，因為米三實在是不怎麼管事。

巴爾達斯任內的一大盛事就是在皇宮重建了君士坦丁堡大學，當時最著名的數學家利奧成為首席教授。巴爾達斯能夠任用利奧，表現了他對這所的大學的重視程度，因為利奧是著名的搗毀聖像派的名人約翰的侄子，說起來是朝廷的敵對派。君士坦丁堡大學開設當時有的所有學科，吸收了大量的優秀學者進駐。這所大學在拜占庭全盛時代是世界級的名校，吸引了亞洲和歐洲很多學子。

跟之前所有的皇帝一樣，米三要面對阿拉伯人、保加爾人、斯拉夫人，這些人走馬燈一樣來君士坦丁堡旅遊，沒給國家帶來一分錢收益，全是慘重的損失。就這三家已經應付不來了，誰知又來了一批新的旅行家，他們是羅斯人！（羅斯人的故事參看俄羅斯篇）

好在羅斯人此時實力一般，拜占庭還是可以將他們打退。拜占庭人知道沒有什麼敵人是打退了再不來了的，所以趁著羅斯人還是個雛兒，趕緊去傳教讓他家加入東正教的大家庭，以後一家人就不好互相欺負了。羅斯人信仰了東正教，對他家後來的歷史是有重大影響的。

說到通過傳教買的平安，還有一個成功的例子，就是保加利亞。話說這段時間，拜占庭對阿拉伯的打擊頗有優勢，不是因為自家長進，實在是敵人的削弱。九世紀後半期，阿拉伯帝國被他們喜歡重用的突厥將領攤了一道，導致的結果就是軍閥割據、政治分裂。阿拉伯帝國的領土上，雨後春筍般湧現了十多個小朝廷，還都宣布自己是獨立國家。就這樣，拜占庭終於可以狠狠地鬆一口氣了，也可以非常認真地考慮保加爾人的前途了。

這段時間，保加爾人也覺得自己應該在宗教信仰上有個說法，蠻夷也需要與時俱進啊。他家首選的是西歐的天主教，因為和法蘭克王國親密點。聽到這個消息，拜占庭水陸大軍起發，浩浩蕩蕩出現在保加利亞的邊境。

拜占庭這種帶兵傳教的模式取得了成功，保加利亞同意接受東正教的傳道，保加利亞當時的汗王給自己改名米海爾，成為米三的教子。

綜上所述，米三雖然什麼事都不管，國運還是非常旺盛，真該感謝皇舅。回憶之前的拜占庭歷史，沒有仇家上門的日子真是非常罕見。

這麼幫忙的舅舅，米三並不領情。他最大的特點就是耳根子軟，自己毫無主見，喜歡誰，就完全聽誰的。米三是個昏君，昏君一定要會搭配一個弄臣，米三當然不缺。

有一天，米三設宴招待保加利亞的使團，席間自然有娛樂節目。保加爾人孔武有力，擅長角鬥，在席間叫板，邀拜占庭人下場對打。君士坦丁堡都是斯文人，誰敢跟蠻族武士動手啊。這時，米三一個親戚派出了他的一個家臣，這位老兄也長得虎背熊腰，塊頭不在保加爾人之下。

卻說保加爾人吱哇亂叫撲向拜占庭人，拜占庭人輕蔑一笑，一個勾手就把保加爾人摔了四腳朝天，半天沒翻過來。一招制敵，現場的拜占庭人歡聲雷動。米三上下打量這位武士，暗自點頭。

米三喜歡賽車，自然也好名馬，有人送了他一匹神駒，神俊無比、性烈如火。摔翻了幾個騎手後，米三怒了，讓人去廢掉這個畜生。這時有人挺身而出，要求幫聖上馴服烈馬。米三一看覺得眼熟，這不就是打敗了保加爾武士那位壯士嗎？米三讓他試試，這夥計再次不負聖望，讓烈馬老老實實了。

這下米三動心了，他對自己的親戚說，這位壯士不在皇宮服務就太委屈了，必須進宮伺候皇上。皇帝要的東西，別人怎麼好不捨得呢，於是這個會馴馬的武林高手就成了皇家馬廄的主管。

這是米三的新寵，大名叫巴西爾。他是個色雷斯地區出生的農民，小的時候一家子被保加爾人俘虜，在希臘北部的馬其頓地區長大，所以又會打架又會馴馬。成年後，巴西爾想去君士坦丁堡打工，剛進城那天，身無分文，無可投靠，好在碰上一位好心的僧侶，給他吃的，還介紹他到皇帝的表叔家裡去上工，順利引起了米三的注意，成了弼馬溫。

巴西爾很快成了米三最好的夥伴，根據米三的習慣，現在他做事都聽巴西爾的。而正好，巴西爾還給米三解決了一個大麻煩。

米三的小蜜懷孕了！皇后沒有得到米三的關注，宮女尤多西亞一直專寵。東正教的國家皇帝也不能納小，更不敢離婚，小三懷孕，這就是皇帝通姦了，怎麼辦？叫巴西爾過來，讓他跟自己的原配離婚，娶尤多西亞回家。

巴西爾毫不猶豫地按米三的要求做了，他自己因此擔了巨大的罵名，不過不要緊，所有的付出都有代價，巴西爾很快獲得了跟皇舅巴爾達斯一樣的權力。

一山容不得二虎，米三在巴西爾的殷殷誘導下，覺得必須剷除舅舅。舅舅也不傻，知道自己已經處於危險中所以在君士坦丁堡期間，他步步為營。

巴爾達斯是統帥，他不能不出征吧，米三邀請舅舅一起去收復被阿拉伯人佔領的克里特島。據說巴爾達斯怕米三對他不利，出發前專門拉著外甥去教堂，讓皇帝起誓，不許搞陰謀詭計。米三真發誓了，當時的大主教作保，巴爾達斯就這樣萬般無奈跟米三上了島。

進攻之前，要檢閱部隊，巴爾達斯和米三一起出現在校場，突然幾個士兵竄出來，以迅雷不及掩耳之勢將巴爾達斯一劍捅死！不是起誓了嗎？對啊，沒人看見啊，這事天知、地知、米三知、主教知，主教是米三一手扶持的，絕對不給皇上添亂，這個暗殺事件後來的官方版本是巴爾達斯叛亂對皇帝不利，被就地鎮壓。

巴西爾立了大功，米三能給的賞賜都給了，乾脆收他做兒子吧，這樣他就是自己的繼承人了，可以上位成為副皇帝。這一年米三二十六歲，巴西爾五十五歲。

換了個副皇帝，米三繼續無所事事。其實巴西爾正式掌權之前，他就已經很注意軍隊勢力的培養，私下裡已經獲得了很多軍區的支持。

小皇帝沒有定性，喜新厭舊，這一點巴西爾比誰都清楚。他聽舅舅的罷黜了太后，聽巴西爾的殺掉了舅舅，如果再有新的弄臣出現，巴西爾就危險了。為了防止自己重蹈巴爾達斯的覆轍，巴西爾決定先下手為強。

八六七年九月二十四日，米三喝得爛醉熟睡，不知道什麼人潛入寢宮將皇帝血肉模糊地殺死在龍榻上。身在外地的巴西爾趕緊回來接管大局，表情哀傷，要求徹查兇手。一邊忙著登基，一邊給米三主持了盛大的喪禮，還將一座教堂用米三的名字來命名。

巴西爾也就是巴西爾一世，因為都叫他馬其頓人，所以他開創的這個朝代，就是拜占庭歷史上最風光最得意的馬其頓王朝。至於米三到底死於何人之手，巴西爾一直沒查出來，這個兇手呼之欲出，可大家都不敢說，因為人家現在是皇帝。

15

一個華麗精彩王朝的開國之君一般都不會太差，巴西爾一世在位十九年，應該說他為他的王朝

奠定的基礎是不錯的。

巴一最為後世稱道的功績就是立法。這位羅馬史上第一個農民出身的皇帝，居然第一重視的課題是法制建設。從《查士丁尼法典》龐大的體系中找出最重要最常用的行政法規或者公法，用希臘語編成了《法律手冊》，這部小冊子涵蓋了日常審判的實用條款，非常方便有效率，一直被拜占庭司法部門持續使用，對周邊國家也產生了極大的影響。

馬其頓剛開始時對於，要不要搗毀聖像已經不糾結了，但是巴一還是要面對國內的宗教衝突。這次，拜占庭的正統派又遭遇了保羅派。

保羅派被稱為是基督教的一個異端，成員主要由農民、城市平民或者奴隸。他們嚮往早期基督教的樸素和平等，要求廢除教會內的等級制度，廢除繁瑣的教會禮儀，反對偶像崇拜。對他們影響最深的是：他們認為在教堂受洗是不對的，受洗應該是到河裡去。

我們從局外人的角度看不出這些要求有什麼不好，但是宗教這東西有一點分歧都會導致很恐怖的衝突。

教派以底層民眾為主，所以人數眾多。經過幾個世紀的發展，在小亞細亞和亞美尼亞一帶頗有勢力，後來發展到在幼發拉底河上游建立了自己的國家。

這個小國建立後，經常幹的營生就是攻擊拜占庭，而且大部分時候他們還和阿拉伯人聯手行動。巴一殺掉米三篡位那一年，保羅派的軍隊甚至打到了愛琴海岸邊。巴一派了他女婿迎擊，取得了重大勝利，保羅派的領袖當場陣亡，並徹底摧毀了這個小國。而拜占庭順勢就攻入幼發拉底河流域，啟動了帝國向東征討的進程。

巴一時代有個重要人物不能不提，因為歷史舞臺上，巴一大部分出鏡時間都有這個首席幕僚在身旁。他就是君士坦丁堡的教長，大主教，弗提烏斯。

主教肯定是巴一最信任的人，不僅參與皇帝很多決策，還是王子的老師。巴一殺害米三和他舅舅，這幾乎不算個秘密，就是靠這位主教利用身分幫他塗抹掩飾，讓他順利過關。

這麼個大恩人，巴一一上臺，就罷免了他的職務。不是巴一過河拆橋，而是他有更大的想法。他想的是，現在地中海上阿拉伯海盜猖獗，他們霸佔了部分西西里島，顯然是對義大利有企圖，巴一要保全並光復拜占庭在義大利南部那點領土。

弗提烏斯什麼都好，最大的問題是他跟羅馬教廷關係非常惡劣，最搞笑的是，兩邊的主教誰也不服誰，羅馬教皇一氣之下開除了弗提烏斯的教籍，弗提烏斯毫不客氣地宣布他開除羅馬教皇的教籍。教眾們恨不得對兩位老大說：麻煩你們倆成熟一點好不好！

巴一要出兵義大利，如果羅馬教廷懷著敵意，就什麼也幹不成了，尤其是巴一還想獲得法蘭克王國的援手。

拜占庭這一輪對西西里島的爭奪吃了大虧，不僅丟失的沒搶回來，原來有的還丟了，米開朗基羅的敘拉古城終於落在阿拉伯人手裡。好在名將尼基弗魯斯全力應戰保住了塔蘭托，讓義大利南部，也就是靴子頭這個位置還留在拜占庭手裡，這很重要，不僅防禦了阿拉伯對義大利的進攻，也讓周圍鄰居都知道，拜占庭在地中海還是有點實力的。

巴一運氣好，法蘭克的路易二世國王還真幫了他大忙，儘管他自己一點也不情願。法蘭克的軍隊收復了被阿拉伯人佔領的城市巴里，洋洋得意的。誰知道，巴里人不願意跟法蘭克人一國，他們要求加入拜占庭。都知道路易二世挺沒用的，所以都欺負他。巴里人不斷起義，要求換國籍，總算折騰到路易二世死掉了，巴里打開城門迎接拜占庭的軍隊，巴一卻之不恭地收下了路易二世這份大禮。

義大利的戰事忙得差不多，巴一覺得跟羅馬教皇保持笑臉太費勁了，正好君士坦丁堡的大主教死掉了，趕緊又把弗提烏斯請回來上班。

弗提烏斯職業目標，就是要將東歐各種人群：保加爾人、斯拉夫人、羅斯人等等，全部置於東正教光輝下，不能被羅馬的天主教拉去了。這個想法和巴一是非常契合的。而保加爾人也發現了兩邊的教廷對東歐這些資源的爭奪，所以他家坐收了一次漁利。

保加利亞已經皈依了基督教，東正教已經去傳教了，但是羅馬教廷還是在拉攏他們。保加利亞國王趁機對羅馬教廷提出，他家應該有自己的主教和獨立的教會。這個要求羅馬教廷是絕對不答應的，這不造反嗎？同樣的要求，拜占庭答應了，你家只要承認君士坦丁堡教廷的最高權力，你家的主教到君士坦丁堡來加冕，你們自己的教會可以自治。就這樣，保加利亞正式投入了東正教的懷抱，跟拜占庭一夥了。這件事，保加利亞和拜占庭雙贏，羅馬教廷什麼也沒有，教宗在歐洲的地位越來越高，甚至凌駕在西歐所有君主之上，最鬱悶的事就是這個君士坦丁堡的教廷，隔三差五的總是能讓教宗心律不齊，還沒藥治。

巴一的工作忙得差不多了，看歲數也該安排接班了。大家還記得嗎，巴一拋棄了前妻，娶了米三的情婦。這個皇帝小三嫁過來後生了三個孩子，都說這幾個娃其實是米三的，不過根據史料能夠確認的只有長子利奧。因為小三是帶著肚子嫁給巴西爾的，而我們確認在這之前，巴西爾應該不敢勾搭主子的情婦。除了這三個兒子，巴一的前妻還留下一個兒子，也就是君士坦丁。巴一登基後，將君士坦丁列為太子，顯然地他不想馬其頓的血統回歸上一個王朝。

君士坦丁沒有皇帝命，早早就死了。沒辦法，只好傳位給利奧了。

巴一生得卑微，死得古怪。七十五歲的老皇帝還跑去打獵，明明是去獵鹿的，卻被鹿獵走了，有頭被激怒的公鹿向皇帝衝過來，鹿角纏上了巴一的腰帶，公鹿拖著皇帝跑了很遠，總算被侍衛們追上，一個侍衛拔劍切斷了皮帶，巴一得救了。傳說皇帝回去後還砍掉了這個侍衛的腦袋，原因是不能隨便對君主拔劍。有此可知老人家被鹿嚇瘋了，過幾天巴一就駕崩了。

16

又是利奧，君士坦丁、利奧、查士丁尼是出現頻率最高的拜占庭君主名。這是第六個利奧，利六！

按常理分析，利六應該是知道自己身世的。巴一是養父，又是殺父仇人，這個關係不容易相處。找不到利六幼年與巴一關係的資料，傳說是一直不和，後來還公開翻臉了。翻臉的原因還不是血緣問題，是因為利奧愛上了一個姑娘而巴一堅決反對，並強行塞給他一個不愛的女人。看來拜占庭皇廷包辦婚姻真是直接導致了不少家庭慘劇啊。

江湖上還有個傳說，說是利奧翻臉後就策劃殺父弒君，這個公鹿事件就是他的陰謀。這個事老楊真不敢同意，挑唆一頭公鹿把一個老頭拖死，這個暗殺方法太科幻了，難道利六還會馴獸？

反正拜占庭皇帝被殺也不是什麼新鮮事，咱們就不追究了。

利六這一生的關鍵字是結婚，這一輩子就是忙著結婚離婚、離婚結婚了。我估計是後來英國的亨利八世的學習榜樣。結婚離婚之餘，他做的最有用的工作就是繼續他爹的立法工作。

利六是大教長弗提烏斯的親傳弟子，為人聰慧、博學多才，二十歲登基的時候就有「智者」的稱號。所以他主持的立法工作比巴一時代更加細緻。利六主持編撰的是《皇帝立法》，這本法典一問世，就逐步取代了《羅馬民法大全》，是整個帝國司法的依據和基礎。

不管什麼法律，跟咱們都沒關係，老楊知道，「地主」們都伸長脖子等這利六的婚姻故事呢，馬上就來。

巴一按皇后標準給利六選擇了對象，但是利六私下一直跟一個叫佐伊的女孩相好。對於自己的原配婚姻，他採取的抗爭方式是一登基就罷黜了自己的老師，軍政大權全部交給佐伊的父親札烏提塞斯負責。

好在這段婚姻沒讓他噁心很久，第二年，皇后就如願死掉了，利六高興地將佐伊迎進門，而札烏提塞斯現在就是正牌國丈了。利六的八字不知道是不是有點剋妻，一年之後，佐伊又死了，而且是跟國丈一起死的。沒人幫忙，利六開始親政了。他又找了個老婆，這次結婚帝國上下已經頗有微詞了。為啥呢？死了老婆不准再娶嗎？是不准啊，這是利六自己立法規定的！他的法規規定，結第二次婚就可以遭到鄙視了，如果還結第三次，就直接違法了！這娃搬起石頭砸了自己的腳，立法之前他應該去算算八字，是不是專剋女人。

利六頂著輿論壓力結婚，他沒辦法啊，前兩次婚姻沒生出孩子來，王朝不能絕嗣吧。又是一年，第三任皇后又死了！（無語……）

利六偏不信邪，反正他自己不死，他還要再試！他又找到一個佐伊，歷史上稱為「黑眼睛佐伊」，已經說明了外型特點。利六擔心一結婚又死人，所以先跟佐伊鬼混，看來是黑眼睛命硬，居然成功地懷孕了，還生下一個兒子！

利六高興啊，現在要解決的是戶口問題。這娃是黑戶，因為教廷不會承認佐伊的地位，這娃就是個私生子。好在教廷也考慮王朝延續的問題，給了利六一個解決辦法，孩子可以承認，大教長替他洗禮，並起名君士坦丁，前提是佐伊不准進宮，不准跟皇帝結婚！

行，同意，沒問題，利六很爽快地答應了，喜孜孜抱著小君士坦丁去受洗，太子爺有了。

利六是個大知識份子，誰也想不到他會耍無賴。君士坦丁受洗後第三天，利六大張旗鼓將佐伊娶進門，冊封為后！

整個拜占庭都譁然了，這……這……這也太……，教長都氣得說不出話來了。有什麼辦法呢，人家是皇帝，君士坦丁堡的教長沒有羅馬教宗那麼強悍，他們基本還是屈尊於帝王之下。教長唯一可以懲罰他的方式就是：不准利六進教堂！大家心想，不進就不進，啥了不起的。基督徒不會這樣想，不能進教堂是挺嚴重的懲罰了，猶如在學校被停課留校察看了。利六有招，他直接找到了羅馬教皇出頭，天主教那邊的法律不是利六訂的，對結婚離婚這事沒那麼嚴苛。

對拜占庭皇室來說，羅馬教皇其實挺好用的，總能滿足需要。用得著的時候，只要承認教皇是老大，他能幫著解決不少事，用不著的時候，隔三差五就挑釁教皇，讓他生氣。

利六得到羅馬教宗的支持，直接讓君士坦丁堡的教長退休，啟用了不會跟自己抬槓的人，看上去又是和諧社會了。其實不然，這次教長輪替又讓拜占庭宗教界產生了新的矛盾和分歧，會在以後激化並表現出來。

利六追求愛情婚姻自由給拜占庭留下的麻煩可不只是國內，還引發了外患。

外患來自保加利亞，直接責任人是當朝國丈札烏提塞斯。拜占庭這位國丈挺有才的，利六立法，他居功至偉，但是老頭都是貪財的，利用女婿的權勢也是正常的。

話說國丈就將整個拜占庭對保加利亞人的貿易簽給了自己的兩個朋友，這兩個傢伙壟斷了兩國經貿。壟斷生意，總歸是欺負人的。他們先是將保加利亞開放的市場移出了君士坦丁堡，搬到了附近的一個城市，還大幅度提高了稅收。

我們不能因此說國丈因為自己的利益損害國家，當時拜占庭面對的情況也比較複雜。因為保加利亞的位置，正好堵在君士坦丁堡通向歐洲的道路上，不論是君士坦丁堡去歐洲還是歐洲來君士坦丁堡，都要經過保加利亞國，這家人收過路費收得非常爽。但是保加利亞的疆界是拜占庭同意承認的，你最後要為此付出代價只能說是活該啊。

一發現拜占庭對自己不利，保加利亞馬上反應。他家已經是東正教國家，和拜占庭是同教兄弟，不能一有衝突就撲上來打，先做規定的外交動作嘛。召開一個記者招待會，新聞發言人義正言辭地斥責了拜占庭這種破壞兩國友好並操縱稅率的行為，最後保加利亞提出嚴正抗議。拜占庭對嚴正抗議已經麻木了，我行我素，全無改正。

此時保加利亞國內正在辭舊迎新呢，第一個信基督的國王退休讓位，他最小的兒子西蒙成了保加爾人的王，而且，他還是歷史上最牛的保加利亞汗王。這樣一個人物，他會僅僅滿足於嚴正抗議嗎？他才不管是不是東正教的兄弟，他只知道拜占庭這樣囂張，肯定是太長時間沒挨揍了。

八九四年，西蒙發動了對拜占庭的戰爭。利六知道在巴爾幹半島很難阻擋保加爾人的兵鋒，所以就勾搭他們身後的馬札爾人（大約就是匈牙利人）兩面夾擊。這個戰法開始時有點效果，但後來被西蒙各個擊破。戰爭的最終結果是利六割讓了邊境部分土地，每年還要向西蒙進貢。

根據之前的歷史我們知道，戰敗—求和—給錢—賴帳—開戰—再戰敗，這個基本已經是拜占庭式循環了。

17

利六死的時候，小君士坦丁才六歲，根據之前的順序，他叔叔，也就是利六的弟弟，亞歷山大先即位。我敢打賭，這個亞歷山大叔叔只要有機會就會幹掉這個侄子，再演一幕「靖難之役」。不過他沒有耍陰謀的時間，因為他患有睪丸癌，相當痛苦，所以登基一年就死了。

對一個睪丸癌患者來說，亞歷山大算堅強了，就這麼短短一年，他就整了不少事。他跟他哥哥不和，所以一掌權就把他利六時代的政府班子全部換掉，把嫂子佐伊趕出皇宮，讓已「退休」的大教長尼古拉斯再次上崗。當然，他做的對帝國影響最大、最值得名留青史的大事就是：他豪情滿懷，熱血沸騰地停止了對保加利亞的年貢，以換來保加爾人的再次入侵！這夥計真是身殘志堅啊！

君士坦丁七世七歲就上任了，又一個童工皇帝，尼古拉斯教長擔任了攝政。這孩子剛死了爹，又看不見媽，他站起來還沒有王座高呢，就這樣孤零零生活在冰冷的宮廷裡。按拜占庭的傳統，君七的媽媽佐伊應該是名正言順的攝政；佐伊來自一個軍事貴族家庭，她和她家族也有大批的支持者，這樣一來不管是出於對兒子的想念，還是對權勢的需要，佐伊都要想辦法回到皇宮去，讓所有人承認她是皇太后。

九一三年，君士坦丁堡城內，小君七坐在王座上想媽媽；她媽媽及外公一家和尼古拉斯教長角力；君士坦丁堡城外，保加利亞的大軍在西蒙率領攻到了城下。

還是那地方，還是那城牆，西蒙就納悶了，滿世界都是豆腐渣工程，為啥君士坦丁堡這個城牆工程品質這麼好，包工頭到底是怎麼想的，有沒有錢賺啊。

想了一陣子，西蒙決定，對著一個高牆生氣顯然沒有必要，於是，他釋放了談判的善意。尼古拉斯教長聽著城外的馬蹄聲，心裡直發毛，就等著西蒙來談判呢，他甚至提前把錢預備好了。

西蒙非常了解拜占庭，可惜拜占庭不了解西蒙。西蒙幾乎是君士坦丁堡長大的，他小時候被當作人質送到這裡，學習受教育。西蒙對拜占庭的歷史文化很清楚，在他幼小的心靈裡，他存的想法跟之前所有的保加利亞汗王不同，他不要錢、不要地，他要整個拜占庭國家，他要做羅馬帝國的皇帝！當然國土還要包括保加利亞在內。

尼古拉斯以為西蒙進城來談判，其實人家是來提親的，他要求把他的閨女嫁給君七。尼古拉斯心想，好事啊，反正皇帝總要結婚的，跟西蒙結親，以後他總不好意思攻打自己女婿的國家吧。西蒙隨後又提出，讓大教長加冕他為皇帝。

以前保加爾人的首腦，我們都是叫汗王，現在西蒙要求做皇帝。尼古拉斯也答應了，他給西蒙加冕時，兩個人各懷心事，教長心想：「你戴上皇冠趕緊走，帶著你的人，去你那一畝三分地做皇帝吧！」西蒙心想：「只有羅馬帝國才能叫皇帝，現在你既然把這頂帽子給我了，就等於承認我就是東羅馬皇帝了。等我閨女嫁過來，我就是國丈，要不要在君士坦丁堡登基還不是自己說了算嗎！」儀式完成後，西蒙皇帝表示馬上撤軍走人，以後絕對不做這種損害關係的事了。

對，只有東羅馬的君主才是皇帝，而且是本區域唯一的皇帝，你讓一個蠻夷成為皇帝了，君七算什麼呢？尼古拉斯為他的妥協和無能付出了代價，佐伊皇后在反對派的支持下重回皇宮，掌握了國家權力。

尼古拉斯是鴿派，佐伊就是十足的鷹派。她一回宮，就宣布兒子和西蒙女兒的婚約無效，西蒙的皇帝稱號更加無效，重新打過來吧！

佐伊刺激了西蒙捲土重來，可她手上又沒有可以幫她打架的得力人手，看來，無力禦敵時，一個鷹派比一個鴿派給國家的麻煩更大。每到這時候，拜占庭的軍事將領們想到的一般都是攘外必先安內。佐伊的統治不利，肯定有人換她。

九一九年，海軍司令羅曼努斯成功了。雖然他的艦隊沒有打敗西蒙，但他本人卻實現了西蒙一輩子的理想，他把女兒嫁給了君七，他成了國丈，隨後進位成為共治君主。

西蒙這一次暴怒而來，銳不可當，他一舉蕩平了巴爾幹半島，軍隊一直進入到了科林斯地峽（希臘半島和伯羅奔尼薩斯半島黏連的位置）。聽說自己女婿被搶走，西蒙再次衝到了君士坦丁堡城下。

拜占庭對付蠻夷喜歡以夷制夷，有錢嘛，花錢買幫手。西蒙在君士坦丁堡留學，這招他也會，他派人去北非，找法蒂瑪王朝幫忙。法蒂瑪王朝就是阿拉伯帝國分裂後形成的獨立國家，控制著北非埃及一帶，在地中海上頗有優勢。西蒙想讓法蒂瑪王朝贊助艦隊，水陸兩線一起攻打君士坦丁堡。

收買幫手這門外交課程，西蒙也就學了點皮毛，人家拜占庭才是專家。一聽說西蒙打這個主意，拜占庭派人在路上堵住了使臣，然後自己派人去了北非。法蒂瑪王朝人在家中坐，就有人送錢上門，而且條件是，在家休息，不要隨便到海上去吹風，這還能不答應嗎？

九二四年，第三次徜徉在君士坦丁堡城下的西蒙，老淚縱橫。他不得不承認，這堵牆是他生命中的天塹，餘生是不可能越過了。他不得不選擇，再次要求和談。

羅曼努斯的外交態度正好在鷹派和鴿派之間，這次對西蒙的談判也是有禮有節，可圈可點。首先，西蒙這個皇帝的稱號是不合適的，這樣吧，以後就叫沙皇；保加利亞這一輪攻陷的土地，還給拜占庭，拜占庭每年給錢；至於結親嘛，還是可以結，拜占庭的皇室就別想了，你家攀不上，這樣吧，羅曼努斯將孫女嫁給西蒙的兒子，兩邊還是親家對吧。

西蒙老人家受此重大打擊，沒活幾年就含恨而去。他的兒子彼得一點不像他生的，一登基就對拜占庭示好，加上他還是羅曼努斯的孫女婿，就目前這個態勢看起來，又可以平靜幾年了。

羅曼努斯努力不懈，讓自己成為了正式皇帝，君士坦丁七世淪為副職，這樣的副職還有三個，也就是羅曼努斯的三個兒子，君士坦丁堡共有五個皇帝。老羅有私心，他想讓自己的大兒子登基，徹底改朝換代。沒想到大兒子很早就死了。這就讓老羅很猶豫，他還真沒膽子直接扳倒君七，必定人家還是他女婿呢。就在他搖擺不定的時候，他兩個兒子坐不住了。這老頭遲遲不決定大事，肯定是想讓君七接班，為了防止這個惡性事件，兄弟倆決定先搞定老頭，再對付君七。

九四四年的一天，老羅的兩位公子帶著衛隊衝進皇宮，給父王換上僧侶的袍子，宣布他退休出家了，並放逐到一個小島。皇室這一場父子反目吸引了很多人的注意，但是大部分人都把同情分送給君七。不管怎麼說，人家才是真正皇家血脈，他繼位是天經地義的。

君七六歲登基，此時四十歲了，什麼事都輪不到他管，於是他經常忘記自己是皇帝，時間都用來研究學問了。君七是拜占庭歷史上學術成就最高的君主，這樣一個溫文爾雅的知識份子，對權力非常淡薄，這些宮廷陰謀，手足相殘，他更是不懂。

好在他老婆懂，君七的老婆也就是老羅的女兒海倫娜，正是有這個家族的血脈，天生會玩權術和計謀。她敏感到他兩個兄弟要對自己的老公不利，於是先散播消息，說她兄弟要在某個宴會上殺掉君七。這個消息一放出來，那些喜愛和支持君七的人，自動自覺地組織起來，搶先逮捕了兄弟倆，並發配到老羅流放的島上去了。

君七總算是登基了，海倫娜皇后可能很高興，君七卻很淡定，他繼續忙他的事。他編撰了一本百科全書，叫《禮儀書》，成為拜占庭歷史上最有價值的史料書籍；還出了一本他祖父巴西爾一世的傳記。其他各種著作還非常多。他熱衷於古文物研究，積極推進文化產業的建設，應該說，君七帶有一種古希臘君主的人文風度，讓他在東西羅馬所有的皇帝中獨樹一格。雖然他任內並沒有什麼驚天動地的業績，但是這個君主在九五九年去世時，還是受到了臣民們非常真誠的哀悼，不少人擁上前去要親吻他的遺體。

君七怎麼死的呢？傳說是毒死的，被他兒媳婦毒死的。君七的繼承人羅曼努斯二世也是個不喜歡治國的。他沒有他父親的文化修養，所以注定成為一事無成的昏君。君七是大知識份子，對兒子的婚姻，是不太干涉的，羅二的老婆是自由戀愛來的，一個收稅官的女兒，狄奧法諾。

這是個冶豔放浪的女人，擁有不可抗拒的美貌，她跟羅二還挺般配，羅二也是個帥哥。羅二這個帥哥沒有狄奧法諾這個美女有用，這女人是個禦姐型老婆，一結婚就把持了羅二所有的事，其中包括毒死君七，讓老公早登大寶；登基後放逐太后，防止她干預朝政；皇帝的五個姐妹全部送進修道院，防止她們結黨影響老公的政權。

羅二一天也很忙，賽車、打網球、打獵，這些活動讓他無暇分身，他很高興有個賢內助幫自己解決一切。但要說羅二任內一點好事沒幹，也冤枉，至少他提拔了一代名將，為帝國重新擴張貢獻了自己的力量。

這位名將就是羅二任命的東部戰區司令長官，尼基弗魯斯・福卡斯。「地主」們不認識，阿拉伯人絕對不敢說不認識，因為這傢伙，人送外號「阿拉伯死神」！

尼基弗魯斯在東部第一重要的工作就是收復克里特島。這個島嶼被阿拉伯海盜佔領已經一個半世紀。克里特島出現在本書的第一篇，它是希臘文化的發源地，而地理位置上正好卡在愛琴海和地中海交界處，對拜占庭海軍來說這個據點太重要了。

這次拜占庭海軍出動了七萬七千多人，排山倒海的登陸作戰，阿拉伯的海盜也沒想到人家這麼隆重，只好把克里特島還給原主。一收回，政府趕緊在當地成立軍區，教廷第一時間趕過去傳教，讓克里特島重回了拜占庭的懷抱。

尼基弗魯斯因為收復克里特島成了拜占庭最紅的統帥，首都為他舉行好久沒辦過的凱旋式，稱他為「明日之星」。他隨後又以最快的速度撲向帝國東線，抗擊陸地上的阿拉伯人。大家看地圖，現在敘利亞塔爾圖斯這個位置，當年是一個阿拉伯的小國，尼基橫掃其全境，直接攻入了敘利亞，佔領了北部的皇城阿勒頗。拜占庭軍團抓走一萬多名青年男子為俘虜，剩下的男人全部殺掉，並大劫十日，走的時候，這座中亞名城已是廢墟。

如果說收復克里特島是清理了東地中海，摧毀阿勒頗就是佔領了中亞的中心，從此拜占庭向東部的擴張就是一片坦途了。

毋庸置疑，凱旋的尼基是拜占庭最有權勢的男人。不對！難道最有權勢的男人不是皇帝？不是，因為他死了。

九六三年，坐了四年大位的羅二突然死掉了，據說又是中毒死的。如果當時有法醫學鑑定，可能可以發現羅二死於跟他父親同一種毒藥，如果君七是被媳婦下毒，那麼羅二就是死於老婆下毒。

狄奧法諾野心勃勃，她大約是想殺掉老公，自己以太后的身分攝政，因為大兒子巴西爾也只有五歲。不過她的算盤落空了，朝野上下幾乎沒有人支持她，她感覺到周圍的敵視，非常聰明地選擇，再次成為皇后。她主動要求嫁給尼基，並讓尼基上位成為新皇帝。狄奧法諾的安排非常嚴密審慎，一點都不擔心尼基因此改朝換代，因為這位老鰥夫五十歲了，應該是生不出兒子來了。

尼基天生戰將，並不適合管理國事，他是個基督教的狂熱分子，對他來說，打擊穆斯林也是聖戰。他心中只有打仗，為了維持軍隊，他不得不對老百姓課以重稅，引發民眾對他的極大不滿，加上中間還爆發了一次饑荒。雖然尼基在戰場上幾乎是全勝，但是在國內喜歡他的人越來越少。

儘管尼基一鼓作氣征服了西里西亞和賽普勒斯島，但有兩件事，他卻給後世留下了麻煩的禍端。

根據九二四年老羅皇帝跟保加利亞的西蒙皇帝談判內容，拜占庭應該是每年向保加利亞交年貢的。保加利亞的彼得皇帝比較封閉，不了解時事，以拜占庭如今的軍威還會老實上貢嗎？於是保加利亞按老規矩預備開戰。

對尼基來說，打穆斯林才過癮，他實在不願在保加爾人身上浪費工夫，拜占庭的傳統外交手段又派上了用場。尼基派人送一千五百磅黃金給羅斯公國的大公斯維亞托斯拉夫（這名字真長），讓基輔羅斯出兵收拾保加爾人。這個長名字的大公跟尼基一樣，那是相當喜歡打架（詳見俄羅斯篇），現在有人送錢給他打架，他非常配合地衝進了保加利亞。羅斯和保加利亞打了幾年，羅斯在多瑙河流域站穩了腳跟，甚至還罷黜了當時的保加利亞沙皇，扶持新沙皇控制了整個國家。

尼基這時候發現不對了，養虎為患還引狼入室，羅斯大公向拜占庭透出了獰笑，他要感謝拜占庭幫他發展壯大，感謝的辦法是，他順帶著把拜占庭吃下肚子！

拜占庭如今要面對自己一手培養的敵人，而這個敵人可能比歷史上別的敵人都要強大，可是尼基沒有辦法改正他的錯誤了。

老爺子性格火爆，除了周圍傳統的敵人，尼基任內還跟德國皇帝奧托大帝發生了糾紛。奧托大帝幾乎可以說是當時歐洲乃至世界最囂張的人了，他不僅獲得加冕為神聖羅馬帝國的皇帝，還攻入義大利，幫著教廷換了個教皇，而且規定以後教皇要效忠皇帝！

奧托大帝既然想做羅馬皇帝，全取亞平寧半島是必須的。所以他就跟拜占庭商量，讓拜占庭將公主嫁給他兒子，拜占庭在義大利南部的領土就權當作是嫁妝。

他派個說客過來跟尼基提親，尼基大怒，當場發飆，將這個使者罵得一頭狗血。

奧托大帝一輩子也沒被這麼侮辱過，他一氣之下，發兵攻打南義大利。義大利的這個麻煩尼基也沒來得及解決。

尼基征戰多年，麾下培養了大量優秀將領，其中最出名的就是尼基的外甥約翰・基米斯基。這位新出爐的軍隊紅人雖然個子不高，但是模樣相當英俊，關鍵是年輕，這就吸引了皇后狄奧法諾的注意。一個會毒殺老公的女人一定會通姦，這個毋庸置疑。尼基又老又醜，給了其他年輕將領很多機會。

九六九年冬天，戎馬一生的尼基皇帝在深宮中熟睡，常年的軍旅生涯讓他習慣了睡在地上的熊皮上。半夜，一群刺客神秘出現在大內寢宮，亂劍捅死了皇帝。

尼基一生戰功顯赫，可死的時候君士坦丁堡幾乎沒有人為他傷心。當時的大教長雖然嚴厲譴責這種謀殺行為，但是也覺得實在沒必要追究責任。尼基死了，馬其頓王朝的嫡系皇子也還沒成年，最適合登基的就是約翰了。教長給約翰開了個登基條件，那就是絕對不能娶狄奧法諾，這女人都快混成職業殺手了。

狄奧法諾精通下毒，尼基被謀殺的方式如此刀光血影，肯定是約翰的手法，所以這小子才是主謀。可是約翰跟皇后混，第一考慮自然是政治前途，難道還真有愛情？教長要求的事很容易，約翰馬上與狄奧法諾切割，並且說這個女人是殺死舅舅的兇手，一定要將其流放！狄奧法諾以為自己有機會做第三任皇后，沒想到，男人要毒起來，比女人毒多了。

為了讓自己名正言順，約翰迎娶了君七的公主，她是兩位小皇子的姑姑，約翰並不介意她是個孤僻的老姑娘。

不管約翰登基的過程有多少醜陋和無情，他用他後來的帝王生涯平息了這些批評，雖然不是馬其頓王朝的嫡系皇帝，但他為帝國爭取來的東西，足以讓拜占庭的後人為他自豪。

約翰一上任，先要解決前任遺留的問題，一邊是羅斯公國的挑釁，一邊是奧托一世的暴怒。審時度勢，覺得羅斯人必須教訓，而德皇那邊還是以和為貴。

此時羅斯軍團已經吃掉了保加利亞大部分地區並扶持新的保加利亞沙皇，兩家聯手眼看就要抵達拜占庭的防線。

拜占庭軍團調四萬大軍北上迎敵，攻入了首都，並找到了被羅斯大公罷黜的前沙皇。約翰宣布他才是真正的沙皇，吸引了大量保加爾人的支持，這些保加爾人倒戈加入了拜占庭大軍。

約翰是天生的帥才，他的天賦在這一仗表露無疑，羅斯軍隊跟拜占庭大軍正面碰撞了兩次後，覺得還是退卻比較理智。約翰一路追擊，將羅斯軍隊圍在多瑙河畔的重鎮——德里斯特拉堡壘。

這座城堡居然也是固若金湯，約翰調來了幾百艘戰艦進入多瑙河，用希臘火對該堡壘發動攻擊，居然都沒有奏效。好在約翰也不急，他知道這個堡壘雖然結實，但是長不出糧食來，只要圍死了，時間長了，自然可以不戰而勝。

整整圍了六十五天，城裡餓死人了，羅斯大公終於同意跟約翰陛下好好談談。對於羅斯公國的處理，反應出約翰絕對不是一個單純的武夫，他有很高的外交智慧。經過這一輪跟羅斯公國的戰爭，他發現這幫來自寒冷世界的莽人是非常剽悍的，如果逼得太緊，對方孤注一擲，後果還不好估計。羅斯大公詛咒發誓放棄敵意，撤兵回家。約翰馬上給羅斯士兵發糧食，還答應之前所有跟羅斯公國的貿易條款都照舊，彷彿這場誤會就沒有發生過。然後，約翰帶著一個軍人的敬意，讓軍團閃開一條道路，目送羅斯軍團回家。羅斯公國有幸在約翰手下得了條生路，不幸別的敵人沒放過他，這位名字賊長的大公在第聶伯河上被襲擊身亡，這一趟遠征沒有歸期。

至於奧托大帝，在南部義大利沒佔到什麼便宜，也覺得打下去沒意義。況且，不管他多囂張，有個心理障礙總是過不去，那就是沒有東羅馬帝國的承認，他這個神聖羅馬帝國的皇帝總是有點發虛。

約翰很大度地表示，奧托大帝英明神武，絕對配得上西羅馬大帝這個頭銜，拜占庭承認他的身分。而且約翰將自己的親侄女嫁給奧托的兒子，雖然不是嫡系，也算金枝玉葉，不辱沒奧托家的門庭。奧托也是聰明人，既然主要目的達到了，也沒必要再樹敵。於是，一場歐洲東西兩大帝國的風波就這樣平息了。

收拾了前任的爛攤子，約翰還要繼續前任的偉大事業，繼續向阿拉伯進軍！

約翰的遠征收復了阿拉伯的古都大馬士革，將名城安塔基亞（現在土耳其的安塔基亞）收回到拜占庭的版圖，而且大軍已經攻到耶路撒冷城下。

約翰比較謹慎，怕自己長途行軍，後路被抄，差不多的時候便調頭北上，將之前大致佔領的區域在仔細蹂躪了一遍，強力清掃阿拉伯的殘餘。這一次拜占庭的征伐，基本搞定了幼發拉底河左岸地區，這條帶著神秘的中東名河已經好久沒看到過羅馬人了，現在他們的隊伍又來飲馬了。

皇帝班師的想法是，搶來的東西先送回家，讓臣民們高興一下，軍團回家休整，再出發時，他將會一鼓作氣收復聖城。我們可以相信，如果上帝再給約翰六年時間，他會蕩平巴勒斯坦地區，讓這裡再次沐浴基督的光芒，遺憾的是他沒有另外的六年。

凱旋的途中，約翰感染了傷寒，回到皇宮便一病不起，不久就溘然而去，又是位壯志未酬的英雄。

19

好久沒扯閒話了，大家先從拜占庭這些刀光劍影的故事裡出來透口氣吧。這一篇，我們開講地質學。

有一種火山岩，灰色或者紫紅色帶著斑點，最早產自埃及地區，我們叫它斑岩。大家又懵了，其實不算啥神秘材質，這種岩石半風化的粗質的顆粒，經常被用來做保健品，中國名稱叫麥飯石。

這種石料顏色特殊，在希臘語裡斑岩和紫色是一個詞，就像中國和瓷器在英文中是一個詞一樣。拜占庭時代，這種斑岩被用來建築皇宮，因為拜占庭皇族的標準色是紫色，所以這種石材就顯得非常契合。尤其是皇后的寢宮，產子的地方，整個房間都是這種斑岩構成，是一種神秘高貴的紫紅色風格，於是拜占庭的皇子公主，正宗的就被稱作是「生於紫色寢宮的」。

比起古羅馬帝國，拜占庭這半壁江山肯定是有點落魄，加上還被各種蠻夷或者異族欺負。但是，血統就是血統，不論什麼樣的敵人，對這支穿紫袍的皇室都是帶著敬畏的，而拜占庭人自持身分，他家的皇室跟人結親也非常講究，比如前面介紹過的保加利亞沙皇西蒙，想讓君七娶自己的女兒，未遂；德皇想讓兒子迎娶拜占庭的公主，結果是娶了約翰的侄女，這兩次提親都不惜引發戰爭，可見「生於紫色寢宮」是何等的金尊玉貴。

閒事扯完了，又扎進拜占庭那些宮闈風波吧。

約翰又死了。拜占庭皇帝沒有正常死的，好死賴死都跟陰謀有關，這一次大家懷疑是個宦官毒殺了他。

這場疑似毒殺事件我們回頭再說，國不可一日無君啊，約翰都死了，輪到誰了?!

非馬其頓血統的皇帝已經傳了兩代了，人家馬其頓家族的正統血脈也該長大了吧。大皇子巴西爾已經十八歲了，再不讓他登基說不過去了，他就是巴西爾二世了。

這樣把巴二請出來，肯定是過於平淡了，稍懂歷史的都知道，巴二絕對算得上是馬其頓王朝最巔峰的君主，而且放在整個拜占庭的歷史上，他的地位估計也就是僅次於查士丁尼大帝。

如此重要的角色，之前成長的過程老楊怎麼一句不提呢？沒法提啊，這孩子隱藏得太深了。大家想想，君七被毒死、羅二被毒死、尼基被砍死、約翰病死，這些皇宮慘劇一幕幕伴隨著巴西爾成長，這娃娃沒有被整成變態已經很不容易了，那些叔叔大爺們哪個是好惹的，能保住小命，等到登基算是非常走運了。

巴西爾第一次出鏡，是在他媽媽被放逐的時候。狄奧法諾知道自己被約翰利用然後出賣，當時就氣炸了，在皇宮裡撒潑罵街。當時巴西爾和弟弟都在現場，看著那個瘋狂的母親為自己做無謂的抗爭，一言不發。狄奧法諾以為當時已經十一歲的兒子會替自己說話，結果她看到的是巴西爾冷淡漠然的目光。狄奧法諾顯然是氣昏頭了，她當時跟所有人說，這個小兔崽子是個私生子，不配擁有繼承權等等等。

約翰登基後，常年在外征戰，宮中大小事務，包括兩個皇子的照顧，就託付給宮中的宦官，也叫巴西爾，為了和太子爺區別，我們叫這個公公為瓦西里吧。

瓦西里公公最早是侍候皇子就寢的，大家可以想像，兩個相當於孤兒的皇子在打雷下雨作噩夢的夜晚，哭著醒來，看到最溫暖的面孔，就是這位瓦西里公公。

公公在約翰出征時把持了朝政，陰謀派的歷史學家認為，約翰一場傷寒就丟了性命，很可能是瓦西里下毒。原因是，朝野都在傳說，約翰大軍搶來的財富，很多都被瓦西里搞到自己口袋裡去了，約翰班師回國時，曾揚言要徹查此事，瓦西里為自保，索性就先下手了。

不管怎麼說，瓦西里看起來是幫了太子的忙，否則以約翰皇帝的年紀，等他有空生兒子的時候，巴西爾還能不能登基就是未知數了。

巴二終於登基了，我們終於又看到一位「生於紫色寢宮」的皇帝了。巴二的一生真是要好好整理一下，他忙死了，恐怕歷史上還沒有哪位君主可以先平復了國內起義，又進行農業改革，還可以在跨越千里的範圍內，四個方向跟不同的敵人作戰，還都取得勝利。讓我們按時間的順序講述這些精彩的故事吧。人物眾多，地名繁瑣，「地主」們注意安全用腦。

第一件事，貴族造反。因為先帝席哈克略的改革大業，拜占庭國內權勢熏天的大貴族越來越多了，拜占庭的貴族特點就是不僅有錢有地，還手握重兵，所以這幫人動輒篡位造反。

巴二登基時十八歲，真看不出有特殊才能。那些曾經搶了他家王權的異姓王樂於看到兩個「生於紫色寢宮」的王子，只知道吃喝玩樂毫無野心。巴二這個皇帝是一個準庸君的形象登基的，瓦西里公公很高興地可以大膽攝政。

瓦西里公公涉嫌毒殺了約翰，在約翰的舊部看來這個事鐵證如山。約翰留下的人馬中，在內閣有一定權力的就是原來的副官巴爾達斯・斯克萊魯，為了簡化，我們就叫他小魯。小魯同志挺忠的，他還真沒想過要造反，他一門心思預備輔佐巴二，但是他不放過瓦西里公公，他要給舊主報仇。瓦西里再次先下手為強，將他調往東部軍區，以為可以讓他遠離權力中心。

軍隊還是約翰的軍隊，小魯一到東部，附近的軍區就擁他為帝了！君士坦丁堡還沒反應過來，小魯的軍隊已經攻佔了帝國在亞洲的大部分地區！

瓦西里公公怕了，手邊沒人禦敵平亂。正好他想到小魯有個仇家，幾年前尼基皇帝被毒死後，有個大貴族叫巴爾達斯・福卡斯，為了區別，這個叫小福啊，當時起兵預備爭奪皇帝位，後來就是被約翰派出的小魯幹掉了。小福回家後鬱悶不得志，一直深恨小魯，聽到瓦西里公公的召喚，馬上重新披掛，找老仇家算帳去了。

福卡斯家族雖然根基深厚，實力強大，但小福初戰卻非常不利，打了幾個回合後，重新統籌了一下老福家的資源，再次出擊才獲得了勝利。小魯戰敗，逃到巴格達休整。

巴二上臺，內戰是主旋律，有教育意義，讓他快速成長。而瓦西里鎮壓叛亂的過程中，也讓巴二學到了不少執政技巧。九八五年，巴二正式登基九年後，覺得應該可以勝任皇帝這個職務了，就突然襲擊，以叛逆罪逮捕了瓦西里，沒收財產，放逐他鄉。

小王子終於長大了，沒有保姆了，所有的事情他要自己解決了。上帝沒有給他平靜過渡的機會，一親政，面臨的就是大敵當前。

問題出在保加利亞。大家想，保加利亞不是被征服了嗎？連沙皇都被抓到君士坦丁堡來了。沒錯，拜占庭踏平了東部保加利亞，西邊馬其頓那部分還有大量的保加爾人呢。前面說過，七世紀左右，拜占庭打敗保加爾人，將一部分人遷到馬其頓一帶，讓他們幫著防禦北方，這裡的保加爾人天天想著就是光復他們的國家。約翰皇帝死去的那年，馬其頓地區的保加爾人起義了，帶頭的是當地總督的第四個兒子，名字叫薩穆埃爾。

沙皇伯里斯二世和他弟弟正被關在君士坦丁堡的監牢裡，聽說保加利亞起義的消息，心中無比激動，想盡辦法越獄成功，趕緊往回跑，想著還能回去召集舊部，領導大業。拜占庭和保加利亞的邊境是森林，伯里斯兄弟倆逃得匆忙，忘記了自己穿的是拜占庭的服裝。一進入保加利亞崗哨的視線，伯里斯國王就被忠於職守的哨兵一箭射死。王弟倒是順利地逃回去了，不過他在君士坦丁堡被淨身了，失去了做領導人的條件，這個由馬其頓崛起的新的保加利亞王國就只好由薩穆埃爾統治了。

這一輪起義發生在拜占庭內戰期間，所以薩穆埃爾的征伐顯得很有效率。待到拜占庭人不得不關注保加利亞局勢的時候，薩穆埃爾的勢力已經覆蓋了黑海到亞得里亞海，塞爾維亞到希臘北部這樣廣大的一個區域，赫然已經是個不小的國家了，而被約翰取消的教會也得到了恢復，不僅如此，薩穆埃爾的行動還獲得了德皇和羅馬教宗的支持。

巴二開始反擊時，薩穆埃爾剛剛佔領希臘中部的拉里薩。巴二出山的第一戰並不順利，在希臘，皇帝遭遇了人生第一場挫敗，幸好跑得快，而保加利亞人對一些城市久攻不下，也想休息一下。

保加利亞此時萬眾一心，熱火朝天，拜占庭可不一樣，聽說巴二去希臘打仗了，還打了敗仗，造反的又跳出來！小魯在巴格達休息夠了，又回來爭取江山了。巴二倉促間，趕緊又把小福找回來，讓他繼續對小魯作戰。

這次小福可沒這麼好商量，於是，一帶兵出征，小福也宣布稱帝！

好傢伙，一個人造反就夠頭痛了，同時有兩個人造反稱帝，欺負巴二沒有經驗。小魯和小福現在都淪為忤逆，居然開始惺惺相惜了，兩個人商量好，聯手把巴二趕下臺，帝國的領土兩人一人一半，小魯佔有亞洲部分，小福擁有歐洲部分。

好在這兩人的聯合是沒有什麼基礎的，小福因為家族的關係，有大量的貴族支持，勢力明顯大些。他覺得小魯已經沒啥使用價值，於是就找個機會把小魯抓起來，整合了他的人馬。這樣，叛軍就只剩一支了，實力更強的一支，他們水陸並進，眼看就要殺到君士坦丁堡城下。

巴二深知福卡斯家族的厲害，他知道如果沒有一支奇兵過來拯救，他就要步幾位先帝的後塵了。巴二在周圍看了一圈，發現他可以倚重利用的就只有羅斯公國了。

此時的羅斯公國是弗拉基米爾大公，也就是被約翰打敗那位長名字大公的兒子（這娃名字也不短）。巴二跟他商量，說是願意將自己的親妹子安娜嫁給他。大家注意，這可是件大事，安娜公主是出生在紫色寢宮的，之前不論是保加利亞沙皇還是德國皇帝都夠不到的正統。

這簡直是從天而降的尊崇，羅斯這個後起的斯拉夫國家，還帶著些鄉下人的誠惶誠恐，天哪，這樣一個天使來到羅斯公國，應該放在哪裡供起來啊。大公興奮得鼻子都紅了，巴二拿自己的妹子去和番還是有點不忍心，所以跟大公商量，你皈依東正教吧，有個信仰上點檔次，要不然一天到晚就是個匪幫、蠻夷。

弗拉基米爾大公現在是但有所命莫敢不從，況且他早就有在國內統一宗教信仰的想法，其實拜占庭的東正教一直是他的首選。於是俄羅斯歷史上最壯觀的一幕就出現了，皇帝和全體百姓跳進第聶伯河受洗，成為東正教徒。大家要知道，俄國人信仰東正教，影響了後來地球上的很多大事。

洗完了，親訂了，發兵吧。大公發來六千精銳，這支軍隊後來就留在拜占庭成為常備雇傭軍，也就是非常出名的瓦蘭吉亞兵團。

巴二接受了這支帶著寒風的異族軍隊，信心大漲，加上小魯被捕後，部分不願意跟小福合作的軍隊，皇帝的武裝也空前壯大。在金角灣登陸，巴二的進攻非常順利。叛臣小福和主子在沙場對陣，結果中箭身亡，軍隊繳械投降。另一位叛臣小魯被帶到巴二跟前，滿頭亂髮、腳步踉蹌，要多狼狽有多狼狽。巴二看著他說：「這麼多年讓我寢食難安的傢伙就這熊樣？」隨後就下令處死。皇帝長出了一口氣，終於解決了！

九九一年，皇帝放棄了去希臘直接阻擋薩穆埃爾的南征，而是開進了馬其頓，並駐紮下來預備騷擾敵人的後方和大本營。剛站穩腳，巴二就收到一個壞消息。先帝約翰剛剛收復的安條克遭受攻擊，阿勒頗被圍困。誰幹的？來自埃及的阿拉伯法蒂瑪王朝。

巴二知道，保加利亞的問題對帝國來說更加嚴重，但他也不願坐視阿拉伯人的侵襲，於是，他決定兩邊都不放棄，來回跑，兩線作戰。

在沒有汽車、飛機的時代，這個決定太瘋狂了，然而巴二做到了。九九五年，他出現在阿勒頗城下，解決了圍城的阿拉伯人，還趁機佔領了附近的幾個城池。

薩穆埃爾最喜歡看他兩邊跑，趁他去敘利亞的時間，開進了希臘南部的科林斯，佔有了整個希臘半島。隨即便揮師色雷斯，預備攻打拜占庭的第二大城市，現在希臘北部的塞薩洛尼基。巴二一聽到這個情況，又趕回了希臘戰場，在塞薩洛尼基大敗保加利亞，然後掉頭又回到敘利亞，繼續對付法蒂瑪王朝。

看著眼睛都花了，哪有人能這麼折騰啊，好在拜占庭在希臘的守軍是不錯的，薩穆埃爾一直攻擊到伯羅奔尼薩斯半島，預備班師回家的時候遭到伏擊，薩穆埃爾受重傷，要不是手下拼死保護，他就當場翹辮子了。這一次保加爾人受創，幫巴二贏得了一點時間，要不然他真是會跑出心臟病來。

回到敘利亞，安條克總督再次被法蒂瑪擊敗，幸好巴二行軍迅速援救及時，中止了帝國的損失。九九九年，平息了敘利亞的局勢，法蒂瑪王朝答應十年之內不啟釁鬧事。巴二留下軍隊繼續向著巴勒斯坦挺進，他自己趁這工夫，又跑到高加索地區，視察亞美尼亞的防務，後來他還發兵吞併了這裡幾個小國，建起了新的防線，算起來，這是巴二的第三條戰線。伊比利亞王國（現在的格魯吉亞）最後還歸順了拜占庭。

一〇〇一年，薩穆埃爾養好了傷，也沒待在家裡傻等巴二，他把周圍的小國部落都收編了。再次出現在巴爾幹戰場的巴二已經甩掉了身後的很多包袱，現在沒有人能再讓他來回奔波了，他捲起袖子，預備最終了結薩穆埃爾。

原來說過，拜占庭大軍心無旁騖地專心打仗，幾乎是無敵的，就怕他們內亂，或者後院起火。此時的巴二心態很放鬆，羅馬帝國千年沉澱的打架經驗，加上先進的戰術和武器，這一切都不是薩穆埃爾這種起義武裝可以比的。所以拜占庭一動真格的，保加利亞馬上就露出了劣勢。

巴二第一步就攻擊薩爾迪卡（現在的保加利亞首都索菲亞），切斷了薩穆埃爾的軍隊與大本營的聯繫，而趁著人家大軍在外，巴二逐步將保加利亞東部收回囊中。

最精彩的戰役出現在保加利亞西北部的重鎮維丁，巴二親臨戰場指揮作戰。薩穆埃爾知道北上幫維丁解圍是做不到了，於是乾脆襲擊君士坦丁堡的重要門戶，亞得里亞堡（現在土耳其的埃迪爾內），這一計叫做圍魏救趙。巴二不懂三十六計，但是他有一個統帥超級穩定的心理素質，他居然沒有任何回師解圍的動作，而是堅定的守在維丁城下，把這裡圍得水洩不通，八個月後，終於將這個要塞攻克。而亞得里亞堡那邊，薩穆埃爾的進攻並沒有佔到一絲便宜，於是大軍向馬其頓首都斯高彼亞撤退。

巴二佔領了維丁毫不停歇地南下，也進入了馬其頓，在現在的首都斯高彼亞附近，兩軍遭遇。薩穆埃爾這一路搶了不少東西，行李輜重不少；巴二也可以搶，不過他心想這片土地早晚是我的，我何必搶呢，所以並沒有累贅，專心幹仗。境界上就贏了一籌，結果也沒有意外。薩穆埃爾戰敗逃進了山區，從君士坦丁堡越獄的前沙皇之子再次投降。

拜占庭一邊攻陷了斯高彼亞，一邊攻陷了沃德納城，兩點一線封鎖，保加利亞的領土被分成了兩半。

拜占庭的優勢地位已經全完確立了，巴二好整以暇地整飭軍隊，預備最後的總攻。

自從薩穆埃爾進山打游擊，拜占庭就每年夏天進山剿匪，對薩穆埃爾的動靜，還是頗為了解。決勝局出現在一〇一四年，拜占庭大軍在山谷設伏，成功地將保加利亞軍隊主力引進了包圍圈。這一戰，有一萬四千名保加爾人被俘，只是又讓匪首薩穆埃爾跑了。對這些戰俘，巴二想出的處理辦法是每一百人留下一人，其他九十九人全部剜去雙眼，然後這個沒瞎的人，就帶著九十九個瞎子去找薩穆埃爾。畫面真是不堪想像啊，漫山遍野的瞎子綿延數里，滿臉鮮血哀號聲聲，這樣一支隊伍出現在薩穆埃爾面前時，身心俱疲的薩穆埃爾徹底崩潰了，他大喊一聲，腦血管崩裂而死。

又花了幾年清理保加利亞的殘餘抵抗，大約在一〇一八年全取了保加利亞。巴二不需要保加利亞成為拜占庭的附屬國，他要將這塊土地徹底收回，於是他在當地成立了軍區，正式消化了這個存在了三三七年的國家。

被稱為第一保加利亞的國家創造了很多奇蹟，比如他們是第一個在拜占庭版圖內立國的蠻族，他們曾經征服了整個巴爾幹半島，他們跟拜占庭帝國前後大戰了五次讓拜占庭非常狼狽，面對這樣一個對手，巴二實在不敢手下留情，因為對這個國家的血腥征服，巴二得到一個綽號，被叫做「保加利亞人的屠夫」。

保加利亞被收復，周邊被他征服過的小國也就被釋放了。塞爾維亞、克羅地亞、甚至是匈牙利都匍匐在拜占庭腳下，成為附庸或者同盟。自從日耳曼人西遷導致斯拉夫人南下，幾百年了，東羅馬總算又將巴爾幹島控制在自己手裡。

勝利後的巴二專門去雅典旅遊，在那裡舉行了盛大的凱旋式，並將著名的用來供奉雅典娜的帕特農神殿改名為「聖母教堂」。

要說武功，巴二是承繼了前兩任君主的輝煌，如果不是這兩個人打下良好的基礎，巴二也不會這樣一帆風順。忍不住要納悶，上兩任也挺好，就是因為在外征戰過度無暇顧及國內安全以致被中途扳倒，這個巴二打了三十多年，只是開頭那幾年鎮壓了造反，怎麼後來反賊就絕跡了呢？

這就要說到巴二最著名的土改行動了。這件事源於九九五年，他從敘利亞戰場返回途中。這夥計心理素質好啊，這正是他兩頭跑的那段歲月，巴爾幹那邊還等他回去救火，他居然好整以暇地跑到東部防線去巡視。當地大貴族尤斯塔修斯當然是要非常客氣地迎接聖駕。

他這一客氣，巴二驚出了一身冷汗。為啥呢？出生在紫色寢宮的巴二算是什麼世面都見過了吧，但他必須承認，他君士坦丁堡皇宮的生活品質比尤斯家差多了，尤斯帶著巴二參觀他的田地、農莊、果園、湖泊，大得望不到邊，最驚人的是他豢養的奴隸和侍衛足夠組建一個軍隊！行走在尤斯家的田野裡，那些奴隸們對尤斯畢恭畢敬，彷彿不把巴二這個君王放在眼裡。

住在尤斯家的這幾天，巴二一邊毫不客氣地胡吃海塞，一邊分析問題，他現在終於知道為何兩位先帝會在那樣的赫赫軍功下中道崩殂，這個隱患就在於，大地主大貴族勢力太大了，只要他們想，就可以攪動江湖風雨，引起政權動盪，甚至更換君主！巴二心想：幸虧朕及時發現問題，要不然不知道什麼時候，這幫尾大不掉的東西就對朕下手了！

回到君士坦丁堡，巴二就開始打土豪分田地。第一個倒楣蛋就是尤斯塔修斯。巴二非常客氣地邀請尤斯到君士坦丁堡作客，說是上次叨擾了他，要在皇宮作東表示感謝。皇帝請客，尤斯自然是會賞面的，誰知一進京就被軟禁，家產全數充公。這個尤斯鬱悶啊，到底啥事得罪皇上了，肯定是在我家吃多了，消化不良拉肚子了，遷怒主人家，伴君如伴虎啊。

很快，皇帝就要求這些大貴族出示他們合法的土地文書，以證明大片土地的來歷。要命了，這誰有啊，這些土地不都是把農民趕走巧取豪奪來的，哪個農民也不會寫下主動贈送土地的文書啊。巴二下令，只要拿不出文書的土地，要麼充公，要麼跟誰拿的就還給誰，物歸原主。巴二的整套改革的宗旨就是分化大地主保障小農，所以公布的這套土地新法案叫「小農法」。為了進一步限制貴族，扶持小農，後來巴二強行推進了一次稅務改革，提高貴族的稅率，減免小農的稅賦；還規定大貴族有替附近貧困者交稅的義務，比如你鄰居窮人破產了，田地荒蕪了，但他的稅還是要交，離他最近的貴族替他交稅。用這個辦法，國庫稅收有了明顯的保障和增加，而大貴族的勢力也因此受到了嚴重削弱，解除了巴二身在前線的後顧之憂，要知道，巴二任內，進行了六十年的內戰外戰，可就是這樣大規模的動武，巴二還是在死後留下一個巨富的國庫，這一點之前的拜占庭皇帝想都不敢想。

自從巴二鎮壓了國內兩個貴族的起義，性情就變得很乖張，誰也不信，對誰也沒好臉。沒有朋友，也沒有愛人，終身未婚，傳說這夥計後來幾乎是禁欲和苦修的。甲冑不離身，鎧甲裡面穿的是僧侶的衣服，過著簡樸的生活。拜占庭宮廷裡優雅而繁瑣的禮儀讓他很煩，對知識份子也不待見，最喜歡就是住在軍營跟士兵們同吃同住，甚至留下遺言希望死後葬在騎兵訓練場附近。

巴二一生，在東跟高加索一帶的小國作戰，在北與保加利亞作戰，在南與阿拉伯作戰，這三條戰線已經讓我們很暈了，巴二一點不暈，他還開出了第四條戰線，那就是在義大利南部的戰鬥。巴二閒不住，晚年時，他想的是要去把阿拉伯佔領的西西里島拿回來！

一〇二五年，六十七歲的巴二再批戰袍，跨海遠征。老人家實在不適合這樣的折騰，還沒靠岸，艦隊就不得不返航了，因為皇帝發急病駕崩了！

巴二時期的拜占庭是帝國的巔峰，統治著南到幼發拉底河北到多瑙河，東達亞美尼亞山脈，西至亞得里亞海的遼闊疆域。在當時，這個幾乎已經是拜占庭的極限了，再打出去既危險也沒有必要。不過埃及、北非和西西里島和聖城還沒有收復，恐怕是這位拜占庭戰神最大的遺憾了。

這一輪的征服，也許土地上的收益是有限的，可它帶給周圍甚至極遠處國家的影響是巨大的，不論是人文、政治還是宗教，即使後來拜占庭帝國消亡在塵煙裡，他留在這些國家的痕跡還是在延續在閃耀……

20

巴二一生最遭人詬病的事，就是他對子嗣的不負責任。他要是個普通百姓，願意禁欲支持計劃生育挺好。可你是皇帝啊，不結婚不生子也不安排以後接班的事，然後就毫不負責地死掉了。他並不是不知道，他弟弟君士坦丁是個敗家子。

君士坦丁一直是哥哥的共治君主，這哥倆執政的格局就是，巴二想法掙錢養家，開疆闢土，君士坦丁在家裡花天酒地、遊戲人間。巴二給他弟弟安排的最大的工作就是專心生孩子，結果君士坦丁連這個唯一的工作也沒做好。他是錢沒少花、妞沒少泡，兒子一個也看不到，就生了三個丫頭片子。

不能說皇帝沒有努力，反正是君八登基的時候，身體已經大大地壞掉了。他每天病歪歪看著三個閨女那個鬧心啊。

君八悲劇了，他生了三個閨女均年近半百，誰也不找對象結婚！長公主生過天花，是個麻子，於是自慚形穢去修道院出家了，三公主狄奧多拉不知道受了什麼刺激，反正是早就宣布絕對不嫁人。二公主佐伊好像還有點社交活動，從她後來的表現看也不像是清純玉女，至於為啥不結婚，老楊就真找不到資料了。

君八是個病秧子，在位三年就覺得差不多了，他要替王朝安排未來啊。繼續包辦婚姻吧，找個人把皇位送給他，順便把五十歲的老姑娘，二公主佐伊打包嫁出去。

整個拜占庭國內的貴族分兩派，一派是官僚貴族，也就是在政府部門各重要職能部門擔任領導；另一種當然是更牛的軍事貴族，軍區司令之類的。

官僚貴族這個體系內，最有勢力、最有實權的應該是君士坦丁堡的市長。當時的首都市長是羅曼努斯・阿爾吉魯斯，又是一名老羅。這個夥計不但正好單身，還是拜占庭一個非常顯赫的家族的成員，雖然年近花甲，還是風度翩翩、談吐雍容，堪配王室，於是被選為駙馬。

可惜老楊找不到佐伊公主的照片，我就納悶了，一個「生於紫色寢宮」的拜占庭公主怎麼這麼難嫁呢。話說老羅聽說自己當選駙馬時也六十好幾了，當時就嚇呆了。也就是說，地球上最強大的王國作為陪嫁，公主還是沒人要。老羅可憐啊，他被這家人訛上了，君八給了市長三個未來選項：一，挖眼珠子；二，直接處死；三，入贅登基。老羅沒想到自己一世悠閒，臨老會死於逼婚。越老越怕死，算了，從了吧！

君八安排了婚事就找他哥哥去了，三天後，羅三就登基了。

皇帝羅三有點不知如何自處，他總要找點事做吧，要不然每天在後宮對著五十歲的佐伊公主，而且她的年齡又生不出兒子了。

前幾任帝王都有擴張領土的功勳，羅三決定出去打仗，顯示自己老驥伏櫪，老當益壯。打誰呢？他也知道找容易打的，比如敘利亞的阿勒頗。

前面多次提到名城阿勒頗，這裡是世界上最早有人類居住的地區了，西元前兩千年就是東西商貿的中心。上篇說到巴二不斷從巴爾幹趕回敘利亞，就是要保證對這裡的征服。征服是征服了，沒有完全佔領，這裡成為獨立的阿勒頗酋長國，承認拜占庭保護國的地位。

羅三突發奇想，要把這裡佔領，正式納入拜占庭的地圖。他肯定是認為這裡可以手到擒來的，要不然，他幹嘛不繼承巴二的遺志去攻打西西里島呢。

一〇三〇年最熱的那幾天，羅三出征了。兵分兩路，挺像那麼回事的。這場大戰的結果是，拜占庭軍隊大敗，羅三帶著親隨潰逃！好在第二年，他手下的名將喬治・馬尼亞科斯幫他報了仇，於是阿勒頗酋長國又同意承認拜占庭保護國的地位了。

這羅三就是拿著公款去中亞玩了一次打仗遊戲。打仗不行，國政上下點功夫吧。這個事關係到他和他的家族切身利益，所以他做起來分外用心。他撤銷了巴二之前對小農的保護！貴族要替周邊貧困者交稅這一條自然是首當其衝，國家稅收急劇減少，而大地主、大貴族又可以肆無忌憚地鯨吞小農的土地了。

羅三和佐伊的婚事是被迫的，談不上什麼感情。羅三不願意見到佐伊，佐伊當然自己找樂子。當時宮廷裡有個大太監約翰，這位公公還兼任國家孤兒院院長。約翰公公看到皇后寂寥，就找了自己的弟弟米海爾過來伺候。這是個英俊的年輕人，約翰非常善解人意地將他安排在寢宮上班，我們相信他所做的工作應該不僅僅是疊被子倒馬桶這些，因為皇后幾乎離不開他了。

米海爾知道他進宮的目的是為了幫他的兄弟實現他不能實現的理想，他來自商人家庭，出身寒微，沒有羅三那麼多臭講究，有機會做皇帝，管它付出什麼代價呢。

一〇三四年四月的一天，羅三暴死在浴室裡。羅三早上死掉，當天晚上佐伊和米海爾就成了親，並讓他登基成為米四。

約翰高興啊，米四登基和約翰親自登基唯一區別就是約翰不用跟老佐伊皇后上床，他現在就相當於一個隱形的攝政王。約翰是個公公，太監得勢，第一個表現就是對財富的瘋狂追求，大把斂財，讓自己的家人過上奢華的日子。他的執政特點就是橫徵暴斂，帝國萬稅。

保加利亞臣服後，當時巴二知道當地戰亂傷害一時難以恢復，就非常體貼地同意那個地區可以用實物納稅。約翰把這條改了，保加利亞必須以現金繳稅，那些馬鈴薯茄子啥的，不能再往國庫裡送了！保加利亞人哪來的錢啊，太監太邪惡了，起義吧。剛平靜的保加利亞又打起來了。好在這片可憐的土地一時根本不能恢復，所以起義很快被鎮壓，避免了再一次生靈塗炭。

為了彰顯自己不光只會搞錢和闖禍，約翰派了名將喬治去攻打西西里島，如果能收復，太監的攝政生涯將十分光彩。

喬治真是名將，可惜沒生在好時候，落在這些個猥瑣無能的帝王手裡非常悲情。他幫助羅三在敘利亞找回了面子，可那場仗打得毫無道理，現在又要替一個太監去爭取功名。

這一趟出兵，有一個重要的歷史背景要介紹一下。還記得拜占庭在義大利南部的領土吧，巴掌大的地方有很多人眼紅，德皇、教皇、穆斯林都想吃一口。最近這段時間，更有料的人物出現了，那就是諾曼人（請參看英國篇）！

此時的諾曼人已經在塞納河下游找到了落腳點，九一一年，法王割讓塞納河口給大海盜羅洛，讓他們成立了諾曼公國。有了據點，就吸引海盜們來得越來越多。人多地方少，怎麼辦呢，找地方擴張吧。其中最宏大的擴張活動就是諾曼征服，威廉成為英倫之主。而有一部分諾曼人，就看中了義大利，想到那裡去爭取一個新的諾曼第。後來通過自己的努力，幫著義大利某個貴族打架有功，果真在義大利獲得了一小片定居點。就是現在義大利的阿韋爾薩城。

諾曼人來到歐洲，生活的主要內容是找房子找工作。諾曼人有技術比較容易就業的，他們是海戰專家，還剽悍威猛，特別適合做雇傭兵。喬治這次率領拜占庭軍隊攻打西西里島，一到當地就雇傭了大批諾曼人，跟穆斯林開戰。仗打得很順利，諾曼人盡忠職守，他們一直是作為先鋒部隊使用的，驍勇異常，幫著拜占庭一口氣攻克十幾座城池，甚至成功地將敘古拉城收復。

打仗就有戰利品，我估計喬治一開始並沒想到諾曼人這麼好用，有些分紅方案事後就不願意兌現了。諾曼人是北方人，實誠，看不得這算計小氣的老闆，一氣之下辭職走人。這幫雇傭兵帶著對拜占庭的諸多怨恨，投奔了阿韋爾薩城的老鄉，老鄉很同情他們的遭遇，商量了一下，不能白被欺負了，找拜占庭打架去，把他家在義大利南部的地方霸佔過來我們住下。就這樣，拜占庭稀裡糊塗的就得罪了諾曼人，結下了樑子。

而約翰公公在家聽到戰報，他心裡打鼓了。喬治這樣攻城拔寨，非常順利，現在喬治人不在首都，首都到處是他的傳說。這事不好，功高震主，回頭他要是攻陷了西西里島，有錢、有勢、有人氣，他肯定會來搶班奪權。趁他的大功還沒告成，趕緊召回來吧。喬治一到家就被控叛國罪，被抓住關起來。

就這樣，西西里島眼看要回家了，現在又離開拜占庭而去了。喬治一走，他之前收復的土地又被阿拉伯人收回，喬治又打了一場莫名其妙的仗，還加一場從天而降的牢獄之災。

卻說米四熬到登基，不用伺候老太太了。約翰為防止皇后串通其他人讓歷史重演，幾乎是軟禁了佐伊，還天天派人盯梢皇后的所有行動。約翰是安排得挺嚴密的，可米四不是最佳人選，他雖然年輕，卻是個癲癇病人！出去鎮壓了保加利亞的起義後，回來就不行了。

約翰趕緊準備下一任人選。他說服佐伊接受了他的侄子，也叫米海爾，約翰等不得米四死掉了，提前讓他退位，給米五騰地方。

米五外號「卡拉法特斯」，意思就是船舶修理工，沒辦法，約翰的家族沒什麼檔次，抓來接班的都是藍領。維修工聽說自己居然是下屆皇上，登基時拉著佐伊太后的手淚流滿面：「乾媽，您老放心，啥時候我也不會忘了你的大恩大德！」

大家正尋思這娃還真有良心，他就以極快的速度將叔叔約翰公公流放他鄉，拿回了朝政大權。約翰公公樹敵無數，形象惡劣，這個娃娃大義滅親替國除害，拜占庭的全國上下都拍手叫好。

米五現在是錯誤理解了這個信號，他以為百姓的支持是對於他本人的，他頓時自我感覺奇好，他決定再走一步。登基第二年，他把佐伊太后流放送到了修道院！

這個錯誤犯大了。馬其頓王朝統治拜占庭快兩百年了，全國人民從生下來就知道，皇位應該在馬其頓家族的子嗣中傳遞，就算是他家的女婿或者是養子也不過是暫時替他家上班的。人家讓你上班你就好好上班，千萬別想取而代之的事。一個修船的，你居然敢把馬其頓家族的繼承人流放罷黜，到底是吃了什麼這麼大膽子啊。

憤怒的民眾衝向皇宮，包圍了三天三夜，讓米五把太后交出來。米五只好放出了皇后，暴怒的民眾覺得佐伊公主也是個不著調的，給馬其頓家族丟臉。算了，把三公主狄奧多拉一起接出來，共同坐上朝堂吧。米五被趕下臺，還被挖了眼珠子。

米五這一年也不是什麼好事都沒做，他將喬治將軍放出來，派他去南義大利抵抗被他得罪的諾曼人。

佐伊姐妹倆只好暫領朝綱，這兩老太太懂什麼啊，唯一會做的事就是互相傾軋。佐伊為了佔上風，決定再結一次婚，六十四歲的佐伊讓自己再次成為皇后！

這次登基的是君九，拜占庭資深議員，家族背景深厚。他本人四十歲，風流倜儻、生活優雅，喜歡文學藝術。所以很快，皇帝身邊就圍了大量的學者，君九因此在君士坦丁堡建了新的大學。

君九挺招人喜歡的，佐伊是他第三任老婆了，而他登基後，還跟前妻的侄女保持關係。佐伊此時已經非常通達了，六十四歲的她能阻擋四十歲的老公找小三嗎？縱容歸縱容，她可大度得過了。君九覺得應該給小三一個名份，拜占庭的皇宮沒有貴妃、昭儀這類職位配置啊，怎麼辦呢，給點實際的。於是，百官上朝發現了駭人的一幕，君九坐在王座中間，旁邊是佐伊和狄奧多拉，這兩位公主的身後，赫然坐著君九的小三！但是既然兩位公主好像也不說什麼，群臣的非議也就被無視了。

君九這樣的文學青年一般是不食人間煙火的，他們不懂建設，只懂消費。經過巴二死後「小農法」被終止，大地主、大貴族又以最快的速度壯大了。君九不敢得罪這幫人，又想讓自己位子安全點，所以就經常拿庫裡的錢出來封賞。說起治國能力，君九還比不上幾個不著調的前任，可他花錢的本事卻是比他們強多了。他非常痛快地讓國庫空空如也。

此時的拜占庭，養著人數眾多的軍隊，軍餉成為國家最大的負擔。君九任內大規模的軍事行動幾乎沒有，於是他就開始大膽裁軍，讓帝國東北邊境亞美尼亞軍區五萬守軍全部退役！這個傻皇帝，在群敵環伺下讓國土敞開一扇大門，為帝國帶來了巨大災難。

這樣的昏君還能不給人造反的機會嗎？在義大利作戰的喬治又受到了來自皇帝的猜忌，君九又在他攻擊正酣時召他回國。喬治終於爆發了，自立為帝，然後帥艦隊返航，預備攻打首都，不再讓別人主宰自己的命運。可惜在一場戰役中喬治受重傷不治，否則他取得王位，可能會讓後面的拜占庭歷史清靜一點。

君九任內還有一件大事，那就是東西兩個教會正式分裂了。前面說過，早就不和了，兩邊在教義方面的分歧，和對教廷勢力範圍的爭奪上，摩擦已經非常多，經常互相打嘴仗。一〇五四年這一次，是真正翻臉了。而這個翻臉事件的導火線，是一塊餅。

21

老楊一直是對各種宗教都懷有敬畏之心的，每遇到宗教話題，總是不敢作深入的闡述，生怕什麼地方搞錯了，引起有信仰的讀者不快。但是寫歷史，宗教問題總是不能迴避的，所以老楊試著以外行人謹慎記述，如有紕漏，不吝指教。

這篇從基督教的故事開始。以色列人離開了流著奶和蜜的迦南地（耶路撒冷），遷往埃及定居，結果遭到埃及人的欺凌和迫害。上帝選擇了摩西，讓他帶領以色列人回到迦南。以色列人是埃及的主要勞力，所以埃及法老不許他們離開。上帝對埃及降下十大災難，最後一個災難是，耶和華要殺死埃及人家裡所有的長子。摩西跟以色列人說，讓他們當晚殺掉家裡的羊羔，將血塗在門框上。上帝看到門框上有羊血的房屋就會越過，不加傷害。當晚全埃及人的長子都死了。法老終於答應讓以色列人離開，摩西分開了紅海，帶著以色列人開始了新生活。

為了紀念這個事件，猶太人有個非常重要的節日就是逾越節。根據聖經舊約，逾越節應該食用烤羊羔肉、無酵餅和苦菜。這個故事我們注意一個重點，他們吃的是不發酵的餅，不僅不能用酵母，家裡的酵母在當天還要拿出來丟掉。

西元三十三年，這一年的逾越節是基督教史上最有名的逾越節了。因為這一天，耶穌被釘上了十字架。逾越節前夜，耶穌跟十二門徒吃了最後的晚餐，在餐桌上，耶穌表明他已經知道被門徒出賣，而且他預備坦然地接受這個出賣。他將一塊餅分給門徒們，告訴他們，這就是他的身體，他會為信徒們捨棄；隨後又將葡萄酒分給門徒，說這是他的血，是為信徒們而流。

後來基督教會成立後，聖餐禮就成為一個非常神聖重要的宗教儀式。受洗的信徒如果覺得自己沒有做褻瀆信仰的事，就可以去教堂領一小塊餅和一小杯葡萄汁，經過這個儀式，信徒們再次承認他們對主的信仰，承認耶穌是他們的救主，莊重立誓一生順服耶穌至上的命令。

故事講完了，又要回到拜占庭。上一篇我們說到，基督教的東西教會正式決裂了，事情的起因，就是關於逾越節的餅。當時的羅馬教廷聖餐禮使用是沒有發酵的死麵餅，而君士坦丁堡教廷堅持不應該按猶太人的規矩過節，應該使用發酵的麵餅。就這事，兩邊又開始吵架。

兩邊教廷的各種爭議，有點像美國兩個黨派競選前的辯論，基本是對民眾公開的，要吸引民眾的注意，希望用自己立場吸引盡量多的教眾，有點像在拉票。如果執著於一些晦澀難懂的教義，民眾對兩邊的吵架是提不起興趣的，於是先在這些禮儀規矩比較淺顯的事上爭個是非曲直。

一〇五四年，羅馬教宗九世派了個欽差，到君士坦丁堡來傳旨，要讓君士坦丁堡的教廷懂得規矩，不要亂來。誰知君士坦丁堡的教廷根本就不承認羅馬教廷有發聖旨的資格，自然更不能接受對方的觀點。也巧，羅馬的教宗利奧九世和君士坦丁堡的大教長斯魯拉里烏斯都是強硬派，都有點倔脾氣，誰也不願意妥協。羅馬教廷先發飆，宣布開除君士坦丁堡教長的教籍；君士坦丁堡也不示弱，馬上宣布開除羅馬代表團所有人的教籍。君九皇帝當時還身患重病，堅持著在兩邊調解，什麼效果也沒有。本來大家都以為這是個跟以前一樣的普通吵架事件，遇到共同利益時還是一家人。但沒想到，這次來真的了，君士坦丁堡號稱自己是正教，從此以東正教這個名字與天主教正式決裂，越來越遠，甚至引發彼此的仇恨和戰爭。

一〇五〇年，佐伊皇后死去，四年後，君九也病死了。再過一年，狄奧多拉也死了，馬其頓血統就這樣徹底斷絕了。佐伊第一次結婚到狄奧多拉駕崩這一段，歷史上稱之為「佐伊之夫」的時代，雖然只有短短的二十八年，對帝國造成的危害是不可想像的。但是馬其頓王朝當之無愧成為拜占庭最輝煌最華麗的王朝，巴二及其之前的那些帝王們，幾乎再造了羅馬帝國尊榮。

狄奧多拉駕崩那年，她指定了一個退休的官員繼承王位。理由是這位老哥人緣好，朝中主流對他都不排斥。這位米海爾六世皇帝是軍需官出身，他跟君九混，最善長的就是省錢摳門。米六是官僚貴族的代表，他要省錢肯定是拿軍隊來克扣。他突然說要解散駐守阿納托利亞的軍團。這下軍隊就炸鍋了，經過君九的時代，軍人們已經很委屈了，那個是馬其頓家的女婿，他們給了面子沒鬧，這個米六什麼都不是，一個糟老頭，居然也敢跟軍爺們叫板。

不用說，接下來的事誰都能猜到了。一〇五七年，米六提前下課，阿納托利亞軍區的將軍伊薩克・科穆寧按著劍登上了王位，科穆寧王朝這就開始了。

大家注意到，軍事貴族成為皇帝可是久違了，前幾任異姓皇帝都來自官僚集團。這說明什麼呢，說明大軍事貴族再次崛起了，如今又是他們拿王位當戰利品的時代了。

軍爺想事情，大部分都挺單純的。伊薩克打心眼裡覺得首都這幫官僚沒什麼了不起。他一上臺先用自己配著刀劍非常英武的胸像發行了新的貨幣，告訴所有人，朕帶著劍呢，你們最好老實一點。

他坐在皇位上分析，拜占庭國家出什麼事了：軍隊衰退，國庫虛空，大地主貴族勢力過大。而這些問題歸結到底的原因是君九在位時，限制軍隊，而用大把國庫的錢封賞官僚貴族以及教會。至少伊薩克是這樣認為的。他覺得改正錯誤反向操作就行了，把發到官僚貴族教會手上的錢和地收回來，用於軍隊建設，所有的問題迎刃而解。

伊薩克覺得自己有軍隊，對付幾個文官教士還是有優勢，可他錯了，他不知道，馬其頓王朝這兩百年下來，就是夯實了這些官僚貴族的基礎，他們的重量絕對超過伊薩克的能力。

沒收產業，甚至是教會的產業，皇帝的動作讓自己在首都成了最不受歡迎的人。一手主持了跟羅馬教廷決裂的斯魯拉里烏斯教長更是覺得皇帝是在挑釁，他對付的辦法是，有一天突然穿上紫色的靴子去見皇帝，紫色是帝王專用的，教長的意思很明白，你小子再跟我橫，我就踢你下來，自己坐上去。這位爆脾氣的大教長有天離開君士坦丁堡下鄉辦事時，被皇帝趁機抓住，罷免了他。

伊薩克以為自己扳倒了最大的障礙，沒想到下臺的教長比他在臺上還可怕，有些原來不參與皇帝和教長糾紛的人都覺得教長是個弱勢群體受害者，皇帝仗劍欺人。教會和官僚聯合起來，要求伊薩克下臺。在君士坦丁堡，這兩股勢力讓你上天入地都做得到，有兵也不能在首都開打吧。兩年皇帝做下來，伊薩克心力交瘁，主動退位，去修道院度過晚年。

官僚和教會聯手又放倒一位皇上，他們覺得找繼承人一定要慎重，有位老兄在教會和朝廷人緣都很好，是當時的教長和首相的鐵哥們，還迎娶了先帝米六的侄女。

這位君士坦丁堡的首相一定要介紹一下，他叫普塞羅斯。如果研究拜占庭的文化，這個夥計是不能迴避的人物。神童出身，據說十四歲就已經研究大學課程了。在文化領域，他是拜占庭頭號的大哲學家和人文學者，幾乎是拜占庭文化的代表，其學術成就讓後人高山仰止，以至於後來歐洲文藝復興，他依然是巨多人的偶像。不過這夥計的人品就不好說了。他在學術方面的成就已經夠牛的了，可他玩政治的能力還在他的學術能力之上，在君士坦丁堡從馬其頓王朝到科穆寧王朝過渡，這麼紛繁複雜的態勢下，他作為一個權臣足足服務了六朝君主，巋然不倒。

仗義每多屠狗輩，負心多是讀書人。這句話是中國人的古訓，我覺得用在普塞羅斯身上正好。總結老普一生，雖然權傾朝野，總感覺對國家有實際貢獻並不多，他老人家最喜歡就是廢立皇帝，全無忠誠。而廢立間，大多數時候都是將他本人的利益放在第一考慮。

政治太骯髒，不適合讀書人，玩不好容易被政治玩死，後人還說他書呆子氣，死得活該；玩得太好呢，就把自己玩得比狗屎還臭，後人會說他侮辱斯文，丟知識份子的臉。了卻君王天下事，贏得生前身後名，這樣的境界，有幾人能做到？

普塞羅斯先是君九的顧問，後來又做米六的顧問，伊薩克時期他成為重要朝臣，後來還成為首相。不過這三個皇帝都是他放倒的，他還導演了一幕好戲：伊薩克退位後，普塞羅斯拎著一雙紫靴子，在一個老幹部老領導都在的場合，放在他好朋友君士坦丁・杜卡斯腳底下，於是君十就被大家認可了。

君十成為皇帝，跟老普親自登基沒區別，君十將他奉若神明！而且君十的兒子是老普的學生，太子少保，也就是說，他還有機會服務下一任帝王！現在知道老普選皇帝的標準了吧。

22

進入科穆寧王朝這段亂糟糟的歲月裡，拜占庭歷史這幕大戲，又出現了新的演員，還都不是普通的龍套，這一篇先介紹他們。

先出場的是突厥人。突厥人不陌生，先前已經出來參演過幾場戲，戲份不重但是讓人印象深刻。現在既然是主要演員了，我們就要仔細了解背景了。

大約五世紀左右，突厥人就在準葛爾盆地北部放牧了，憑葉尼塞河而居，應該是阿爾泰山的一支，跟匈奴、蒙古、女真之類咱們的熟人都有點遠親。前面說過，他們被柔然征服成為「鍛奴」，後來起義獨立，成了了突厥可汗國。當時的突厥分成東西兩部分，而我們這篇的演員來自西突厥，他們的中心大概是現在烏茲別克塔什干北部。

西突厥落腳的第一場大戰就是聯合波斯幹掉了白匈奴，瓜分了他家的地盤。以阿姆河為界，西突厥跟波斯人成了鄰居。不過他們的位置更好，他們把持著絲綢之路的中段，地位已經相當於一級批發商了。拜占庭因為跟波斯人幹仗，只能通過突厥人得到華夏中原產的高檔物質。所以西突厥雖然是個游牧民族，但是進入了商業領域顯得還挺有天賦的。

前面我們說到，拜占庭曾經找西突厥聯手對付波斯人。這個地區的政治，詭譎難測，敵人和朋友變化迅疾。

從貞觀年間開始，西突厥總是騷擾華夏西北，長期先動手，等一開打又不是對手，又宣布臣服，過幾年看人家不注意他了，又跳出來討打。他們原來是怕唐太宗，後來聽說太宗死了，趕緊出來以為能佔到便宜。不久，西突厥遭遇了華夏歷史上最神氣的老公，就是高宗李治嘛（全中國上下幾千年只有他老婆做過皇帝，所以他是最神氣的老公）。

此時突厥的首領是沙玻羅，他居然進襲到了新疆溫泉一帶。高宗派去征討的大將就是蘇定方。他先是隨同李靖奇襲東突厥，生擒可汗，滅東突厥；又在六五九年，頂風冒雪征西，生擒沙玻羅，讓西突厥滅亡。

西突厥國沒有了，西突厥人沒死絕啊。他們在伏爾加河以東，額爾濟斯河以西這一片繼續放駱駝，跟鄰居的穆斯林做些易物的貿易。

八世紀時，巴格達的哈里發覺得自己周圍住著這樣一支蠻族挺鬧心，一邊防禦，一邊就開始傳道，向突厥人推廣伊斯蘭教。突厥人本來是信薩滿教的，但是隨著貿易的發展，對先進文化有了渴望，在宗教信仰上也就想與時俱進了。伊斯蘭教的教義樸素易懂，突厥人長期跟穆斯林打交道，看著這幫人發展壯大，挺不錯的。而且他們號召「聖戰」，這和突厥人骨子裡喜歡找人幹仗的秉性相合，時間長了突厥人就成了穆斯林了。我常常想，如果當時拜占庭眼界寬一點，經常去關照一下突厥人，讓他們信了東正教，歷史又會是什麼樣呢？

十一世紀，吉爾吉斯草原上一個突厥人的部族預備遷徙了，他們的首領叫做塞爾柱，所以這一支就是塞爾柱突厥。當時的阿拉伯世界已經分裂，獨立王國林立。而正宗的阿巴斯王朝的政府被局限在巴格達及周邊地區。

塞爾柱先是在薩曼王朝打工，給人家當邊防軍，並皈依了伊斯蘭教，是遜尼派成員。後來薩曼王朝的一個突厥將軍造反，又成立了一個伊斯蘭小國，叫做伽色尼王朝，就在現在的阿富汗東南加茲尼這個位置。伽色尼王朝的獨立讓突厥人看到了新的生活方向，所以趁王朝到處擴張之際，塞爾柱突厥就把伽色尼幹掉了，現在這個位置是塞爾柱帝國。

一〇五五年，塞爾柱的孫子圖格魯勒帶兵進入巴格達，從此這裡成為了塞爾柱帝國的中心、首府。巴格達這下熱鬧了，市裡有兩套班子在上班，一個是塞爾柱帝國，一個是阿拉伯帝國。不過突厥人掌握了大權，阿拔斯王朝的哈里發就管點宗教事務，算個宗教領袖了。哈里發授予圖格魯勒「蘇丹」的稱號，還稱他為「東方與西方之王」！進入巴格達的塞爾柱帝國，慢慢走向極盛。

塞爾柱突厥在南面成了氣候，北面也有一群突厥人建立了自己的國家，也就是匈牙利。大家還記得，我們之前說過「上帝之鞭」阿提拉，他建立了匈奴帝國。解體後，日耳曼部落接手了這裡。然後是出自柔然的阿瓦爾人，然後斯拉夫人又來了，這個匈奴帝國的舊地，換了幾手主人，民族大融合。其實整個中歐都是這樣不斷換房客，如果中歐的國家說他們血統純正，全世界人都笑死了。後來馬札爾人總算永久佔有下來了。馬札爾人據說是來自一支突厥的貴族，慢慢的，以馬札爾人為主要族群的國家就逐漸建立發展起來了。九七五年，匈牙利皈依了天主教，一〇〇〇年，伊斯特萬一世獲教皇加冕，成為匈牙利第一人國王，這個應該是匈牙利王國的正式確立。

早年一起養駱駝到處流浪的突厥人，上面講述的這兩股算是成了大器了，建立了自己的帝國，擁有了非常可觀的地盤。其他的突厥部落，雖然沒有他們混得好，但是也吃喝不愁，有房有車。他們如果做正當職業呢，就幫人打架，學壞了的就打家劫舍，日子也挺愜意的。這其中包括居住在頓河和多瑙河下游的佩切涅格人、庫曼人、烏格斯人（這一支跟突厥混在一起，但並不是突厥人）。「地主」們不要暈啊，這幾個都是即將出場的主要演員。

上篇說到，諾曼人到拜占庭的軍隊打工，因為待遇問題兩邊結下了樑子。到南部義大利打工的諾曼人，最有名的是歐特維爾家族的兄弟們，共有十二個。人多力量大，加上還很能打，他們漸漸成為諾曼人在南義大利的主心骨。

一〇五三年，教宗利奧九世覺得應該出手規範一下諾曼人在義大利的行為，他向法王和拜占庭都提出要求，讓他們派兵幫著跟諾曼人打一場，法王和拜占庭的君九都答應了，可等真要動手的時候，拜占庭打突厥無力分兵，法王也不捨得送兵馬給教宗送死。教宗利奧是個強脾氣，你們不幫忙，老夫自己上。他帶著他自己手下的散兵游勇就打過去了。人家諾曼人跟正常戰士作戰可以一當十，跟教宗養的廢物作戰幾乎可以一當百，結果可想而知。教宗利奧提著袍子拼命跑，諾曼人在後面使勁追，總算追上了，利奧以為大勢已去要去面見主了。沒想到諾曼人撲將上來，跪在教宗面前，親吻他的腳！他們痛哭流涕表達了自己對教宗作戰的無奈，希望得到他老人家的寬恕、諒解、最重要的是祝福。這幫諾曼人入鄉隨俗，在歐洲混了幾年就忘記了他們本身的宗教信仰，皈依了天主教，看到教宗，他們激動啊。

還有什麼比蠻夷的降服歸順更讓利奧高興呢，尤其是這一輪從悲到喜，從死到生。這幫孩子既然知道好歹，教廷也不虧待他們！教宗宣布諾曼人在南義大利的動作合法，諾曼人佔領的地方，不管原來是誰家的，他們住了就是他們的，誰也不能強拆或者強遷。為了感念教宗的恩德，諾曼人覺得應該為教宗聖戰，於是將目光投向了西西里島的阿拉伯人，預備帶兵出征的是歐特維爾家族的第六子，羅伯特・圭斯卡德。

羅伯特在諾曼戰史的地位是很高的，如果他還信奉北歐宗教，我相信他一定會成為奧丁最值得自豪的戰士。這夥計外型高大威猛，長髮長鬚。模樣雖然粗獷，心思卻縝密，「圭斯卡德」這個名字實際上是個綽號，意思是說這小子鬼精，智商高，反應快。歷史書將他與特洛伊戰爭的第一號英雄阿奇里斯並論，可見其江湖地位。

西羅馬帝國遭蠻族蹂躪時，我們說過威尼斯城的建立。七世紀中期，這裡成了共和國，隸屬拜占庭帝國。因為善於航海和貿易，非常富裕。九世紀，他們獲得了自治。義大利半島上還有三個像威尼斯一樣的航海共和國，比薩、熱那亞和阿瑪爾菲。

行了，大部分重要的新演員都交代了，我們回到拜占庭，重新出發吧。

23

溜達得太遠了，再回來的時候，發現君十居然死掉了。他有三個兒子，隨便抓一個上來接班。

太子少保老普升級了，米海爾七世是他的親傳弟子，他現在是帝師了。

君十臨終，太子年幼，太后當然是要攝政的。君十擔心自己死後，老婆改嫁，兒子的地位受到影響，於是逼著尤多西亞發了個毒誓，白紙黑字寫下來，資深議員公證，交給大教長保管，君十覺得自己深謀遠慮，心無掛礙地死掉了。

君十這麼患得患失的，到底他給他兒子留下了什麼呢？

先是塞爾柱帝國在東部開始行動了。這個事開始於君九，大家還記得吧，君九撤銷了亞美尼亞的軍區，將帝國東部開放旅遊，塞爾柱的突厥騎兵無心看風景，進門之後，就飛沙走石地攻城拔寨向帝國的腹地直插。君十死的時候，塞爾柱正在攻打地中海東岸，也就是說，他們橫掃小亞細亞半島，幾乎已經全取了拜占庭帝國的亞洲部分！

北部，巴二的遠征將帝國邊境推進到了多瑙河岸，跟佩切涅格人做了鄰居，這也是突厥，他們能不騷擾邊境嗎？因為拿他們沒辦法，所以巴二之後的君主乾脆同意他們在帝國北邊找地方住下，幫著防禦北疆，可這幫人天生喜歡當匪幫，不受招安，在帝國的土地上燒殺搶掠無所不為。

匈牙利看到帝國混亂，也覺得這便宜不佔白不佔，出兵佔領了多瑙河的要塞，預備南下揩油。隨後是庫曼人、烏格斯人一輪輪，一群群在巴爾幹半島鬧翻天了。

義大利的南部，諾曼人羅伯特已經拿下了不少屬於拜占庭的城池，而且他已經得到教皇的支持，所有南部義大利的領土，他只要吃得下去，全是他的，包括西西里島！

君十就是留了這麼個爛攤子給兒子，他還以為留了個寶貝，還不許她老婆找人幫忙。他死了是安全了，老婆還要活著受煎熬啊，尤多西亞非常清楚這個局面，如果沒有強悍的軍事統帥出來幫忙，她和兒子別說保住王位，能不能保住性命都是未知數呢。

太后很早就為自己選擇了卡帕多西亞的將軍，羅曼努斯・迪奧格尼斯。三十多歲，年富力強，在北方戰場成名。這傢伙曾經策動政變，要推翻君十，戴罪之身正預備判刑呢。太后給他送去了秋波，告訴他，想當皇帝不用賠上性命。

君士坦丁堡現在最有權的人是老普和君十的弟弟，這兩人當然不願意太后再嫁。尤多西亞也不是普通的良家女子，她跟羅曼努斯先發展地下情，然後派人去大教長那裡將她發的毒誓偷出來。大教長本來預備跳出來找麻煩，但他很快收到一個消息，說太后看中的是他兄弟。君士坦丁堡的高層都是自私鬼，一聽說這事對自己有利，大教長說，如果涉及國家安全，所有的誓言都可以不考慮。尤多西亞得到教長的支持，趕緊將地下情人拉到台前，共偕連理。看到新皇帝居然不是自己兄弟，大教長腸子都悔青了，可他說過的話也不能反悔啊，羅曼努斯四世就這樣在所有人驚愕的目光中登基了。

羅四是個戰士，一接下孤兒寡母的囑託，就毫不猶豫地出征對付帝國的敵人。如今塞爾柱帝國之患最是要緊。

雖然拜占庭軍隊好長時間沒有正經打過仗，訓練也少，但畢竟人數眾多，而且基礎甚好。突厥人進入的速度快，還沒在征服地形成相應的基礎，加上戰線拉得很長，所以羅四集中兵力，在幾個重要據點全力攻擊，還是取得了非常漂亮的勝利，竟然收復了大部分的失地。

最後一仗是在幼發拉底河的曼西喀特城，突厥人幾乎已經決定放棄了，不少士兵偷偷逃跑。此時塞爾柱帝國的蘇丹是阿爾普・阿斯蘭，意思是「威武之獅」，這位算是穆斯林歷史上數得著的英雄人物，能征善戰，驍勇威烈，而且氣度高貴，知書達理。

突厥最厲害的是進退自如，急如閃電的輕騎兵，偷襲很好用，但如果陣地戰對攻，就有點不堪一擊。而拜占庭兵團秉承羅馬軍團的傳統，有各種戰陣，還有全副武裝的重裝騎兵，衝過來像個小炮彈，所以正面對攻，羅馬軍團一般能勝。

這一戰，羅四率領的拜占庭大軍有十萬人，包括各種來路的雇傭兵，諾曼人、法國人、斯拉夫人、還有突厥，看外形像個八國聯軍。而阿斯蘭的突厥人只有四萬，蘇丹本人穿上白袍、撒上香粉，將坐騎的尾巴綁緊，平時的武器也換上了錘子和彎刀。他不是為了陣前表演，他是告訴士兵們如果戰敗他這一身就是壽衣了。

戰場的畫面一看就是正規軍對游擊隊，但是羅馬人的問題是，雇傭兵太多，而且這十萬人也是雜燴的，彼此並不團結。大家都知道，既然是布陣打仗，團隊意識是多麼重要。所以這十萬大軍很快就像一盤散沙，而突厥的騎兵鬼魅般地在戰陣中穿梭攪和以致戰場越來越亂。拜占庭這麼多人幹仗，後面的看不到前面的情況，當時有個後衛部隊的將領，叫安德洛尼卡，告訴拜占庭軍隊說是皇帝羅四自己早溜了，把兄弟們留在這裡給突厥人練刀子玩。這個消息一傳出，那真是山呼海嘯地奪路而逃。羅四兀自在陣前拼命，後面的人越來越少他還不知道，一直到他的近衛部隊全部被殺光，他才知道自己已經是光桿司令，就這樣，落在了突厥人的手裡。

這是歷史上著名的「曼西喀特之戰」。除了蘇丹的造型稍微引人注目一點，它出名並不是因為打得好看。這一戰，歷史學家給與的定位是「拜占庭帝國的第一聲喪鐘」，也就是說先佔據優勢而後慘敗，就已經注定了後來拜占庭帝國的滅亡。

羅四被送到蘇丹座前，阿斯蘭怎麼也不相信這個蓬頭垢面，汙血滿身的人就是高貴的拜占庭皇帝。據說他堅持不跪，被好幾個突厥人按倒的。阿斯蘭走到皇帝面前，親自扶起了他，給他安排座位。沒有一點勝者的傲慢，非常地彬彬有禮，待羅四如上賓。羅四在突厥的大帳裡好吃好喝住了八天，兩人的主要工作就是談判，談談如何處理這麼大的一個戰俘，因為沒有先例，阿斯蘭也不太懂得行情，所以他問戰俘本人。

阿斯蘭問：「大哥啊，俺拿你咋辦呢？你看這事吧，小弟也是第一次，沒啥經驗，您老見過識廣，你給教教唄。」

羅四還真是有教無類，還真回答：「你要是報仇出氣呢，就把朕殺了；你要是想炒作炫耀呢，就把朕綁在你戰車後面遊街；你要是追求實際利益呢，就拿朕回去換錢。」

阿斯蘭又問：「如果這次幹仗是大哥你贏了，俺落你手裡頭，你咋辦？」

羅四顯然是修養不夠，這時候控制不住情緒了，激動地說：「朕自當親自用鞭子抽你，抽得你皮開肉綻！」

阿斯蘭淡淡一笑：「你看，你一個大城市來的人，怎麼這麼粗魯呢？俺就不像你，俺放你回家！」

說到做到，蘇丹真的是下令放人，除了羅四洗乾淨換了新衣服，還給帶了不少突厥土特產，彷彿羅四是到亞美尼亞走了一趟親戚。不過帶回去的還有皇上按了手印的合同，拜占庭需要支付突厥一百萬金幣，知道他們這會兒拿不出來，允許分期付款，免利息，每年給三十六萬個，阿斯蘭這個夥計，真是實誠！

阿斯蘭絕對沒想到，自從羅四落在他手裡那天，就已經嚴重貶值了。對拜占庭來說，被俘虜的君主相當於鞋子上沾的狗屎，那是非常讓人厭惡的，就想快點甩掉。其實就算羅四不被俘，他也是君士坦丁堡的陰謀對象，不知道有多少人想趁他不在讓他下臺。其中最想的一個，就是君十的弟弟，現在跟老普一起管事的約翰，而他恰恰是那個在戰場散布假消息，讓拜占庭軍團潰散的安德洛尼卡的爸爸！所有的事都是有原因的，只是羅四還不知道，他還大大咧咧地帶著土特產回君士坦丁堡去闔府團聚！

羅四一進關，就聽說他已經被罷黜，皇后被放逐修道院，米海爾七世現在是唯一合法的皇帝。羅四趕緊找到殘兵游勇武裝起來想要拿回自己失去的地位，後來被自己的叛將也就是安德洛尼卡打敗，再次被俘。拜占庭人對自家的先帝沒有阿斯蘭那麼客氣，羅四被挖掉雙眼，後因眼傷過重死亡。

阿斯蘭聽說自己的金幣拿不到了，又恢復對拜占庭的進攻，不久，帝國在亞洲的土地大部分又被突厥的帳篷布滿。而就在曼西喀特戰役的同一年，諾曼人攻陷了義大利的巴里，帝國留在義大利的最後希望已經被他們吞噬了。到這一年，我們再不能叫拜占庭是「橫跨亞歐非的地中海帝國」了！

24

米七登基時二十歲，性格非常懦弱。這樣的皇帝一般都有奸臣幫忙。米七的老師不是老普嗎，羅曼努斯四世的死既然是米七的集團一手策劃的，那麼老普肯定也是幕後黑手之一。算起來這是他推倒的第四位皇帝了，沒想到在自己的嫡傳弟子這裡遭報應了。

老師是好老師，學生也是好學生，在學術修養上，米七年紀輕輕就造詣非凡。不過，他不喜歡老師，因為他覺得原來的郵驛大臣更讓他感覺舒服，所以不久他就讓老師提前退休了。跟其他從雲端栽下的拜占庭高層一樣，他在修道院渡過了晚年。

米七的新寵名字很長，我們簡稱尼基，這傢伙最出名的就是貪財。拜占庭國家一直對糧食供應有保障的，比如有專門的儲備糧，碰上災年和戰爭可以優惠賣給百姓。尼基一上臺就壟斷了穀物供應，「大斗進小斗出」，標準舊社會地主盤剝百姓的做法。糧食價格一樣居高不下，糧食價格上漲，連帶著其他物品全都價格飛漲。一直非常堅挺的拜占庭貨幣「諾米西瑪金幣」，五百年來，第一次出現了大規模的貶值。

真理是：經濟危機一定會引發政權危機。歷史又重演了，又是歐亞兩邊兩個將領同時造反，而且名字又是一樣，都叫尼基弗魯斯！為了區別，歐洲的造反派我們叫他老布，亞洲這個我們叫老伯。這兩人同時舉事，而老伯優勢明顯，因為他還拉攏了鄰居突厥帝國給他幫忙。找國家的敵人幫手推翻自家的君主，這種事在後來的拜占庭國家就形成傳統了。

老伯的軍隊獲得了首都人民的支持，以米七的性格，兩邊都有人造反他絕對不會硬扛著，所以趕緊主動退位出家，他的寵臣尼基想修行也來不及了，他被君士坦丁堡的老百姓活活打死了。

老伯真是老伯，入城登基時，七十六歲高齡。他知道拜占庭人對皇室血統還是有點講究，就想法給自己加個金身，他迎娶了米七的老婆！大家算算啊，米七退位時不到三十歲，他老婆比他還小，等於皇后的年齡大約是老伯的三分之一。

皇帝既然頂著壓力娶了前皇后，大家猜想米七留下的兒子就應該是繼承人，誰知道不是。放眼君士坦丁堡的所有貴族家族，科穆寧家很引人注目，伊薩克・科穆寧皇帝下臺了，他弟弟約翰生了八個兒女，這八個兒女就是最好的紐帶，通過聯姻，綁定了君士坦丁堡很多重要的貴族。這八個子女中，公認最優秀，最有前途的就是三公子阿歷克塞。三公子迎娶了杜卡斯家族的小姐，也就是曼西喀特戰役的叛徒安德洛尼卡的女兒。這樣，三公子成了杜卡斯家族的女婿，米七是杜卡斯家族的皇帝，他的兒子當然也是杜卡斯家族的繼承者，現任皇帝居然剝奪了他的繼位權，杜卡斯家族豈能答應。

阿歷克塞代表杜卡斯家族進首都要求權益，他自己的科穆寧家族當然也追隨，再加上這兩家的親戚，帝國最有權勢的人都在這個隊伍裡了。其實要對付的敵手也都是親戚，阿歷克塞進攻首都收到的抵抗都來自他的幾個姐夫，好在還是小舅子強些。

一〇八一年，二十四歲卻已經做了六年軍事長官的阿歷克塞幫助科穆寧家族拿回了王位，距他大伯伊薩克・科穆寧黯然退位二十二年了，很多歷史書，將這一年才當作科穆寧王朝的正式開端。

阿歷克塞一世，簡稱阿一，在歷史上形象非常好。沒辦法，歷史是人寫的，你是誰不重要，重要的是誰寫你。阿一有本自己的傳記，雖然叫人物傳記，其實是一本覆蓋面較廣，描述比較清晰的歷史記錄，被認為研究當時歷史的經典。這本書對阿一是極盡讚美，加上文筆細膩，辭藻華麗，在所有的歷史書籍中格外別緻。一般的歷史書盡量理性平和，肅穆端莊，阿一的傳記卻帶深厚的情感。其他的歷史人物羨慕不來啊，因為阿一這本傳記是他女兒安娜・科穆寧寫的。她是阿一最鍾愛的女兒，也是歐洲歷史上最早出現的女性歷史學家。

因為安娜的記錄，我們對阿一的生平是比較熟悉的。其實安娜就算不溢美他父親，我們也知道，阿一如果碰上好時候，絕對是席哈克略或者巴西爾二世那樣優秀絕倫的皇帝。可他接手現在的帝國，幾乎沒有資源讓他挽救帝國的頹勢。財政和軍事的重要基礎——小亞細亞半島已經失去，巴爾幹半島只剩南部，義大利的領土包括西西里島已經被諾曼人佔有，阿一經營的也不過是博斯普魯斯海峽及其周邊而已。

阿一上臺，諾曼人羅伯特已經預備正式向拜占庭下手，現在他想的不是幾個城池的得失，他想的是君士坦丁堡的那個王座。所以他集合艦隊越過亞得里亞海，開始進攻對岸，大約是現在阿爾巴尼亞沿岸這個位置。而南邊的突厥人呢，他們當然繼續征服，曼西喀特戰役失敗後，塞爾柱帝國在小亞細亞這個地區出現了很多小的王國，依附於塞爾柱存在。在離君士坦丁堡最近的這個位置，現在的土耳其伊茲尼克，成立了一個叫做羅姆蘇丹的國家。

亞洲大部分已經失去了，而那麼大面積的國土一時半會收回來也不現實。阿一想得開，他換了個思路，他決定不再為亞洲的事煩惱了，就讓突厥人先住著吧，那種三天打魚兩天曬網的抵抗也沒有任何意義了，還不如把所有的軍隊集合起來，迎擊諾曼人，別讓歐洲再丟了。

阿一仿效先賢跟教會借錢，六個月的時間集結七萬大軍行軍五百里，殺到了諾曼人的眼前。可惜這一戰並不成功，皇帝千辛萬苦徵集的軍隊根本不經打，羅伯特帶來的那可是正宗的虎狼之師。

皇帝逃回希臘，怎麼辦？祖宗的辦法總是有用的，找幫手啊。幫手不難找，關鍵是沒錢，如果諾曼人還有別的敵人就好辦了。還真找到一個，那就是新興的航海國家威尼斯。

對威尼斯來說，保持亞得里亞海上的自由空間是最重要，因為這家是生意人，亞得里亞海是他家大門，生意人最忌諱被人擋住大門。諾曼人如果取得了對岸，他們肯定會控制亞得里亞海，到時候威尼斯的利益就受到影響了。

就算拜占庭不求威尼斯，威尼斯也會想辦法遏制諾曼，但是既然拜占庭先開口，竹槓是不能不敲的，威尼斯商人嘛，人家無利不起早。

阿一答應，只要威尼斯出手幫忙，以後威尼斯人在拜占庭的貿易沒有限制，物品進出口全部免稅，君士坦丁堡免費給他家預備好倉庫和碼頭，拜占庭每年還給二十磅黃金的謝禮。

威尼斯海軍很痛快地加入了戰團，以他家強大的海軍力量，打破了諾曼人對亞得里亞海東岸的封鎖。只是海上安全了，陸地上還是打不過他們。好在老天照應，羅伯特因為義大利後院起火，他跑回去救火去了，留下他兒子伯赫蒙德。阿一打不過老子，但是欺負兒子還是夠了，不久拜占庭就取得了一定的優勢。現在最怕羅伯特再回來。一〇八五年，羅伯特因為瘟疫死掉了，他一死，義大利就有點亂套，諾曼軍團就暫時撤回去處理家務。阿一就這樣幸運地解除了帝國在西歐的危機。

戰後最得利的就是威尼斯人，他們進出拜占庭滿面春風，成為東西方貿易最閃亮的明星。

拜占庭和諾曼人在海邊幹仗，身後的斯拉夫人可沒閒著。按各自需要或者喜好參加不同的陣營幫忙，大部分時間是攪和，反正就是想看鷸蚌相爭。而一直在北方蠢蠢欲動的佩切涅格人，這時終於不滿足於小打小鬧，他們夥同突厥人，水陸聯手攻到了君士坦丁堡城下。阿一唯一能想到的辦法就是找庫曼人幫忙，這一招再次奏效，一場慘烈的大戰後，佩切涅格人也好長時間不敢來了，首都的包圍圈也被打開。後來庫曼人自己來了一次，被幹掉了。

歐洲的威脅解除了。亞洲的情況呢？因為自己內部的問題，加上阿一高超的外交手段，其實就是挑撥離間（外交第一課就是挑撥離間），讓羅姆蘇丹國內訌，那麼小的地方，割據出好些小國，首領都叫埃米爾，互相還很不團結，他們兄弟鬩牆，自然對拜占庭的壓力就小了，阿一正預備著，差不多的時候，他可以試著反擊，收復點領土回來了。

一邊打仗，阿一一邊經營著國內事務，尤其是財政收支，居然還讓他攢了不少錢，國內的財政窘境得到了很大程度的緩解，皇帝正在逐步歸還跟教會借的錢。看來，如果沒有大的變故，雖然現在蜷縮在這小片國土上，將來的日子還是有希望的。

好日子並不屬於阿一，這夥計生下來就是勞碌的，不久他發現他招惹了一個巨大的麻煩，十字軍來了！

在英國篇裡，老楊從西歐的角度分析了十字軍的來歷，現在從苦主拜占庭的角度，找找這支歐洲著名的散兵游勇的起源。

說起十字軍根據安娜公主的記錄，那一年處境惡劣，海陸都被封鎖，皇上召不到雇傭兵，所以將一封求救信式的徵兵文書送到了羅馬教廷。自從東西羅馬分裂，教宗最想念的事就是將君士坦丁堡教廷這個不服管束的東西制服，然後拉入羅馬教廷的管理序列。一聽說君士坦丁堡求救，教皇烏爾班二世就有了自己的打算。

當時的聖地耶路撒冷控制在塞爾柱帝國手裡，他們對基督徒不算友好，而且歐洲的基督徒去朝聖，吃虧的時候多，回去之後，聖城淪陷，朝聖無門這個慘痛的消息就在基督教世界到處流傳。烏爾班教宗非常有效地利用了這個情緒，號召所有人為基督而戰，遠征西亞，收復聖城！

烏爾班關於宗教方面的熱情吸引了不少虔誠的基督徒參加軍隊，但是他關於聖城是世界中心，裡面金銀財寶無數的演講吸引了更多人。第一次東征，十字軍超過十萬大軍（具體數目待定），來自西歐各國，各階層，上到公子王孫，下到販夫走卒，什麼人都有，反正也不需要政審，聽說有錢搶，都來了。

十萬人馬殺過來，阿一當時心裡就懵了，其實這會兒，帝國的危機已經克服了，阿一正在看塞爾柱帝國內訌的笑話呢。這幫人不來也沒什麼，可既然他們來了，萬一還動了壞心眼，是奔君士坦丁堡來的，那可真是飛來橫禍了。

阿一猜對了，十字軍真是奔著君士坦丁堡來的。

第一次十字軍出征分兩個梯隊，第一部分大都來自社會底層，流民、農民、流浪漢、勞改釋放犯諸如此類大約兩萬人。就這群品種流雜的烏合之眾，就是大名鼎鼎的「十字軍先鋒」。領導這個先鋒的是個法國修士，叫彼得，這位老兄在整個十字軍東征的事情上還是發揮了非常重要的作用，他的故事我們留到法國篇講述。

這第一批出發的十字軍戰士們，沒有武器沒有裝備沒有補給，當然更沒受過任何軍事訓練。他們這群人沿多瑙河東進，這條美麗的河流遭了殃。因為沒有相應的紀律約束，他們的給養基本靠搶。搶劫和殺人放火一般是連動的，既然是聖戰嘛，除了為自己爭取物質順利行軍要殺人，宗教目的更要殺人，他們殺誰呢？殺猶太人，原因是猶太人出賣了耶穌。這個屠殺理由讓我一直很困惑，耶穌自己也是猶太人啊。

十字軍先鋒們是一夥有宗教信仰的草寇，所以容易吸引其他的草寇，滾雪球一樣，隊伍越來越壯大。可進入巴爾幹半島一帶，他們就被收拾了。人家好好的國家，你們這幾萬人如同蝗蟲過境，誰不鬧心啊。遇上脾氣不好的，也就不給教宗面子了，打黑剿匪，所以隊伍人數又減少了。

阿一坐在君士坦丁堡的王座上，一直有人幫他直播十字軍的動向，怕也沒用，這幫蝗蟲終於到了君士坦丁堡城下，而且在拜占庭境內也沒少違法亂紀或者刑事犯罪。這幫人打的是幫助阿一的旗號，就算把拜占庭吃破產，阿一也不好發作，只希望趕緊把這幫人送上戰場，越快越好。

拜占庭早早預備了大量船隻，送瘟神一樣效率奇高地把這幫人送過了博斯普魯斯海峽，看到最後一個人上岸，阿一鬆了一口氣。

阿一把瘟神送到了死神手裡，這些十字軍先鋒武器不齊全，沒有作戰經驗，更加沒有後援，不到四萬來人，七手八腳上岸，還沒找到位置站穩呢，突然看見煙塵中大批帶著頭巾，裝束颯爽的異族人呼嘯而來。當時，恐怕十字軍先鋒們在想：他們舉著一彎新月，美麗而冰涼，不知道家鄉的天空有沒有這樣的月亮，太久沒看見，忘記了。只是，明明是白天，怎麼會看到這樣淒冷的月光……

十字軍先鋒隊，登陸後不久被屠殺殆盡，阿一本著人道主義精神，搶著救出了幾千人。

烏合之眾被幹掉了，正規軍還沒到呢。先鋒部隊出發半年後，以歐洲貴族騎士階層為主的十字軍主力部隊出發了。這支部隊非同小可，來的基本上都是歐洲有名的爵爺或者是世家子弟。有幾個頭面人物一定要介紹一下，來自洛林（現在的法國東北）的戈弗雷公爵，來自圖盧茲（法國西南）的雷蒙德伯爵，還有法王的弟弟休和英王的弟弟羅伯特。除了這四大天王，其他人中最引人注目的當屬諾曼人的頭領，羅伯特的兒子伯赫蒙德，以及來自佛蘭德爾（荷蘭）的羅伯特伯爵的公子羅伯特。

阿一聽說是這幫人來了，心裡暗暗叫苦，這些人可不是幾條小船就能隨便送走的。好在阿一有過人的外交智慧和談判能力。這幾位到了君士坦丁堡後，經過阿一的軟磨硬泡加忽悠，終於讓他們同意：拜占庭負責後勤保障，他們幾個負責前線幹仗，但是打下來的地盤，如果以前是屬於拜占庭的就還給阿一。阿一在適當的時候會御駕親征，加入這支隊伍與這些歐洲兄弟一起為聖地而戰。騎士們在君士坦丁堡對阿一隆重起誓，我們絕不能懷疑騎士的誓言。

拜占庭的船隻又將一批人送上了小亞細亞前線。羅姆蘇丹國的穆斯林兄弟還沒整理完上批十字軍的屍體呢。在他們眼裡，又來了一群送死的。

跟先鋒部隊一樣，進軍中的第一個堡壘就是羅姆蘇丹國的首都尼西亞（現在土耳其的伊茲尼克），攻打了一個月，畢竟是人多勢眾啊，關鍵是羅姆蘇丹這時正忙著跟他鄰居的一個蘇丹國內訌呢，尼西亞後來因堅持不住向拜占庭投降。十字軍打得這麼辛苦，正預備進城後拿點東西呢，誰知阿一已經搶先一步跟城裡訂好合同了，如果尼西亞主動投降阿一保證城市的安全，也就是絕對不讓他們受到劫掠。

十字軍心理很不爽，但是也沒辦法，說好了打下來要還給人家，現在這是拜占庭的城池，十字軍不好造次。

阿一爽了，原來這幫人是有用的，你們不是正好要去耶路撒冷嗎？行軍也無聊嘛，那些個沿路的城池和要塞，幫我收回來吧。

歐洲騎士不是蓋的，人家是真心來打架的，居然是越戰越勇，沿路部分重要城市都被攻克，而阿一非常聰明地跟在後面查漏補缺，看到人家打得差不多了就上去料理後事並接收城防。歷史書上，將阿一比作胡狼，而十字軍是雄獅，胡狼長期跟在獅群後面，揀點腐肉碎骨吃吃。揀著揀著，不知不覺地，十字軍幫著阿一收復了原來阿納托利亞軍區的大部分領土。

歐洲人在小亞細亞的進軍是十分辛苦的，塞爾柱人的堅壁清野讓十字軍的給養十分匱乏。最糟糕的就是炎熱，歐洲騎士們都是重裝騎兵，厚重的鎧甲下汗流如雨，尤其是穿越沙漠時，騎士們身上的銀幣都用來購買飲水了。剛過了沙漠又要翻越托魯斯山脈，山勢陡峭，步履維艱。

幾位爵爺坐在四人抬的床上行軍，還是覺得苦不堪言。隨後他們商議乾脆分兵出去，看能不能找到好走的行軍路線。於是，諾曼的伯赫蒙德與洛林公爵的弟弟鮑德溫各帶人馬向西里西亞方向尋找新的機會。這兩人聯手打下了塔爾蘇斯這個重要據點。兩人在勝利後就塔爾蘇斯的歸屬問題吵翻了，最後決定還是還給拜占庭。

伯赫蒙德跟鮑德溫吵翻了臉，南下參與進攻安條克的行動，而鮑德溫卻是撿到寶了。

亞美尼亞是個基督教地區，被穆斯林佔領後，亞美尼亞人望穿秋水盼著親人們來解救，聽說十字軍的部隊就在附近，亞美尼亞埃德薩的君主趕緊寫信求救。

鮑德溫離現場最近，所以他帶著自己的人馬過去幫忙了。正好亞美尼亞這個君主不得人心，城裡正宗教衝突呢，鮑德溫過去的時候，發現該地區的國王已經莫名其妙地死在騷亂中了。鮑德溫狂笑了一陣，大大方方地收編這個地區，自己變身成為了埃德薩伯爵，成立了埃德薩伯國。

根據西歐封建主的遺產分配方式，長子繼承一切，幼子幾乎啥也沒有，十字軍中的很多世家子弟都是沒錢沒地沒權的落魄騎士。來亞洲參戰，他們的最大理想就是打下自己的地盤，建立自己的領地，鮑德溫第一個做到了，而埃德薩伯國就是亞洲建立的第一個十字軍政權。

這個頭一開，好多事就不能約束了。此時其他的十字軍主力正在圍攻安條克城，這裡是進入敘利亞乃至巴勒斯坦的門戶了。

安條克城富裕而繁華，城牆看起來幾乎也是牢不可破的，城外有河，緊挨著林立的巨大塔樓。十字軍之前攻陷尼西亞，靠的是拜占庭提供的現代化攻城設備。可這裡已經是君士坦丁堡的千里之外，那些巨大的攻城裝備也沒辦法運過來。只有一邊圍城，一邊臨時起造攻城機械。義大利那些航海國家，比薩、熱那亞等小國都發揮了力量，運來了大量的工具和材料，不過十字軍的效率太差了，製造速度緩慢，圍城呢，又圍不死，於是變成了安條克人在城裡生活照舊，十字大軍在城外越來越少。

七個月後，十字軍幾個巨頭感覺不行了，不想出辦法就在這裡耗盡了。這時諾曼人伯赫蒙德提出了一個解決辦法，說是，如果大家能同意讓他成為安條克之主，他就馬上給所有人一條破城之計。山窮水盡了，所有人只能勉強同意。

當晚，十字軍發動又一輪攻擊，而伯赫蒙德居然帶人輕鬆爬上塔樓，進入城內，隨即城門大開，十字軍潮水湧進城中。

真詭異啊，難道伯赫蒙德是飛進去的？其實說穿了也沒什麼，有內奸幫忙而已。安條克是個基督教地區，被穆斯林統治後，大部分人被迫修改了宗教，但是不服的肯定是大有人在吧。伯赫蒙德就碰上一位三座高塔樓的守衛。他在當夜幹掉自己的同僚，放下繩梯，讓十字軍破城成功。

進入安條克的十字軍隨後就發現位置轉換了，因為大量的塞爾柱帝國軍隊過來救援了，他們顯然更精通如何圍城，一過來，十字軍就發現城外水洩不通，自己插翅難逃了。

其實此時，阿一的軍隊在塞爾柱人的身後，他完全可以過來幫個忙。但是他很聰明地決定轉身回家。本來他對安條克甚至是聖地的收復是沒什麼熱情的，如果是跟著撿漏，不擔損失，他就跟著跑。如今需要自己的軍隊跟塞爾柱的大軍硬碰，去救那幾個歐洲佬，阿一覺得實在沒必要，況且也不一定能救回來。算了，回去跟教皇說一聲，讓他給那幾位爵爺準備一個追悼儀式吧。

再次陷入絕境，十字軍的頭頭們這次有點絕望了，好些騎士甚至趁著月黑風高用繩梯逃之夭夭。

好在，十字軍想出了別的辦法。有一天，一位馬賽的教士來到十字軍首腦會議室，他說神靈托夢，在安條克聖彼得大教堂的祭壇旁，能夠找到聖矛，而這枝聖矛會帶領基督徒穿越異教徒的靈魂。

聖矛是啥啊，也是一件基督教的聖物。據說當年耶穌被釘上十字架，看守的士兵想要確定他是否死亡，就用一枝長矛在他心臟戳了一下，血噴濺出來，這個士兵本來眼神不好是個半瞎，被聖血濺上後居然恢復了視力。他因此皈依了基督，後來成為一個聖人。而上文說的聖矛，應該就是這枝長矛的矛頭。

這個消息極大地震動了十字軍的高層，寧信其有吧，教士帶著爵爺和隨軍神父，在祭壇開挖。

居然真的找到了一柄用金色絲綢包裹的矛頭！

一〇九八年六月二十八日，沉寂了很久的安條克城頭豎起了十字軍的戰旗。十字軍預備在主的帶領下，高舉聖矛，浴血突圍。這是基督教歷史上偉大的日子，而且也充分展示了人類的精神力量發揮到極限，是多麼不可思議。

能打的怕不要命的，不要命的怕瘋了的。十字軍衝出來的時候，穆斯林看到了那種瘋狂的拼命狀態。這種打法還真是從沒見過。很快，塞爾柱的軍隊開始恐慌了，並出現了潰逃，大約有七萬穆斯林被基督徒這種瘋狂的狀態殺掉，十字軍只是陪送了一萬人，現場屍橫遍野。而塞爾柱軍隊撤退後，他們留下的大批輜重，也補充十字軍最需要的後勤保障。佔領安條克，預備爭取下一個勝利。

聖矛的事已經被證明是教皇派出的隨軍代表，也就是他一手導演的魔術。只要稍微有點考古知識就知道，一千年都過去了，矛頭的款式應該有點變化吧，怎麼會跟城外突厥人用的矛頭一樣呢，耶穌死的時候，突厥人還不知道在哪個荒郊野嶺漂泊呢。

諾曼的伯赫蒙德要求兄弟們兌現諾言，讓他擁有安條克。雖然是說好了要還給阿一，但是阿一居然在危急關頭見死不救，所以對他的承諾可以宣布作廢了。現在這個諾曼人鐵了心，不給他，他就天天鬧，還撒潑。既然其他人的目的是去聖地，就別在這裡耽誤工夫了，給他吧。這樣安條克公國又成立了。其他人繼續南下。

阿一聽說安條克重鎮成了諾曼人的公國，氣壞了。這人沒有平常心，他不想想早前這個地方也不屬於他啊，是人家塞爾柱帝國的。阿一大概覺得給異教徒佔去了，自己又搶不回來也就認了，被諾曼人佔去，那可說不過去。

安條克的諾曼公國讓拜占庭和塞爾柱兩邊都看著心痛，阿一還沒動手，突厥人那邊先開打了。伯赫蒙德打不過人家，中間還被俘虜了一次，花不少錢給贖回來的。趁著諾曼人跟突厥人幹仗，阿一在背後佔了地中海沿岸不少地方。伯赫蒙德這才發現，自己兩面受敵。

伯赫蒙德心想，突厥人是拜占庭的敵人，老子山長水遠過來幫你打仗，你居然騷擾我後方，行，你等著，老子回家找人去，有種你別走！

這兩家不是原來就有仇嗎，伯赫蒙德的爹臨死都念叨著要打進君士坦丁堡，這次參加十字軍，伯赫蒙德揣的就是幫老爸實現理想的念頭。之前他進入君士坦丁堡停留時，阿一為了顯示對敵人的寬容，給予他非常客氣的照顧，讓他住皇宮最好的客房。就是在參觀皇宮的時候，諾曼人算是開了眼了，金碧輝煌的裝修，室內隨意擺放的東方珍寶，而那些金貴的絲綢，用在各種不必要地方，還有一個房間居然堆滿白銀！這哥們當時就有點失態，眼睛發光，嘴裡念叨著：「這些東西要是老子的，還有什麼事做不到？」

伯赫蒙德幾乎是偷渡回歐洲，因為要經過拜占庭的海域。根據阿一的女兒的記述，當時伯赫蒙德是藏身在一具棺材裡蒙混過關的，據說為了防止被人發現，跟他一起進棺材的是一隻腐爛的死雞。

回到歐洲，伯赫蒙德雇傭了大量的人力，大意就是，拜占庭的國王阿一是個背信棄義的小人，他背叛基督，還坑害十字軍的兄弟，大家跟我去把這傢伙揍死，把他家的錢分掉！

看來中世紀的歐洲徵兵工作還是非常容易進行。伯赫蒙德搞來了五千騎兵和四萬步兵。他繼承他爸的戰術思想，從海上穿越亞得里亞海，登陸、強攻都拉斯城。距上次羅伯特登陸，過去快三十年了。

所謂三十年河東，三十年河西，這時的拜占庭帝國可不是當時那個背腹受敵狼狽不堪的狀況了，十字軍幫著在前線開戰，帝國的軍隊和人民自然修養生息，發展進步。諾曼人遠來，阿一張網以待，冬季即將來臨，諾曼人的補給嚴重不足。很快，這一仗就分出了勝負。阿一報了當年在羅伯特手下戰敗之仇。

伯赫蒙德低頭承認阿一是他的領主，他的安條克公國以後就是拜占庭的附庸，他的軍隊隨時聽皇帝的命令而出征作戰。但是這些承諾後來都沒有兌現，因為伯赫蒙德離開時將安條克城交給自己的外甥坦克伯雷，這小子死強，堅決不承認這份合約。不久伯赫蒙德死了，坦克伯雷就更加誓不低頭了。

阿一和諾曼人的糾葛其實是後來的事了。十字軍在一〇九九年成功佔領了耶路撒冷。攻打聖地比攻打安條克容易多了，這裡是塞爾柱人勢力的邊緣，加上十字軍一路南下，基本掃清了周邊障礙。所以雖然行軍走了四個月，實際攻打只花了一個月就成功了。

三年的遠征終於走到了輝煌的終點，進入耶路撒冷的十字軍徹底失控了。他們完全忘記了聖經上說：要愛你們的仇敵。他們宣布，要血洗聖城！

一點沒誇張，真是血洗，光是阿克薩清真寺這麼大的地方，就有幾萬穆斯林被殺。不光是穆斯林，還有猶太人，反正是見人就殺，見活物就砍。除了殺人，還有搶劫，十字軍挨個進入居民家中洗劫財物，有的戰士殺完人非常禮貌地將主人擺起來火化，兇手並不是幫助死者辦理後事，他們是擔心有金銀細軟在臨死前被吞進肚子了！

耶路撒冷肯定是不還給拜占庭的，阿一也不敢要。經過明爭暗鬥聖城落在了洛林公爵手裡，成立了耶路撒冷王國，不過在這種地方他也不敢當國王，於是自稱「聖墓保護著」。

聖城光復了，錢也得了，沒死的都發了財，第一次十字軍東征算是圓滿了。普通百姓帶著自己這趟出境務工的收入，回到歐洲繼續過日子。在歐洲沒有領地沒有前途的世家子，就帶著自己的人馬在地中海沿岸尋找地盤，於是很多小國就在這一帶出現了。

第一次十字軍浪潮過去了，阿一也放鬆了。彈指一算，在位快四十年，也老了。回想自己這一生啊，阿一覺得很痛快，為啥呢，不管勝利失敗，他一直在操控。你看啊，先是操控威尼斯幫著打諾曼人，後來又操控庫曼人收拾了佩切涅格人，最成功的就是讓十字軍幫自己收復了大量亞洲的土地。拜占庭看家的外交斡旋本領在阿一手裡被使得出神入化。

阿一任內，漂亮地料理了初期紛繁的混亂，穩定糧食和貨幣的價值，讓政局穩定、國家富裕、軍隊得到了建設和發展。雖然沒有恢復拜占庭的全部國土和往日的榮光，但阿一的確是將要垂垂亡矣的帝國重新扶起來，踉蹌著繼續前行。不過，氣數已盡，拜占庭的前路會越走越黑，阿一帶來的這一段復興，只能遺憾地被叫做「迴光返照」。

26

我們分析為什麼阿一能在複雜多變的國際形勢下騰挪自如，發現，這與他生活在一個女人圍繞的圈子分不開。阿一身邊，全都是強勢的女人。如果一個男人能擺平身邊不同女人，這個男人幾乎可以做世界上的任何事了。

大家可能還記得，阿一之所以成為阿一，是因為他推翻了前任皇帝，他推翻前任皇帝的原因是，那傢伙不願意將皇位還給米七的兒子，君士坦丁王子。

阿一剛上崗的時候，為了表示自己絕對不會像前任那樣缺德無良，讓自己的女兒安娜嫁給了君士坦丁，又是太子又是駙馬，身分雙保險。但是隨著阿一慢慢穩定甚至加強了自己的王權，他有點不甘心了，他更希望是自己的兒子繼承大位，而且他不管怎麼看自己的兒子都比那個君士坦丁上道。

不過這個事並沒有引發麻煩，因為君士坦丁不久死掉了，這下阿一不用頂著社會壓力，就可以讓兒子接班了。

讓兒子接班，女兒不幹了。安娜公主二婚了，嫁給一個望族。安娜公主從懂事就知道自己是未來的皇后，現在弟弟要接班，自己最多是個皇姐，差遠了。安娜既然是歐洲歷史上數得著的文化人，她受的教育肯定是非常全面的，而她本人自然也是智商很高的女子。對安娜來說，不是自己的東西還要努力爭取呢，更何況本來就是自己的東西。所以她力勸父王母后讓她的新老公成為繼承人，或者乾脆就讓她本人直接登基。

阿一小時候就聽媽媽的話，他剛登基就出門打架，讓母親攝政的；結婚後，聽老婆伊琳娜的話；後來跟前兩任皇后瑪利亞發生點曖昧婚外情，那時候他聽瑪利亞的；晚年，女兒又能左右他的想法了。

安娜這樣的女兒，當然是深受父母喜愛，皇后伊琳娜也是喜歡她勝過喜歡兩個兒子。於是，老婆和女兒的嘮叨囉嗦，成了阿一臨終前的主要生活內容。女兒的歷史書非常心痛地寫道，她父親是因為長年的國事勞累和奔波導致了不可醫治的疾病，但我懷疑阿一就是被老婆和女兒煩死的。

也許阿一後來被說動了，但是科穆寧家族是不會讓這件事發生的。於是支持大王子約翰的人先下手將信物搶在手裡，在一一一八年，阿一死時，扶持約翰登基，這是約翰二世了。

安娜沒想到功虧一簣，心有不甘，開始策動謀反。這個世界成王敗寇的，既然搶不到就只能怪自己命數不到，技不如人，安娜必須接受這個結局。

按照拜占庭歷史上對謀反忤逆的懲罰，我們想，安娜不知道會丟掉眼睛還是丟掉鼻子，或者是直接要了她的性命，誰知約翰並沒有傷害這個姐姐，據說就是給了一次口頭批評，但是看到這位姐姐生活一點不簡樸，約翰就沒收了其家產，分賞給幫他登基的功臣。

安娜保住了性命，沒了家產，所以就收拾心情，回家寫東西賺稿費，帶著對父親的思念，寫下了一本傳世的《阿歷克塞傳》，成為名垂青史的女歷史學家。所以說，上帝封閉了一扇門，肯定會為你開一扇窗。

從約翰二世對他姐姐的態度上看，我們發現這位新皇帝有著拜占庭皇帝罕見的仁慈和善良。約翰個子不高，模樣不帥，還黑呼呼的，可偏偏有個外號叫「英俊的約翰」，這顯然是拜占庭人對他人品的褒揚。

約翰二世可以匹配這個世界上很多對於君主的好詞彙，比如，寬容大度、謙虛有禮、生活儉樸、勤政愛民、睿智審慎、意志堅定、精力充沛等等，這幾個詞是老楊從不同的歷史資料上對他的評價中抄出來的，總之，公認他是科穆寧王朝最好的一個皇帝。

上任第一件困擾約翰的事就是覺得威尼斯商人已經嚴重遏制了帝國商業的發展，想撤銷當初跟他們擬定的貿易條款，遭到威尼斯人嚴正抗議，並發動艦隊攻打了愛琴海上的一片島嶼。看到人家那麼威猛的海軍，想到自家的海軍這幾年沒什麼建樹，約翰不得不答應他們合同照舊。

約翰最大的武功在巴爾幹島，他徹底幹掉了佩切涅格人，讓他們再也無力跟帝國搞事，而佩切涅格人的殘兵被補進了帝國軍隊。為了慶祝這個重大的成功，拜占庭還搞了個「佩切涅格節」給大家放假。

重要仇家諾曼人在自家原先的領土上成立了安條克王國，是讓阿一和後來所有的皇帝恨得咬牙的事，但是更氣人的還有呢，約翰任內諾曼人在義大利南部又建立了自己的國家。

這個事不光讓約翰生氣，德意志神聖羅馬帝國也生氣。德意志和拜占庭開始都覺得，現在不過是容諾曼人在那裡暫且安身，等恢復羅馬帝國的雄心壯志在心胸澎湃得難以控制時，一定把那地方拿回來。可現在人家不想做租客了，人家想做業主了，這就必須收拾他了。於是德意志和拜占庭決定，不管將來這地方屬於哪邊，先把諾曼人廢了，給誰也不能讓他們霸佔了。而義大利的比薩共和國也覺得諾曼國家在自己旁邊成立，隱患多多，約翰同意給與比薩跟威尼斯差不多的貿易條款，於是比薩很痛快加入德拜同盟。歐洲的這一系列結盟動作讓約翰覺得對付義大利的諾曼人有底了，所以回到東部解決亞洲的諾曼人。

約翰出擊小亞細亞，他幹掉幾個擋路的蘇丹伊米爾後，就直撲安條克城。沒費什麼事，該城就投降了。約翰進城給自己搞了個凱旋式，並答應安條克的公爵，他只要出兵幫助帝國軍隊繼續南下收復聖城，將來打下的地盤自然會分一塊讓他重新建國，這個安條克，還是老老實實還給拜占庭。

安條克的公爵雖然答應了約翰，但他的意思呢，能不能先打下地盤我再還安條克；皇帝的意思呢，你先還給我，我回頭有地一定給你，扯皮了，約翰決定再打他一次。這一次，他覺得不能隨隨便便打下安條克就算完了，他發了一封信給耶路撒冷的主人，通知對方，他預備帶兵來朝聖，耶路撒冷方面很清楚，皇帝這次預備連安條克帶聖城一起收回去。

可惜這一場好戲還沒開幕就結束了，出征前，皇帝去獵野豬，結果跟野豬撕扯過程中，箭囊中的一支毒箭刺破了手指，非常細小的傷口，但是也導致了約翰命喪黃泉。陰謀派歷史學家認為，搞不好也是被人害的，至今還不知道嫌疑人是誰。同時老楊又發現，繼皇宮的臥室浴室之後，打獵也是拜占庭謀殺皇帝的主要方式。

27

老楊原來說過，好皇帝和昏君都是紮堆出現的，這是個榜樣問題。從小看著父親不辭勞苦，兢兢業業，兒子希望能建立跟老爹一樣的偉業，於是也發憤圖強。阿一算個中上等的皇帝，而約翰已經是個上等皇帝，所以激勵下一位君主，必須步步高。

約翰有四個兒子，前兩個早死。約翰本人最喜歡的是小兒子曼努埃爾，不光約翰喜歡，如果大家穿越回哪個時代的拜占庭，女「地主」肯定會愛上他，而男「地主」絕對會願意為他而戰。這個曼努埃爾有點羅馬名將安東尼的感覺。公認的武林高手，人長得高大威武，器宇軒昂；戰場上，他威風八面，身先士卒；回到宮廷，他比誰都會享受生活，有品味，會玩會鬧。傳說他專用的兵器和盾牌，一般人都揮舞不動；還傳說有一次他單槍匹馬從五百名突厥人的包圍中殺出血路而出；還傳說他有一天親手殺掉了四十個突厥人，傳說太多了也不知真假，我們就當小說看吧。

曼努埃爾還有個哥哥，他知道自己各方面都比不上這個弟弟，所以知道約翰將皇冠戴在弟弟頭上，他不吵不鬧地接受了，也沒按帝國傳統發動一次叛亂，非常可貴。

說到曼紐爾這個皇帝啊，我們要掬一把同情的眼淚。這是個標準的心比天高，生不逢時的人物，他一生致力於恢復大羅馬帝國的榮光，在任期間，拜占庭整個一個國際警察，不管歐洲那個地區有事，都能在現場看見拜占庭人。拜占庭四面出擊，想解決所有的問題，收復所有的土地，可是曼努埃爾卻總是忘記，此時的拜占庭已經日薄西山，垂垂老矣，再這樣瘋狂地折騰，肯定是會把骨頭整散架的。

曼努埃爾最大的特點就是親西歐。上篇說到，約翰跟德國結盟，結盟的辦法就是讓曼努埃爾娶了德皇康拉德三世的小姨子。不僅娶西方老婆，他更喜歡西方的文化，而且最青睞騎士這個東西。他經常邀請西歐的騎士來宮廷作客，或者是舉辦比武，皇帝親自下場娛樂。不少西方人來君士坦丁堡考公務員，然後進入曼努埃爾的政府班子。這個事讓拜占庭人挺不樂意的，在大部分人心裡，那幫拉丁人對君士坦丁堡肯定沒安什麼好心。

曼努埃爾登基的第二年，塞爾柱帝國發動進攻，將第一次十字軍東征建立的第一個小公國伊德薩又拿回去了，這個消息傳到西歐，教皇又發布了東征的教令。這次東征發起人是德皇康拉德三世和法王路易七世，他們願意跳出來自然是有他們自己的考量和打算。

第二次十字軍東征因為是兩位君主帶領，顯得特別有氣勢。這兩位，康拉德三世和曼努埃爾是連襟，路易七世卻跟曼努埃爾並不友好，因為他是諾曼國王羅吉爾二世的好朋友。不管是親戚還是仇人，只要是打著十字軍旗號過來，曼努埃爾就要盡地主之誼，還要安排船隻送他們過海峽。

德皇和法王顯然覺得沒必要跟對方合併作戰，所以當德皇先到達君士坦丁堡時，他也不說等來法軍一起登陸，他先過去了。很多歷史書說，先送德軍過海，是曼努埃爾故意的，目的不詳。

德軍登陸後不久，就遭遇了突厥人的打擊，幾乎全軍覆沒，康拉德三世跑得快，逃到尼西亞躲起來了。法軍到達後，曼努埃爾其實已經知道德軍潰敗，但是他告訴法王的消息是非常順利，德軍已經取得可觀的勝利。法王怕功勞被德意志搶走了，趕緊過海。這兩隊真是難兄難弟，法軍和留在戰場的德意志殘部會合，又艱苦奮鬥了一陣子，還是輸了。德皇和法王先後逃離這個是非之地，第二次十字軍東征以非常沉悶的失敗告終。

就在曼努埃爾幫著運送十字軍過海的時刻，老仇家羅吉爾二世動手了。他動手是為了佔據先機，因為他知道，曼努埃爾把手邊的事情做完，第一件事就是找諾曼人麻煩。羅吉爾這次出擊騷擾了拜占庭的幾個絲綢中心，拐走了大批技術工人，因為他們家最近也在發展絲綢產業。

康拉德三世從戰場離開時身染重病，在君士坦丁堡受到了很好的照顧和招待，實實在在的親戚嘛。康拉德三世答應，回家養好病幫著曼努埃爾收拾諾曼人。

諾曼人自從到南邊生活後，學了些南人的花樣，知道打架不要命是最低級的技能，現在既然是國家了，就要學會玩外交手段。這段時間，外交斡旋這個武器操縱在羅吉爾二世手裡，曼努埃爾可悲的是光想玩霸權，忘記了這門拜占庭幾百年修練出來的最高技藝。

羅吉爾先是挑唆德意志的大公反德皇，而後又唆使匈牙利人和塞爾維亞人反拜占庭。羅吉爾手藝不錯，康拉德三世急沖沖回家平亂，而匈牙利和拜占庭立時爆發了大戰。

康拉德三世忙完了家務事，正預備叫上連襟去義大利開戰，他就死翹翹了。接班的是他侄子，德國歷史上最拽的皇帝，紅鬍子腓特烈一世，也就是我們都認識的巴巴羅薩。他一上臺就撕毀了和拜占庭的同盟協議。大家都知道，紅鬍子一輩子就想打出一個完整的羅馬帝國，這跟曼努埃爾的抱負一樣。這兩人要的不是東西羅馬，而是統一的羅馬，拜占庭杵在那裡，紅鬍子羅馬皇帝這頂皇冠戴著就有點發虛，所以他看拜占庭就是眼中釘。雖然曼努埃爾出於大局考慮，屢屢向紅鬍子拋媚眼送秋波，紅鬍子都把橄欖枝劈成柴火燒，就是不給曼努埃爾好臉色。

上帝給了曼努埃爾一個揚名立萬的機會，因為不久，羅吉爾二世也死了。曼努埃爾覺得，不管有沒有人幫忙，他都可以找諾曼人算帳了。

一一五五年，曼努埃爾對諾曼人的進攻取得了驚人的勝利，在義大利一舉拿下了從塔蘭托到安科納這一長條海岸，如果義大利的地圖是一隻長靴，小腿後部這一線都被曼努埃爾收拾了。

曼努埃爾在義大利的勝利又讓他沒有了平常心，他覺得收復羅馬故土是指日可待了。誰知來得快，去得更快。曼努埃爾進攻之前，忘記打點鄰里關係。除了正式敵人諾曼人惱他，連盟友威尼斯也不爽，對威尼斯人來說，亞得里亞海沿岸誰勢力過大他都不爽。於是一一五八年，拜占庭迫於各種武裝壓力，又撤出了義大利，這次出來就再沒有機會回去了。義大利像是一個分手的情人，跟拜占庭最後纏綿，然後毅然遠去再不轉身。

曼努埃爾不怕打擊，他馬上轉頭到東方去找那些十字軍國家。收拾兩個小公國還是比較容易，曼努埃爾又輝煌了一次。安條克公國承認拜占庭的宗主權，而曼努埃爾的人還沒到聖城，氣場已經傳遞過去了，以至於聖城的君主也過來表示馴服。

向羅馬皇帝投降是有規定造型的，要光著頭赤著腳，脖子上要綁根繩子，舉著劍跪在皇帝面前，安條克公國和耶路撒冷的國王都受到了這個待遇。

一一五九年，曼努埃爾以一個盛大的儀式進入安條克城，當天真是，鑼鼓喧天、彩旗招展、人山人海，而最好看的畫面是曼努埃爾騎著盛裝的高頭大馬，安條克的國王替他牽著馬轡繩，耶路撒冷的國王則是低著頭跟著馬屁股後面一路小跑。想到先帝忙活一輩子最大的理想就是收拾這兩個傢伙，曼努埃爾心裡那個美啊，他衝天上默默地說：現下都擺平了，你安息吧！

皇上精力太盛了，過一陣子，他看中匈牙利了，他覺得這個地方隔三差五的總是跟帝國找麻煩，而且他家明顯是巴爾幹地區不安定的幕後黑手。

正好匈牙利的老國王死了，曼努埃爾趕緊湊過去插手人家傳位接班的事，哪家換老闆的時候，都怕節外生枝，有人攪和就更亂。曼努埃爾又達到目的了，他扶持的人沒有登基，但是登基的怕了他，答應了他的條件。那就是讓皇弟貝拉成為下一任匈牙利的國王，而太子爺貝拉呢，送到君士坦丁堡，讓他跟曼努埃爾的女兒，生於「紫色寢宮」的拜占庭公主訂婚。當時曼努埃爾沒有兒子，他指定貝拉做繼承人，也就是說，未來有一天，貝拉成為匈牙利和拜占庭兩個國家的國王，一統江山。

結婚和接班都是以後的事，眼下曼努埃爾得到啥好處了呢？話說一一〇二年，克羅地亞已經徹底決定跟匈牙利一夥了，並同意匈牙利的國王同時兼任克羅地亞國王，所以克羅地亞以及沿亞得里亞海那一長條的土地，都是匈牙利的了。這一條可是戰略要地，是巴爾幹半島防備諾曼人的門戶，曼努埃爾是真想拿回來。正好貝拉被冊封為太子，這塊土地就是他的封地，他入贅到拜占庭，這個就算嫁妝或者彩禮吧，後來曼努埃爾自己生出兒子了，就炒了貝拉的魷魚，將其打發回家了。婚事雖然取消了，彩禮卻一直未退。

克羅地亞加入匈牙利，塞爾維亞也想加入，可現在他家還是屬於拜占庭的，怎麼辦？起義抗爭。塞爾維亞這段時間當家的也算個人物，大土王斯蒂芬・奈曼加。這個人物請大家記住，他是後面很多重大事件的主角。塞爾維亞是斯拉夫人，出名剽悍的，要不是曼努埃爾的匈牙利政策湊效了，這位大土王還真不容易收服。一一七二年，曼努埃爾的軍隊開進塞爾維亞，奈曼加無奈投降，跟前面那兩個投降的十字軍國王一樣，土王也成為曼努埃爾凱旋式上的風景。

所有的事看著都挺順，曼努埃爾現在誰也不怕，誰敢叫板就收拾誰。前面不是說，佔領義大利，惹惱了威尼斯嗎？曼努埃爾就納悶了，一個小小的航海國家，怎麼心理素質這麼好，已經在拜占庭佔了大便宜了，威尼斯商人擠兌得拜占庭本地人都不敢做買賣，賺了我的錢還強壓我一頭，讓我看臉色？曼努埃爾下令，突然動手，閃電行動，將帝國境內所有的威尼斯人抓起來，貨物船隻全部沒收。曼努埃爾這次行動前比較謹慎，他知道他還需要海上力量的支援，所以這邊轄制了威尼斯，那邊趕緊著跟熱那亞和比薩共和國簽訂新條約，給予他們相應的貿易優惠。這次整得威尼斯人有些氣短，對方手裡有人質，也不太敢耍橫，只好過來談判。看，曼努埃爾又把威尼斯給收拾了。

從一個勝利走向下一個勝利，從一個輝煌走向下一個輝煌。曼努埃爾自我感覺很膨脹，如果當時還有什麼事讓他特別煩惱，那就是紅鬍子。

紅鬍子更拽，從一一五三年到一一七六年間，他連續四次攻打義大利，並且幾乎征服了義大利北部。不過他跟曼努埃爾的命運一樣，來得快，去得快，為了對付他，教皇帶領義大利這些城邦國家組成了倫巴底聯盟，結夥抗擊德國人，團結就是力量，後來把紅鬍子收拾老實了，灰溜溜撤出他佔有的領土。

曼努埃爾一直支持倫巴底聯盟對付紅鬍子，拉攏敵人的敵人，這招紅鬍子也會，他聯盟的當然是拜占庭的宿敵，突厥人。曼努埃爾本來就想著要把之前丟失的安納托利亞軍區完全奪回來，現在看到紅鬍子總是跟那幾個蘇丹眉來眼去的耍貓膩，更想打他們了。

這一次，曼努埃爾運氣用完了，一一七六年秋天，拜占庭大軍在密列奧塞法隆被突厥人包圍，幾乎全軍覆沒。意氣風發的曼努埃爾這一次被打懵了，從此一蹶不振。而他心裡非常清楚，小亞細亞跟義大利一樣，是永遠挽不回芳心的愛人了。

曼努埃爾一世的生是戰鬥的一生，英雄的一生。但如果我是拜占庭的百姓，我可能更希望他是個昏君。昏君最多是生活奢侈點、糜爛點、荒唐點，要麼再養兩個寵臣奸佞，貪污受賄敗壞朝綱，對國家就算有影響，還不至於形成快速毀滅性打擊。最怕就是碰上一個好高鶩遠、不切實際總是作超級大國美夢的皇帝。曼努埃爾四面出擊，到處幹仗，拜占庭國庫的銀子像洩洪般地減少，又沒有像樣的進項，還無端地給自己招惹來很多敵人，讓後禍綿延。表面風光的帝國，現在內部極其發虛。而曼努埃爾號稱收復的國土，在他死後又陸續回到了原主人手裡。也就是說曼努埃爾花光了帝國的儲備，用來打水漂玩了。

一一八〇年，曼努埃爾死了。他死的時候可能還覺得，他為帝國帶來了一次耀眼的復興，他不知道就是由他將拜占庭帝國送上了滑梯，正預備以驚人的速度向下墜落。

曼努埃爾娶過兩任皇后，都是西方人。第一任是德皇的小姨子，第二任是安條克的公主，瑪利亞。瑪利亞的血統來自法國皇室，傳說是當時著名的美女。她為曼努埃爾生下了唯一的兒子，阿歷克塞。

曼努埃爾臨終時，找到了理性和智慧，他決定跟敵人們和解，好給後代留一個大體安全的環境。不是一直跟法國不和嗎，曼努埃爾就為十歲的兒子迎娶了八歲的法國公主；又將關押的威尼斯商人釋放，跟威尼斯人和解；最重要的是，他赦免了他的堂弟，安德洛尼庫斯，這可是他最大的反對黨，一直忙著忤逆造反，還跟突厥人德國人有勾結。他感覺為保證幼子的皇位安全，能做的都做了，可他看不到那些悲慘的結局。

28

阿歷克塞二世繼位才十一歲，瑪利亞攝政。瑪利亞是個大美女，可是一直不受拜占庭的人歡迎。根本上的原因就是她來自西方，是拉丁人。本來家裡有個來自西歐的老闆娘就讓民眾很厭惡，如今這個拉丁女人居然還管事了，太不像話了。

瑪利亞也不是一個人在戰鬥，她主要是依靠科穆寧家族的一個侄子。曼努埃爾死後，她揚言要出家，可依然和侄子保持著非同一般的關係。這段不亂之戀也沒帶給她任何好處，她依靠的這個男人，是個窩囊廢，在科穆寧家族內部也不招人待見，現在讓他出來主理國事，還真是害他。

民間反她，科穆寧家族也不幫她，塞爾維亞人再次造反，匈牙利要求退還彩禮，突厥人又動手了，這些事，這個美女一件也解決不了，當然她的小情郎也解決不了。怎麼辦呢？

有人說，他能解決。他就是安德洛尼庫斯，以下簡稱安德洛。

這是個驚采絕豔的名字，在拜占庭的歷史上，這個名字象徵的是傳奇！跟安德洛這一生的經歷相比，不管歷史上的拜占庭皇帝享受過什麼樣的榮華富貴，都可以說自己活得蒼白無趣。以他為男主角，絕對可以寫出一部史詩級的小說，不過他對於拜占庭的整個歷史影響不算太大，所以我們就大概介紹一下。

安德洛是曼努埃爾的堂弟，這個關係怎麼來的呢。還記得先帝約翰吧。他大姐安娜公主造反，被他壓服而且寬容了。後來他弟弟以撒也鬧了一次，不過問題不大，他繼續寬容。安德洛來自以撒這一支，他是約翰的侄子，而這一支的兄弟都不是省油的燈。

安德洛的大哥最牛，他居然跑到一個蘇丹國，改信了伊斯蘭教！不僅娶了蘇丹的女兒，後來還繼承了蘇丹的地位，這件事差點讓約翰二世伯父氣得吐血。

安德洛是個高大帥哥，有運動家的體型，他很在意自己的身材，飲食方面非常控制，喜歡運動，一直保持到老年都很精神。他也是個武林高手，精通各種武器。打仗時衝鋒陷陣不畏死，休息時花天酒地紙醉金迷。很眼熟啊，這樣的花花公子好像本朝還有一個對吧？是啊，就是當今聖上曼努埃爾。我們發現了這兩人的相似，曼努埃爾也發現了，所以對堂弟有點惺惺相惜。

曼努埃爾是火線登基的，正在小亞細亞前線作戰，約翰駕崩，他趕回去領了執照，然後又回到軍營繼續指揮戰鬥。安德洛這樣的人物自視甚高，看到堂兄一步登天成為皇帝，心裡多少有點酸溜溜的。

安德洛和曼努埃爾工作、休閒和風格都差不多，找女人的品味更是接近。曼努埃爾有個皇室醜聞，就是他一直跟他親侄女保持同居關係。曼努埃爾的這個亂倫小三有個妹妹，叫尤多西亞，她看中了安德洛，並馬上與之打得火熱！算清楚關係，安德洛是曼努埃爾的堂弟，尤多西亞是曼努埃爾的親侄女，也就是說，她也是安德洛的侄女！

尤多西亞正是安德洛的絕配，兩人都是放浪不羈也不顧道德輿論的。安德洛在西里西亞作戰，尤多西亞就跟著住在軍營裡。安德洛打仗的方法是，白天豁出命去進攻，晚上一律休息，在軍營裡開展豐富多彩的活動。而尤多西亞像野貓似的躺在安德洛懷裡，完全不在意周圍裡那些異樣的目光。

尤多西亞跟安德洛在一起，是頂住了家族的重重壓力的。據說有一次，尤多西亞的兄弟們實在看不下去了，操著傢伙去捉姦，要把這兩個傷風敗俗的東西了結了，尤多西亞居然不顧自己的安危，忙著找女人衣服讓安德洛穿上逃出去。後來安德洛拔出佩劍在一群人中間殺出一條血路跑了。

這是安德洛第一次顯示身手，不光是說他武功高強啊，這夥計精通逃跑。

安德洛的軍營晚上開 party，最容易被敵人端了營寨，有一次他的陣地真被敵人突襲了。當時軍團被打得大亂，安德洛揮舞著一枝長矛殺人無數再次逃出生天。

曼努埃爾看著這位堂弟哭笑不得，其實曼努埃爾骨子裡也是這種人，不過他現在是一國之君，多少會注意點形象。所以即便安德洛闖了這麼大的禍，皇上也沒有責難他，還賞給他不少土地，說是安撫他受到的驚嚇。

堂兄對自己不錯，安德洛並不滿意。給多少土地都沒意思，他要的是堂兄腦袋上那頂帽子。

安德洛此人離經叛道而且毫無忠誠，他想要的東西一定會主動爭取。況且對拜占庭的貴族來說，打皇位的主意算不上是癡心妄想。安德洛因此跟匈牙利和德皇紅鬍子保持聯繫，三個人正討論著如何取曼努埃爾而代之。安德洛並不善於掩飾，他的心思都寫在臉上。

有一次，有個戴拉丁面具的人襲擊了曼努埃爾的營帳，因為守衛的警惕讓他跑了，皇帝感覺那個人的身手架勢很像是安德洛。曼努埃爾在軍營裡什麼都沒說，對堂弟繼續保持友好和微笑，一回到君士坦丁堡，就把他抓起來關進了皇宮的高塔。

這是帝國安全等級最高的監獄了，不到一定的級別還不能進去。安德洛入住後，守衛的等級又翻了一番，曼努埃爾要求一隻蒼蠅都別想飛出去！

安德洛關了一陣子，突然有一天，守衛大驚失色地來彙報，說是犯人不見了！牢門完好無損，四周沒有窗戶，安德洛這麼個大個子，憑空消失了！那陣子，大家都傳說皇家監獄鬧鬼了。

既然安德洛越獄了，第一件事肯定是回家吧，所以曼努埃爾安排人去找安德洛老婆的麻煩，發現問不出個究竟，就把她老婆丟進了安德洛原來那個房間，替夫坐牢。

安太太一肚子冤屈啊，說你個死鬼，你平時花心外遇包小三我都懶得說你了，你逃跑了也不說一聲，要不帶上我一起走啊。正自怨自艾呢，突然牆角開了個洞，安德洛從裡面跳出來了！

原來安德洛進來後發現牆角有點鬆動，他背著獄卒偷偷挖開，發現牆後居然有個洞。於是他就每天省點糧食放在裡面，等存夠了糧食，他就躲進這個洞裡，再小心地把磚頭放回原位。這就是安德洛神奇越獄之謎了。兩口子在牆洞裡團聚了，小日子還不錯，據說安德洛有一個兒子就是這段時期的產物。

安德洛忙活半天難道僅僅就是讓老婆過來陪坐牢？當然不是，他料定會把老婆抓來，也料定看管他老婆，守衛不會這樣森嚴。果然，看守一個家庭婦女，就別浪費納稅人的錢了，之前增加的守衛都撤了，留下的守衛偶爾還可以打瞌睡、喝小酒或者是賭兩把骰子。就趁著守衛忙這些的時候，安德洛第一次越獄了。為啥說第一次呢，很簡單，因為還有第二次。

這一次越獄失手被擒，安德洛只好另想辦法。安德洛朋友多，也都在協同越獄。恢復了看守等級，獄卒們吃酒的時間少了，但是不會不饞啊。安德洛的小廝經常過來看望主人，給主子送吃的，順便也給獄卒帶一份好酒好菜，小廝還會講些葷段子，獄卒一高興就多喝了兩盅。趁他們酒醉，小廝用蠟燭將牢門的鑰匙印出模子，然後找到高手工匠複製了一把鑰匙。小廝再來，還是好酒好菜，跟獄卒們唱個肥喏（注：打躬作揖彎腰揚聲，表示格外恭敬。）：「幾位牢頭大哥，俺家主子多日不曾好吃喝，瘦了許多，牢頭大哥容我將這個豬頭送給他補補可好？」獄卒此時跟小廝親近啊，看他抱著個豬頭哈哈大笑，說你家主子好歹是個皇親國戚，進補就吃豬頭？光顧著笑了，也不好好檢查，豬頭就送給安德洛了。

豬頭不是普通的豬頭，裡面塞的是鑰匙和一捲長繩。趁夜，安德洛避開守衛，打開牢門，用繩子順高塔吊進了花園，翻過御花園的圍牆，他的朋友已經備好了快馬。安德洛跑回家中，想辦法打開手銬腳鐐，告別了家人，也不敢停留，就馬不停蹄地向多瑙河方向跑。

越過多瑙河，穿過喀爾巴阡山區，眼看要進入波蘭，結果被一群羅馬尼亞人抓住了。這幫人看出這是個君士坦丁堡的逃犯，想著把他抓起來送過去領賞。一被抓住，安德洛就開始裝病，說自己可能是嚴重的腹瀉，隨時要解決排泄問題。晚間羅馬尼亞人在林邊安營休息，安德洛要求到林子裡去方便。羅馬尼亞人心想，讓他去吧，我們這麼多雙眼睛盯著呢。

安德洛揀了個樹枝插在地上，脫下自己的外套掛上，然後穿過樹林撒腿就跑。羅馬尼亞人正忙站安營紮寨，黑咕隆咚也看不真切，遠遠的是有個人影蹲在那裡。這小子壞肚子了，還不知道要蹲多久呢。等羅馬尼亞人發現不對，安德洛早就跑沒影了。

他的目的地就是羅斯公國，找到基輔大公。他來對了地方，基輔大公很快就發現了這個拜占庭人的魅力。安德洛是個社交天才，跟誰都能處成哥們。他在宮廷裡彬彬有禮進退有度，言語幽默有內涵，出外狩獵靈活勇猛，不僅是大公，慢慢地基輔的貴族們都成了這位拜占庭人的粉絲。

安德洛的野心不是跟蠻族混一輩子的，他還是想著君士坦丁堡的皇位。正好，曼努埃爾來邀請基輔大公出兵幫著打匈牙利，安德洛趁機跟堂兄談判。最後兩人達成協議，只要安德洛發誓效忠，再不起忤逆不忠的念頭，以前的事，皇室就既往不咎了，但是安德洛還是要帶兵打匈牙利，大家記住，此時安德洛發誓不光是效忠曼努埃爾一個人，還包括他的繼承人。

獲得寬恕的安德洛大喜過望，帶領羅斯騎兵殺進匈牙利。看到安德洛和剽悍的羅斯騎兵相得益彰，配合默契，狂風般在匈牙利國土上掃蕩，曼努埃爾笑了，他知道，他必須原諒這個堂弟，因為他再也找不到一個這樣像自己的人了。

回到君士坦丁堡不久，安德洛又惹事了。拜占庭和匈牙利這個階段的戰爭的結束不是兩家聯姻嗎，曼努埃爾收了貝拉做女婿，還說將來要把拜占庭的王位傳他。當時這個事在國內引發了很多不滿和反對，而其中反對最激烈，鬧得最響的就是安德洛。

安德洛跟曼努埃爾什麼都像，就是有一點，曼努埃爾喜歡西方文化不嫌棄拉丁人，而安德洛是屬於看到拉丁人就厭惡的拜占庭傳統派。匈牙利是天主教陣營的國家，他家的兒子根本不配接掌拜占庭的王權。安德洛這樣的人，我們不指望他有意見會溫和表達，他大肆組織反對派。

曼努埃爾傷心啊，朕對他不錯，這傢伙為啥總是不能馴服呢。算了，這樣的猛獸是不能當寵物養的，把他打發遠一點，讓他去咬敵人吧。於是，把他放到西里西亞去做軍事長官，怕委屈了他，還將賽普勒斯島全部稅收交給他收取支配。

西里西亞軍區挺無聊的，周圍那些突厥人都不禁打，很快就沒什麼人來挑釁了。過了一陣，安德洛辭職了，他不幹了，他有別的事情，他要到安條克泡妞去！

大家還記得嗎？此時拜占庭的皇后是瑪利亞，安條克的公主。安德洛除了喜歡跟曼努埃爾作對，就是喜歡跟他做連襟。他再次看中了曼努埃爾的小姨子！

瑪利亞是大美女，她妹妹也不會差。這位叫菲力芭的公主已經跟人有了婚約。安德洛才不管這些事呢，他花了一個夏天的時間，泡在安條克，找一切機會接近公主。對付女人，安德洛比對付突厥人還有把握呢。果然，沒多久，公主就開始偷著跟他幽會，紙包不住火，公主要嫁人的，這樣不三不四混著算怎麼回事啊。安條克的桃色新聞以超自然的速度傳回了君士坦丁堡。曼努埃爾心想，安條克剛收回來，那國王本來就跟咱們離心離德，你一個有夫之婦又去勾引人家待嫁的公主，你說你這人是不是個惹禍精啊?!

為了不讓醜聞擴大，趕緊給他換個地方吧。於是又讓他去做地中海東岸一個地區的領主，大約是現在的貝魯特附近。安德洛正好厭倦了，不跟她玩了，走了！

安德羅始亂終棄，菲力芭無端被拋棄，天天在安條克以淚洗面，詛咒這個負心郎。舊人哭是聽不見了，安德洛很快就看見新人笑了。

他的新封地旁邊，又有一個大美女，而且還是他老鄉。算起來，應該是堂兄妹或者堂姐弟，他們都是阿一的孫輩。這位拜占庭公主狄奧多拉嫁給了耶路撒冷國的國王鮑德溫，不過老公死了，她正在孀居。

安德洛一落腳，漂亮的小寡婦就登門拜訪了。金風玉露一相逢，便勝卻人家無數。

巴勒斯坦地區很快就知道了這兩人的風流韻事，最刺激的是，連私生子都有了。

皇帝差點噴出一口血來。哪見過這麼無法無天的人啊，不准你勾搭公主，這次你直接勾搭王后！而這個王后也是個沒譜的，聽說曼努埃爾徵發兵馬過來擒拿安德洛，她居然收拾了行李細軟跟安德洛私奔了！

第一個情人為他跟整個家族翻臉，第二個情人放棄了自己的好姻緣，第三個情人放棄皇后之位願意隨他浪跡天涯。

兩個人帶著孩子，還有死忠安德洛的親兵們，在小亞細亞流浪。安德洛做事的風格與宗教理法不和，更不符合道德規範，可他這樣恣意宣洩的人生，難道不正是每個男人心中渴望的嗎？官方媒體上，安德洛已經把自己名聲徹底敗壞，可是私下裡，不論是拜占庭還是拉丁公國，甚至包括突厥人，都有不少他的粉絲。

他在小亞細亞的突厥人國家裡亂竄，大家還都願意接納他、邀請他，最後安德洛選擇了科隆尼亞蘇丹國住下。為了報答蘇丹對自己的收留，安德洛願意幫他領兵打仗，搶劫戰利品。打誰呢？當然是攻打拜占庭的在特拉布宗的行省！

安德洛要是放在中國，就這種賣國等級的背叛行為，就絕對遺臭萬年了。

拜占庭也生氣，又抓不住他，只好由教長下令開除他的教籍。隨後特拉布宗總督安排了一次成功的突襲，一舉將狄奧多拉和兩個孩子抓住，送回了君士坦丁堡。

安德洛這次不跑了，他猜得出，如果他不回去，兒子將遭遇什麼。安德洛一見皇帝，就撲到在他腳下，嚎啕大哭，他哭得肝腸寸斷，如喪考妣，一樁樁一件件懺悔自己的所有罪狀，這是個公開的場合，安德洛顯然是個演技派，這一場哭戲可以給表演學校當示範教學了。君士坦丁堡的觀眾也比較投入，都跟著抹眼淚。安德洛一直的形象都是孔武威猛，他現在像個嬰兒一樣哭，效果比老婆子坐在大街上拍大腿哭更加煽情。最後的結果居然是曼努埃爾又饒了他！不過怕他在京城惹事，將他打發到黑海南岸的本都，去看守葡萄園了。

可以接上開頭的故事了，曼努埃爾死了，阿歷克塞二世接班了，瑪利亞太后攝政。曼努埃爾是二婚，前妻還有個女兒，也叫瑪利亞。女兒瑪利亞發動叛亂反對後母瑪利亞，聽著亂吧？看著更亂，因為首都都炸鍋了，民眾分黨派開打，各類反對派都跳出來了，打、砸、搶，窮凶極惡的。行省的總督們聽說出現這麼好的政治投機的機會，都來加入戰局，行省也沒人管了。

雖然都瘋了，好在還有教長是清醒的，他知道找到一個勢力強大的人來扶持小皇帝，所有的問題都能解決，就這樣，安德洛又回到了大家的視線。據說安德洛一進入博斯普魯斯海峽，帝國所有的艦隊出港，迎接他們的新統帥。登陸後的安德洛先宣告了他的誓言，大意就是會用生命忠於王室云云，所以一路走過去，身邊的粉絲越來越多。再次說明了，安德洛是個很優秀的演員。

既然是民心所向，剩下的事容易多了，公認的罪魁禍首是太后和她的情人侄子，侄子拉出來刺瞎雙眼，瑪利亞送進修道院。主犯被殺，君士坦丁堡的民眾還覺得不解恨，瘋狂的情緒再次找了宣洩，他們衝進了住在首都的拉丁人的住宅，搶走財物和牲口，殺掉主人，這個古典而優雅的中世紀名城頓時成為了煉獄，到處充斥索命的妖魔。

主事不久，安德洛就聲稱瑪利亞太后策動匈牙利的國王攻打拜占庭。這個事幾乎沒有證據，立案的依據就是安德洛的一面之詞，不容辯護，瑪利亞被處以絞刑，屍體丟進大海。整個事件最殘酷的部分是，瑪利亞的絞刑判決書是他的兒子阿二親手簽發的，這時的阿二不過是個十二歲的孩子。

清理了所有的反對勢力，安德洛覺得應該到時候了，他的寵臣深諳聖意，用弓弦將阿二勒死。而這個過程最殘酷的是，安德洛用腳踢了一下堂侄子的身體，說：「你父親是個騙子，你母親是個妓女，而你是個蠢材！」阿二的屍體也丟進了大海跟他母親團聚了。安德洛完全忘記了，他多少次宣誓效忠曼努埃爾和他的兒子。

鑒於君士坦丁堡們對皇室正統的要求，安德洛迎娶了阿二的法國遺孀，說是遺孀，年紀也不過十三歲，而安德洛這一年已經六十五歲了！

安德洛的皇帝生涯以大屠殺開始，基本奠定了統治基調，那就是冷酷而鐵腕。一個殘暴的國王並不見得完全不好，有些難以根除的歷史悠久的弊端，就可以通過下狠手得到快速治理。比如嚴重的腐敗，賣官鬻爵這些拜占庭的痼疾，都在安德洛手中得到了一定的控制。而他對稅收承包人腐敗的清理，是真正減少了百姓的負擔，得到了民眾的大力擁護。據說當時搶劫失事船隻是沒辦法約束的罪行，安德洛覺得，沒有什麼罪行是不能控制的，關鍵是看量刑的輕重而已。後來，拜占庭對搶劫失事船隻，一經發現，搶劫犯將被吊死在被搶船隻的桅杆上。這個措施還真是讓搶劫明顯減少了。

安德洛這樣登基的皇帝，想沒有人反他是不可能的，加上他行事過激，下手太重，也得罪了不少官僚貴族。國內樹敵越來越多，國外的敵人陸續又來了

塞爾維亞和匈牙利聯手而來，他們跟曼努埃爾有約定有交情，更加不會給安德洛面子。匈牙利收復了他家的彩禮，還加上了利息。塞爾維亞的大公不但讓本來的土地獨立，還從拜占庭拿了不少，攢夠了之後，就大大咧咧地成立了獨立的國家。

最大的打擊來自諾曼人。故技重施，還是越過亞得里亞海在第拉海姆登陸，他們不會再遭遇之前的抵抗了，因為拜占庭的守軍司令主動投降了。而投降的原因是，他知道打不過，但如果輸了回去，在皇帝手裡會死得更慘。諾曼人長驅直入，一直打到塞薩洛尼基，攻陷了這座拜占庭第二大城市。

諾曼人一進城，又一個煉獄出現了。跟三年前的君士坦丁堡一樣，大屠殺開始，不過兇手和被害人交換了位置。諾曼人給當年被殺的拉丁人報了仇，這個仇還報得非常徹底。

安德洛不是很能打嗎？諾曼人如此猖獗，他忙啥呢？鎮壓造反啊，只要有人疑似造反，安德洛就寧可殺錯絕不放過，有關的人統統殺掉。這個工作量太大了，牽制了他大量精力。造反這個東西，靠殺一般是攔不住的，殺的多，反他的人更多，而且越來越多。

有一天，有個亂黨因為被皇帝的人追殺，逃進了聖索菲亞大教堂。當時教堂裡人很多，大部分都是亂黨或者亂黨家屬，基本是為了躲避皇帝的屠刀躲進來的。新進來的這個小夥子引起了大家的注意，很多人認識他，他是阿歷克塞一世的曾外孫子。

阿一的小公主當年看中了一個籍籍無名的普通市民，並讓這家人因為成為駙馬而逐步壯大，安德洛的反對黨裡，這個家族是骨幹。這位二十九歲的小夥子，大名叫伊薩克・安格魯斯。

教堂裡的人看到了希望，這不是有個現成的領頭羊嗎，讓他做皇帝，帶著大家廢掉暴君。全城暴亂又開始了，安德洛從渡假的小島趕回來，以為再次可以靠屠殺平亂，沒想到幫他殺人的人都跑光了。安德洛明白，又到了需要逃跑的時候了，他很快駕船出海，不過這一次，他最厲害的逃跑術沒有施展成功，他被民眾自發組織的船隊追上堵住，並押回首都。

安德洛大概應該是拜占庭史上死得最慘的皇帝，包括之前所有的挖眼、割鼻、吊死、勒死的。新皇帝伊薩克二世非常仁慈地不判決他，而是將他送到了受害者的手裡。受害者也很仁慈，安德洛取了他們親人的性命，他們只需要安德洛身上一點東西，比如一隻手、一隻腳、一隻耳朵、一顆眼珠。安德洛的器官沒有苦主人數多，眼看取沒了，為了怕他死得太快，又將他放在駱駝上遊街。不知道安德洛的死亡過程持續了多久，直到有位善心人士給了一劍，讓這個組團行刑的活動提前結束了。連死亡都沒讓我們失望，安德洛絕對是拜占庭歷史上最傳奇的皇帝。

29

伊薩克二世稀裡糊塗成為皇帝，他自己一點準備也沒有，更加不知道從哪裡下手，於是他選擇了什麼都不做，讓所有的事按自己的規律自然發展，按中國話形容就是：無為而治。伊二確信一點，什麼都不做，肯定不得罪人，防止死得難看。

伊薩克的家族是一步登天的暴發戶類型，當了皇帝後，就覺得國庫是自己家錢袋子，老百姓是自家的菜園子，想吃什麼只管摘。伊薩克這一朝，賦稅甚重。比如皇帝結婚，發現手頭緊，就在全國徵收特別稅。被安德洛鐵腕壓制的所有問題，都捲土重來，甚至愈演愈烈。伊二最出名的事蹟就是賣官，像自由市場擺攤那樣賣。

其實賣官也不絕對是壞事，萬一碰上了好買家，也能幫不少忙。比如阿歷克塞・布拉納斯，他帶兵出擊諾曼人，取得成功，諾曼人灰溜溜地順著來時的路線撤回去了。

在對待匈牙利的問題上，伊薩克覺得還是應該以和為貴，所以承襲曼努埃爾的做法，聯姻。伊薩克迎娶匈牙利國王貝拉的女兒，兩國罷兵；還向威尼斯表達了歉意，希望重修舊好，拜占庭答應賠付之前違反合同的罰款等等。都說伊薩克挺昏庸的，但是他上臺後的確是安撫了帝國的邊境。

外部的問題解決了，內部的問題是黃河氾濫，連綿不絕。造反叛亂此起彼伏的，而其中比較嚴重的是保加利亞人反了！

大家還記得吧，馬其頓王朝的巴西爾二世，一舉平滅了第一保加利亞王國，將其收在帝國的版圖中，那是一〇一八年，差不多一個半世紀過去了。固執的保加利亞人做了這麼久的二等公民，雖然已經越來越希臘化，但是骨子裡卻不願意永遠屈服，一有機會他們還是想要獨立，還是渴望真正屬於自己的家園。

起義領袖是兄弟倆，彼得和亞森，這哥倆應該還有個弟弟叫卡羅贊。其實這兩兄弟開始並沒想搞這麼大動靜，他們很客氣地要求將普羅尼亞（現在保加利亞的普羅夫迪夫）的土地送給他們，拜占庭當時以為，這兩兄弟顯然早上沒睡醒，自然也不會搭理他們，這才促使了他們發動起義。

之前說過，多瑙河一帶品種流雜，加上這幾年拜占庭橫徵暴斂的，有人吆喝要造反，還是比較容易招募人馬。

伊薩克趕緊派了剛趕走諾曼人的布拉納斯帶兵平亂，沒想到造反這種情緒是會傳染的，一進入疫區，布拉納斯也反了，他當時就自立為帝，然後帶兵掉頭反攻君士坦丁堡。好在這傢伙命數不夠，很快戰死了。伊薩克皇帝不得不自己出馬辦這些事了。

瘦死的駱駝比馬大，帝國的軍隊是一年不如一年了，但是對付這種雜亂無章臨時湊合的起義軍，還是有點優勢。一戰再戰，伊薩克都打贏了，無奈帝國的經濟實力扛不住持久戰。起義軍的優勢就是主場作戰，隨時都有新的兵源，人家自願參戰不要錢。帝國的軍隊是雇傭兵，多打一天，帝國就要多付一份工資。旁邊的塞爾維亞人，他們可不光看熱鬧，斯蒂芬・奈曼加大王一邊支持保加利亞，一邊忙著在帝國邊境挖牆角，偷偷慢慢搞了不少土地在手裡。

保加利亞的仗打得心煩意亂，小亞細亞的貴族又造反了。退一步海闊天空，伊薩克祖上也不是拜占庭本地戶口，對於帝國的疆界沒那麼放不下的感情，人家要獨立就給他獨立吧，太鬧心了。就這樣，伊薩克和彼得兄弟達成和解，保加利亞建國吧，別再找拜占庭的麻煩，把小弟弟送到君士坦丁堡做人質去。

一一八七年，保加利亞國再次建立，這是個多災多難的地方，這第二保加利亞國壽數也不算長久。

塞爾維亞、保加利亞相繼獨立，拜占庭對巴爾幹半島的影響越來越微弱。伊薩克從北到南，從西到東疲於奔命，大貴族的造反還沒壓住，第三次十字軍東征開始了！

十字軍三個字也許是穆斯林的夢魘，但是絕對也不會讓拜占庭的皇帝舒服。這次東征又為何事呢？耶路撒冷又丟了！

塞爾柱帝國不是分化出很多小的蘇丹國嗎，以現在伊拉克北部摩蘇爾為中心的，就是贊吉王朝。突厥蘇丹國太多了，但是這個贊吉王朝卻幾乎出現在所有的歷史書上，就因為出了個大明星，名字叫薩拉丁。

贊吉王朝控制著伊拉克北部和敘利亞，是個遜尼派的國家。薩拉丁出生在這裡，從小受的教育就是：門口有兩個敵人，一個是基督教的耶路撒冷國，一個是埃及什葉派的法蒂瑪王朝。薩拉丁從小就有雄心壯志，要把這兩個都幹掉。

薩拉丁的發跡史挺幸運的，耶路撒冷進攻埃及，法蒂瑪王朝請求贊吉王朝支援，畢竟兩家只是內部矛盾，對付基督教那可是宗教矛盾。贊吉王朝派了薩拉丁和他叔叔出征，取得勝利後，法蒂瑪留叔叔做丞相。叔叔沒多久就死了，薩拉丁接班，法蒂瑪王朝的哈里發死了，薩拉丁又頂上了。

薩拉丁還是贊吉王朝的人，所以贊吉王朝讓薩拉丁照章納稅，薩拉丁哭了一通窮，拒絕給錢。贊吉蘇丹正要出兵收拾他，蘇丹又死了。薩拉丁就在埃及獨立了，實現了自己的第一理想：在埃及推行遜尼派教旨。

贊吉王朝小蘇丹十一歲，朝中的舊同僚都邀薩拉丁回去主持大局。薩拉丁回到亞洲，帶去兩樣東西，威武的軍隊和大把的銀子。經過近十年的征伐，薩拉丁取得了敘利亞。

敘利亞和埃及都在薩拉丁手裡，正像兩個磨盤，將巴勒斯坦地區擠在中間，兩邊要是一轉動，聖地就變成齏粉。

一一八七年，磨盤啟動了，薩拉丁親率大軍包圍並殲滅了聖地十字軍的主力，隨後經過十三天的圍城，聖城投降。

耶路撒冷的基督徒嚇壞了，他們就算沒見過，也聽說過當年十字軍入城是如何燒殺搶掠，他們都在驚恐中祈禱自己的命運。祈禱奏效了，沒想到薩拉丁打造了一支仁義之師，他們靜悄悄地入城，靜悄悄的駐紮，既沒殺人，也沒放火！薩拉丁要求聖城的居民交人頭稅，如果交不出，就賣身為奴，但是很多交不出來的窮人，薩拉丁也沒讓他們為奴。他自己手上的戰俘，全部無條件釋放！

最了不起的是，十字軍進城，將清真寺都改成了教堂，薩拉丁恢復了它們，可是聖墓教堂，他下令給予保留，並昭告天下，聖地是所有宗教的聖地，對所有宗教開放，歡迎各種朝聖的信徒！

在世界歷史的英雄榜上，也許薩拉丁的戰績不是最輝煌的，但是他的寬厚和仁義卻讓他顯得如此可貴與難得，現在越來越激進的穆斯林兄弟，恐怕已經忘記了史上他們還有這樣一位先輩。

按道理，薩拉丁這種處理方式，基督教世界應該覺得安慰，如果當時的西方世界也存有薩拉丁這樣的仁念，應該就不再勞民傷財地發動所謂聖戰，造成極不必要的損失和死亡。

首先教宗就想不通，教皇烏爾班三世聽到聖城失陷的消息，一口氣沒上來，當場駕鶴西去了。繼任教皇新官上任，覺得有必要搞點教績出來，又頒布教令，號召組建十字軍。

第三次十字軍東征是十字軍歷史上最顯貴的一次，因為西歐的巨頭們幾乎都出動了，德皇紅鬍子腓特烈一世、法王小狐狸腓力二世、英王獅心王查理全部應召預備遠征。

德皇採用的路上行軍，也就是說，又要在拜占庭借道，還要送他過海。對拜占庭的老少爺們來說，紅鬍子要過境這個消息比薩拉丁佔領了聖域這件事壞多了，都知道紅鬍子對拜占庭不安好心，他說是借道，不會順手牽羊，或者是順勢動手吧。

安德洛早年在小亞細亞流浪時，曾經見過薩拉丁，好像兩人還相談甚歡。後來還簽訂了聯盟協議。伊薩克此時翻箱倒櫃把這份協議找出來，派人找薩拉丁表達了結交之意。

江湖上，紅鬍子絕對是狠角，武林中人都對他有幾分忌憚，即使是薩拉丁。所以聽說拜占庭願意跟他一夥，他也高興。他向伊薩克提出的要求是，盡量拖住紅鬍子，拖一陣算一陣。

德軍從巴爾幹半島經過，塞爾維亞和保加利亞人是歡呼雀躍的。他們在拜占庭手掌中獲得了自由，可是這個自由卻危險重重，誰知道什麼時候，拜占庭恢復了真氣，又打回來。所以這兩個小國決定投靠紅鬍子，向他宣誓效忠。

既然是借道，當然是要按主人家要求的路線行軍，拜占庭為了按薩拉丁的要求拖住德軍，給了他們一條讓他們非常不滿意的行軍路線。紅鬍子當時就火了，開始對行軍路上的拜占庭城市發動攻擊，佔領了就毫不猶豫地搶劫，一邊打，一邊還跟伊薩克書信往來，互相指責，甚至對罵。

紅鬍子暴脾氣，你越罵我越打，竟然攻陷了亞得里亞堡！而且德皇還調來艦隊，預備水陸兩線一起進攻君士坦丁堡！

伊薩克這下怕了，趕緊答應他們預備船隻送他們過海，再送幾個貴族給德國人做人質，還要負責德軍的後勤補給。這應該是東西羅馬的兩個皇帝第一次正面衝突，顯然，在對付日耳曼條頓人的問題上，羅馬人總是吃虧。

德軍過海後戰績還是不錯的，攻城拔寨，勢如破竹。突厥人也不太敢跟這支來勢洶洶，舉止猙獰的人死磕，德軍拿下西里西亞，眼看就要進入敘利亞。

紅鬍子太老了，還穿著厚重的鎧甲，在渡過賽弗里河時，據說是心臟病發作，一頭栽進河裡，當時就魂歸天外。一代霸主紅鬍子，就這樣稀裡糊塗將自己葬送在異鄉。紅鬍子一死，德軍自然潰散，這一路十字軍，基本就可以忽略不計了，對薩拉丁來說，這是阿拉顯靈了。

至於英法兩路，那就不是我們這篇故事討論的範圍了，他們也沒成功，聖城繼續留在薩拉丁手裡。好在這兩家沒給拜占庭找大麻煩。也就是獅心王理查走的時候，順手拿走了賽普勒斯島，後來這個島嶼拜占庭也一直沒收回來。

保加利亞和塞爾維亞投靠了大哥紅鬍子後，小日子過得很酣暢，紅鬍子大軍進攻拜占庭期間，這兩個小弟跟在後面揀了不少東西。紅鬍子死的時候，他們已經進入色雷斯了。

伊薩克不能不管啊，對塞爾維亞人下手，算是佔了點上風，伊薩克和奈曼加和解了，兩邊結了親。奈曼加的小兒子娶了伊薩克的侄女，這兩邊的關係暫時緩和；保加利亞就不好打發了，拜占庭出兵幾次都吃了虧，沒辦法，伊薩克向自己的岳父求助，他岳父也就是匈牙利的國王。

一一九五年，聽說匈牙利預備對保加利亞出兵，伊薩克預備再次領兵親征，跟岳父兩頭夾擊保加利亞人，可他的哥哥跳出來，奪取了皇位，還把皇帝眼睛刺瞎關進大牢，拜占庭的夥計們，對自家人下手從來不留情。伊薩克一輩子就忙著平亂了，帶著兵馬的造反派被他壓服了不知道多少，沒想最後廢在自己兄弟手裡。

奪權的這個又叫阿歷克塞，他是阿三。

伊薩克在位，拆東牆補西牆，還是能讓帝國勉強維持。這個阿三，雖然奪位的時候下手挺狠，真正當了皇帝，是坨標準糊不上牆的爛泥，稍通歷史的人都知道，在他的任內，君士坦丁堡終於被攻破，還是被同為基督教的十字軍攻破的。十字軍的目標不是耶路撒冷嗎？怎麼跑偏打到君士坦丁堡去了呢？這要從西方各國慢慢講來。

紅鬍子落水身亡，亨利六世成為了德意志的皇帝。因為他老婆是西西里的公主，所以後來西西里島的諾曼人國王死後，亨利六世又領了西西里的土地。德國和西西里島合併，帶給德國皇帝最直接的思考就是：以後想幹掉眼中釘拜占庭，將更加容易了！

大家還記得，西西里島的諾曼人多次從第拉修姆登陸，進襲拜占庭都被打回來了。現在的西西里島是德皇的，所有上了西西里島的人都覺得可以跨海進攻拜占庭，德國人接手了這裡，他們更這樣想了。

打仗不能沒由頭啊，正好，機會來了。阿三罷黜了伊薩克，還刺瞎他關進黑牢，這個事幫了亨利六世，為啥呢，因為伊薩克的女兒嫁給了亨利六世的弟弟菲力浦，以弟媳婦的名義，亨利六世找阿三的麻煩。

阿三這人心腸惡毒，卻沒生膽，聽說德皇要找他算帳，趕緊低頭求和。說：「老大，你弟媳也是我侄女，我也不忍心，乾脆我給點錢補償補償行不？」

伸手不打笑面人，亨利六世是個知識份子，他也黑不下臉。這件事阿三要感謝教皇，雖然教皇對拜占庭沒有任何同情，但是他也不願意讓德意志進攻拜占庭，他怕的是，萬一亨利六世真的重新合併了羅馬，成了唯一的皇帝，教廷肯定沒有現在這麼大的勢力了，所以他堅決不許亨利六世對拜占庭下手。

不打就不打，拿錢來也行，不是一點錢啊，每年送十六英擔金子的年貢來！

阿三直叫苦，十六英擔是多少呢？大約快一千公斤吧。君士坦丁堡也沒有金礦啊，只好跟民眾收了。於是拜占庭又冒出來一筆新的稅目。

再加十個稅目也一樣，因為拜占庭的老百姓已經榨不出油水了。這筆年貢差點把阿三逼瘋，後來他萬般無奈，竟然挖掘了聖使徒教堂的拜占庭皇陵！

他不是盜墓，他是明目張膽地挖，皇帝下葬，終歸是有點陪葬金銀的。阿三的家族又不是傳統貴族，這些列祖列宗沒啥親緣關係，所以不能算刨祖墳，但根據阿三的秉性，真是祖墳他也照挖不誤。

阿三的噩夢沒持續太久，亨利六世才收了兩年金子就死了。德意志進入了一陣動亂，沒人找阿三收債了。可是，除了德皇，還有人想拜占庭想得睡不著，這個人就是威尼斯共和國的總督丹德羅。

威尼斯對拜占庭的貿易，享受特權，讓威尼斯因此掙了不少錢，應該說，威尼斯如今稱霸地中海，那全是拜占庭贊助的。這個贊助，威尼斯可不感恩，他家還總覺得不踏實。因為威尼斯在拜占庭的這種霸道生意，讓拜占庭本地人非常憎恨，也嚴重損害了拜占庭本國的商業利益。從約翰二世以來，好幾任皇帝新官上任三把火都是先中斷威尼斯的貿易特權，而每次威尼斯都靠出動海軍張牙舞爪撕破臉才拿回來，這讓拜占庭人更加仇恨威尼斯商人，而歷史上也不是沒發生過針對威尼斯人的捕殺或者是恐怖行動。為了抑制威尼斯一家獨大，拜占庭經常採用的辦法就是扶持比薩共和國和熱那亞共和國兩個競爭對手，這兩家的發展，的確是妨礙了威尼斯獨霸地中海。

丹德羅心想，我們總不能總受控在拜占庭手裡吧，如果能控制拜占的皇帝，威尼斯就是老大了。丹德羅是個盲人，老爺子眼睛看不見，心眼可不少，天天在家裡盤算著怎麼對付拜占庭。

正好，此時教皇也是換班的時候，不知道從什麼時候開始，新教皇第一個政績就是組織十字軍去打架。一一九八年，英諾森三世成為新的教宗，不是聖城還在穆斯林手裡嗎？很有必要第四次東征啊。

這次東征，願意參加的人著實不多，教廷的徵兵工作遭遇了前所未有的困難。直到一二〇二年，法國的一個伯爵終於稀稀拉拉組織了一隊人馬集結在教皇麾下。

英諾森三世是個軍事愛好者，他親自制定了這一次的進攻路線，那就是放棄陸上行軍，十字軍過海佔領埃及，然後從埃及進攻耶路撒冷。計畫是不錯，關鍵是誰家出艦隊？找了一圈，威尼斯人跳出來了，說這活我們家接了，不過價錢可不低，威尼斯共和國為十字軍服務一年的費用是八萬五千銀幣，先給錢，後上船！

威尼斯人備好了船隻等十字軍過來買票上船時，司令博尼法斯侯爵很不好意思地說，錢沒籌齊，只有五萬銀幣。威尼斯人火大了，你玩我啊你，沒錢你早說啊，我們家船全集在這了，什麼事都不幹，就為配合你們東征，你現在說沒錢！

威尼斯商人是天才商人，商人一般不會和客戶真正翻臉的。丹德羅給十字軍提出一個解決辦法，讓十字軍幫他家攻打扎拉！

扎拉就是現在克羅地亞的薩伊，原來當然是拜占庭的地界，後來威尼斯把它佔了，可是前不久，匈牙利又給搶走了。威尼斯的意思是，十字軍幫著把扎拉拿回來，剩下的三萬五千銀幣就可以一筆勾銷，威尼斯艦隊繼續為十字軍提供快速周到的海上服務。

聽說打扎拉，十字軍內部一片譁然。扎拉現在是匈牙利的，匈牙利是天主教國家，十字軍不是對異教徒作戰的嗎?很多人當場就表示退出，但是大部分人還是留下了，從第一次十字軍東征我們就知道，這個聖戰隊伍裡，真正因為純粹宗教信仰而戰的非常之少。

一二〇二年底，威尼斯的艦隊將十字軍送到了扎拉城下，這真是西方歷史上最好看的一仗。舉著十字大旗的軍隊，瘋狂進攻同樣舉著十字大旗的城市。而城內的百姓都發懵了，這次的十字軍徵兵沒查視力吧，怎麼眼神都不好呢，跑偏了知道不?!每家每戶都拿出十字架等物，揮舞著表明身分。

教皇聽說十字軍沒打埃及改打扎拉，差點跳起來。趕緊左一封信右一封信對十字軍的將領們，曉之以理動之以情，勸他們停手。這些信件估計都被郵差搞丟了，反正十字軍這幫人異口同聲地說，沒有收到任何教皇的來信。

十字軍的出門第一戰開局不錯，很輕鬆就拿下了扎拉城，大軍進入休整，有些看著喜歡的東西也揣起來，然後預備第二年開春進發埃及。

所有的變化就在這段時間，有個人突然出現了，他的出現改變了十字軍的進程，也改變了拜占庭乃至周邊很多國家的命運。

這個人也叫阿歷克塞，來自君士坦丁堡，他是伊薩克二世的兒子。他和父親一起被關在牢裡，他跑出來了。種種跡象表明，君士坦丁堡城防修得不錯，監獄造得一般，稍微有點能耐都能越獄。

他出來投奔親戚，也就是他的姐夫，前面說的德意志皇弟菲力浦。不過現在不是皇弟了，他接亨利六世的班成了皇帝！

阿歷克塞天天纏著他姐夫，讓他出兵攻打拜占庭，讓伊薩克復位。菲力浦也想啊，可是他不能，他剛登基，國內的反對勢力天天作亂，他怕一不小心，老丈人沒救出來，還把自己搭進去。於是他給出了個主意，讓小舅子去找十字軍，而要想讓十字軍幫忙，關鍵是說服威尼斯人，現在他們說了算，你看，他們說打扎拉就打了。況且，要攻打君士坦丁堡，沒有他家的艦隊肯定是不行的。

於是，阿歷克塞就這樣出現在扎拉城。攻打扎拉十字軍可能有分歧，攻打君士坦丁堡，大家就沒意見了。君士坦丁堡是東正教，不是異教也是異端，完全是聖戰範圍內的事。聽著阿歷克塞滿腔憂憤地訴說，看著德皇派人送來的親筆信，威尼斯人差點笑出來，真是一聽牌就有人點炮，想啥來啥。但是威尼斯人還要裝出一副很猶豫很為難的樣子。阿歷克塞急了，這孩子完全不知道，他正在做一件引狼入室的事，他還拼命給狼群承諾好處，其實他並不知道他最後能拿出多少錢來，但是他豪情萬丈地說：「你們威尼斯不是有錢就服務嗎，十字軍給你八萬五千銀幣，你就幫著打埃及，只要你幫我打下君士坦丁堡，我給你二十萬銀幣！」威尼斯人忍著笑答應了，要知道，即使是他們也甚少碰上這樣的冤大頭，花錢雇人進攻自己的國家！

不僅說服了威尼斯人和十字軍，還說服了教皇，其實不用說服，教皇也玩欲擒故縱呢。教皇同意十字軍改道，事成之後，兩邊教會再次統一，當然，是統一在天主教的旗下。阿歷克塞這時候任何要求都能答應，他還拍著胸脯表示，他有機會登上大寶，第一時間組織十字軍收復聖域。這個傻小子成了很多人的笑柄，他自己並不知道。

一二〇三年五月各方簽訂協定，六月二十四日，威尼斯的艦隊出現在君士坦丁堡的海域！

原來說過，君士坦丁堡是一座打不破的城池，是說它陸上防線的圍牆，其實他的海防城牆沒這麼神奇。很早拜占庭的敵人們就知道，水陸齊攻可能是可以奏效的，不過之前拜占庭擁有強大的海軍，敵人的艦隊沒到城下就被幹掉了。

威尼斯的艦隊遭遇了拜占庭的海軍，此時的帝國艦隊幾乎是一觸即潰。加上伊薩克二世也有自己的支持者在城中接應，威尼斯的戰船輕鬆進入了金角灣，向君士坦丁堡的海防城牆發動攻勢。

要說君士坦丁堡的攻防戰有什麼特別看點，應該就是瓦蘭吉亞衛隊的殊死抵抗。大家還記得吧，他們是來自羅斯公國的剽悍戰士。而我們的篡位皇帝阿三早就收拾了細軟，洗劫了國庫，帶著君士坦丁堡的大部分財富逃走了！

七月十七日，君士坦丁堡終於被攻破，八七〇年了，這個神話終於被打破了，這座金湯般的城市就這樣在貪婪的目光中打開了他金碧輝煌的大門。

31

伊薩克被放出來，重新登基，而「立了大功」的阿歷克塞成為共治皇帝，他現在是阿四。七手八腳把政府重新組建起來了，突然想到，唉，十字軍還在城外呢。

要說十字軍真是騎士啊，人家非常有風度地等在城外，「不進來坐了，俺們拿了錢就走！」

阿四這下想起來了，二十萬銀幣還沒給呢。跑到國庫一看，傻眼了，阿三收拾得真乾淨，一點也沒留下，全捲走了！阿四這下慌了，他知道十字軍的手段，這筆錢要是拿不出來，剩下會發生什麼他根本不敢想，他命好，他沒有親眼看到他闖下的這一場橫禍。

君士坦丁堡的老百姓看著阿四帶人來進攻自己的家園，對這個傢伙簡直是恨之入骨，阿三的女婿跳出來充當了執行者，將阿四勒死，隨後伊薩克也死在牢裡，大家擁護阿三的女婿成為新皇帝。救命啊，他也叫阿歷克塞，他是阿五！

城外的十字軍當然知道城內的變故，他們放話了，我們不管你們是三世、四世還是五世，不管是誰登基債是賴不掉的，趕緊還錢，晚了就收利息了！

阿五看著挺英雄的，比他岳父強點兒，他宣布絕對不給錢，然後布置城防，預備跟十字軍死磕。

又來了第二次攻城戰，這次十字軍內部達成一個新協定，如果再次破城，不再扶持新皇帝了，讓拜占庭滅亡，他們在這裡建立新的拉丁國家。還商量好，先洗劫城市，然後再瓜分國家。

有了這個目標，打起來更有勁了，一二〇四年四月十三日，十字軍再次攻陷了君士坦丁堡，並縱馬進城，開始狂歡。

西歐人搶劫和掠奪的本事我們都熟悉，基本是能拿的拿走，拿不走的就地損毀。君士坦丁堡這座夢幻般的名城讓十字軍眼睛都花了，據隨軍記者記載，十字軍戰士說：從創世以來，不管哪個城市也不可能收穫這麼多戰利品，在世界歷史上，沒有哪一支軍隊能擄掠到這麼多東西！我估計此時西歐那些沒參加的人腸子都悔青了。

殺人，放火，無惡不作，無所不為。這些人忘記了所謂的騎士精神，為了表明自己聖戰的立場，對東正教堂更是特別關照，他們最願意在教堂的祭壇旁強姦修女。有一次，他們還把一個妓女放在東正教大教長的寶座上，極盡羞辱之能事。這個萬城之城，收藏和沉澱了多少文明的精華、歷史的記憶，就這樣慘遭荼毒。拜占庭人說，即使是異教徒——阿拉伯人攻陷了君士坦丁堡，他們也不會如此的殘暴和瘋狂！

拜占庭的財帛被瓜分，精美絕倫的雕塑和工藝品被送到西歐各國，當作出征禮品。法國因為是發起人，所以獲得最多，現在，研究拜占庭的文化，大家都要到法國去。當然，要想了解當年圓明園的收藏也要到法國去，感謝歐洲人替所有的文明古國保存這些珍寶。

現在的威尼斯聖馬可教堂是當年第四次十字軍東征的出發地，裡面陳列了大量這次搶劫的戰利品，尤其是門口那四匹精緻的銅馬，它們原來是放置在君士坦丁堡大賽車場的。

搶累了，也搶完了，該談正經事了。其實正經事在一個月前就談好了。以君士坦丁堡為中心建立拉丁帝國，六名威尼斯人和六名法國人組織一個選舉委員會，在十字軍將領中選舉新皇帝。最有資格的人當選的人，一是威尼斯總督丹德羅，一個是十字軍總司令博尼法斯。丹德羅是個標準商人，他只對利益感興趣，很早就宣布他放棄競選，以至於他地位超然，可以主導很多事情。老丹感覺到，這次出征，博尼法斯已經是聲名大噪，人氣爆棚，再給他當皇帝，容易讓君士坦丁堡又不好控制了，況且他在歐洲的封地離威尼斯不遠，萬一想對威尼斯不利，也是個麻煩。在老丹的暗中擺布下，一個沒啥勢力的佛蘭德爾伯爵鮑爾溫當選。根據協定，威尼斯人成為了君士坦丁堡的新教長。

鮑德溫是皇帝，所以四分之一的帝國領土歸他，剩下的四分之三，丹德羅拿走一半，有功的將士們被封一半。

博尼法斯沒有得到自己想要的東西，殺進塞薩洛尼亞，以那裡為中心建立了自己的國家，國土包括馬其頓，但是他承認是拉丁帝國的附庸。還是不甘心啊，他又發兵攻陷了希臘和伯羅奔尼薩島，讓寵臣建立了臣服於自己的兩個國家。

收穫最大的當然是威尼斯人，他們已經佔有了聖索菲亞大教堂和八分之三的帝國土地，又要來了亞得里亞海和愛琴海沿岸的大部分重要島嶼，控制了威尼斯到君士坦丁堡所有海上通道以及君士坦丁堡所有的海峽和入口。最拽的是，所有的十字軍君主們要向鮑德溫一世宣誓效忠，而丹德羅不用。因此，丹德羅雖然沒有當皇帝，他比皇帝的權力還大呢。

當事人分贓分爽了，可忘記了一個重要的發起人，也就是教皇英諾森三世，聽說攻陷了君士坦丁堡，他也竊喜啊，在教廷安詳地等待十字軍給送禮物來，左等右等，最後他確信這幫兔崽子將他忘乾淨了！

於是英諾森給十字軍發信，措詞嚴厲，義氣凜然地斥責十字軍的偏頗行為，說這次事件完全是違背上帝的旨意和他本人的意願，教廷很生氣，十字軍要受到懲罰。並宣布開除所有參加者的教籍。

鮑德溫一世收信後，以非常恭敬卑微的態度給教皇回了信，大意是：所有人都不會忘記，教皇領導發起了這場偉大的勝利，拉丁帝國和他本人都是教皇的臣屬，就等著教皇過來收編東正教呢，另外，附上君士坦丁堡本地特產若干，望陛下笑納等等。

一收到這封信，教宗就向西歐宣布，十字軍攻陷君士坦丁堡是上帝的安排，主的名得到頌揚和光耀，所有西歐的信徒都要珍惜這一場勝利，保護好拉丁帝國，讓他永遠地存在下去。反正當時世界上只有教宗一個人自稱經常跟上帝聯絡，上帝到底怎麼想的自然是教宗說了算。

難道拜占庭帝國就這樣滅亡了？沒有，還保存了一點帝國的小火苗。

阿五被推選出來代替阿四還債，發現十字軍再次攻城，抵抗一陣也溜走了。這時阿三的另一個女婿站出來，組織民眾繼續反抗，當場被擁立為新皇帝，也就是塞奧多利・拉斯卡利斯。但城破之際，他也沒有與首都同存亡，而是帶著貴族向小亞細亞方向逃走了。

本來塞奧多利帶著一群老老少少男男女女的拜占庭流亡者，接近了突厥人的勢力範圍，肯定是滅頂之災。但是羅姆蘇丹國有自己的想法，他們覺得，拉丁帝國站穩腳，一定會南下繼續聖戰，不如讓拜占庭這些移民，在突厥人和拉丁人之間建國，讓突厥人跟拉丁人幹仗，有個戰略緩衝帶。

塞奧多利帶著這群人，歷經辛苦，到了現在土耳其的伊茲尼克，當時叫尼西亞，所以他們建立的這個拜占庭流亡政府被稱為尼西亞帝國。

除了尼西亞帝國，還有一支拜占庭人在希臘的西北角的伊庇魯斯山區成了了伊庇魯斯國，國王是安格魯斯家族的一個私生子。在黑海南岸的特拉布宗，也有一個小國，領導者是安德魯皇帝的孫子。

尼西亞、伊庇魯斯、特拉布宗，三國鼎立，成為拜占庭復興的火種。

尼西亞王國佔據了尼西亞地區，而這個位置已經被拉丁帝國封給法國的伯爵路易。於是鮑德溫一世國王就派了自己的弟弟亨利跟路易聯手，去把尼西亞收回來。剛剛站穩腳跟的尼西亞根本不是對手，眼看這拜占庭倖存的火苗就要被十字軍的馬蹄踏滅。

上帝憐憫，就在最後的關頭，十字軍突然撤走了！

保加利亞人救了拜占庭。話說拜占庭色雷斯地區的貴族還是挺配合的，國破山河在，不用計較誰當家，拉丁帝國成立後，色雷斯的拜占庭貴族早早就宣布向鮑德溫一世國王投誠，並願意成為他忠誠的子民。十字軍有太多爵爺需要封地了，本來就不太夠，所以色雷斯貴族的土地也要加入分配。拜占庭的貴族們投降的目的就為了保住家園，如今土地被剝奪了，那誰還投降啊。

色雷斯的拜占庭人知道自己人少力微，跟拉丁帝國作戰定是以卵擊石，正好拉丁帝國成立時，保加利亞曾派使節過去表示友好，希望建立良好的鄰里關係。結果熱臉貼上冷屁股，鮑德溫一世斥責保加利亞是造反忤逆出來的，拉丁帝國不承認這個國家，他們應該請求原諒並乖乖地臣服於新的帝國，而不是以平等的身分過來走動。保加利亞人受此大辱，怎能甘心，於是計畫著要跟拉丁帝國幹一仗，而色雷斯人此時趕緊表達了願意跟保加利亞人並肩戰鬥的想法。

保加利亞和拜占庭的起義引發很多城市回應，大量十字軍戰士或者是拉丁人被殺。而聯軍一直進攻到了亞得里亞堡。

拉丁帝國剛建立，容不得這些周邊的刺頭出來影響，鮑德溫一世親自出征，跟保加利亞和拜占庭的聯軍作戰。一二〇四年，保加利亞國王卡羅贊率領的軍隊跟鮑德溫的十字軍在亞得里亞堡一場大戰，鮑德溫一世被生擒，路易伯爵當場陣亡，拉丁帝國遭遇了沉重的打擊。

鮑德溫一世被擒後的故事很多，傳說他被卡羅贊關在牢裡，卡羅贊的老婆看中了這位風度翩翩的西方爵爺，屢次以色相引誘，誰知鮑德溫雖然身陷囹圄，卻保持操守，抗拒敵人的美人計。王后被拒絕後，惱羞成怒，到卡羅贊面前編了一通瞎話，大約就是鮑德溫非禮騷擾耍流氓之類。卡羅贊大怒之下砍掉他的手腳，還把他丟在腐肉堆裡餵獵鷹，熬了三天才死。這個事未經證實，這位拉丁帝國的開國之君結局成謎，好多年後，經常有人跳出來自稱是鮑德溫一世行騙。

鮑德溫的哥哥亨利接過了帝國的大權，他稍微智慧一點，一上任就安撫留在拉丁帝國的拜占庭貴族。

對保加利亞的戰鬥不僅損失了國王，還損失了很多優秀的騎士。拉丁帝國採用西歐封建國家的分封制，所有分到自留地的貴族或者是軍官，就成為那塊地的絕對領主，一般是專心在自己封地這個小圈子裡忙活，雖然說宣誓效忠國王，如果對自己的利益沒有好處，他們也不願插手國王的事，所以拉丁帝國建立不久，國王就發現，想再召集大夥出去聯手打仗很難了。

亨利也勉強組織了幾次對尼西亞的進攻，每次要大打出手，背後的保加利亞人都會跳出來搗亂，感覺上他們已經和尼西亞結夥了。

保加利亞人這一仗，最大的收益者是尼西亞國，塞奧多利趁機站穩了腳跟，開始按照拜占庭的舊制建立和發展自己的國家。

很多人受到致命打擊會改變自己的性格和人生態度，而尼西亞國家，彷彿就是拜占庭帝國經過浴火重生後的頓悟。

先是選定了新主教，重建了教廷，塞奧多利經過了大教長正式的加冕，讓一切名正言順。而且也讓東正教世界知道，君士坦丁堡陷落了，東正教廷還存在呢。

小亞細亞原本是拜占庭的主要農產區，塞奧多利到這裡時，看到的是已經荒蕪很久的土地。有太長時間拜占庭無力關注這裡了，而突厥騎兵幽靈般的穿梭往來，拜占庭的百姓也實在不敢種地。塞奧多利當場號召大家生產自救，開荒種地。

塞奧多利親自帶頭下地，根據土壤的不同，決定有的地方種糧食，有的地方種葡萄；雞鴨牛羊也慢慢被飼養起來，原來在君士坦丁堡養尊處優的貴族和貴婦們，可能一輩子也沒想過自己有滿身泥土，臉朝黃土背朝天的日子，但是看到皇帝和皇后都在耕種，也實在不好意思偷懶。拜占庭人在農活方面估計是挺專家的，後來附近的突厥人，經常到尼西亞來收購土特產。塞奧多利兒子約翰登基時，他送他的皇后一頂鑲滿寶石和鑽石的皇冠，這是世界歷史上最珍貴的一定皇冠，不在於它實際的價值，因為它完全沒有搜刮民脂民膏，這是約翰皇帝自己養雞賣蛋掙來的，所以這頂就是著名的「雞蛋皇冠」。受到鼓舞的尼西亞百姓，迸發了極大的生產熱情，不等不靠，在塞奧多利的帶領下，糧食產量連年提高，尼西亞先打下了結實的農業基礎。

從開頭就限制大貴族的勢力。雖然是流亡政府，貴族還是要給土地的，但是不能再像以前那樣沒有止盡了，貧富差距容易滋生不安定因素，所以塞奧多利非常注意對下層官員和將士的封賞，而且蓋了不少救濟院和醫院。

抵制高檔貨。所有的進口高級商品都是威尼斯商人經營的，不能讓這幫人亡了我們的國家，還要賺我們的錢，尼西亞人只吃自己種出來的糧食，穿自己織出的衣裳，不僅不給威尼斯人賺錢，最重要的是扶持了本國商業。

而真正讓尼西亞發展壯大最後終於能復國的措施就是恢復了軍區制。這項制度曾經帶給拜占庭帝國偉大的復興，而拜占庭帝國由盛轉衰的根本原因，就是十二世紀，軍區制被不知不覺地廢除。塞奧多利深知這個道理，所以一建國就馬上恢復這項制度。當然，尼西亞國家的軍區不能跟以前的軍區同日而語了，但是它的確再次奏效，讓這新的拜占庭國家快速的復甦。

經過塞奧多利開國這些年的建設，我們看到了一個政治清明充滿活力的小國家，很難讓人相信，它來源於原來那個臃腫遲緩散發著腐爛氣味的古老帝國。而我們不得不替塞奧多利陛下歎息一下，似這樣的君主，如果早幾年登基，拜占庭也許是另一個命運。不過也說不定，沒有逼上絕路，很少能有這樣徹底的脫胎換骨。

經過塞奧多利的勵精圖治，尼西亞國家開始擴張自己的地盤了，緩慢地向東方推進。這就讓鄰居的突厥人緊張了。這家人眼看就要推進到黑海岸邊了，那以後突厥人還去不去海邊了？

小亞細亞這麼大點的地方，小國不少，居住環境一擁擠，就牽涉到合縱連橫的事情了。拉幫結夥非常重要。突厥各小國中，對尼西亞最有意見的是伊克尼烏姆蘇丹國，他家拉攏了拉丁帝國預備一起攻打尼西亞。而且他們非常有藉口，揚言是幫助阿三拿回皇位。

怎麼阿三冒出來了，對啊，十字軍一開戰，他就席捲國庫逃之夭夭了，跑去歐洲轉了一圈，發現尼西亞重新站起來了，他趕緊過來希望繼續做老大。

這是流亡政府成立後正式的第一仗，塞奧多利手裡幾乎沒有可用的兵，但就是憑藉一點可憐的雇傭兵，戰勝了突厥人，不僅當場幹掉了對方的蘇丹，阿三，也就是塞奧多利的岳父還被生擒。這個老禍害被丟進修道院反省去了。這一仗讓尼西亞在突厥環伺的世界裡打出了威嚴，打出了底氣，塞奧多利丟掉手裡的鋤頭，開始考慮拿回失去的江山。

尼西亞發展得健旺，希臘另一個拜占庭的流亡政府伊庇魯斯君主國也不差。總歸是拜占庭這些個移民都在臥薪嘗膽發憤圖強。

兩個新興拜占庭國家的發展崛起，而十字軍建立的拉丁國家卻在衰退。十字軍都是外地人，時間長了要回家啊，當地是東正教的世界，老百姓和這些拉丁人也不一條心，矛盾重重的。伊庇魯斯國就是趁著塞薩洛尼基王國越來越冷清的時候果斷出擊，收復了這座拜占庭原來的第二大城市。而伊庇魯斯國的國土也就從亞得里亞海延伸到了愛琴海。

拉丁帝國的亨利臨終時，讓他在法國的妹夫過來接班。這個叫彼得的傢伙，山長水遠跑過來就職，在經過希臘伊庇魯斯山區時被逮個正著。伊庇魯斯國都沒想到，自家隨手就能抓住拉丁帝國的國君。經過敵佔區，防患如此鬆懈，可見這個拉丁帝國的國君，要麼是個傻子，要麼沒人拿他當回事。拉丁帝國找不到主子了，好在彼得的老婆尤蘭德走水路過來，得以倖免，所以由她暫攝王權，日子肯定是一天不如一天。

眼看著運氣越來越靠近自己這邊，伊庇魯斯的國君決定不謙虛了，原來還不敢說自己是皇帝，現在也披上紫袍了，他居然找到保加利亞的教會的教長給自己加冕。這個事很暈啊，這位大號也叫

塞奧多利，到底他和尼西亞的那位塞村長，誰才是塞奧多利一世呢?!（一個是歐洲塞，一個是亞洲塞，以示區別）

現在以君士坦丁堡為中心，有三國恩怨糾結，西邊是伊庇魯斯國，中間是拉丁帝國，東部是尼西亞帝國，除了這三國演義，還有一股勢力是不能忽視的，也就是保加利亞，這家人有進取心，剛剛重新獲得了獨立，他家就考慮要吃掉整個拜占庭帝國的領土，建立一個大保加利亞帝國！

四家人團團坐定，擺開桌子開始打麻將。

33

牌局時間比較長，有支持不住離場換人的。最早上桌的四位賭客是：尼西亞皇帝亞洲塞、拉丁帝國女皇尤蘭德、保加利亞沙皇亞森二世、伊庇魯斯皇帝歐洲塞。

一邊洗牌，一邊亞洲塞就向尤蘭德德獻殷情。法國美女剛守寡，還給彼得生了個遺腹子，一臉憂傷，頗有姿色。亞洲塞其實對小寡婦沒興趣，他看上的是尤蘭德的閨女瑪麗。尤蘭德一個女人家，也沒啥大主意，看到亞洲塞很客氣，就答應了。拉丁帝國和尼西亞帝國成了一夥，而伊庇魯斯在擴張的過程中，早就跟保加利亞結盟，所以眼下，是個二打二的局面。

誰知尤蘭德打了幾圈後就下場了，她的二兒子羅伯特接替了牌局。亞洲塞一看，團夥關係有鬆動，上趕著又把自己的閨女送過去，嫁給拉丁帝國的新王羅伯特。誰知道羅伯特對這個拜占庭老婆完全沒興趣，他看中了一個出身低微的灰姑娘，這灰姑娘已經許配了當地一個紳士，灰姑娘的媽一般都是虛榮透頂的，聽說是進宮伺候皇上，趕緊跟人退婚，跟著女兒進宮享福去了。被退婚的紳士也不好惹，糾集了一幫朋友，殺進皇宮，將前丈母娘就地殺掉，還把前未婚妻的鼻子嘴唇都割了。羅伯特好歹是一國之君，居然有人這樣觸犯天威，龍顏大怒，跑出皇宮去找教皇告狀哭訴！結果是教皇和十字軍的貴族都覺得那個紳士做得對，讓羅伯特老老實實回家上班。由此可見，拉丁帝國已經沒用到什麼程度。

亞洲塞沒機會見到這個，長時間打麻將太傷身體了，提前退席見上帝去了。他的女婿約翰·瓦塔基斯接過了牌局。

瓦塔基斯一上桌就顯示出是個高手，連吃帶碰就收復了愛琴島上好些島嶼，而且一直打到了色雷斯。歐洲塞見他居然想在自己鼻子底下攔胡，當然不會坐視，馬上出手，將進入巴爾幹的尼西亞軍隊趕出了該地區。

羅伯特身體不好，打了幾圈也下去了，他的小弟弟，也就是彼得的遺腹子鮑德溫二世被抱上了麻將桌。雖然未成年人不准參加賭博，但其他三個老男人一點都不介意讓這個小朋友學壞。

保加利亞的亞森二世很快讓鮑德溫放下戒備，因為亞森二世願意把女兒嫁給他，這個樣子很凶的壞叔叔就是自己的未來岳父了。亞森二世計畫著，以丈人的身分去君士坦丁堡監國，女婿家就是自己家了。

牌局突然發生這樣的變化，伊庇魯斯氣壞了。保加利亞和拉丁帝國一抱團，伊庇魯斯還能跟保加利亞結盟嗎？其實歐洲塞就是沒有大局觀，此時尼西亞的新皇帝瓦塔基斯一直捏著一張好牌想打給他，歐洲塞只要收下，兩邊流亡國家一合併，局面馬上就不一樣了。

歐洲塞是個心胸狹窄的愚人，他此時根本看不到瓦塔基斯含情默默的目光，他光恨亞森二世的背叛了，他要打架，他向保加利亞進攻！

一二三〇年，馬利卡河邊的克羅科特尼卡戰役上，伊庇魯斯的軍隊全軍覆沒，歐洲塞被擒。根據拜占庭帝國的先帝對保加利亞人的處理方式，亞森二世刺瞎了歐洲塞的雙目。看不見了自然也就打不成牌了，伊庇魯斯國提前下場，歐洲塞的後代願意接受尼西亞作為自己的宗主國。

整個過程，瓦塔基斯一直平靜地看著，偶爾還面露笑容，其實瓦塔基斯一直有間歇性的癲癇，想不到打麻將時一點不犯病。趁著這三家纏鬥時，尼西亞的領土繼續向黑海方向推進。估摸著歐洲塞不行了，尼西亞再次進入巴爾幹半島，接受伊庇魯斯家的地盤，隨後佔領了巴爾幹半島的大部分地區。不知不覺中，尼西亞已經被父子兩代建設成為中亞名城，隱隱有當年君士坦丁堡的繁華，而尼西亞帝國的領土也在逐步擴大。

剩下三家了，亞森二世看著女婿流口水，拉丁帝國感覺到了保加利亞的野心，他們把耶路撒冷的國王老約翰迎來成為鮑德溫二世的攝政，亞森二世的如意算盤又落空了。

亞森二世趕緊一把握住瓦塔斯基的手，要求保加利亞和尼西亞成立聯盟，一起攻打君士坦丁堡。尼西亞肯定是沒意見的，亞森的閨女不是許配給鮑德溫二世了嗎，現在退婚了，改嫁給瓦塔斯基的兒子！

此時牌桌上的氣氛是，瓦塔斯基繼續淡定地微笑，保加利亞人完全像個狂躁型精神病人，拉丁帝國的小皇帝驚恐的目光看著這兩位。

一二三六年，保加利亞和尼西亞聯手，水陸齊發進攻君士坦丁堡。此時拉丁帝國到處找幫手，眼看著就沒救了。誰知，亞森二世這個狂躁症又發作了，他突然想到，我是不是冒傻氣了？這樣打下去，不就是我幫著尼西亞那小子復國嗎？城裡全是拜占庭的老百姓，他進了城一呼百應，還有我啥事啊?!差點吃大虧！亞森二世突然停止進攻轉頭跟庫曼人聯手，開始襲擊尼西亞在巴爾幹半島的領地。

亞森二世是整個牌桌上牌品牌技最差的人，反覆無常，打牌猶豫，還經常出錯牌。好在他很快也不打了，因為他媽叫他回家吃飯，家裡來客人了。

什麼客人啊，打牌還能隨便走嗎？就是客人來頭太大了，不親自招呼根本不行，他們是蒙古人！

一二四三年，朮赤第二子拔都幹掉了羅斯公國，在伏爾加河和頓河的下游建立了金帳汗國，蒙古的鐵騎飛快地在多瑙河流域踐踏了一圈，波蘭、波西米亞、匈牙利等國家全部遭到入侵，所有南斯拉夫的國家都被洗劫，保加利亞老老實實地繳納年貢換取平安，哪裡還有精力上桌打牌。

在巴爾幹半島，蒙古的勢力進攻到尼西亞帝國的領土邊緣，而沒有深入，以至於在其他國家都受打擊後，尼西亞的領地還一切平安；蒙古人當然不會放過近東，另一個拜占庭國家特拉布宗早早匍匐在蒙古馬蹄下臣服，尼西亞在小亞細亞最大的敵手伊科尼烏姆蘇丹國受到正面打擊，最後也答應繳納年貢，換取暫時的安全。蒙古人居然又沒有穿越蘇丹國的領土找尼西亞的麻煩！

這樣一來，不論是西部還是東部，尼西亞的對手都被蒙古人削弱，而蒙古人帶起的一陣冷風從尼西亞臉龐拂過，雖然是打了個寒顫，好在並沒有感冒。

一二五四年十一月三日，約翰．瓦塔斯基皇帝也離開了牌桌。他是笑著走的，他贏了很多錢了。在他任內，尼西亞國庫充盈，物質繁榮，百姓安居，國家安定。在他的皇后的支持下，尼西亞建有大量的慈善救助機構。尤其是蒙古人打擊了周圍的鄰居，很多人流離失所進入尼西亞，都成為皇帝的軍隊。而鄰居們被洗劫後的物質匱乏，也讓尼西亞從中發了財。瓦塔斯基駕崩時，尼西亞領土是他們初來時的兩倍！

瓦塔斯基為帝國做出的貢獻是巨大的，就是因為他在任奠定的基礎，才使後人復國成功。所以約翰・瓦塔斯基被封為聖人，在他去世的地方，到現在還有紀念他的活動。

瓦塔斯基的兒子塞奧多利二世繼位，他遺傳了他父親的癲癇症，但他是個學者，經常跟拜占庭歷史上的君七相提並論。

塞二在位只有四年，這四年，牌桌上又恢復了四個人，伊庇魯斯國歐洲塞的後人又跳出來發難，新的保加利沙皇一邊給蒙古上貢，一邊想從牌桌上把錢贏回來。

沙皇先出擊收復了被尼西亞佔領的原有國土，不過塞二拉了塞爾維亞幫忙又搶回來了。保加利亞被再次趕下牌桌，並簽了一個不許再上桌的協議。然後尼西亞跟伊庇魯斯國談判，將公主嫁過去和親，順帶著還逼著人家割地迎新娘。婚禮還沒散，伊庇魯斯就召集了阿爾巴尼亞人預備跟尼西亞痛打一架，塞二馬上拉攏保加利亞的小沙皇組成聯軍對抗。

真夠亂的，塞二在位四年就幹這些事了，希臘半島的局勢真是鬼神難測。拉丁帝國的小皇帝傻坐著看戲一臉迷茫，你們的敵人不是我嗎，為啥你們三個打得熱鬧，沒人理我呢？

我們這些看客腦子都亂了，塞二是個癲癇病患者，他就更加犯病了。所以這一仗還沒開打，他就追隨先帝而去了，死的時候才三十六歲。

七歲的太子約翰登基了，約翰四世。塞二臨終前已經很不可愛了，因為戰術思路經常和手下的將領貴族不和，所以易怒而暴躁，讓不少貴族對他很有看法，心存不滿。他死前指定了自己的好朋友攝政，遭到所有人反對。他死後的第九天，在教堂做紀念活動時，一些貴族跳起來抓住新的攝政王，將他殺死在祭壇前，然後擁立米海爾・帕列奧列格成為新的攝政！

唉……我們遺憾地看到，還沒有復國成功，還沒有回到君士坦丁堡，傳統的宮廷謀殺又開始了，這毛病是不是永遠改不了啦？

34

如果再繼續寫上篇那場紛繁混亂的牌局，老楊就是下一個癲癇病患者了，證明打麻將一點好處都沒有！好在歷史又給我們送來一位精彩絕倫的人物，讓我們可以中場休息一下。這個人物就是剛剛成為約四攝政王的米海爾・巴列奧略。

拜占庭有很多貴族世家，有的是歷史悠久，根基深厚的，有的是新近暴發，人五人六的。貴族們互相還瞧不起，上流聚會，說起這家不夠尊貴，那家是投機來的，也是常有的，但是如果說到巴列奧略這個家族，恐怕大部分拜占庭貴族都閉嘴了，因為這家實在太貴了。

且不說之前的基礎和來源，就從科穆寧王朝開始。巴列奧略幾乎是科穆寧王朝的締造者，一手扶持了科穆寧家族榮登大寶。而後的每代君主都不敢小覷這家人，這個家族領導著軍隊和政府，是地地道道的實權派。而他家族多次與皇室聯姻，家族中有不少是「生於紫色宮殿」的成員，大概計算一下，這家子跟十一位皇帝做過親戚。

米海爾・巴列奧略，很年輕就被升為雇傭兵的司令，他麾下掌管著尼西亞政府最重要的來自拉丁世界的雇傭兵。米海爾少年得志不完全是靠家族背景，他自己就軍功顯赫戰績輝煌。而不管什麼派別的歷史書怎樣描述這個人，有幾個詞是一定都會用到的，足智多謀，聰明絕頂，工於心計。

有一個著名的故事可以看出他超群的智商。說是有一次，米海爾陷入了一場醜聞，大約是巴列奧略家族在繼承權的問題上耍了貓膩，矛頭直指米海爾，他涉嫌與此事有關，但是又沒什麼明確證據。這種傳聞的罪行根據法律是交給上帝來審判，當時的主教就說，可用烈火法來判定米海爾是否有罪。這是當時風行歐洲的神判法的一種，具體做法就是，嫌疑人捧一個燒紅的鐵球，在教堂裡來回走三次，如果沒燒傷就說明是無辜的。

米海爾笑著對主教說：「我不是出家人，像我這樣的紅塵中人不可能得到奇蹟的賞賜，但是主教您是最神聖的神職人員，上帝對您老肯定是關照的。這樣吧，我認罰，但是我要求主教您親手把燒紅的鐵球遞給我！」

主教當時臉都變色了，最後，他只好自圓其說然後宣布米海爾無罪。

塞二在任時，每逢出征，尼西亞就交給米海爾主政。有一天他聽說，在前線的皇帝懷疑他在京城搞鬼，正預備派人回來拿他。米海爾趕緊帶著自己的親隨跑了，一口氣跑到了蘇丹國，蘇丹國遭到蒙古的襲擊，米海爾為了答謝人家的收留之恩，還幫他們帶兵出征。後來因為他一直為蘇丹和尼西亞的邊境和平努力，所以塞二原諒了他，並把他召回身邊。

據說後來米海爾在對付伊庇魯斯那些小國造反時，塞二又懷疑他，派人給他戴上鐵鍊子抓回來，好在他還沒到尼西亞，塞二就死了。塞二安排的攝政王被殺，跟部分貴族替米海爾打抱不平很有關係。

米海爾成了攝政王，隨後成為小約四的共治皇帝。米海爾一上臺就遇到了一支品種流雜的聯軍，這支聯軍的發起人是西西里島的諾曼國王，大家還記得，這家人三番四次地跨海過來打架，都從第拉海姆那個位置登陸，屢敗屢來，非常有恆心。

諾曼人此番再來，第一個就受到了伊庇魯斯國的歡迎，兩家馬上聯姻組成盟軍，隨後，在攻打尼西亞帝國這個目標下，所有人都來了，伯羅奔尼薩半島不是一個小拉丁藩國嗎，他們的王也參加了，連帶著雅典附近那兩個也加入，塞爾維亞人也來了。

米海爾派出自己的兄弟約翰應戰，這支聯軍顯得不堪一擊，伯羅奔尼薩的小王還被俘虜了。

雖然取得了暫時的勝利，米海爾覺得海上的風險總是存在的，所以他仿效之前的君主，開始扶持拉攏航海共和國。這次受益的是熱那亞，在地中海上，他家的實力僅次於威尼斯。當年給與威尼斯的條件，熱那亞都能享受到，於是米海爾取得了自己強大的海上同盟。不過，此時的拜占庭也只是想著找幫手，他們好像已經失去了自己建設一支海軍壟斷地中海的雄心壯志。

一二六〇年，米海爾攻打過一次君士坦丁堡，沒有奏效，於是他想辦法跟鮑德溫二世簽了個為期一年的和平協定，他預備收拾了希臘半島那些烏七八糟的敵人，再好好準備，一舉拿回自家的首都。

奇蹟發生在一二六一年七月二十五日，炎熱的天氣讓米海爾剛剛睡著，半夜時分，突然有軍報過來，一個信差用顫抖的聲音告訴米海爾，尼西亞的軍隊剛剛收復了君士坦丁堡！

這個消息讓整個尼西亞宮廷都沸騰了，米海爾是個謹慎的人，他第一時間懷疑這個信差是個騙子，是懷著某種陰謀的，他下令將他關押，隨後，快報一次接一次傳過來，都是重複這個消息。米海爾心都哆嗦了，難道這是真的？

後來確定了，是真的！

米海爾命手下的大將阿歷克塞・斯特拉格特布魯斯（簡稱布魯斯）帶著八百人的小股部隊，到伊庇魯斯去巡視前線，經過君士坦丁堡，布魯斯發現，這座城市居然沒有設防！是啊，不是簽了一年的合約不打架嘛，人家十字軍騎士趁機回家休假，預備明年開打再過來。布魯斯簡直不敢相信自己的眼睛，他派人反覆勘察，確信這是一座完全不設防的城池後，他下令這八百人進攻。真不算是進攻，因為沒有抵抗。鮑德溫二世和他的隨從們一聽說尼西亞軍隊打進來了，也不了解對方有多少人，也不安排抵抗，撒丫子就溜了。布魯斯將拉丁帝國的佩劍玉璽王冠啥的打個包快遞給米海爾，他才相信這個神奇的事真的發生了，上帝用這樣的辦法將君士坦丁堡還給了拜占庭！

布魯斯將城中的拉丁人全部趕走，重新布置了城防，然後舉行盛大的儀式歡迎米海爾八世進京。這是一二六一年八月十五日，君士坦丁堡被異族統治了五十七年。此時進城的米海爾正確的稱呼方式應該是米八，因為他復國了，他可以繼承先帝的排序了。

米八高舉聖母像走在隊伍的前面，拜占庭的百姓揮舞著紅綢歡迎親人們回家。米八在聖索菲亞教堂重新加冕，向全世界宣告，拜占庭帝國重生了！

街道還是那些街道，教堂還是那座教堂，可是風景已經不在。回京的尼西亞貴族們沒有機會見到拉丁人對家園劫掠的過程，現在卻看到了那次暴行的結果。他們很難相信，難道這裡就是父母經常說到的萬城之城，眾城的女王？別說跟原來的君士坦丁堡相比，即使是跟尼西亞比，都顯得如此破敗不堪，骯髒暗淡。沒辦法，那些人是蠻族啊，蠻族在家裡借住了這麼久，你還能指望他們收拾乾淨還給你？

這個盛大的慶典容易讓人忽略很多事，但是如果細心點就發現，為什麼是米八加冕，約四呢，他不也應該跟著進城加冕嗎？沒給他機會，在尼西亞他就知道自己應該隨時閉嘴，不再要求什麼。這個可憐的小孩的沉默並沒有拯救自己，幾個月後，他被米八刺瞎了眼睛，將他永遠放逐到一個遙遠的城堡。米八上位前曾宣誓會保護約四的利益，我最想不通的是，拜占庭的貴族違背誓言弒君造反都成了傳統了，為啥每次關鍵時刻還非要搞個宣誓儀式？而且這個世界上著名的文明之地，動輒喜歡刺瞎別人的眼睛，毫無人道的概念。

米八開創的這個就是拜占庭歷史上最後一個巴列奧略王朝，雖然在整個拜占庭歷史上，這個王朝就如同體育比賽時的「垃圾時間」，但它居然奇蹟般地延續了兩百年，是拜占庭歷史上統治時間最長的王朝。

35

米八刺瞎約四的眼睛，被當時的大教長阿森尼烏斯開除了教籍。大教長要求他交出王權來贖罪，不過米八心想，瞎都已經瞎了，我再讓出王位也沒用了。這件事算是米八完美開局的一個污點。

沒等米八坐穩，該來的都來了。上篇不是說到伯羅奔尼薩小國的君主被俘虜了嗎，米八放他回去了，他割讓四分之一的領土還給拜占庭，還宣誓效忠。不過他很快就反悔了。威尼斯主導了拉丁帝國的建立，現在說沒就沒了，他沒面子，加上米八現在跟熱那亞結夥了，所以威尼斯要找麻煩。伊庇魯斯一直沒有放棄鬥爭。這三個人加上逃出君士坦丁堡的鮑德溫二世，組成聯軍殺過來了。突厥人聽說有人組團攻打拜占庭，也趁著這潮流出兵安那托利亞地區；保加利亞也趕緊向色雷斯地區進發。

米八扳著手指頭算了半天才搞清楚到底來了多少人，這些人真不通情理，人家剛搬回來，還沒收拾好東西就過來串門?!

好個米八，派出弟弟約翰帶著含有五千突厥人的軍隊抗擊所有方向的敵人，居然在兩年後的一二六四年取得了所有戰線的勝利。威尼斯人、伊庇魯斯人、保加利亞人都簽了和平協議。

這一仗讓米八打出很高的聲勢，也坐穩了江山，雖然因此拜占庭包括之前尼西亞的國庫都被打空了。米八這時底氣足，所以罷免了大教長，換了一個聽話的約瑟夫上來，新教長當然第一件事就是恢復米八的教籍。不過阿森尼烏斯依然在拜占庭擁有很高的支持率。

米八雖然跟熱那亞結盟，可熱那亞總是打不過威尼斯，拜占庭總跟著受損失，在萬般無奈之下，米八只好又跟威尼斯恢復了原來那些貿易協定。也就是說，現在拜占庭同時要供著威尼斯和熱那亞兩位大爺，海關關稅這一塊，是永遠收不著了，這也是新王朝的一個重要負擔。

如果米八能這麼順利就復國成功就幸運了，上面的只是小打小鬧，算是給米八熱身的，更大的對頭要來了。

神聖羅馬帝國德意志一直跟羅馬教廷有仇，一二六六年，教皇挑唆著法國安茹伯爵查理斯進攻西西里島。查理斯戰勝了曼弗雷德，佔有了該島，教皇給查理斯加冕為西西里國王。

上面說過，西西里島的風水對拜占庭不利，誰佔領了第一時間就打拜占庭的主意，正好，拉丁帝國那個倒楣鬼鮑德溫二世又找了查理斯，兩個人商量聯手再打拜占庭。查理斯還將自己的閨女嫁給了鮑德溫的兒子。

一聽說又有人張羅打拜占庭了，開頭那幾家都聚在安茹伯爵麾下了，聯姻的聯姻，送禮的送禮，一個規模更大的團夥形成了，他們還打了個十字軍的旗號，在伯羅奔尼薩島設立了根據地，隨時預備發動攻擊。

米八知道，法國人帶頭，這個聯軍就不好對付了。又到了生死存亡的關頭了，怎麼辦，米八不得不使用了最無奈的辦法。他給教皇寫信，表示願意開啟關於東西教會合併的談判。

教皇克萊門德四世很激動啊，要知道，對教廷來說君士坦丁堡是誰家天下不重要，他們在意的是東正教這個分離的基督教會。而且自從兩邊分裂後，每任教皇都知道只要自己任內能將東正教拉回來，他將成為天主教歷史上最有成就的教宗。米八的談判要求是結果先不論，只要是願意談，大家就鬆了一口氣。所以此時教皇覺得既然米八有談判的誠意，不能還沒談就打人家。教皇下令，查理斯這個團夥，不准對拜占庭下手！

還沒談呢，克萊門德教皇死了。眼看著沒人約束，查理斯又蠢蠢欲動。這時米八非常果斷地向查理斯的哥哥法王路易九世示好，而且表達了自己對教會合併的美好想法。路易九世是個虔誠的教徒，他跟教皇想的一樣，十字軍只能對異教動手，東正教眼看就要回歸教廷了，怎麼再欺負人家呢？路易九世拉上查理斯去打突尼斯了，米八又安全了。

解除威脅這段時間，米八可不閒著，因為金帳汗國和埃及來往密切，而這兩國的來往要通過拜占庭的海域，經過又打又和的幾輪來往，米八和這兩家都建立了友好關係。這樣一來，保加利亞的身後就有俄羅斯南部的蒙古人牽制，而小亞細亞的伊克尼烏姆蘇丹國就被近東的蒙古人控制，而匈牙利作為傳統盟友正在塞爾維亞身後盯著。所以對於身邊這個虎視眈眈的包圍圈，米八根本沒覺得壓力。

好景不長，新教皇上臺了。格列高利十世可不受忽悠，他給米八最後通牒，不談了，談十年了還沒結果呢。米八要麼答應合併，教會全力支持米八，誰也不敢動他；要是不答應，還要教會耍這麼多年，那就不客氣了，馬上讓查理斯大兵出征，拜占庭後果自負。正巧威尼斯和拜占庭正在續合同，教皇下令拜占庭沒答應合併前，威尼斯不准跟他們眉來眼去。查理斯一聽正好，趕緊把威尼斯也拉入大隊，這樣，這個團夥更加實力雄厚了。

刀架在脖子上了，米八知道，他根本不可能不答應，否則拜占庭又是一場滅頂之災。一二七四年，里昂宗教大會上，羅馬教廷與拜占庭共同宣布，在相互容忍彼此教義的基礎上統一，教會結束分裂狀態，拜占庭接受羅馬教廷的最高權威。

教宗說話算數，還沒正式簽字呢，他就下令威尼斯趕緊跟拜占庭繼續簽約，而查理斯的軍隊絕對不許出動。等簽完字，米八帶著一腔怒火，就把已經進入阿爾巴尼亞的十字軍打跑了。

國家又安全了，米八為啥一腔怒火？因為國內反應大了，大部分東正教徒都不願意接受這個所謂的「里昂和解令」，米八這個行為基本上屬於叛教。他自己一手提拔的教長約瑟夫表示，他寧可退位也不接受這個結果。米八的親妹妹，他最喜歡的尤多西亞公主也是反對派，她甚至帶著一幫人跑到保加利亞成立了一個專門針對她哥哥的組織。

那些信東正教的敵人更麻煩了，他們本來和天主教徒一起攻打拜占庭，也沒覺得什麼不妥，現在一聽說和平，他們馬上以東正教領袖自居，現在打拜占庭的目的是反對教會統一。查理斯也沒閒著，他跟教皇說，他的十字軍還是要出征，因為要幫著收拾阻擾統一的人。教皇好像還被他說服了。

米八的局面又到谷底了。我們不要忘了，米八可是拜占庭歷史上智商最高的皇帝之一，居然真給他想到了解決這個局面的辦法。

話說查理斯是從德意志的霍亨斯陶芬王室手中奪取的西西里，原來的西西里國王曼弗雷德有個女兒嫁給了伊比利半島的阿拉貢王國的國王彼得三世，據說這個彼得三世本來很有希望繼承西西里島的，所以他是查理斯的敵人。

米八通過熱那亞人在中間牽線，跟彼得三世聯繫上了。米八巧舌如簧的，很快說服了彼得三世去攻打西西里島以拿回屬於自己的權利。隨後，米八派了些混混，帶著大量的金錢進入西西里島，查理斯的統治並不受歡迎，這裡的百姓怨聲載道的，米八的挑唆很快發生了作用，當地經常爆發居民和法軍的衝突。

一二八二年三月三十日，為了參加復活節的晚禱，所有人聚集在西西里島的巴勒莫大教堂門口。一些法國大兵湊熱鬧，在人群中喝酒，喝得高興了，突然有個法國軍官在人群中拉出一位少婦，還在眾目睽睽之下侵犯了她。婦人的丈夫拔出刀來將法國軍官殺死，引發法軍掏出傢伙要報仇，在場的民眾也發怒了，居然將現場所有的法國人都殺了。隨後的幾個月裡，西西里島爆發了對法國人的瘋狂屠殺，有幾千法國人丟了性命。而且當地人還成立了專門的組織，就為領導大家殺更多的法國人。

彼得三世一看，機會不錯，趕緊發兵進攻，取得了西西里島的統治，成為新的西西里國王。

這一下變生不測，查理斯慌了，那還有心思管拜占庭的事啊，根據地都要被端了。查理斯趕緊回西西里島跟彼得三世幹仗，累得半死，丟掉了大部分江山。他過去幾年天天威脅著米八，看他生活在自己的控制中，沒想到人家反戈一擊就打中他的要害，笑到了最後。

查理斯不幹了，領頭的不在了，教皇因為西西里島的事也頭痛了。也沒心思管教會合不合併的事了，關鍵現在沒有壓制米八低頭的籌碼了，所以之前統一的事也就不了了之。

米八在巡視防線時，死於一場風寒，終年五十八歲。

老楊已經說了拜占庭這個最後的王朝是垃圾時間，所以米八應該是我們最後一個詳細記敘的帝王。以他高超的智慧，讓拜占庭平安地回到君士坦丁堡並在眾敵環伺中得以延續，非常了不起。但是我們不得不承認，此時的拜占庭，叫帝國是有點臉紅，它實實在在不過是個二流的小國家而已。

拜占庭的人非常適應環境，他們淪落到尼西亞流亡時，願意團結起來勵精圖治，等回到君士坦丁堡，他們就自動自覺放棄了之前的努力，又恢復久違的奢靡頹廢的生活。不思進取還罷了，外面的敵人解決不了，所有人還忙著還窩裡鬥。米八以後的拜占庭皇室，關鍵字就是，內戰！

安德洛尼卡是米八的兒子，也是該王朝第二個皇帝。他統治時間很長，在位大約半個世紀。時間再長也是垃圾，工作乏善可陳。

米八任內的連番惡戰，將帝國再尼西亞開荒種地攢的小家當都耗盡了，安德洛二世接班的時候，國庫裡又只剩耗子了。除了打仗，君士坦丁堡還要修葺啊，不管皇上有多窮，總覺得自己有義務恢復首都昔日的光彩。唉，如果他們知道這間屋子早晚還是人家的，就不用花這些冤枉錢了。

搞錢的辦法不外乎開源節流，開源的辦法當然是收稅，提高稅率，而節流的辦法就應該很多了，我想首都貴族那些奢華的生活如果收斂點，應該能省不少錢，但這是不可能的，他們是羅馬人，羅馬人活著就是為了享受的。安德洛二世想出來的省錢的辦法是：削減海軍。

他想的也有道理，養這麼多船，保養維護每天都要花錢，還要養一群海軍水手。已經把海關關稅犧牲掉了，就為了讓威尼斯和熱那亞的海軍給拜占庭調遣，那自己家再養一支海軍就毫無必要了。於是安德洛下令將那些造價昂貴的軍艦鑿沉。拜占庭三面臨海，海軍是極重要的配置，毀掉自己的海軍，將海上防禦交託給別人，這樣的敗家子，不亡國就奇怪了。

船都鑿沉了，陸地上的常備軍肯定也不用養了，如果要打仗，滿世界都是扛著劍找工作的打手，還怕沒人用嗎？拜占庭就像個外貿企業，每次接到訂單再臨時找工人。

這一年又碰上急招臨時工的事了。

拜占庭的舊敵人我們就不說了，這家人最不幸的是總能碰上新對手。這次的麻煩又來自小亞細亞，而這次正經主角來了，奧斯曼土耳其顯身！

奧斯曼土耳其也是突厥人，屬於西突厥的烏古斯人，早年生活在中亞的阿姆河流域。蒙古人西征，土耳其人只好向西跑，進入了塞爾柱帝國的境內，當時這一片已經是羅姆蘇丹國了。

老鄉嘛，應該關照的，羅姆蘇丹國就在薩卡利亞河邊上給了他們一塊地，正好和拜占庭比鄰而居。所以土耳其人跟拜占庭也算老熟人了，因為他們一住下，就經常騷擾拜占庭的生活。蒙古人西征，羅姆蘇丹國遭受巨大的正面打擊，十二～十三世紀時，就分裂成各種小國了。土耳其人趁著這機會，將這些打散的部分全部揀回家，拼成了一個不小的領地。一二九九年，土耳其的首領奧斯曼宣布成立自己的國家，從這時起，這個拜占庭最大的敵人開始逐漸成型，而奧斯曼土耳其這個名字也一點點地暴露出耀眼的鋒芒。

拜占庭拿回君士坦丁堡後，老毛病又犯了，就是對根源之地的小亞細亞不夠重視，他們一天到晚喜歡跟巴爾幹半島上的各種勢力糾纏，沒完沒了。奧斯曼土耳其正式建國後，拜占庭就是他們首要目標，他們此時肯定沒想過要把這個千年帝國吃下去，不過就是想在小亞細亞擴充土地而已。可等到安德洛二世發現，奧斯曼土耳其不防不行的時候，人家已經佔領了拜占庭在亞洲的大部分領土，也就是幾個重要城市，因為城防堅實，奧斯曼土耳其一時還吃不動。

安德洛二世趕緊招工，結果也是民工荒，加上都知道這家人最近落魄，開的工資少，而且說不定還拖欠農民工工資，所以沒人願意來。附近的不來，遠的地方總有吧，難道全世界的雇傭兵都死光了？

還真有啊，茫茫的地中海對岸，伊比利半島上，也就是上篇說過的阿拉貢王國這個位置。如果詳細介紹人種，就太複雜了，我們就說是西班牙人的一支吧，叫加泰隆人。

他們最開始是幫著打西西里島，現在西西里島已經是阿拉貢的了，加泰隆人就失業了。他們的首領羅吉爾聽說拜占庭招工，趕緊表示了意向。

對安德洛二世來說，這可是雪中送炭啊，當即表示願意提前支付四個月的工資，還把侄女送給羅吉爾做老婆。即刻安排船隻，送他們過海上班去。

羅吉爾此來，帶著六千人的兵團，都是能征慣戰的老油子了。此時的土耳其人還真是不禁打，一照面，西班牙人就讓土耳其人退卻了。這也說明了，奧斯曼土耳其這隻後來的雄獅，此時還僅僅是頭小山貓，看著兇惡，稍微發點狠，就能把它打成波斯貓。

加泰隆兵團本來就不受約束的，勞務合同上又沒說不准接私活，主人家要求的仗打完了，他們就開展副業。雇傭兵的副業歷來就是搶劫，麻煩的是，你們在土耳其那邊搶幾下就算了，不能搶到拜占庭來啊。他們搶得興起，居然還開始攻打拜占庭的城市！

加泰隆軍團搶完了，被召回歐洲，走的時候還罵罵咧咧，大意是拜占庭這家人不地道，工資從來不按時開，星期天上班從不給加班費，年終也沒有獎金等等。本來拜占庭上下對這些西班牙人已經非常怨恨了，看他們如此放肆都有點壓不住火。安德洛二世的兒子，也是共治君主米海爾九世先沉不住氣了，他居然把加泰隆兵團的司令羅吉爾叫到宮裡，殺掉了！

本以為這些雇傭兵一沒了首領就亂套，沒想到他們還保持團結，並正式跟拜占庭為敵，要為老大報仇！安德洛二世又趕緊忙著招新的雇傭兵對付舊的雇傭兵，還招收了不少土耳其人。顯然加泰隆軍團是最強的，結果就是安德洛二世御駕親征，衝鋒陷陣，還是讓整個色雷斯地區遭到洗劫。

加泰隆軍團雖然是外地打工者，跟本地大佬拜占庭作戰一點不孤獨，因為支持他的人太多了。巴爾幹半島的傳統敵人幾乎都明的暗的搭了把手，最後，加泰隆軍團進入雅典休整，不走了，建立了自己的小國家。

雅典在第四次十字軍東征後屬於拉丁帝國的小附屬國，拉丁帝國完蛋後，雅典小國附庸著法國繼續存在，現在加泰隆兵團將這裡變成自己家了，那是法國人的問題，安德洛二世算是鬆了口氣。雇傭兵之禍就算暫時平息了，拜占庭又過了一關。

從加泰隆軍團在小亞細亞和巴爾幹的征戰情況來看，拜占庭固然是羸弱，周圍的敵人也不見得很強勢，如果此時拜占庭發揚尼西亞流亡的精神，韜光養晦勵精圖治，說不定還能看到拜占庭美麗的前景。可惜的是，拜占庭人不要前景，他們都只看到眼前的利益。接下來，拜占庭對外的戰爭已經毫無看點，但是他們對自己人的戰爭卻是毫不留手，非常盡力。

37

這篇開始講講是巴列奧略王朝的三次內戰。

第一場，祖孫戰爭。爺爺是安德洛二世，孫子是安德洛三世。祖孫倆幹仗還是比較罕見，為啥啊，為女人！

安三是米九的長子，安二的長孫。米九是個孝順兒子，謙遜而踏實，安二對這個兒子是非常滿意的。他這樣的性格後來居然跳起來殺掉加泰隆軍團的司令，可見西班牙人也是欺人太甚了。

跟米九不一樣，安三從小就是風雲人物，英俊倜儻，聰明伶俐，幼時就在安二身邊教養，是安二的心肝寶貝。安二或許嫌自己的兒子不夠優秀，好在上帝補償給他一個如此出色的孫子。

安三在溺愛中長大，是個標準被慣壞的小孩。花天酒地、鬥雞走狗、吃喝嫖賭，全套紈綺子弟的把式都會。是京城出名的浪蕩子。他經常酗酒闖禍，要讓安二幫他出面擺平受害者，但是安二也不是完全護著他，有些時候他闖禍需要賠錢，安二堅決不給，安三只好出去借，借得多了，債主們就自動成了安三的黨夥了，你想，他們必須支持安三上臺啊，要不然欠的錢跟誰要。

像安三這樣的傢伙，肯定會養情婦的。京城有名貴婦，是他心頭最愛。可是這個貴婦並不滿足於只有太子爺這一個情人。安三總是聽到關於這個女人的傳聞，妒火中燒，他決定派人埋伏在情婦的門口，晚上看到有野男人出來，不用問話，直接亂箭射死。

這天，月黑風高的，安三派出的殺手真的有收穫了，一名高大男子低著頭，擋著臉，從貴婦的屋裡急沖沖跑出來。刺客們知道，建功的時候到了，馬上亂箭射出，那個男人死的時候像個刺蝟。

安三聽到消息過來收拾戰果，看看哪個人這麼大膽，敢撬太子的牆角。這一看不要緊，安三傻了，躺在地上的刺蝟正是自己的親生弟弟！

米九就兩個兒子，安三這哥倆。此時米九因為跟加泰隆軍團的戰鬥受了重傷，正在家裡調養，聽說自己的長子殺掉了幼子，一口氣上不來，活活氣死了！

打擊最大的是安二，這相當於自己寵愛的安三殺掉了自己的弟弟和父親。安二在家痛定思痛，又想到安三從小到大的種種表現，他知道這個孩子絕對不適合接掌拜占庭的王位，還不知道會把國家搞成什麼樣呢。所以第一時間將他關押，隨即計畫調整繼承次序，安排自己的另一個兒子，也就是米九的弟弟，作為第一繼承人。

安三的黨羽裡有個高人，大號叫約翰•坎塔庫則努斯，這個人在拜占庭歷史上名號還是比較響的，是個政客高手。拜占庭回到君士坦丁堡，賣官鬻爵這種事又開始盛行了，約翰買下了色雷斯地區，是該地區的最高長官

自古嬌兒不孝，安三一出獄就找到約翰，以色雷斯為根據地，組織黨羽，自立為帝，招兵買馬向祖父發難。

約翰這樣的高級參謀自然知道爭取民眾的重要性。在他的花言巧語之下，拜占庭的人都感覺安三上臺會給自己更好的生活，所以反而是浪蕩子獲得了大多數的民眾支持。

祖孫戰爭打了四年，和和打打共三次，老人家心想，王位現在是我的，以後是兒子的，最後還

不是這孫子的，算了認輸吧，交出皇位，出家成為修士，壽終於修道院。

第二場內戰，約翰對約翰。安三這個孫子好不容易搞來皇位還沒坐熱就死了。因為約翰・坎塔庫則努斯一直是安三外腦，所以，扶持幼主的任務當然也落在他身上，他是攝政王，輔助的皇帝跟他同名，是為九歲的約翰五世。

攝政王毋庸說是權傾朝野的，大小事都讓他操心啊。他是這邊打完了土耳其，那邊又要安撫塞爾維亞和保加利亞，還有那幾個拉丁國家都要過去談談，難的這些事都讓他辦得周詳妥帖。回家休息了一陣，又出發去伯羅奔尼薩群島談判。

這一趟出差，家裡出事了。約五的媽，也就是皇太后和大教長兩個人在家犯嘀咕了，說攝政王太辛苦了，咱們要讓他休息一下，於是，兩人宣布撤銷約翰攝政王和皇宮大總管的頭銜，皇太后親自攝政了。一聽說攝政王失勢，好多政敵之類的就跑到約翰家打砸搶。

約翰無奈之下，只好宣布自立，排一排，他是約六，但是他說不準備推翻約五，他願意做共治君主。就這樣，約翰對約翰的戰爭開打了。

這一場內戰就不是搶班奪權這麼簡單了，這中間還包括著宗教衝突。

話說十四世紀，東正教興起了一個教派，叫做靜修派。有點像禪宗或是冥想，認為你靜坐凝神，天人合一，就可以感受上帝的思想，練到一定的程度，會看到周圍有一圈白光。正統教派認為這是胡說八道，但是約六並不排斥。於是，支持他的隊伍中，還有很多靜修派的僧侶。

軍隊在約六一邊，但是工商界支持太后，勢均力敵，所以雙方需要各找幫手。

一三四一年打到一三四七年，最後以約六的勝利告終，這就說明，約六找的幫手更勝一籌。沒錯，他找的土耳其人幫忙。本來在亞洲一帶活動的土耳其人，這一趟由約翰報銷路費到歐洲開了眼，一致認為，歐洲比亞洲還好玩呢。從此，奧斯曼土耳其的鄉親們就有一個遠大的理想，他們要把家建在亞歐交界處，以後，想去亞洲玩就去亞洲玩，想去歐洲玩就去歐洲玩，最好把非洲也連上，可惜他們不知道，美洲更好玩。

約六取勝後，並不罷黜約五，還把閨女嫁給他了。證明他對舊主還是有良心。

要說能力，約六絕對可能勝任拜占庭的皇帝之位，即使是拜占庭全盛的時候。不過他也是屬於有八字不適合這個國家的。在他任內，先是黑死病，應該說，黑死病對海洋國家的影響要比對內陸國家大得多，所以這場瘟疫差點把拜占庭折騰垮，但是對他的主要敵人，保加利亞人、塞爾維亞人、土耳其人，並沒有太要命的損傷。此消彼長，拜占庭就處於弱勢了。

後來的事證明了拜占庭的權力爭奪絕對不能手下留情。約五憋著一肚子氣在約六的勢力中長大了。

約六被巴爾幹半島折騰得頭暈，就把幾個重要的部分分封給自己的兒子和女婿約五。約五在封地上的主要活動就是襲擊近鄰的大舅子。約六當然是站在兒子一邊，看到約五拉了塞爾維亞人幫忙，他又非常習慣地叫上土耳其人去巴爾幹打架了。

由於土耳其的幫忙又贏了，約六覺得，這幫人可真好用啊，所以將這支盟軍就留在色雷斯當地，預備隨時派用場。一三五一年，色雷斯地區地震了，海峽要塞加里波利的城牆被震塌了。土耳其人就在邊上看著，心想：天予不取，反受其咎。於是順手就將這裡佔領了。約六好說歹說，求爺爺告奶奶，他們還就是不走了。這一下，拜占庭人明白了，引狼入室的故事再次上演，約六就是個賣國賊。

約五發現約六的名聲急轉直下，馬上聯合熱那亞人，在君士坦丁堡秘密登陸，首都的黨羽跟他會合後，開始逼宮。約六在兩個星期後退位，也成為了修士。這段時間老楊喜歡，雖然內戰打得厲害，但是好久不見刺瞎眼睛的惡性事件發生了。約六保存了視力在修道院寫了一本著名的回憶錄，成為研究當時歷史的重要文獻。

約五實在沒有沒有約六的能力，人家在世能治國，出家能寫書，而約五做皇帝生涯，基本可以用一個字：「衰」，來形容。

38

卻說奧斯曼土耳其其已經進入了巴爾幹，並佔領加里波利，使之成為大展宏圖的橋頭堡。一三五九年開始，土耳其各部就開始大規模向歐洲搬家，當然都在君士坦丁堡周邊。

一三六〇年，穆拉德登基了。這位就是大名鼎鼎的穆拉德一世，歷史書上說，他是奧斯曼土耳其實質上的奠基者。

一三六一年，君士坦丁堡的屏障亞得里亞堡失陷。穆拉德做了一件大工程，他把首都從之前的尼西亞城搬到這裡來了！亞得里亞堡此時便改名為埃迪爾內。基本上，如果穆拉德做飯的時候打開窗戶，又碰巧颳西北風，約五可以直接知道這位穆斯林的鄰居晚飯吃什麼。

穆拉德既然過來了，當然不是來建設和諧社區的，馬其頓人、保加利亞人、甚至匈牙利人在巴爾幹你死我活爭了這麼多年，全都不夠土耳其人一勺燴的。很快，這幾個老住戶就向新來的業主交保護費了。

約五此時還不知道著急，他有其他的鬧心事，比如他還跟保加利亞打仗。為了拉援手，約五親自造訪匈牙利。這可是個破天荒的事，拜占庭的皇帝除了打架，這種求人的事一般很少自己出差的。誰知從匈牙利回來，要穿過一段保加利亞的領土，他被保加利亞的國王拒絕通過。其實此時保加利亞的駙馬爺就是約五的大兒子，安德洛尼卡，他就是不鬆口讓岳父放父王回家，約五可憐兮兮地被困在當地。

多虧約五母親的侄子，一個義大利北部的伯爵阿瑪迪奧率領一支十字軍過來。他們是過來攻打加里波利的，居然還收復了。轉頭他們就進攻保加利亞人，解救了可憐的約五。

約五看到十字軍如此神勇，覺得自己有救了，但是羅馬教廷早就告訴過約五派十字軍幫助他前提就是必須皈依天主教。約五當然不能答應，但這次被人救了，加上阿瑪迪奧一路上不斷給他洗腦，心裡就有點鬆動，如果國家危殆了，是不是可以犧牲一下個人信仰呢？

不久，約五真的去了羅馬，當然是在全國人民的鄙夷的目光中，羅馬教皇非常高興地看到他們終於收降了一位拜占庭的皇帝，管他是真心還是被逼，總之現在約五就是天主教徒了。東正教此時不斷地發表通告提醒大家，國王皈依是個人行為，跟整個東正教世界沒有關係，東正教繼續跟天主教對立。

約五以為自己這樣的犧牲可以換來西方世界的支持和援助，誰知道，他更被人瞧不起了。在羅馬辦完儀式，經過威尼斯返回拜占庭，他又被威尼斯扣下了！沒辦法，欠人家好多錢，一直給不出。威尼斯人可一點沒給新加入的同教兄弟面子，教廷也沒說幫他。約五只好答應，割讓一個很重要的島嶼給威尼斯。

威尼斯覺得還不錯，所以去拜占庭找當時的攝政太子爺安德洛尼卡辦手續，誰知這位安德洛太子再次不理他父親，他堅決拒絕威尼斯的要求，並告訴他們，那老頭你們喜歡就一直留著玩吧。幸好小兒子曼努埃爾孝順，砸鍋賣鐵東拼西借搞了一筆錢，把關了兩年的約五贖回家了。

回家的約五日子更不好過，一三七二年，巴爾幹半島上大部分勢力答應向土耳其俯首稱臣，拜占庭當然也不敢落後，承認了土耳其的宗主國地位。也就是說，這幾個平時挺囂張的國家，在不到二十年的時間裡，就被一個初來乍到的游牧民族收拾老實了。作為附屬國，穆拉德外出征戰，這幾個國家要派人派兵跟著。

這一年，約五被穆拉德拉上去小亞細亞陪他打架，他前腳走，後腳他的大兒子安德洛就造反了。

這一次造反可不簡單，安德洛不知道怎麼結交了穆拉德的兒子，索澤斯。這兩個王子湊在一起喝酒，表達了做老二的鬱悶之情，看到兩個老頭那麼精神，還組團出去幹架，都覺得自己這個太子生涯不曉得要捱到哪一年。酒喝高了，就什麼都敢幹了，兩人商量，攜手舉事，你踢走你老爸，我推倒我老爸，咱哥倆一起登基，豈不快哉！

穆拉德多鐵腕啊，一聽說兒子反了，他掉轉馬頭回到家裡就將其打趴下。用笞帚抽屁股肯定是不解氣了，直接刺瞎眼睛吧！看，人家土耳其人就是學得快，剛在拜占庭的土地住下，就學會了他家的手段。

穆拉德辦完了他的家事，就過來找約五的麻煩了。你兒子是我兒子的同犯，搞不好還是你兒子挑唆的，現在我兒子瞎了，你兒子同罪，趕緊刺瞎，另外，你孫子也是同謀，一塊刺！

說了君士坦丁堡有陣子沒見瞎子了，又來了。雖然安德洛是世界上最不孝順的兒子，但是約五還是念父子之情的，更何況，孫子還沒成年，何其無辜？如今穆拉德是約五的主子，他說話不能不服從，只好用技術手段解決吧，反正君士坦丁堡的劊子手有經驗。行刑的結果是，安德洛瞎了一隻眼，而孫子約翰成了一個鬥雞眼。

安德洛和兒子被關進了高塔，約五將共治皇帝的冠冕加給了孝順的二兒子曼努埃爾。幾年後，因為威尼斯和熱那亞在拜占庭問題上的爭風吃醋，安德洛被放出來跟他父親作對。這一場「約翰父子戰爭」就是拜占庭晚年的第三次內戰。安德洛向穆拉德要求援助，支付的價格是十字軍收復的加里波利港。

安德洛成功了，他成為安四，加里波利又回到土耳其人手裡。好景不長，三年後，約五和曼努埃爾又跑出來，也是找土耳其幫忙，並許以另一塊重要據點，讓穆拉德幫著對付安四。穆拉德在家裡都笑抽筋了，這父子三個真是三個活寶貝啊，他非常希望約五父子你關我，我關你這種遊戲多搞幾個來回。

按土耳其人的要求，約五回家，完成剩下的任期，安四和他兒子約翰成為共治君主，並在約五

後繼承王位，穆拉德在這件事上操心太多了，所以割三塊土地回去算作補償。

這第三場內戰算是打和了。安四雖然一直不服，想要啟釁鬧事，可惜他比他爸死得早。他一死，約五又讓曼努埃爾成了繼承人。

三場內戰打下來，別說是一個本來就破落殘疾的國家，就算是正常發展的國家也禁受不住啊。對土耳其人來說，要不要最後吃掉拜占庭只是個時間問題，如同一塊冰箱裡的肉，反正不會壞，就再放幾天唄。對穆拉德來說，他現在特別重視的事，就是肅清巴爾幹半島，讓這些南斯拉夫人徹底臣服。

一三八九年，「科索沃會戰」爆發。在這之前，塞爾維亞人一直沒有對土耳其人表示過真正的屈服，而且在這幾年塞爾維亞一直主導著巴爾幹半島的抗土鬥爭。這場大戰爆發在科索沃平原，這個地方也是個歷史悠久的是非之地了。

穆拉德親自領兵三萬，塞爾維亞只有兩萬軍隊應戰。不過開局時對塞爾維亞非常有利，因為一個塞爾維亞的勇士潛進穆拉德的帳篷，殺掉了這位威風凜凜的蘇丹。土耳其軍隊立時亂了陣腳，側翼還被塞爾維亞人攻破，當時勝利的消息已經傳遍了四方，所有被土耳其征服的斯拉夫人都覺得看到了生命的曙光。

土耳其很快調整過來，巴伊札德火線登基成為新的蘇丹，軍隊也迅速找回了感覺，隨即便取得了勝利。塞爾維亞的君主和貴族重臣全部被殺。即位的後人承諾向土耳其繳納貢品，還派軍隊加入土軍作戰。

拜占庭人每天都驚恐地打聽土耳其人的動向和消息，不知道突厥人什麼時候來敲門。巴伊札德剛上班，更願意拿拜占庭的兩個皇帝當玩具玩。他挑唆著安德洛的兒子也就是約翰七世推翻約五提前登基。約七當然照辦了，不過約五的二兒子曼努埃爾之前反抗土耳其戰敗逃走，現在又回來了。他幫助他父親拿回了王位。

對土耳其來說，誰做皇帝都不要緊，反正都是蘇丹的家臣。約五重新掌權後，巴伊札德要求他把曼努埃爾送到土耳其皇宮當人質。

曼努埃爾算是拜占庭最後時期比較優秀的人物，根據之前的介紹，我們已經知道他至少是孝順的。巴伊札德也看好他，知道他領兵作戰是一把好手，所以下令讓他跟隨出征。這是對一個拜占庭將軍最大的侮辱，曼努埃爾恐怕因此成為拜占庭歷史上最悲情人物，因為蘇丹下令他攻打的，正是拜占庭帝國自己的城池！

一三九六年，約五偷偷摸摸地加固十字軍東征時打壞的海防城牆，這事很快被巴伊札德知道了，他勒令停止施工，並命令將建好的部分全部拆除。蘇丹的意思很明顯了，他幾乎就是再說：「修那勞什子幹嘛啊？回頭我進來多不方便啊，你別費這個事了，等我進來我自己修！」約五已經預見了君士坦丁堡最後的結局，他祈禱上帝不要讓自己看到那一幕，所以第二年幸運地死掉了。

聽說父親駕崩，出征在外的曼努埃爾第一時間潛回首都，他要趕在約七之前取得王位。他成功了。也就是說，拜占庭帝國最後一次內戰的當事人，都過了一把皇帝癮，早知道人人有份，打什麼呢。

曼努埃爾在拜占庭看不到希望的時候接掌了皇位，雖然公認曼二是個天生的君王，有帝王之相。連巴伊札德都說：即使沒人告訴你，曼努埃爾是皇帝，你看他的氣質作派就知道他是皇帝。

不管曼二的能力和個人魅力怎麼樣，這些都不重要了，因為此時的拜占庭，不過也就是君士坦丁堡這一座城市和希臘南部一點地方而已。土耳其人遲遲不動手，主要是那些傳說中如有神助的高大城防，還是挺讓人頭痛的。

曼二上臺後，巴伊札德搞了一次覲見活動。也就是組織所有他佔領地區的皇帝國王首領等到他的宮裡去表示臣服。蘇丹連哄帶嚇，讓所有人都感覺到了性命之虞。而對於曼二，巴伊札德特別優待，他要求曼二將弟弟留在宮中充當人質。

究竟巴伊札德向曼二提出什麼要求不清楚，但是曼二肯定沒答應，接著，巴伊札德就下令封鎖君士坦丁堡的海域。很快城裡就發生了饑荒，幸虧威尼斯商人偷著給送點吃的。

拜占庭的人都知道，如果沒有西方人的援助，君士坦丁堡危殆了。城裡但凡有條件有辦法的人都跑了，那西歐有親戚的幸福了，都拉家帶口投奔去了，沒條件走的，創造條件也要走。約翰七世雖然被搶走了帝位，但是曼二還是讓他成為繼承人，畢竟是自己的侄子。這時候在約七的眼中，那頂皇冠實在沒有意思了，他竟然跟法國國王談判，說是將自己的王位繼承權賣給法王，價格是法國的一幢城堡，和每年兩萬五千個佛羅倫金幣！這可是東羅馬帝國的王位，是帶著無上榮光和輝煌，還葬送了無數性命的王位啊。可就是這樣的賤賣，法王還沒興趣。不過法王看著他可憐，發揚騎士精神，幫著組織了一小股十字軍，居然還衝破了土耳其的包圍圈，給君士坦丁堡帶去了一點物資。

這支十字軍來的最大的作用就是帶走了曼二，他決定親自到歐洲去，拜訪所有的大佬，以獲得需要的援助。

這是拜占庭帝國的君主第一次巡遊似的出訪歐洲，雖然他一點遊覽的心情都沒有。從威尼斯登陸，曼二訪問了義大利，然後是巴黎和倫敦，整個一個歐洲精華遊。此時的歐洲文藝復興已經在醞釀中，而代表著古希臘和古羅馬文明的拜占庭國家元首到訪，自然給整個歐洲的學界、文化界帶來不小的震動。如果君士坦丁堡不是被土耳其人重重包圍，如果拜占庭人不是連溫飽都無以為繼，在這樣偉大的文化變革運動中，拜占庭應該是個生力軍或者先鋒的作用吧。

曼二揮灑的談吐和高貴的氣質征服了西歐那些蠻夷建立的國家，即便是落魄到這個程度，這種羅馬正統的風範還是讓西方人傾倒。曼二收到了最好的禮遇和招待，演講、參觀、宴會生活很豐富，眼看著，被圍城瘦掉的肉統統長回來了。身體上的滋補不能彌補情緒上的失落，自己的首都正被圍困，百姓就快餓死了，自己在歐洲吃得胖胖的，可一點援助也沒要到。這些歐洲朋友全都學會了，曼二一提到有關的話題，他們就打哈哈裝瘋賣傻。口頭支持都很激動，實質出手的一個都沒有。曼二實在沒臉回家，他居然就在法國住下，一住就是兩年！

而這兩年裡，他侄子約七靠著不斷陪小心，巴結蘇丹，維持著君士坦丁堡搖搖欲墜地存在。

曼二是基督徒，他忘了，求那些自私的歐洲佬，肯定不如求上帝。上帝終於憐憫了，自以為無敵於天下的土耳其終於遭遇了更剽悍的對手。

關鍵時刻拯救拜占庭的總是蒙古人，這次來的是帖木兒。

成吉思汗的子孫建立了四大汗國，其中二兒子察合台封的是察合台汗國。十四世紀，這個汗國分成了東西兩部分。帖木兒出生於西察合台汗國。他參與汗王爭位戰，扶持自己的親戚上臺。後來索性幹掉親戚，自己做了汗王，將西察合台汗國變成了帖木兒帝國，他自稱是成吉思汗的後裔，不過江湖傳說，他根本是突厥人冒充蒙古人。

人是假的，帝國卻是真的，帖木兒創下的征服霸業已經不遜色於成吉思汗本人。他征服了中亞和金帳汗國，隨後又進駐了印度，然後席捲了波斯、美索不達米亞和敘利亞。帖木兒的征服都是比較徹底的，他的軍團走過的地方，幾乎寸草不生，更別指望看見活物了。

帖木兒最大的目標是大明朝，他想跟大明帝國打一架試試，但是開打之前，他怕有人在背後使絆子，所以他先清理後背，不幸了，他後背最危險的敵人就是奧斯曼土耳其。

一四〇二年，帖木兒開始進攻土耳其。十五萬的軍隊，主力是騎兵，還有大量的戰象和火器。土耳其在過去幾年做老大做得太久了，已經不記得世界上還有「對手」這兩個字了，但是看到帖木兒這個陣勢，還是覺得不能怠慢。巴伊札德帶著七萬大軍在亞洲部分的中心安卡拉附近設防。

這是一場沒有懸念的戰爭，巴伊札德從歐洲趕回來參戰，氣還沒喘勻，兵力又少得多，幾乎是被蒙古軍隊圍著打，最後全軍覆沒，巴伊札德被生擒。

現在對帖木兒來說，想挺進歐洲佔有奧斯曼土耳其的地盤易如反掌，可是他腦子裡只想著大明王朝，他覺得幹掉那個才有成就感，所以戰勝土耳其後，他並沒有將其一口吃掉，而是轉身離開了。土耳其雖然損失慘重，有好一陣子不能恢復，畢竟得以保全，拍著胸口鬆了一口氣。而更鬆了一口氣的，當然就是拜占庭。帖木兒這一次颶風般地襲擊小亞細亞，幫助拜占庭帝國又勉強維持了五十年的壽命。

土耳其人此時遭受重創，對拜占庭是個絕好的機會，正所謂趁他病要他命。可憐的是，拜占庭居然連打落水狗的能力都沒有了。也可能是被欺負了這麼多年，心裡上已經被徹底打垮了，根本沒想過，正面挑釁那隻穆斯林猛獸，即使是他們傷痕累累的時候。

巴伊札德死後，他的兒子們蜂擁而上搶地盤，誰搶得多勢力大，就能問鼎蘇丹之位。巴伊札德的長子蘇萊曼佔據了歐洲地盤，跟小亞細亞地面上他的兄弟們對戰。蘇萊曼放下了老大的架子，找他父親打殘的拜占庭和塞爾維亞幫忙，這兩家人還真是以德報怨，還真願意幫忙。

這是曼二的鬥爭策略，打雖然是不敢打了，但是玩陰謀詭計的技術還沒丟，曼二覺得，自己只要摻和土耳其的王族糾紛，最後就有機會決定他家的蘇丹人選，搞不好自己可以兵不血刃把這個大敵拿下。

曼二先幫助蘇萊曼，押錯了寶，蘇萊曼被弟弟幹掉了，弟弟上臺討伐仇家，君士坦丁堡又被圍了。曼二隨後又扶持穆罕默德，這次押對了，穆罕默德一世上臺後，感念拜占庭的扶持之恩，要建設睦鄰友好關係。

這一通摻和還算頗有成效，拜占庭拿回了之前被佔領的城市塞薩洛尼基，愛琴海黑海邊的一些島嶼，還免除了對土耳其的貢賦。

第四次十字軍東征時，拉丁人佔領了伯羅奔尼薩島，建立了拉丁國家，後來拜占庭人一邊被土耳其圍得不透氣，一邊還抽空要在那裡搶地盤，這段時間也獲得了最後的勝利，拜占庭的藩國——莫利亞君主國幾乎統一了希臘南部，而且這個海濱小國先被建設得挺繁榮昌盛的。曼二為了保存這顆危難中長出的果實，在科林斯地峽修建了一道長城，把莫利亞小國保存在城牆後面，他代表著拜占庭復興的希望。

這樣安逸的日子靜靜地過了十年，這大約是拜占庭歷史上最後一段陽光燦爛的日子了，很多年之後回想這段歲月，當事人會有宿命的悲劇感，在你以為充滿希望，一切向好時候，原來上蒼已經在你安排了倒數計時了……

40

倒計時鐘究竟是何時開啟的？

一四二二年，那一年，穆拉德接替穆罕默德一世成為新的蘇丹，而且一上臺他就揚言，他會重新啟動土耳其征服的腳步。拜占庭習慣性的辦法就是到土耳其去扶持反對派。

這種做法成功了算是投機，失敗了會死得更慘。這一輪又沒押對，穆拉德二世再次圍困君士坦丁堡，這次不光是圍困，他還開始進攻了。神奇的城牆再次保全了城市。穆拉德久攻不下，弟弟又在國內作亂，他只好放棄收兵。這口惡氣憋著沒出來，穆拉德掉頭進入希臘南部，摧毀了曼二在科林斯地峽修的長城，莫利亞王國被他蹂躪了一番。

拜占庭不敢囂張了，趕緊要求恢復對土耳其的貢賦，之前趁老大身體不好收復的那些城市，打掃乾淨還給穆拉德。

拜占庭的第二大城市塞薩洛尼基就更慘了，曼二的兒子知道這地方守不住，趕緊轉手給威尼斯人。威尼斯人與土耳其商量價格，每年進貢以保全該城，貢了幾年，即使是威尼斯這麼有錢的地方也支持不住了，算了，養不起了，送給土耳其吧。

曼二在一四二五年去世，將一個幾乎解體破產的衰敗小國留給了兒子約翰八世。

約八一上臺，他第一考慮的事只有西方人才能救拜占庭。天主教廷早就發話了，教會統一，西歐就發十字軍過來幫忙；不同意統一，你就自己跟土耳其玩吧。

曼二臨死前，最重要的遺言就是告訴兒子，統一是肯定不行的，但是可以運用智慧去跟他們談，忽悠他們，調戲他們以達到目的，如果真的統一，約八將面臨更糟糕的局面。

拜占庭和天主教廷的關係，就如同台海關係，看誰智慧高，看誰能玩過對方。約八帶著談判團進入了羅馬，基督教歷史上最重要的談判開始了。談判就是扯皮，教宗說，你簽字畫押，我幫你組織十字軍；約八說，你先幫我打跑土耳其人，我就簽字畫押。

這種扯皮的結果肯定是沒有生命危險的一方勝利，拜占庭隨時在土耳其的圍困之下，朝不保夕，哪裡有心理優勢跟教皇纏鬥啊。一四三九年，一年扯皮結束，拜占庭答應了羅馬教廷的大部分要求，在天主教主導下，兩教統一並昭告天下。這是一二七四年的《里昂和解令》後的又一份統一文件。

天主教世界自然是歡欣鼓舞，說這是一次成功的大會，勝利的大會，鼓舞人心的大會，繼往開來的大會，但是在東正教的世界裡，這毋庸置疑是一次失敗的大會，背叛的大會，垂頭喪氣的大會和前途慘澹的大會。拜占庭遭到了整個東正教世界的鄙夷和唾棄，他家原本在東正教世界的統治地位也土崩瓦解，老盟友俄羅斯直接宣布跟拜占庭斷絕關係。

外國人都氣不過了，本國人就更不能接受了。君士坦丁堡的教會肯定是不接受這個文件的，城裡又鬧得不像話。當約八極力解釋這樣做是為了挽救整個城市和國家時，拜占庭的百姓居然說：「寧可看到穆斯林的頭巾，也不願意看見羅馬主教的冠冕！」沒辦法，上次拉丁人進城，給老百姓留下的印象太惡劣了。

約八得罪了不少人，還有損臉面，如果能真正得到西方的幫助也值得了。沒有，教宗光顧著炫耀自己的功績呢，況且現在十字軍徵兵工作也不那麼容易，約八左等右等也不見教宗派兵過來，他顯然是被涮了。

羅馬教廷的十字軍派不出，有些民間力量還是努力了一下。匈牙利被土耳其打得受不了，忍無可忍，召集了塞爾維亞等國家的人馬組織了一支兩萬五千的十字軍，跟土耳其人過了幾手，居然還佔了些小便宜。但是這幫烏合之眾各懷心思，都是以自己的利益為先，打到一半，認為自己利益得到滿足的，就中途撤走。一四四四年瓦爾納決戰，不能不說是慘烈異常，血肉橫飛，十字軍全部被殲。

這一仗讓西方世界更確定了自己的想法，跟土耳其打架是沒有好結果的，派多少人過去也是無謂的犧牲，算了，別去蹚這路渾水了，明哲保身吧。從此時可以說，約八在宗教問題上的讓步沒有為自己帶來任何收益。

一四四九年，一月六日，君士坦丁被加冕為新的拜占庭皇帝，他是君十一，他在陽光燦爛的地中海濱接過了這個千年帝國的御璽，海上的熏風吹起他的紫袍，所有人都覺得他會是個好皇帝。

君十一是拜占庭帝國的末代君主，是這卷故事最後的男主角，與他對應的大反派也上場了，一四五一年，穆罕默德二世即位。

穆罕默德二世的媽媽可能是基督徒，先蘇丹的諸多后妃之一。但是他本人是很虔誠的穆斯林。這是位博學多才的蘇丹，據說會講六種語言，包括已經消失的波斯語。他說他學波斯語的目的完全是為了殺時間。雖然傳聞他個性比較激進，但是他對西方的文學藝術是不排斥的，尤其精通拉丁語和希臘語，對於兩個羅馬帝國歷史上的重要典籍，他都涉獵瀏覽，還經常邀請西方的學者藝術家去他宮中作客交流。不管穆罕默德在西方歷史上被描繪成怎樣的暴徒，這位征戰一輩子的馬上君主，是公認的知識份子。

但，對於他乖張偏激的性格也介紹很多，比如，有一天他想吃剛摘下的羅馬甜瓜，結果放在御膳房等著上桌時，甜瓜被偷吃了，當時御膳房當值的都是十來歲的小童，蘇丹審問無果後，就下令一個個剖開這些小童的肚子，終於在剖到第十四個肚子時，找到了甜瓜。還有一次，新兵剛入伍，看到蘇丹隨身的女奴美麗出眾，有點眼發直，蘇丹為了向軍士們證明自己不是個流連女色的統帥，一把抓過女奴，當眾砍掉了她的頭。

穆罕默德一上任就顯示出巨大的野心和進取心，實際上，在他父親當政時，他就已經替班做過兩次代理蘇丹了，上面說到的匈牙利十字軍的瓦爾納之戰，剛開始土耳其有些怯戰，就是穆罕默德給他父親寫了一封措辭嚴厲的指責信，將他逼上戰場贏得了勝利。

登基第一年，穆二就率領一支軍隊巡視了整個亞洲的領地，他要去歐洲實現理想，必須要先穩定亞洲這個大本營。前幾任蘇丹養著一支有七千人的獵鷹隊伍，以供娛樂，穆罕默德上任後，馬上予以解散，將這些人充實到部隊中。

穆二後來有個「征服者」的綽號，但因為剛登基時才二十歲，所有人都覺得這小毛孩子能掀起多大的浪呢。正好當時君十一兩個老婆都死了，有人建議，讓君十一娶了穆二的寡婦媽，兩家繼續友好。穆二的反應是既沒同意也沒拒絕，還非常客氣地說，不管聯姻與否，兩家都可以繼續睦鄰友好。

對於穆二說友好，君十一是不太敢相信的，因為他聽說，穆二剛即位的時候，一邊安慰新寡的老媽，一邊將自己襁褓中弟弟溺死在浴缸裡。

老楊囉囉嗦嗦扯很多無關的閒話，不過就是想延遲悲劇的來臨，從古希臘開始跟隨整個羅馬帝國走過一千年的沉浮，到現在，竟然讓老楊這個無關的人產生了強烈的遺憾和不捨，歷史的前進是不會停止的，不管老楊再寫出多少廢話，該來的總是會來……

41

一四五一年，在亞洲整理完瑣事的穆二到了亞得里亞堡，他在歐洲以蘇丹身分下達的第一條指令是，在博斯普魯斯海峽的西岸建一座城堡，這個未來的要塞距離君士坦丁堡大約五里。早在一三九七年，穆二的爺爺在海峽的東岸已經修了一座堡壘，如果西岸再來一座，整個海峽的入口就被土耳其人卡死。

君十一派人帶了大批禮物過去打商量，穆二很冷漠地告訴他們：「俺在俺自己的土地上，想建啥就建啥，想修啥就修啥，你家忘了，頭兩年，你勾結匈牙利人操俺家後路，西歐那些戰艦就堵在這個海峽口，兩頭夾擊俺家，俺絕不許這事再發生了，另外，俺要正式通知你們一聲啊，俺要做的事會超過俺祖輩的理想！」

就這樣，君十一只好眼巴巴看著穆二拆掉當地的修道院和教堂，一座異族風格的堡壘拔地而起。從此，君士坦丁堡和黑海的聯繫就算是切斷了。

隨後，穆二開始跟鄰居們談判。土耳其多少有點忌諱威尼斯的海上力量，而且幾次圍城都是威尼斯偷偷送物資讓圍城無果而終。穆二跟威尼斯談判，如果威尼斯想要幫助拜占庭，那土耳其就馬上跟熱那亞結盟，然後先打威尼斯。威尼斯人是商人，這種威脅一般是管用的，我幹嘛要犧牲自己去幫助拜占庭，以後還有用得上土耳其的地方啊。威尼斯答應中立；隨後穆二又找匈牙利，問他家，土耳其想到多瑙河上建城堡，看行不行？匈牙利當然說不行，穆二說：不建也行，土耳其預備找君士坦丁堡的麻煩，你家能不插手不？匈牙利使勁搖頭，說，這不關自家的事，讓穆二陛下只管盡興。用同樣的辦法，土耳其身後那些國家都同意只當觀眾，必要時還會為蘇丹鼓掌叫好。

這些事準備下來沒花太多工夫，但是最困擾穆二的中心問題總是得不到解決，那就是，如何攻破君士坦丁堡的城牆。

歷史往往會因為一些小人物的小事情改變，在這種變局的時刻，起關鍵作用的小人物就出現了。

話說君十一剛登基，有人到宮廷裡來找工作。這是個匈牙利人，名叫烏爾班。這人專業技能是造大炮。

對，十四世紀的歐洲已經出現大炮了，這個要感謝中國人的火藥和火器技術，蒙古帝國軍隊西征的時候，那些大炮讓歐洲人開了眼，他們很快就學會了。不過這個時候的大炮還比較山寨，發射的不是炮彈，而是大石彈，就像是更先進的投石機。

君十一不是個粗人，他非常清楚烏爾班造出來的東西是非常有用的。所以他非常客氣地留烏爾班在君士坦丁堡上班。烏爾班是個外國的工程師，來君士坦丁堡上班自然是希望有一份滿意的待遇，最好是享受國家級的科技津貼。可憐君十一是個窮光蛋皇帝，君士坦丁堡是個窮得叮噹響的大城市。別說獨立研究津貼了，連烏爾班的工資都經常開不出來，時間長了，烏爾班就開始找獵頭，預備跳槽。

烏爾班顯然是個國際主義者，沒有宗教國界的限制，誰需要就為誰服務，或者說，誰給錢誰就是同志。烏爾班的到來讓穆二大喜過望，他感覺這個傢伙一定是阿拉派來的，雖然明知道他是個天主教徒。

穆二問他，你造的東西能不能擊穿君士坦丁堡的城牆，當時烏爾班的回答非常牛：「我研究過那堵牆了，別說是它了，就算是傳說中的巴比倫城牆，我也能造出炮來打穿它！」

土耳其的實力就是不一樣啊，烏爾班一簽完聘用合同，亞得里亞堡已經為他準備了一家鑄炮廠。廠區裡挖出了巨大鑄造池，融化青銅，再將銅液倒入模具，這樣浩大的工程，這麼奢侈的投入，君十一恐怕想都不敢想。

砸開模具那天，所有人都驚呆了，出現在所有人面前的，是一個恐怖的青銅怪物！炮管長度超過五米，厚度二十釐米，口徑近八十釐米，整個炮身重達十七噸！穆二馬上下令進行試射，為怕引起恐慌，還提前發布了通告。裝填的過程好像非常複雜，在所有人快要不耐煩的時候，一聲巨響，六百公斤重大石球呼嘯而出，落在一里之外的地方，砸出一個六尺深的大坑，而那個石彈完全被埋在土層之下。

這一炮打通了穆二的任督二脈，他渾身舒爽，而且知道，神功已成，可以爭霸天下了。

這個大傢伙的運輸是個問題，基本上，這是個有錢就能辦到的事，三十輛大車組合在一起，將大炮放上，然後用六十四牛來拉動，每邊有兩百人來保持平衡，兩百五十名工匠專門負責鋪路搭橋，保證行進路面平整。從工廠到戰場，距離大約是一百五十里，這輛大牛車，走走整整兩個月的時間！

烏爾班獲得了想不到的報酬，穆二以他為中心建立了一支炮兵部隊，烏爾班開始訓練他們裝填發射以及應付突發狀況。

一四五二年底，穆二覺得，一切都差不多了，卡在亞歐之間，正好是奧斯曼帝國心臟位置的這座偉大城池在向他招手，對君士坦丁堡的渴望，已經讓穆二在多少的日子裡輾轉難以入眠，現在，終於要動手了，不管之前有多少人鎩羽而歸，穆二相信，真主會保佑真正的穆斯林戰士！

一四五三年的一開春，土耳其人就開始掃蕩君士坦丁堡的周邊，態度不錯，只要投降就可赦免，只要反抗一律砍頭。周圍的小城市和小島嶼都受到一樣的警告，進入四月，城外已經是土耳其人的天下。

一四五三年四月初，土耳其的軍隊陸續開到君士坦丁堡城下，一線排開的大軍中間夾雜著猙獰的巨型大炮。蘇丹的御帳已經支起，掩護在一條深壕之後。大概估計，這次蘇丹帶來的人馬超過二十五萬。海面上，三百多艘土耳其戰船封鎖了海峽要道，土耳其的海軍力量不算強，真正的戰艦很少，大部分是補給船。

在這最後的時刻，讓我們用同情和崇敬的目光好好打量這座千年古城吧。當初君士坦丁大帝走遍歐亞很多城市，選擇一個新的都城，他最後看中君士坦丁堡的原因，就是這易守難攻的地勢。

君士坦丁堡實際上近似一個三角形，西邊最長的邊向色雷斯平原開放了一個大喇叭口。著名的君士坦丁堡城牆就在這一線。城牆內外兩層，內牆高十二米，厚五米，以石灰岩建造，中間夾著許多磚帶，以保證其對地震的抵抗。外牆高八米，全部是花崗岩砌成。兩座城牆都各有九十六座塔樓，塔樓間距五十五米，能產生非常密集的交叉火力，兩座城牆外是護城河，寬二十米，水深十米，河內側有一道專門用於射擊的圍牆。主城牆共有八道城門，經過土耳其人的研究，而其中有一座叫做聖羅曼努斯的大門極其延伸的圍牆是整個城防最薄弱的部分，所以，進攻時，穆二將大量的火炮都集中在這個位置。

君士坦丁堡的另兩條邊南部瀕臨瑪爾馬拉海，都是陡峭的崖壁，歷史上好像沒有這麼傻的敵人選擇從這裡進攻，但是拜占庭也沒有疏忽，峭壁之上，也建有堅實高大的城牆。北部則是著名的金角灣，進入金角灣，這一段的海防城牆比較薄弱，之所以敵人們都喜歡水陸並進，就是覺得這是一個比較容易的突破口。不過進入金角灣並不容易，金角灣的大門口被拉上碗口粗的巨型鐵鍊，鐵索橫江，上面還鋪有浮筒，加上這個門口比較窄，一受阻，就容易被灣內的戰艦襲擊。第四次十字軍東征是怎麼從這裡進去的呢？人家不是帶著內奸，還裡應外合嘛。

穆二在城外排兵布陣，君士坦丁堡的人在幹什麼呢？被圍在城中的居民超過十萬人，但大多是留守老人或者婦孺，大家想想都知道，圍城之下，有點辦法的早逃走了，留下的都是沒用的了。

君十一秘密地派人去統計，看看有沒有願意跟他一起拼死守城的。內廷總管帶回來的數據讓皇上抽了一口冷氣，有四千九百七十名的君士坦丁堡男人願意用生命保護首都。這個消息可不能讓百姓知道，只能告訴大家，皇上安排了充裕的守城部隊，必然會讓土耳其人碰一鼻子灰。不過最後關頭，還等來了一支盟友，熱那亞人查士丁尼帶了兩千名國際主義戰士過來加入城防，現在陛下有七千人了，可以戰鬥了。

君士坦丁堡的老百姓對於有人攻城並不陌生，但是在他們心目中，城牆根本是不可能攻破的，所以雖然城外人聲鼎沸，旌旗獵獵，他們知道，只要守住圍牆，過一陣，城外這幫人自動就走了。

饒是有心理準備，四月六日土耳其人正式進攻時，君士坦丁堡的民眾還是被嚇壞了，因為沒聽見過這麼大的動靜啊。對，烏爾班的那些大炮正在發射巨型石彈。

各種型號的大炮一字排開，連續對著一段城牆攻打，這工程真不是蓋的，雖然是石屑漫天，響聲如雷，但是要打穿或者打倒城牆，幾乎是辦不到。而烏爾班大炮裝填麻煩，總是趁著這邊裝填空檔，那邊就將之前打壞的小缺口補上了。

好不容易推進到護城河畔，穆二下令填平它，開闢出進攻道路，誰知這個工程根本沒辦法進行，因為頭頂上火力太猛了，真的是火力猛，因為守軍一直用希臘火。填平壕溝不可能了，穆二決定挖地道，這個辦法更臭了，這個地區下面都是岩石，挖半天前進不了幾米，對方埋點火藥，就把這些土行孫炸上天。

把攻城塔車開出來吧。車上築起塔堡，外面包著三層厚厚的牛皮，開射孔，車上有炮火和弓箭手，還有一架用滑輪升降的雲梯。只要這種攻城塔車推到城門邊，一座吊橋搭上對方的城樓，就可以突擊致勝。結果這些塔車都成了希臘火的靶子。

攻城戰一鼓作氣，氣貫長虹地打了十天，城外的土耳其人屍體堆積成山，穆二必須宣布進攻暫停，他需要重新評估對方的防禦。

穆二可以休息，君十一卻不敢休息，攻擊都是在白天經常，夜晚他都用來檢查城防，那些地方被打壞就趕緊組織人力修補。每天早上的畫面都讓穆二很絕望，因為頭天打壞的部分，居然又完整如初了！穆二怎麼也想不到，一夥不信阿拉的人能創造這樣的神蹟。

城牆一時攻不破，但是城內需要食品藥品和武器的補充啊。熱那亞人夠意思，準備了五船物資，預備給送過來。在金角灣口，這五艘船看到了密密麻麻的土耳其艦隊，他們用一個新月陣，將整個海面封鎖。

接下來的畫面算得上是君士坦丁堡圍城戰的經典畫面，這五艘熱那亞船隻跟土耳其的新月陣對峙了一會兒後，居然一起發出衝鋒的歡呼，藉著海面上強大的風力，竟然全速向土耳其的艦隊正面撞過去。這是來自航海共和國最先進的戰船，龐大堅固，船頭配有炮火，還有希臘火。土耳其對海軍建設一直不夠重視，以至於他家的船隻雖然多，大部分是些中看不中用的小木船。看著對方的戰艦居然有這樣的速度和火力，新月陣開始鬆動，散亂。穆二親自到了岸邊，一會兒喊、一會兒罵、一會咆哮，指揮軍艦向熱那亞的船隻進攻。不論是硬體設備，還是戰術水準，熱那亞的海軍都高出太多了，憑藉高超的水上技術，三艘船隻成功地越過封鎖線，進入金角灣下錨，為彈盡糧窮的君士坦丁堡帶來了新的希望和勇氣。

穆二叫啞了嗓子，也沒起到效果，一氣之下，讓四個奴隸將海軍司令按在地上，他親自動手給了一頓廷杖。

陸上受挫，穆二決定發動海戰，強攻金角灣，可又破不了對方的鐵索橫江。穆二還是有辦法，他想到了金角灣對面的加拉塔。穆二想，如果艦隊上岸，從加拉塔鎮繞行，就可以避開鐵鍊，進入金角灣了。加拉塔鎮現在是熱那亞的殖民地，由一幫熱那亞商人鎮守。穆二知道，對商人來說，什麼事情都是可以商量的，穆二跟他們商量的事是，借道！

熱那亞商人果然是好說話的，收了錢之後讓土耳其人自便，而且這些熱那亞人也想看看，到底艦隊怎樣從陸上借道。

很簡單，整平道路，鋪上滾木和木板，木板上擦滿羊油和牛油，將船隻拉上岸。找到金角灣旁一個高地，將船隻拉上去，然後順地勢鋪好木板一直延伸到海中，船隻從高處滑行而下，直接就進入金角灣深處了。

這樣說很容易，進行起來是驚人的，因為整段路超過一公里，能想像戰艦在陸地上行走一公里需要付出的力氣嗎？

穆二還真做到了，船隻一進入金角灣，就搭設了浮橋，土耳其人開始進攻海防城牆。

這個事是把君十一嚇慌了，他也顧不上研究這些穆斯林是怎麼飛進來的，他必須從西部防線調集大批人力過來防守這裡。好在拜占庭艦隊也不是吃素的，在金角灣不斷打擊土耳其的船隻，讓他們的進攻威力也總不能發揮到最大。

此時應該說，這一場攻城戰進入非常艱難的相持階段，對雙方來說，都有放棄的理由。君十一向穆二請求和談，穆二已經打紅眼了，他說：「這座城市我勢在必得，如果不能戰勝它，就讓它戰勝我！」堅持了一個月，君十一也不願投降，雙方都知道，這一戰必定會以一方的死亡為終結。

一轉眼，君士坦丁堡已經被攻擊了五十多天，時間來到了五月底。城中已經消耗到了極限，所有的物資所有的資源都被用來幫助守城，而城裡的居民都明白，這次非同小可，城破之日，就是國破家亡之時，他們想到了，他們是羅馬人，是這個世界上最後的羅馬人，他們守著世界上最後一片羅馬故土，羅馬人視榮譽超過自己的生命，即使最後的結局已無法改變，他們希望用羅馬人最榮耀的死法來了斷，那就是戰死沙場。

君十一幾乎是不眠不休地每天行走在城牆上，絢麗的紫袍在塵埃硝煙下已經看不出顏色，但是守城的人都知道那是皇上，因為他一直高貴而淡定如靴子上那隻金色雙頭鷹，拜占庭的百姓似乎看到，凱撒、屋大維、君士坦丁那些英雄的先帝們的身影隱隱出現在皇帝的身後，支持他的身軀格外高大挺拔，有神一般的威武。

穆二是個雜家，博學雜收的，什麼都會一點，最喜歡的是占星術。根據他夜觀天象，掐指一算，他認為君士坦丁堡城破之日應該在五月二十九日。

五月二十八日晚，穆二在軍營開始做戰前總動員，這種動員是很容易的，基本不用演講稿，只需要說，城破之日，所有人狂搶三天，想幹什麼都不犯紀律，就能收到最好的效果。城中很快就收到了土耳其人高漲的情緒，「阿拉是唯一的真主」的呼喊聲響徹雲霄。

在君十一的皇宮裡，皇帝也召開了戰前動員會，都知道第二天是決勝局了，再堅持也打不動了。可憐的拜占庭皇帝沒有任何好處和利益可以許給手下，他唯有承諾，會跟所有人一樣戰死！拜占庭的戰士們抱在一起痛哭祈禱，然後擦乾眼淚，進入防線，最後檢查那些剛被維修的防禦工程。

五月二十九日的晨曦伴著土耳其的衝鋒而來，驚天動地炮聲、號角聲、鼓聲海嘯般地席捲著君士坦丁堡的所有防線。為了防禦比較薄弱的金角灣，拜占庭本地的戰士都被調防，而西線就全部留給了來自熱那亞的自願軍。

穆二分析得不錯，聖羅曼努斯門的確是整條防線最脆弱的位置，在炮彈的連續攻擊下，已經出現了明顯的缺口，而守軍因為人手不夠，已經越來越不能及時補上這些缺漏。

但是，引發最後潰敗卻是熱那亞志願軍的首領查士丁尼，一支飛箭擊穿了他的盔甲，讓他流血，其實並沒有穿透他的身體，傷勢不重，卻讓他非常驚慌，他堅持離開自己駐守的位置，找個醫生檢查傷勢。隨後，他居然順著土耳其人剛剛打開的缺口跑出去溜走了！這傢伙後來跑到附近一個小鎮，苟且偷生了幾天，受盡良心的折磨而死。

主將臨陣脫逃，熱那亞兵團立時傻了，本來這種守城戰就是靠效率，絕對不能停頓鬆懈，而且人手有限，一個蘿蔔一個坑，哪個位置走神都成為敵人破城的缺口。熱那亞兵團醒神後，大部分追隨首領行動，一個接一個都跑了，他們駐守的防線成了空檔。連續的炮火很快讓這段城牆成為廢墟。

君士坦丁堡城破，大炮顯然是立了大功。不過烏爾班大炮不能算是完全成功的產品，那麼大的炮彈出膛，產生的熱量，對炮管金屬的要求非常高，當時的冶金技術還不到需要的水準，所以每次發射，炮管都會出現細小的裂縫，然後越來越大，甚至炸膛。烏爾班是戰場上最忙的人，他恨不得長出八隻手來，可他的超級大炮一天也只能發射七次。後來匈牙利人想出辦法，用小型火炮在城牆上先打出兩個點，然後大炮發射，與前兩個點構成三角，牆體立即倒塌，非常有效。

烏爾班給奧斯曼土耳其幫了這麼大的忙，他也沒等到戰後論功行賞，因為他的大炮炸膛，他被當場炸飛了。如果這一場君士坦丁堡的攻防戰真是所謂的「聖戰」，那麼烏爾班的死顯然是某種因果。

天大亮時，土耳其的旗幟已經插上了君士坦丁堡的城牆，而土耳其軍隊蜂擁進城。城中的老百姓沒有放棄，他們跟入侵者進行了巷戰。既然那樣堅實神奇的城牆都塌陷了，我們就更不能指望城中的婦孺能創造奇蹟了。

君十一呢？城破之時，他脫下紫袍，跟衝上來的敵人肉搏，寡不敵眾，皇上被一些不知道姓名的土耳其小兵亂刀砍死，屍體也被壓在亂石堆裡。

羅馬歷史上，戰死的皇帝不多，而君十一肯定是最悲壯的一個，他是拜占庭帝國最尊貴的陪葬品，他領導的這一場艱苦卓絕的守城戰，感天動地，氣壯山河，應該說是給了波瀾壯闊的羅馬歷史一個最淒美最華麗的謝幕。

42

其實應該結束了，不過防止聽故事的會習慣地問：「後來呢？」，所以就交代一下後來的故事。

當天的晚些時候，穆二帶著隨從們進入了君士坦丁堡。這裡經過十字軍的糟蹋，早就沒有當年的榮光，可就是現在這個破敗頹廢的狀態，還是讓蘇丹驚歎。那些高大精巧的建築、教堂、街道，濃濃的拜占庭風情，都讓穆二很享受很愜意。看到有人在索菲亞教堂的臺階上敲大理石，他立即上去制止。現在這裡是他家了，他不容人破壞。

他現在最鬧心的是君十一的下落，生不見人死不見屍是挺危險的，有兩個士兵過來宣稱，皇帝是被他兩殺死的。後來清理屍體，有一具屍體的鞋子上繡著金色的雙頭鷹，雙頭鷹是拜占庭的國徽。看來皇帝雖然脫下了紫袍，卻忘記換鞋。經過公示，君士坦丁堡的俘虜們認出，這就是聖上，穆二懸著的先才放下來。

穆二對這位對手是敬重的，尤其是城破之後，他發現這樣神勇異常的守軍只有區區的幾千人。他下令，讓君十一享受一個帝王該有的葬禮禮儀。

陸陸續續，那些運送贓物的大船開始出海，土耳其人要把出差羅馬帝國的紀念品運回故鄉，大小船隻吃水很深，航行得非常緩慢，故鄉的親戚們人人有份，絕不落空。

看著手下人搶得差不多了，穆二下令全部收手，打掃街道，整飭民居，丈量土地，興建新宮，蘇丹搬過來辦公了，這裡以後是奧斯曼土耳其的首都，從此改名伊斯坦布爾。客觀地說，穆斯林進城也燒殺搶掠了，但是適可而止了，大部分的居民沒有受到傷害，後來穆二帶著班子正式進城時，還受到了部分居民的歡迎。也就是說，十字軍和穆斯林分別攻佔過兩個城市，耶路撒冷和君士坦丁堡，從進城後的表現看，穆斯林人品好多了，老楊稱之為，東方人的風範。

穆二更了不起的事就是，他進城後保全了東正教，他甚至還指定了新的教長，不過不能在聖索菲亞大教堂上班了，因為那裡現在是清真寺了。他還讓新的教長將基督教的典籍翻譯成土耳其的文字，以方便土耳其人的了解。

穆二隨後進攻了希臘南部和黑海南部的兩個藩國，所有拜占庭血系的王國被全部撲滅。而跟拜占庭較勁了幾個世紀的那幾個國家也都被土耳其吞併，塞爾維亞、波士尼亞、阿爾巴尼亞，再加上之前的保加利亞，一起被整合在奧斯曼土耳其帝國的版圖裡，成了一家人。早知如此，當初何必？是非成敗轉頭空，青山依舊在，幾度夕陽紅……

國家消失了，拜占庭的皇統沒有滅絕，君十一的弟弟帶著兩個兒子和一個女兒來到羅馬，托護於羅馬教廷。這三個孩子在父親死後由教皇撫養長大，而其中蘇菲亞公主更是知書達理，容貌出眾。當時西歐有不少王子向她求婚，她都沒有答應，她是個堅定的東正教教徒，不願意跟天主教徒過日子。

土耳其拿下君士坦丁堡，如日中天，西歐都在擔心他的擴張沒有人可以遏制。而教皇想到了俄羅斯，雖然當時的俄羅斯不過是個剛剛進入文明社會的蠻荒小國，教皇卻看到了他家的前途，正好當時的大公伊凡三世是個鰥夫，教皇就想到讓蘇菲亞嫁入俄羅斯。

因為教會合併的事，俄羅斯已經宣布不和拜占庭玩了，不過這個國家幾乎是作為拜占庭的第一粉絲成長起來的。拜占庭所有的一切都讓這家人豔羨，而五百年前，安娜公主嫁入羅斯公國更是史上最大的盛事之一。這次聽說又有一位拜占庭公主要屈尊嫁到這苦寒之地，俄羅斯上下怎能不歡喜呢。

蘇菲亞也是憋著一肚子的亡國之恨，她要找地方讓拜占庭帝國延續，可她一個弱女子又能有什麼辦法呢，所以出嫁時，她將帝國的雙頭鷹標誌帶在身上，然後慎重地交給新郎，告訴他，讓拜占庭在這片寒冷的大地上重生。從此伊凡三世就以拜占庭的繼承人自居。蘇菲亞為俄羅斯帶來了東西方的文明，幫助俄羅斯建立了新的政府體系和管理模式，讓俄羅斯從此走向強大。而俄羅斯，偶爾也被人成為「第三羅馬」，如果非要找一個羅馬繼承者，俄羅斯就算是了吧。

面對君士坦丁堡的陷落，西歐那些騎士們什麼反應呢？激憤啊，後悔啊，傷心啊，傳說後來這些騎士們開舞會、茶會、沙龍的時候，經常會討論到這件事，然後大家象徵性地發個毒誓，說是有生之年一定要再組十字軍，收復東羅馬等等諸如此類。發完誓了，大家酒照喝、妞照泡、舞照跳，土耳其人依然在東邊哈哈笑。一四八〇年，土耳其還攻打了一次義大利，把西方人嚇壞了。

君士坦丁堡失陷對世界歷史的影響是巨大，到底有多大，不知道，這個課題幾乎是歷史學者的一個獨立研究項目了。

一般認為，最大的影響是兩件事，第一件，文藝復興。有人說，君士坦丁堡陷落，城中的希臘學者帶著古希臘、古羅馬、流傳下來的珍貴典籍、資料進入義大利，引導了文藝復興。這麼說義大利人肯定不同意，文藝復興最早在十三世紀末就已經開始萌動了，那時候，君士坦丁堡還在呢。拜占庭最後那百來年，國內天天雞飛狗跳的，很不太平，學者們提前搬家到義大利去了也說不定。不管是不是拜占庭人幫著開的頭，君士坦丁堡的淪陷肯定是推動了文藝復興，起到了煽風點火添油加醋的作用。

第二件，就是大航海時代，以及地理大發現。土耳其人堵在亞歐之間，以後去亞洲做買賣還要經過穆斯林的地盤，搞不好要交路橋費、人頭稅啥的，西歐人沒辦法，只好繞遠路，從非洲兜個圈。這個說法最近也有人駁斥，說是不管君士坦丁堡有沒有陷落，開闢新的航線都是歷史發展的必然。

歷史問題的爭執是最沒有意義的，因為沒辦法檢驗真相。如果未來發明了時光儀器，我們也不見得敢穿越回去看個究竟，因為當時當地，實在太亂了，太危險了。

但是有一個影響是肯定的，伊斯蘭教進入巴爾幹半島，和基督教產生衝突，使巴爾幹半島成為世界上最兇險的是非之地，到現在還不適合居住。

43

上篇已經是結局篇，但是這篇，一定不是狗尾續貂，之前我們被那些連綿不斷的宮廷陰謀與諸國混戰弄亂了思路，以為羅馬帝國就那點子破事了，其實，羅馬帶給世界的影響首先是人文方面的，雖然帝國是永遠消亡了，可它的文化卻留下來，並得以繼承傳揚，極大影響改變了人類的審美，而有些經典的痕跡，現在還隨處可見，這一篇老楊專門說說拜占庭藝術。

拜占庭的文化傳承是一個很有趣的循環，古羅馬繼承了古希臘的文化，拜占庭繼承古羅馬，隨後又回歸希臘，再加上東方文化對它的侵蝕和滲透，所以拜占庭基本就是個大鍋，四面八方所有的調料都下去燉，好在拜占庭人是不錯的廚師，雜燴也做成精品了。

說到古代的尤其是西方的藝術，第一個說到的肯定是建築。歐洲那些國家長期兵荒馬亂的，房子是比較容易保存的東西。而拜占庭的建築，就是西方的幾大著名建築流派之一。

世界藝術和宗教密不可分，在歐洲尤其明顯，西方最華美的建築不是教堂就是神廟。基督教取得統治地位後，歐洲的建築尤其是教堂大部分都採用一種叫「拉丁十字型」的構造，太專業的問題老楊也不懂，大約就是建築的平面看著像個十字，中間一個大廳是主體，前後左右四個方向各伸展出一個部分，結構非常穩定。

羅馬建築風格最早來自希臘，羅馬人最大的改良和創造就是穹頂，比如著名的羅馬萬神廟。十字形建築加上一個穹頂，就是典型的羅馬風格建築。不過在羅馬時代，穹頂一般是建在圓形或者是多邊形的底座上，如果整個大廳是方形的，如何給他戴上一個穹頂的帽子呢。拜占庭的建築師天才地解決了這個問題，方屋子帶上圓帽子是建築史上最偉大的創造。拜占庭人玩穹頂玩得太投入太癡迷了，以至於一天到晚在穹頂上動腦筋，本來羅馬時代的穹頂就是個半球，拜占庭時期的穹頂就已經非常深，有的看著像被敲出一個大包，有的看著像頂了一個洋蔥。拜占庭建築最頂級的作品就是聖索菲亞大教堂以及威尼斯的聖馬可大教堂，這兩座算是世界建築中的超級明星了，兩者都是一個大洋蔥帶著好幾個小蔥頭。

巴爾幹半島小亞細亞，受拜占庭文化的影響，頂著圓帽子的建築非常多，而所有拜占庭文化的擁躉中，最虔誠的就是俄羅斯，俄羅斯自己家蓋了一堆圓帽子建築不算，還傳染給咱們國家，以至於東北主要是黑龍江一帶不少房子上頂一個蔥頭，如同咱們蘇浙一帶的建築，不管怎麼修，總喜歡加個飛簷，成為某種文化標誌。

羅馬人講究氣派，建築的外牆喜歡用珍貴的石料，顏色統一，構成端莊靜穆的氣質。拜占庭的建築外牆大部分是普通磚石，但是這些磚不是胡亂砌上，根據磚頭的厚薄和顏色，在外牆上拼出非常有趣的顏色甚至是圖案變化。

拜占庭人對做這種細節功夫非常在意，用磚頭拼出顏色起伏已經是個很磨人的活了，他們在建築內的牆面上更花功夫，人家西歐的教堂多省事啊，找幾個畫師爬上去畫畫就完了，拜占庭人不偷懶，他們用小石塊一塊塊拼出畫來！

我們現在經常說到「馬賽克」這個詞，一般代表小瓷磚，或者是電視轉播出現不雅鏡頭時的覆蓋物。但其實馬賽克最早的含義是指：鑲嵌畫或者鑲嵌工藝。這個詞最早來源於希臘，用彩色小石頭拼成圖案做裝飾也是希臘人的發明，羅馬發揚光大，到拜占庭到達頂峰，以至於後來的人，將馬賽克工藝全部歸功於拜占庭人了。

羅馬時期，馬賽克比較常用於地面裝飾，進入拜占庭時代後，這些小石頭上了牆面。這種位置轉換也是跟宗教有關係，因為拜占庭時代的大部分圖案都是跟基督有關了，把上主放在地上踩總是不合適的。

西元六世紀，查士丁尼大帝二次征服收復了義大利，為了慶祝這個偉大的勝利，他下令在當時的首都拉文納建造了聖維塔爾教堂。教堂的內壁用彩色的小石頭拼成了兩幅巨幅的圖畫，一副是「查士丁尼大帝和他的廷臣們」，對面牆上是「狄奧多拉皇后和侍女」。

這兩幅雖然是鑲嵌畫，但是在世界美術史上是有重要地位的。畫中查士丁尼大帝站在正中央，穿著紫袍，捧著一個盆，估計盆裡是聖水，右手邊是他的主教馬克西米安，拿著十字架，主教右邊的人抱著一本裝飾華美的書，顯然是聖經。這三個人動作一致，都將手中的物品放置在心臟這個位置。最右邊的人提著一盞油燈，應該是代表著光明引導人的靈魂。整個畫面共有十三個人，象徵耶穌和十二門徒；人物中包括僧侶和戰士，代表精神世界和世俗世界統治力量；而查士丁尼本人頭戴皇冠，腦後還有光環，表現出他既擁有世間的權力也有神性的榮耀。

這幅畫乍一看覺得人物呆滯僵硬，但是你如果仔細研究，就會發現，這些呆滯的面孔都有生動的眼神，他們看著同一個方向，全體肅立，一臉莊重，讓人感覺到他們的忠誠和虔誠。長袍垂墜很有質感，顏色絢麗而又和諧統一。要知道，如果是用筆畫，這些技術都不難，可是用一釐米見方的小石頭拼出來，這就是非常磨人的功夫了。

小石頭特殊的質感，打磨後在陽光下有些閃耀的光澤，在教堂這樣的地方，容易讓人產生一種神秘的暈眩感。更大的好處是，它不容易褪色，顏色一直可以保持鮮豔清晰，這就不是一般的壁畫可以比擬的了。

聖索菲亞大教堂的穹頂，兩百五十萬塊用金粉塗抹的石塊來構成的鑲嵌畫，產生了金碧輝煌炫目耀眼的效果，也是馬賽克藝術中登峰造極的作品了。

綜上所述，以後我們去歐洲旅遊時，看到頂著一個洋蔥的大房子，房子牆上貼滿瓷磚，還貼得胡裡花哨的，我們就知道，這個是拜占庭風格的建築。

拜占庭的藝術當然不僅僅是建築這一個方面，他家在繪畫方面也頗有影響，不過因為君士坦丁堡兩次被劫，那些珍貴的作品也流落江湖，大部分找不到蹤影了。最著名的就是抄本插圖。

在沒有印刷術之前，書籍都是互相抄嘛，抄的過程中，有人順手加上插畫，或者是臨摹別人的插畫，畫出了自己的風格，慢慢形成了獨立的繪畫類別，也就是畫小人書。拜占庭的小人書行業是很發達的，而這種插頁畫進入宗教書籍，也讓該類文獻得到了更好的推廣。

之前說過，絲綢工藝被印度和尚偷到了拜占庭，讓他家成為絲織品中心。其實中國也沒少拿拜占庭的東西，當然，咱們不是偷的啊。這些拜占庭進口產品，我們現在用的最多的就是玻璃。玻璃雖然不是拜占庭人的原創，但是玻璃的製造工藝是通過他家傳入咱們西域的。拜占庭製造玻璃的工藝相當高，尤其是彩色玻璃。他家的鑲嵌畫，有些部分就是將玻璃碎片點綴在石塊中，形成了更加光怪陸離的效果。

從古希臘到君士坦丁堡，三千年歷史一晃而過。老楊要是最後再長篇大論分析兩個羅馬盛極而衰的原因，就顯得非常庸俗，他們的成功失敗經驗教訓都已經是歷史塵煙，縱然有借鑒價值，恐怕我們平頭百姓也用不上。看歷史不用分析太多，享受過程最重要，就算是老楊帶著大家做了一次三千年羅馬遊吧，雖然導遊比較蹩腳，希望景觀沒有讓人失望……

世界歷史有一套之羅馬帝國睡著了／楊白勞著. -- 一版.-- 臺北市：大地, 2013.01

面：　公分. --（History：55）

ISBN 978-986-6451-88-1（平裝）

1. 歷史　2. 羅馬帝國

740.222　　101026564

世界歷史有一套之羅馬帝國睡著了

HISTORY 055

作　　者	楊白勞
發 行 人	吳錫清
主　　編	陳玟玟
出 版 者	大地出版社
社　　址	114台北市內湖區瑞光路358巷38弄36號4樓之2
劃撥帳號	50031946（戶名　大地出版社有限公司）
電　　話	02-26277749
傳　　真	02-26270895
E - mail	vastplai@ms45.hinet.net
網　　址	www.vastplain.com.tw
美術設計	普林特斯資訊股份有限公司
印 刷 者	普林特斯資訊股份有限公司
一版一刷	2013年1月

大地

定　　價：350元